战役图文史

[英] 吉尔斯·麦克多诺 著
巩丽娟 译

改变世界历史的 50 场战役

THE GREAT BATTLES

50 KEY BATTLES FROM THE ANCIENT WORLD TO THE PRESENT DAY

Giles MacDonogh

金城出版社 西苑出版社
GOLD WALL PRESS　XIYUAN PUBLISHING HOUSE

THE GREAT BATTLES: 50 KEY BATTLES FROM THE ANCIENT WORLD TO THE PRESENT DAY by GILES MACDONOGH
Copyright © GILES MACDONOGH 2010
This edition arranged with Quercus Books through The Grayhawk Agency Ltd.
Simplified Chinese edition copyright © 2024 Xiyuan Publishing House Co., Ltd., an imprint of Gold Wall Press Co., Ltd.
All rights reserved.
本书一切权利归 西苑出版社有限公司 金城出版社有限公司所有，未经合法授权，严禁任何方式使用。

图书在版编目（CIP）数据

战役图文史：改变世界历史的50场战役/(英)吉尔斯·麦克多诺(Giles MacDonogh)著；巩丽娟译. 北京：西苑出版社有限公司：金城出版社有限公司，2024. 8. -- (世界军事史系列/朱策英主编).
ISBN 978-7-5151-0914-5
Ⅰ. E19
中国国家版本馆CIP数据核字第2024CL0824号

战役图文史
ZHANYI TUWENSHI

作　　者	[英]吉尔斯·麦克多诺
译　　者	巩丽娟
责任编辑	李凯丽
责任校对	辛小雪
责任印制	李仕杰
开　　本	710毫米×1000毫米　1/16
印　　张	29
字　　数	430千字
版　　次	2024年8月第1版
印　　次	2024年8月第1次印刷
印　　刷	小森印刷（北京）有限公司
书　　号	ISBN 978-7-5151-0914-5
定　　价	128.00元

出版发行	西苑出版社有限公司　金城出版社有限公司
	北京市朝阳区利泽东二路3号　邮编：100102
发 行 部	(010) 84254364
编 辑 部	(010) 64210080
总 编 室	(010) 88636419
电子邮箱	xiyuanpub@163.com
法律顾问	北京植德律师事务所　（电话）18911105819

修订序

英国历史学家吉尔斯·麦克多诺的畅销书《战役图文史》(*The Great Battles*) 于 2010 年 11 月在英国出版，他将上下 3500 余年战争史上最引人注目的故事汇集成册，将战斗中的英勇无畏、生死存亡、战术天才以及兵家胜负表现得淋漓尽致。该书展现了公元前 15 世纪至 20 世纪 50 年代之间对世界历史产生深远影响的 50 场伟大战役，对每场战役均做了详细的记述，交代了战争的时代背景、主要将领、战斗过程及对后世的影响，并配以大量照片、阵型图、作战地图等图片资料，让读者有较为深入的了解。

细读本书，我们将看到：温泉关战役中，斯巴达国王列奥尼达率三百勇士英勇抵抗浩浩荡荡的波斯侵略军；坎尼战役中，汉尼拔一马当先，亲率骑兵挑战罗马大军；钱瑟勒斯维尔战役中，罗伯特·李将军以少胜多，有惊无险战胜联邦军队；维克斯堡战役中，尤里西斯·格兰特将军闪电出击，给南部联盟以致命一击……

纵观古今历次战役，战场上的武器装备无疑是决定胜负的重要因素。从原始的石头、棍棒到战车、弓箭、长矛，再到各式枪、炮，以及飞机、导弹、航母等新式武器，每一次战争都是一场军事技术的较量，这种较量也推动了技术的进步。

然而，战争绝不仅仅是武器与科技水平的较量，也是战略战术的较量，更是国家政治、经济力量的较量，是天时地利人和等多种因素共同作用的结果。正如著名军事理论家、法国名将安托万-亨利·约米尼（Antoine-Henri Jomini）所言："战争远非一门精确的科学，而是一出令人恐怖、充满激情的戏剧，是一种艺术！"

但对寻常百姓而言，战争一旦爆发，无论规模大小，都必定是灾难。它带来的不只是鲜血和悲哀，更是战后难以愈合的伤痛与阴影。

战争与历史

可以说，本书以战争为线索，为读者展开了一幅世界历史的卷轴。这幅浩瀚的画卷不仅描绘了王朝争霸、王位继承，也有种族争斗、民族仇恨、宗教征伐、人民起义、侵略与反侵略、殖民与反殖民。虽然战火无情，令人扼腕，但它们毕竟推动了朝代更迭，推动了历史车轮滚滚向前。从某种程度上说，世界的历史也是一部战争史。一些战役的战术思维或排兵布阵对后世的战争研究颇有益处，更有一些战役对当地的政治格局造成了重大影响。

3500年前，有文字记载的第一场战役——美吉多战役见证了古埃及第十八王朝的强盛；温泉关的三百勇士和萨拉米的雅典海军令波斯帝国退避三舍，充分展现了希腊文明的厚重；但伯罗奔尼撒半岛的连年内战让希腊各城邦元气大伤，希腊这个巨人终于难逃一劫，于公元前4世纪败在马其顿大军脚下。公元前1世纪前后，西方迎来了古罗马时代。襁褓中的罗马危机四伏，险些被迦太基名将汉尼拔夷为平地，但历史似乎同汉尼拔开了一个玩笑，并没有让他踏入罗马城。随着罗马的逐渐强大，组织严谨、战术统一的罗马铁血军团不仅在当时所向披靡，建立了地跨亚、欧、非的大帝国，对后世也产生了深远的影响。可帝国后期，罗马军队的坚韧和锐气在安逸的生活中消磨殆尽，北方"蛮族"日耳曼人却逐渐崛起。476年，西罗马帝国在内忧外患中灭亡，欧洲进入了中世纪。用英国历史学家迈克尔·霍华德（Michael

Howard）的话说，"从中世纪开始，欧洲大陆上的战争似乎从未中断过"。这也是人们常把这一时期称为"黑暗的中世纪"的原因之一。这一时期的战争大多冠以上帝之名，这一点从十字军7次东征，以及后来的英法"百年战争"中可见一斑。毋庸置疑，连年的征战使得作战方式和武器装备得到了进一步发展：英军将长弓运用得淋漓尽致，骑兵、弓箭手和步兵的配合日益密切；勇敢而忠贞的骑士也在欧洲文明史上留下了难以磨灭的印记，甚至影响着欧洲人的思考与行为方式。

16世纪，文艺复兴和启蒙运动在各领域蔓延开来，欧洲迎来了"漫漫长夜"后的黎明。近代国家，如海上大国西班牙、葡萄牙，陆上强国法国、德国、俄罗斯，以及号称"日不落"的大英帝国纷纷崛起。当然，伴随着大国崛起的依然是连年的硝烟，路易十四与反法同盟之间的一次次较量就是对17世纪欧洲最好的写照。资本主义世界内经济和政治的不平衡终于引发了两次史无前例的世界大战。诚然，不少民族国家在两次世界大战中崛起；大规模的战争促进了飞机、航空拍摄、特制登陆艇、无线电通信、人工港口以及潜水艇等先进武器的研发。然而，"铁与血"毕竟是残酷的，血雨腥风不仅在欧洲蔓延，也散布至广阔的亚非各大洲。

纵观历史，战争终究无法脱离政治而单独存在。正如军事学家克劳塞维茨所言，"战争是政治的工具，因此不可避免地带有政治的特性……战争就其主要方面来说就是政治本身……"战争能让民族赢得独立，获得自由；亦能让巨人轰然倒地，辉煌不再。这些伟大战役也告诉我们一个不变的真理：如果强大的国家一味追求霸权，必然会导致国家衰落。

当今我们所处的时代总体上是一个和平的时代，虽然中东等地依然烽烟四起，但全球大部分地区正沐浴着和平的阳光。曾经战火连天的欧洲也许正是因为经历了太多的战火，厌倦了战争，才率先实现了一体化。

战争与人物

本书中，作者力求细致地还原每场战役的原貌，也生动地刻画了一批卓越将领的形象。如果把一场战斗比作一盘棋，那么将领则是这场博弈的主角。他们采取的战略战术是决定战役的发展方向，甚至国家生死存亡的关键因素之一。他们须胸怀大略、运筹帷幄，须果敢坚毅、慎之又慎。战争又不仅仅是简单的对弈，即使身经百战，也没有任何将领能有十分的把握。

翻开本书，一个个鲜活的形象将会跃然纸上：谋略过人的迦太基名将汉尼拔、坚贞淳朴的农家少女贞德、百战不殆的亚历山大大帝、以少胜多的美国名将罗伯特·李、军事天才拿破仑、"沙漠之狐"隆美尔，以及我们不甚熟悉的威廉公爵、欧根亲王和"黑太子"爱德华……他们是战场上的枭雄，是战士心中的依靠；他们英勇无畏、意志坚定，他们因赫赫战功而名垂青史。一些将领虽踌躇满志，却没能带领部下走向胜利，成了历史长河中的匆匆过客；而另一些则挑起了灾难，成为战争元凶。

当然，人们也不会忘记那些平凡的英雄——温泉关战役中的斯巴达三百勇士，誓死守卫君士坦丁堡的普通市民，斯大林格勒战役中顽强坚守的苏联红军，诺曼底登陆中身负重任的第101空降师……没有这些无名英雄，任何雄才大略都无异于空中楼阁。

译者心得

战争是人类历史永恒的主题，也是今人了解历史的窗口。本书图文并茂，值得军事、历史爱好者品读。

略显遗憾的是，本书对中国的战争并未做过多描述。在中华民族绵延5000多年的文明历史上，战争也写下了浓重的一笔。

从古代的长平之战、赤壁之战到近现代的辽沈、淮海、平津三大战役，中华大地饱经沧桑。当然，若要从我国的众多经典战役中选出几次影响历史的重大战役，也实在令人难以取舍。有人把西方的战役比作数学题，认为胜负就是武器、阵列及地形等因素综合作用的结果；而中国的战役则讲究计谋，所谓"夫战者，攻心为上，攻军为中，攻城为下"。作者从英国人视角出发，为我们解读了世界历史上（尤其是西方历史上）的 50 个重大"谜题"，读者可以将之与中国的著名战役做一对比。

在现代战争中，科学技术和经济实力对胜负的影响愈发重大。很多时候，战争的面貌不再表现为士兵和将领们冲锋陷阵，而是幕后尖端科技的比拼与综合国力的较量。

修订说明

2025 年是世界反法西斯战争胜利 80 周年，也是中国抗日战争胜利 80 周年。80 年前，战火留下的只有荒芜的土地、离散的痛苦以及战争带来的仇恨。80 年后，那些珍贵的影像资料和文字记载依然能提醒人们铭记历史。从这一点看，《战役图文史》的此次修订，可以抛砖引玉，为读者掀开世界历史的一角，以一种惨烈的角度去窥探和思考人类的未来。

2012 年本书出版后，我们得到了许多热心读者的积极反馈，无论文字还是图片，都有不少有益的建议，也获得了作者麦克多诺先生的耐心指点，同时译者、编者也做了大量审校工作。因此，本修订版完善了若干细节，校订了诸多错误，无疑会具有更好的品读和收藏价值。但囿于客观条件和粗浅学识，我们仍难使之尽善尽美，在此恳请继续批评指正。

2024 年 7 月

CONTENTS 目录

引言 /001

1 美吉多战役
- 青铜、战车及射手 /006
- 保卫新帝国 /008
- 备战哈米吉多顿 /008
- 穷追不舍 /010
- 冲突之地 /011

2 血战温泉关（塞莫皮莱战役）
- 各就其位 /014
- 备战温泉关 /016
- 强攻与巧攻 /018
- 虽败犹荣 /020

3 萨拉米海战
- 海上贸易帝国 /024
- 召集力量 /026
- 天时、地利、人和 /027
- 波斯溃逃 /030

4 伯罗奔尼撒战争
- 各有胜负 /032
- 大快人心 /035
- 雄心与背叛 /035
- 重归雅典 /036
- 战争后期 /037

5 喀罗尼亚战役
- 武士之邦 /042
- 保卫王国 /044
- 希腊惨败 /045
- 建立新秩序 /047

6 坎尼战役
- 冒险之策 /049
- 在劫难逃 /050
- 四面夹击 /051
- 费边战术 /054

7 法萨卢斯战役
- 阴谋夺权 /058
- 恺撒跨过卢比孔河 /059
- 希腊之战 /059
- 决战法萨卢斯 /061
- 转折之点 /064
- 悲惨结局 /065

8 条顿堡森林战役
- 从友到敌 /068
- 煽动叛乱 /069
- 进入埋伏 /070
- 日耳曼崛起 /072

9 洗劫罗马
- 蛮族入侵 /077
- 阿拉里克的崛起 /077
- 目标西移 /078
- 敷衍、洗劫 /080
- 象征意义 /082

10 卡太隆尼平原之战

权力之争 /085
平定高卢 /087
汪达尔与匈奴敌人 /087
战斗过程 /089
血腥垮台 /091

11 黑斯廷斯战役

诺曼骑士 /094
竞争王位 /095
卓越将领 /096
两线作战 /097
处于弱势 /099
扭转战局 /099

12 安提俄克战役

天才领袖 /104
"圣地"之门 /105
围者遭围 /107
成功突围 /107
巨额赎金 /109

13 普瓦捷战役

战术演进 /112
炮火洗礼 /114
防御要塞 /115
军事才能 /117

14 阿金库尔战役

征战法国 /120
箭雨密布 /122
征服英雄 /125

15 围攻奥尔良

神的指引 /129
解除包围 /132
扭转局势 /133
明星陨落 /133

16 君士坦丁堡沦陷

紧张升级 /136
金属怪兽 /137
开始进攻 /138
陆上行船 /139
猛烈攻城 /140
最终陷落 /142
踏入城内 /142

17 纽波特战役

新式司令 /146
军事改革 /147
战略与时机 /150
重大胜利 /151

18 拜伦堡卢特战役

"穿盔甲的修道士" /155
轻率冒险 /158
卢特陷阱 /158

19 布赖滕费尔德战役

军事改革 /165
投入战争 /166
整军备战 /167

20
马斯顿荒原战役
集结备战 /173
一片迷茫 /174
残兵败将 /176

21
布伦海姆战役
反法同盟 /181
关键人物 /183
不利地形 /185
危急关头 /187
重大突破 /188
军中兄弟 /189

22
拉米利斯战役
有效计策 /195
战败之痛 /198

23
罗菲尔德战役
爱尔兰旅 /200
双重骗术 /201
代价惨重 /205

24
普拉西战役
小试牛刀 /208

遭遇新敌 /210
耍个花招 /210
关键胜利 /212

25
洛伊滕战役
四面受敌 /215
振奋士气 /218
杰出战术 /219

26
魁北克战役
路易斯堡英雄 /222
大胆突袭 /223
代价惨重 /227

27
奥斯特里茨战役
发起挑战 /230
声东击西 /231

"奥斯特里茨的太阳" /231

28
耶拿-奥尔施塔特战役
机遇来临 /237
打击自尊 /241

29
博罗迪诺战役
自寻死路 /245
攻陷堡垒 /245
长途撤退 /248

30
滑铁卢战役
集结兵力 /251
艰苦作战 /254
徒劳之举 /254
布吕歇尔重拳出击 /258

31 卡拉塔菲米战役
- 战斗不息 /262
- 英勇无畏 /264
- 猛攻巴勒莫 /265
- 国家统一 /267

34 葛底斯堡战役
- 阻止南军 /290
- 错失良机 /291
- 皮克特冲锋 /294
- 战后余波 /295

37 泰尔-阿尔-克比尔战役
- 埃及动乱 /313
- 单独行动 /316
- 躲避与猛击 /317
- 英国殖民地 /319

32 杉安道河谷战役
- 战略走廊 /271
- 战果辉煌 /275
- 猫鼠之战 /275
- 沉痛损失 /277

35 维克斯堡战役
- "维克斯堡是关键" /297
- 易守难攻 /297
- 水陆夹击 /300
- 炸毁要塞 /301

38 坦能堡战役
- 关键人物 /324
- 改变计划 /326
- 密切配合 /327
- 包围，歼灭 /330
- 名声扫地 /330

33 钱瑟勒斯维尔战役
- "给我们胜利" /281
- 丧失主动 /284
- 良将陨落 /286
- 痛心疾首 /286

36 克尼格雷茨战役
- 灾难临近 /305
- 火炮与针发枪 /307
- 普鲁士称霸 /309

39 安扎克湾登陆战
- 大胆行动 /334
- 凯末尔开道 /336
- 雄兵劣将 /337

40 凡尔登战役
人间地狱 /343
形势危急 /344
"圣路" /346
消耗之战 /346

41 法国沦陷
闪电出击 /350
元首命令：停止追击 /353
敦刻尔克奇迹 /354
法国崩溃 /358
惊人的胜利 /358

42 莫斯科战役
迅速前进 /361
基辅陷落 /363
莫斯科告急 /363
保卫俄罗斯母亲 /365
末日将近 /367

43 新加坡沦陷
防御不足 /370
联合作战 /371
猛攻新加坡 /372
虚张声势 /374

44 阿拉曼战役
"沙漠之狐"陷入困境 /377
声东击西 /381
隆美尔归来 /382
突破阶段 /382

45 斯大林格勒战役
联合作战 /385
艰苦巷战 /388
陷入绝境 /388
元首暴怒 /390
进军柏林 /391

46 科尔逊-舍甫琴科夫斯基战役
救援行动 /396
死亡之河 /397

47 D日行动——登陆诺曼底
登陆开始 /400
命运未卜 /401
灌丛之战 /405
举步维艰 /408

48 菲律宾战役
元帅归来 /414
莱特湾海战 /417
攻向马尼拉 /418

49 奠边府战役
力挽狂澜 /422
"洛林行动" /423
丛林要塞 /423
围攻开始 /424

50 西奈半岛战役
危机将至 /429
夺取隘口 /431
苦战取胜 /433
埃及大败 /433

致谢 /437

参考文献 /438

译名对照表 /440

引　言

战争是世界历史的标点。虽然第一次有史料记载的战役——美吉多战役距今仅 3500 年，但是，我们应该清楚，战争的历史远比这长久得多，大大小小的冲突在此之前早已屡见不鲜。

本书所选的战役不仅详尽展现了战略战术思维的演变，也揭示了军事装备的发展过程：从最原始的棍棒和石头初步发展为剑、矛和盾；骑兵随着战车和马匹的出现应运而生；长弓和弩的发明推动武器装备实现巨大飞跃，但是，第一台加农炮的出现使这些武器全部成为过眼云烟。刺刀取代了长矛，火炮的发展也让旧式步兵战术成为历史，迫使士兵挖掘战壕进行防御。在过去的 100 年里，空中支援和坦克作战已经彻底改变了战场面貌。战争形态之所以不断演进，一个重要的原因就在于：要想出奇制胜，就必须采取新奇手段并不断改革创新。

在以下各章节中，我们将还原战事的本来面目。这些战役形式各异，规模不一：有的是给一国一地带来重大影响的政治战争，例如普拉西战役。这场战役虽然只是一场小冲突，甚至还有些令人发笑的因素，但是，它标志着英国开始将南亚次大陆的统治者——莫卧儿帝国[1]纳入治下；又如卡拉塔菲米战役，也是一场小规模冲突，但是它标志着两西西里王国开始没落；黑斯廷斯战役彻底改变了英格兰的语言和文化；君士坦丁堡的沦陷宣告了拜占庭帝国的灭亡；滑铁卢战役赶跑了拿破仑，重绘了欧洲版图，但是，他建立的政治制度一直延续至一战结束。

然而，有些伟大的战役却并未造成深远的影响。坎尼战役虽深受军事策划者和教员青睐，但是，由于汉尼拔自认为兵力不足，放弃进攻罗马，因此这场战役对后世的影响远没有战役本身引人注目。温泉关战役或许确实将波斯军的进攻推迟了3天，而对波希战争产生决定性意义的战斗却发生在公元前479年的普拉蒂亚；血腥的"三十年战争"使德国在随后的一个多世纪里遭受了政治和文化上的巨大创伤，1648年战争结束时签订的《威斯特伐利亚和约》（Treaty of Westphalia），却根本无法满足任何大国吞噬领土的强烈要求。

我们都希望世界上不再有硝烟，不过，战火停息之日却似乎遥不可及。中东仍旧是人们关注的焦点：以色列自1947年建国至今已经经历了数次战争，但同邻国的矛盾仍无法化解，几个邻国之间也常常意见相左；黎巴嫩近几十年来也饱受内战的摧残；20世纪80年代，伊朗和伊拉克发生了大规模冲突；1991年以来，美国领导了两次反伊拉克的战争。如今，伊拉克的和平只能依靠大规模的外国驻军来维护。任何神志清醒的人都不敢对中东的长期和平下赌注。

就在本书的写作期间，战争的阴云依然笼罩着东方的阿富汗和巴基斯坦。自从二战后巴基斯坦建国，它同印度的战争就从未中断。中国和印度之间也爆发过全面争端。

现在情况发生了变化，许多时候，士兵被称为"维和人员"，他们的任务被称为"维护和平"。他们同别国部队协同行动，制止冲突。这可能是个费力不讨好的任务：军人们冒着巨大危险执行维和任务，他们一旦开火就会立即招来种种非难。那些人也许更希望这些军队谨慎行事，或者干脆不要插手。

除了插手伊拉克事务，美国关注的重点已经从打击共产主义转移到打击恐怖主义拥护者和伊斯兰教极端势力上。朝鲜战争之后，美国曾经长期陷于越南战争的泥潭，直到20世纪60

年代，这场战争才以美国的失败而收场。英国方面，1982年的马尔维纳斯（英国称福克兰群岛）之战[2]可以算是英国参与的最后一场真正的战争；自此之后，英国的军队就仅限于扮演警察的角色，而且多半只是美国的助手。

从欧洲来看，欧盟成员国内部几乎不会再爆发战争。1989年冷战结束后，南斯拉夫曾发生过血腥的内战。在苏联时代，车臣[3]和格鲁吉亚[4]均燃起过硝烟。近年来的几次战争有一个共同特点：正面交战少，游击战术多，会给巨人般的现代化超级大国制造一些小麻烦。

从积极意义上说，鉴于核武器的震慑力，20世纪那些几乎摧毁欧洲的世界大战似乎不太可能再次爆发，国际力量的均势也转移到了美国和苏联之间。

战争还会继续，不过，伟大的战役也许将成为历史。现代战争的打击对象大多数是非正规军，他们通常竭力避免正面交战，即使是正规军队也不愿与敌人发生正面交锋。特别是美国，更是发展出一套"不动手策略"[5]，以减少本国士兵的伤亡，避免负面的舆论。当"男孩"（甚至"女孩"）士兵战死沙场时，一切皆已无法挽回。人们开始利用高科技，防止政府被推翻，如果可能，也避免将士兵置于敌人的射程内。人类如今已经进入了以计算机控制战场的时代，技术的发展也许已经接近极限，但只要人类存在，战争就依然是人与人的战争。

吉尔斯·麦克多诺
2010年

注 释

[1]　编注：Mughal Empire，即蒙古人帖木儿的后裔南下印度建立的帝国，帝国全盛时期领土几乎覆盖了整个南亚次大陆。莫卧儿即"蒙古"之意。

[2]　译注：指1982年4—6月间英国和阿根廷为争夺马尔维纳斯群岛而爆发的战争。

[3]　原注：Chechnya，是俄罗斯控制的俄罗斯联邦的一部分。

[4]　原注：Georgia，现已独立。

[5]　译注：hands-off style，指尽可能地使用现代化武器，减少士兵直接参与战斗的策略。

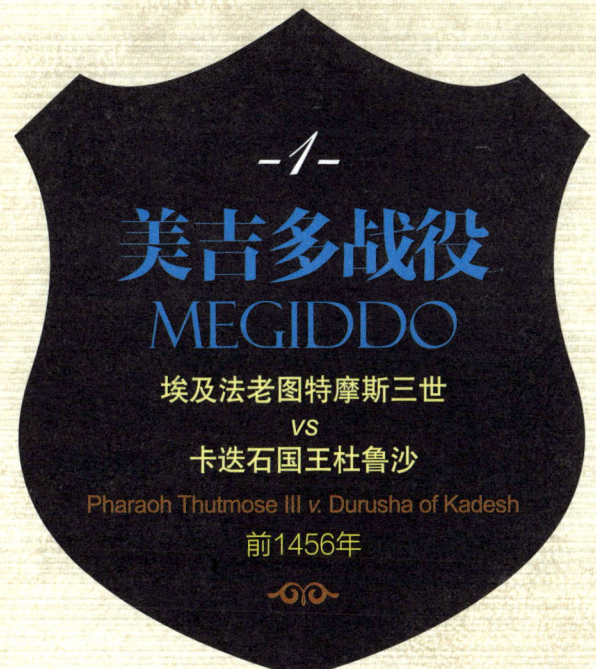

-1-
美吉多战役
MEGIDDO

埃及法老图特摩斯三世
vs
卡迭石国王杜鲁沙

Pharaoh Thutmose III *v.* Durusha of Kadesh

前1456年

  自远古时代，女人和食物就是男人争夺的焦点；随着历史发展，人们开始争夺山洞、山谷，这也让更多的人卷入了战争。原始时期，即使人们只有石头、棍棒等最基本武器，交战双方仍试图超越对手，取得优势。这种斗争一旦经过正式的策划和组织，就变成了战斗；部落中精明成员制订的战斗计划演变为"战略"（strategy），而微观层面上的战斗方法则称为"战术"（tactics）。

> 毋庸置疑，没有文字记录的争斗或冲突早在远古时代就已经出现过，而美吉多战役[1]是史上第一次有文字记载的战斗。对于这一点当今历史学家们是可以肯定的。此外，这也是历史文献中第一次出现"突击与齐射"（shock and fire）这一经典战术。

青铜、战车及射手

对美吉多战役这样的激战而言，拥有更先进、更精良的武器是克敌制胜的前提条件。公元前 2000 年左右，石斧和棍棒逐渐被青铜武器取代。虽然勇士们手中仍旧挥舞着战斧，但越来越多的人开始使用从远东地区传来的武器——剑。在埃及，剑取代了权杖，成为法老权力的新标志。步兵也使用矛，其中埃及步兵采用的是一种托座式叶状枪头的长矛，这种矛在美索不达米亚（Mesopotamia）也早已投入使用。埃及人主要用它守卫城墙，而亚洲人则从战车上将矛掷向敌人。

铁器大约出现于公元前 1200 年以后，稍晚于青铜器。当此之时，一种类似军团的组织结构也有所发展，庞大的步兵团被分为长矛、剑和战斧方阵（phalanx），这种结构就是现代部队中"连"和"排"的雏形。长矛手、弓箭手和投石手们，需遵守一定的组织纪律才能作战有力。

我们从荷马的史诗《伊利亚特》（*Iliad*）中可以知道，特洛伊战争（Trojan Wars）时人们已经开始使用战车。古希腊战斗实际上是靠步兵和战车相互配合实现的。早在公元前 1700 年以前，中东地区的人就已经能够熟练驾驭战车。不过，埃及人和亚洲人在战术上有显著的区别：亚洲的战车上仅有 1 名驾驭者和 2 名长矛手，是一种轻便灵活的车辆，可以反复进攻；相比之下，埃及战车则外形庞大，每个车轮上装 6 根辐条，多辆战车同时出动，从敌人面前一扫而过，进攻方式类似于后

古埃及浮雕。刻画了一位扮成弓箭手驾驭战车的法老。法老的这种装扮极其常见。在埃及新王国时代,战车很快成了皇室标志,成了军事控制力强有力的象征。

来出现的骑兵(cavalry)。埃及战车上的弓箭手[2]配备着复合材料的弓(bow),每 50 名弓箭手组成一个单位,由 1 名指挥官指挥。

埃及有精工巧匠,擅造良弓,因此弓箭是当时重要的武器装备。这使得埃及的军事实力强于东边的一些小王国。埃及的战车单位和步兵团都使用弓箭。弓箭以芦苇做箭杆、以青铜为箭头,其威力足以刺穿当时的各种盔甲;每个箭筒中可盛放约 30 支弓箭。

新王国时代(New Kingdom Period,前 1567—前 1085)的几位法老完善了由重型长矛手和弓箭手组成的部队。部队的盔甲非常轻便:无论战车驾驭者还是弓箭手,都身披甲胄,佩戴头盔,只持有较小的盾牌或者根本不持盾牌。不过,鉴于铠甲非常昂贵,枪兵和剑手几乎不穿戴铠甲防护罩,只以大型盾牌做防御。

保卫新帝国

图特摩斯三世（Thutmose III，约前1479—前1425年在位）是古埃及第十八王朝的第六位统治者，在他21岁之前一直由姑妈哈特谢普苏特王后（Queen Hatshepsut）摄政。图特摩斯三世掌握实权后独自统治埃及超过53年，是古埃及最尚武的国王。

第十八王朝时期，埃及的影响力最远可至巴勒斯坦和叙利亚。但哈特谢普苏特之死却引发了这些遥远的东北部省份的动乱。叛乱的罪魁祸首是米坦尼（Mitanni），卡迭石（Kadesh）城邦和图尼普（Tunip）城邦为其盟友。卡迭石靠近现代叙利亚（Syria）的霍姆斯湖（Lake Homs），控制着奥龙特斯河[3]上游河谷。据说，当时国王杜鲁沙（Durusha）也正准备同埃及开战。由于卡迭石控制着通往幼发拉底河及亚述帝国（Assyria）的陆上要道，这样一场战斗势必严重影响埃及同亚洲的贸易。杜鲁沙当时获得了330个米坦尼亲王的支持，他们同杜鲁沙一道，驻扎在美吉多。

哈特谢普苏特姑妈死后的第一年，图特摩斯率领约1万人闪电般地打击了反叛首领。公元前1458年4月19日，图特摩斯离开尼罗河三角洲，穿过西奈沙漠，首先向效忠埃及的加沙地区开进，而后占领叶赫姆（Yehem）。随后，图特摩斯的副官杰夫特（Djehuty）将军围攻了约帕[4]，用大筐把军队秘密偷渡入城，而法老则率部队急行军，一天之内行进16英里（26公里），翻越迦密山（Carmel Range），终于在5月10日抵达了迦密山南坡，之后包围了巴勒斯坦[5]北部各个城市，将它们逐一攻克。

备战哈米吉多顿

迦南各部在杜鲁沙指挥下联合起来，驻扎在迦密山北坡的设防城市美吉多。美吉多城控制着埃及通往安纳托利亚（Anatolia）、叙利亚及幼发拉底河的贸易通道，地理位置非常关键。正如第二次世界大战时英国陆埃及第十八和第十九王朝期间的地中海东岸。公元前 1275 年，卡迭石战役（The Battle of Kadesh）在这一带爆发。这场拉美西斯二世（Ramses II，前 1303—前 1213，古埃及第十九王朝法老。他统治的时期是埃及新王国最后的强盛时代）与赫梯帝国（Hittite Empire，位于小亚细亚安纳托利亚高原的亚洲古国，善于征战，公元前 14 世纪前后发展成帝国）之间的战争可谓是历史上规模最大的战车战。

右侧小插图是美吉多战役中的力量部署。

军元帅蒙哥马利[6]勋爵所言："将战场设在这里是非常明智的，迦密山是军队北出埃及时遭遇的第一道真正的天然屏障。"

法老的胜利出征以浮雕形式反映在了卡纳克[7]阿蒙神庙（Temple of the Imperial God Amun）塔门上，以及开罗博物馆内图特摩斯石碑上。这些"年鉴"记录了美吉多战役的征服过程。在卡纳克浮雕中，图特摩斯带着阿蒙神的祝福，重重打击了敌人。

通往美吉多的大路虽然好走，但是过于明显，十分容易暴露目标。为了出其不意打击叛军，埃及军队选择了一条十分狭长的小路，全部人马排成一列依次通行，因此三天之后才到达目的地。杜鲁沙和他的军队还没有入城，只得在城外的美吉多平原应战。法老的军队以凹形阵列前进，从两侧包围敌人：南翼从琴纳山丘（Hill of Kina）围住叛军，而北翼切断他们同美吉多城的联系。法老的军队出动大规模战车和弓箭手军团进行突袭，切断了叛军各部之间的联系，将其包围。

> "将战场设在这里是非常明智的，迦密山是军队北出埃及时遭遇的第一道真正的天然屏障。"
> ——英国陆军元帅蒙哥马利勋爵对美吉多战略位置的评述

然而，正在关键时刻，图特摩斯的大军失控了：士兵们一心抢夺战利品，竟没有乘胜追击。杜鲁沙率军趁机逃入美吉多城避难，猛地关上各个城门。尽管美吉多的主要水井打在城外，但城内蓄水充足，能够保证驻军用水。要塞上有一口18米高的竖井，由一条横向管道与水井连接，引水入城。图特摩斯率军围城长达7个月，才终于耗尽了城内的储备，迫使守军投降。

穷追不舍

据说图特摩斯此次缴获了大量战利品，其中包括战马、战车、铠甲以及兵器等物品，共计2000多件。虽然杜鲁沙侥幸逃脱，但攻占了美吉多城，图特摩斯的势力就扩张到了幼发拉底河流域。

图特摩斯仍继续追捕卡迭石国王，6年后终于攻占了卡迭石都城。卡迭石是叙利亚最牢固的要塞，它的河流防御网由奥龙特斯河及其支流、城内的一条运河以及两条河道组成，可谓牢不可破。经过一番艰难的围攻，图特摩斯终于夺取了卡迭石，短期之内埃及将可高枕无忧。最终，在图特摩斯执政的第三十三个年头，他重新控制了大片被米坦尼夺去的土地，使该地许多城市称臣纳贡。尽管法老一度渡过幼发拉底河追击米坦尼国王，却始终未能将其消灭，米坦尼依旧是埃及身边的一大隐患。公元前 1425 年，图特摩斯逝世时，埃及帝国达到了鼎盛。

冲突之地

1918 年 9 月，又一场战役在美吉多爆发，英国将军埃蒙德·艾伦比子爵（Sir Edmund Allenby）从土耳其手中夺取了美吉多城。这片从地中海延伸至红海、死海和加利利海[8]的土地经历了两次美吉多战役、1956 年的苏伊士运河战争[9]、1967 年的"六日战争"[10]，以及最近几年来以色列与阿拉伯之间的一系列冲突，承受了太多不应该承受的武装冲突。

以色列北部城市美吉多（现名特拉·美吉多）城门遗址。这一古代重镇已于 2005 年列入联合国世界遗产名录。

注 释

[1] 原注：美吉多战役发生地的要塞在希伯来语中名为"哈米吉多顿"（Armageddon）。

[2] 原注：从古埃及绘画中可以看到，法老经常被描绘成驾驭战车的弓箭手。

[3] 译注：River Orontes，地中海东岸河流。发源于黎巴嫩，向北流入叙利亚。

[4] 原注：Joppa，又称雅法（Jaffa）。

[5] 原注：即迦南（Canaan）。

[6] 译注：全名伯纳德·劳·蒙哥马利（Bernard Law Montgomery，1887年11月17日—1976年3月24日），英国陆军元帅，第二次世界大战中著名的军事指挥官。

[7] 译注：Karnak，位于开罗以南700千米处尼罗河东岸，是古埃及规模最大的神庙所在地。卡纳克神庙是埃及中王国和新王国时期首都底比斯一部分，主要供奉太阳神阿蒙。

[8] 译注：Sea of Galilee，位于巴勒斯坦东北部，为约旦河贯穿。1967年"六日战争"中为以色列所控制。

[9] 译注：即第二次中东战争，是英、法参与下在埃及爆发的武装冲突。

[10] 译注：Six-Day War，指的是发生在1967年6月5日的第三次中东战争。也称"六五战争"。

-2-
血战温泉关（塞莫皮莱战役）
THERMOPYLAE

斯巴达国王列奥尼达
vs
波斯国王薛西斯

Leonidas of Sparta v. Xerxes, King of Persia
前480年

公元前480年的温泉关战役实际上仅是一场延缓波斯征服希腊的牵制行动。斯巴达人不愧为伟大的古希腊勇士，他们英勇无畏的精神在这场战役中展现得淋漓尽致。这种精神在近代史早期的普鲁士民族身上也得到了充分体现。的确，2000多年来，"斯巴达精神"始终备受军事将领的推崇。

对薛西斯而言，进攻希腊是父王大流士（Darius）生前一项未竟的事业：大流士曾出征希腊，发动了第一次波希战争，但在公元前490年马拉松战役中宣告失败。为防止波斯再度入侵，几个希腊城邦先后于公元前481年和前480年春天在斯巴达和科林斯（Corinth）两地达成协议，冰释前嫌，共御外敌。如此的团结之举对希腊各邦而言实属不易，这一点从后来的伯罗奔尼撒战争（The Peloponnesian Wars）中可见一斑。其余没有入盟的城邦或投奔波斯，或保持中立。

斯巴达被众城邦推举为海陆两军领袖，但是希腊军队的规模与波斯军相去甚远。斯巴达约有4万名重装步兵（hoplite），轻装部队人数稍多。"重装步兵"这一称谓来源于希腊士兵的盾牌，即"大圆盾"（hoplon）。士兵作战时将大圆盾套在左臂上，挡住大半个身躯，右手持一支约2.5米的长矛。

各就其位

希腊人意识到波斯兵力数倍于己，便决定选择有利地形迎战波斯。他们起初选择了色萨利[1]的潭蓓谷（Gorge of Tempe），但不少人认为色萨利人并不可信，因此希腊人决定进行战略撤退，向南部转移；北方留下一座座空城，任由波斯入侵。

一番迟疑之后，斯巴达人选定了马利亚湾（Malian Gulf）南岸的狭窄关隘——温泉关[2]。马利亚湾是爱琴海深入陆地的狭长海湾，夹在北部的色萨利和南部的洛克里斯（Locris）之间，东临优卑亚岛（Euboea）。马利亚湾沿岸地势平坦，只有温泉关附近有一座山峰高高突起，即卡里卓姆山[3]。

温泉关位于阿索波斯河（River Asopus）南部。其名称"Thermopylae"

薛西斯一世（前485—前465年在位）的石浮雕。该浮雕雕刻于阿契美尼德帝国（Achaemenid，即波斯帝国）都城波斯波利斯（Persepolis）薛西斯的宫殿墙壁上。

本身由"温热的"（thermo）和"关口"（pylai）两个部分组成，指山坡上涌出的硫磺温泉。此关背山靠海，有东、中、西三处夹点，道路狭窄，仅能容一辆车马通过，大有"一夫当关，万夫莫开"之势。

据 2 世纪的旅行家、作家鲍萨尼阿斯（Pausanius）估计，战役开始时，希腊总兵力约为 1.12 万人，其中约有 1000 名佛西斯人[4]负责守卫山间小路。但是经后人考证，希腊军队实际上只有 5000 人，鲍萨尼阿斯的描述有所夸张。古希腊历史学家希罗多德（Herodotus）生于公元前 484 年，可谓战争亲历者。据他称，波斯共有 500 万大军浩浩荡荡地开赴希腊，不过后人认为这又是一个极大的夸张。今人推测薛西斯兵力不过 20 万，战船 1000 艘。希腊前方要求增援，但是当时恰逢奥林匹克节，增援的要求被搁置。按照习俗，奥林匹克节期间禁止战争，出兵须待节后。然而就在此时，有叛徒给波斯军指了一条可以绕过希腊军队的山间小路。斯巴达国王列奥尼达闻此消息，便让大部分希腊军撤至南部安全地带，仅让 300 名斯巴达勇士及部分塞斯比人和底比斯（Thebans）人留守关隘。雅典海军主力准备增援时，幸得一场狂风暴雨相助，摧毁了波斯大批舰船。希罗多德认为这是"神"在暗中相助。

备战温泉关

不久前，斯巴达老国王克里奥米尼兹（Cleomenes）自杀身亡，弟弟列奥尼达刚刚继承王位。克里奥米尼兹留下一支 300 人的精锐部队[5]、700 人的塞斯比[6]军队和 400 人的底比斯军队，然而底比斯人斗志并不坚定，很大程度上是被迫参战。斯巴达国王充分利用了温泉关"中关"的残垣做壁垒，让士兵隐蔽在断墙背后。趁着波斯大军尚未就位，列奥尼达带人修补了断墙。

薛西斯一到温泉关，就先派骑兵侦察周围形势。骑兵看到一段城墙从悬崖延伸到海边，城墙前后均有斯巴达士兵。他仔细估测了斯巴达的兵力，但并未引起斯巴达人的注意："（斯巴达人）有的赤身裸体正在做操，有的正在梳头。"薛西斯听了他的汇报后迷惑不解，便派

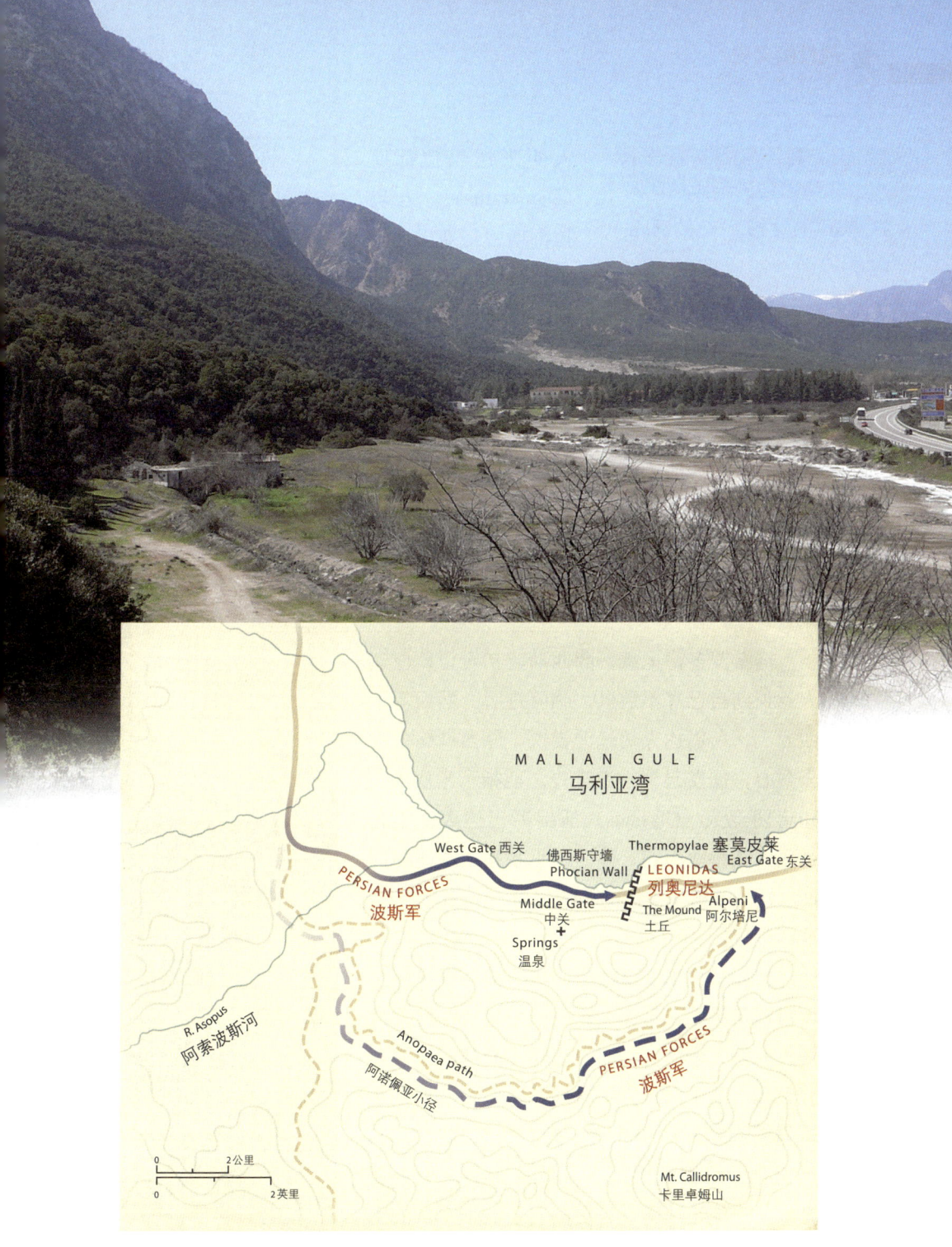

仰视温泉关。 公元前 480 年，陡峭的山峰沿马利亚湾沿岸拔地而起。正如地形图所示，如今平原上的小路或为古代海岸线印迹。

> "（斯巴达人）有的赤身裸体正在做操，有的正在梳头。"
> ——薛西斯派人观察斯巴达人的备战情况

人叫来达玛拉都斯（Damaratus）。达玛拉都斯曾是斯巴达国王，被罢黜后来到波斯，当时的国王大流士为他提供了避难之所。但此时，也许他对故土仍有一丝眷恋之情，便写了一封密信用蜡封好，把波斯入侵的消息告诉了斯巴达人。

强攻与巧攻

据希罗多德记载，薛西斯起初希望斯巴达人意识到自己寡不敌众，临阵逃脱。然而等了四五天，斯巴达人仍毫无畏惧，薛西斯终于失去耐心，便发起第一波进攻。他指示米底人[7]和奇西亚人（Cissians）活捉斯巴达人，不料米底人竟惨败而归。薛西斯见状换上叙达尔涅斯（Hydarnes）指挥的精锐力量"长生军"[8]，继续进攻。

然而在狭窄的交战空间内，波斯军队完全不占任何优势。希腊大军的长矛进攻引起了波斯人的巨大恐慌。在同斯巴达人交战时，波斯骑兵和弓箭手同样无法施展丝毫威力。斯巴达军佯装逃跑，作混乱状，而后突然调转方向，迅速排好阵型，消灭大批波斯士兵。炎炎夏日致使尸体迅速腐烂，更削弱了波斯军队的士气。薛西斯只得下令撤军，另谋途径对付斯巴达人。

斯巴达国王列奥尼达在温泉关一役中展现出的献身和牺牲精神深深触动了19世纪早期浪漫主义艺术家的敏感神经。这幅作品由意大利画家马西莫·达泽里奥（Massimo Taparelli d'Azeglio）创作于1823年。当时希腊正为摆脱奥斯曼土耳其帝国统治而进行独立战争，诗人拜伦等也纷纷投入战斗，为希腊民族主义的伟大事业而战。

希腊军原本部署了1000名佛西斯士兵把守山间通道，以免波斯军沿小路绕到山后，腹背夹击斯巴达军。但是名叫埃菲阿尔特斯（Ephialtes）的马利亚人（Malian）背叛了希腊：他来到波斯大营，把这条通道指给了薛西斯，以求获得丰厚的奖赏。

这条通道西起阿索波斯河，沿阿诺佩亚（Anopaea）山脊而上，延伸到黑臀石（Black-Buttocks' Stone）背后开始下降，向东抵达温泉关东关附近的阿尔培尼（Alpeni）。斯巴达军驻守中关，阿尔培尼正是他们的大后方。波斯"长生军"连夜穿过山间小路，他们的右侧是伊塔山（Oeta Mountains），左侧是特拉奇斯悬崖，地势十分险要。黎明时分，他们看见了驻守关顶的佛西斯人。然而佛西斯人做梦都没有料到波斯人竟会突然降临，他们还没来得及组织抵抗，就遭到了波斯弓箭雨点般的密集射击，最后只得匆忙败走，向山上撤退。

虽败犹荣

在古代，行大事前通常要进行占卜。名为美吉司提亚斯（Megistias）的先知观察献祭动物的内脏，得到神灵启示，预言了斯巴达守军的失败。是夜，信使连夜赶来，证实了这一预言。除了斯巴达人、塞斯比人和底比斯人留下继续抵抗外，其余希腊军退守科林斯地峡[9]。据说列奥尼达由于之前接受了德尔菲神谕（Delphic Oracle），有意决定牺牲自己和斯巴达士兵。神谕说，若要保全斯巴达城免遭毁灭，必须先有斯巴达国王倒下。

斯巴达人和底比斯人知道自己在劫难逃，于是坚持奋战。他们走出城墙的掩护，在平原上血战波斯大军。希罗多德这样描述了战斗的场景："野蛮人（指波斯人）纷纷倒下；而身后的波斯指挥官仍残忍地挥鞭，驱赶波斯人上阵。许多士兵坠海身亡，踩踏致死者更是不计其数。希腊人知道敌人就要从山后赶来，死亡已不可避免，便使出浑身解数，愤怒而又绝望地杀向敌人。长矛折断了，便拔出佩剑继续杀敌。"

国王列奥尼达在战斗中与几名波斯王室成员同归于尽。希腊人拼死保护国王遗体,四度击溃敌人。直到波斯援军背后来袭,希腊勇士才被迫退到城后,紧紧围在一起。佩剑砍断了,勇士们就徒手战斗,甚至用牙齿撕咬。最后波斯军只得凭借弓箭手连续放箭才打败了斯巴达。这一过程中,尤其值得一提的是斯巴达勇士第厄涅刻(Dienekes),有人告诉他波斯大军正汹涌而来,光射出的箭矢就能遮天蔽日,第厄涅刻冷冷地答道:"若波斯人遮住了太阳,我们就在阴凉里杀个痛快。"

> "异乡的过客啊,请告诉斯巴达人,说我们在这里尽忠死守,流尽了最后一滴血。"
> ——《温泉关墓志铭》(Epitaph for the Spartans Who Fell at Thermopylae),西蒙尼德斯(Simonides)

战役结束后,薛西斯命人找来列奥尼达的尸体,割下首级,绑在木桩上。根据希罗多德的记载,一名斯巴达人因眼疾未愈没有参加战斗,成为唯一的幸存者。许多底比斯人也遭到杀害,波斯人无论如何也不能相信他们只是被迫参战。

从军事上说,温泉关战役意义不大,希腊人只不过将战斗拖延了3天而已,几乎无法重新组织力量进行抵抗。希罗多德称希腊军杀死了2万名

在温泉关战役旧址上的现代纪念碑中有列奥尼达的青铜雕像,底座上用希腊文写着:"有种来拿!"(Come and get them!)据推断,这是波斯大军要求希腊部队放下武器时,列奥尼达给出的回答。

波斯人，这一说法纯属夸张。温泉关战役的伟大之处，在于斯巴达人以其自我牺牲精神为希腊人及其后代树立了榜样，教育人们要勇敢面对强敌。

注释

[1] 译注：Thessaly，希腊中东部历史区域，现为希腊中部的一个行政区。

[2] 译注："Thermopylae"一词意即温泉关，也音译为塞莫皮莱关。

[3] 原注：Callidromus Mountain，也称特拉奇斯悬崖（Cliff of Trachis）。

[4] 译注：佛西斯（Phocis），位于古希腊中部。

[5] 原注：用希罗多德的话说，"个个正值壮年"。

[6] 译注：Thespians，和下文出现的底比斯、米底等均为古代部族。

[7] 译注：Medes，古伊朗王国，于公元前550年左右为波斯帝国所灭。

[8] 译注：Immortals，也称"不死队"，为公元前549年居鲁士所建的一支波斯核心部队，一旦有人阵亡便迅速调后备力量填补空缺，使整个军队始终保持一万人。

[9] 译注：Isthmus of Corinth，是联系希腊南部大陆和伯罗奔尼撒半岛的狭窄地峡，位于阿提卡西侧，宽仅6.5公里。

-3-
萨拉米海战
SALAMIS

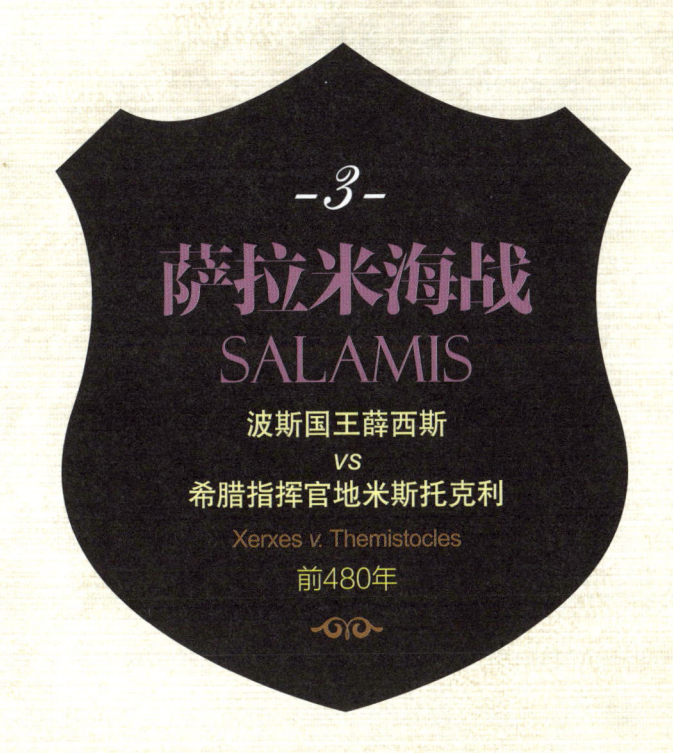

波斯国王薛西斯
vs
希腊指挥官地米斯托克利

Xerxes v. Themistocles

前480年

尽管温泉关战役以希腊的失败告终,不过万幸的是,雅典还拥有强大的舰队和精良的重装步兵部队,波斯步兵绝不是他们的对手。波斯大军很快还会进攻,真正的较量即将开始。面对波斯大军的进攻,希腊人暂时放弃了阿提卡,从第一道防线撤退。他们计划撤到科林斯地峡,保卫伯罗奔尼撒半岛。

希腊平民随大军一起撤到希腊防线后暂避。波斯军入境后血洗希腊,唯独德尔菲(Delphi)圣地幸免于难。传说宙斯在神庙附近放置了两块巨石,一有波斯人进犯神庙,巨石就会朝他们滚去,波斯人吓得仓皇逃窜。但德尔菲神谕发出的指示似乎前后矛盾,一面催促希腊人逃命,一面又劝告雅典人只有依靠"木墙"(wall of wood)才能得救。有人认为这是神指引他们使用木栅栏加固城邦的防御,另一些人认为这指示雅典人进行海上作战。

希腊人成群结队地向南部转移。先是放弃了维奥蒂亚[1],波斯军入境后,又放弃了雅典,仅有少数穷人和年老体弱者留在雅典守城,投降了波斯入侵者。波斯军进城后洗劫并火烧了雅典的至圣之所,屠杀了神庙里的难民。

此时,组织希腊抵抗外敌的重任落到了杰出的雅典指挥官地米斯托克利身上。此人以勇猛善战而升任军中统帅,但他不是雅典元老院成员,于是有人怀疑他的信誉。从他后来被流放的命运来看,这一担心似乎并非空穴来风。

海上贸易帝国

古希腊-罗马历史学家普鲁塔克(Plutarch)称地米斯托克利为"雅典海军之父"。波斯入侵希腊之前,地米斯托克利就劝雅典人用开采新银矿的收入建造100艘三桨座战船组成舰队,以壮大现有的海军规模。鉴于造船及维护费用高昂,法律规定这笔款项由雅典富人承

萨拉米海战。 此图由 19 世纪的一位插图画家所绘。雅典海军的三桨座战船由 170 名划手操控，另配数支由 4 名射手和 14 名重装甲步兵组成的水军支队。萨拉米海战实际上是一场海面上的陆地战。

担，算作对富人的附加税。按照地米斯托克利的观点，雅典永远不可能在陆上获胜，但是有了强大海军，雅典就足以"据波斯于门外，掌希腊之霸权"。

斯巴达和雅典是古希腊最强大的两个城邦。如果说斯巴达人因勇猛而著称，那么雅典人则因贸易而富足。雅典的情况同后来的大英帝国颇有相似之处，这样的城邦只有倚靠强大的海军才能维持长盛不衰。要维护雅典在整个地中海区域的商业利益，必须拥有一支精良的舰队。如果说斯巴达城邦拥有最壮大的陆军，那么雅典城邦则拥有最强劲的海军。萨拉米海战的370多艘战船中，一半以上出自雅典。

召集力量

地米斯托克利非常清楚，只有极少数的希腊城邦支持自己，而大部分城邦已经投奔了敌人。决心抵抗波斯入侵的城邦仅占五分之一，而其余各邦则支持波斯，以保护自己的土地和人民免遭蹂躏。面对敌众我寡的强烈反差，地米斯托克利需要耍个花招：一方面，他要说服其他将军接受自己的计划；另一方面，他还要制造假情报误导波斯军。计划已定，他便开始劝诱爱奥尼亚（Ionian）和卡里亚（Carian）等小亚细亚的希腊城邦脱离波斯。

波斯很有可能陷入地米斯托克利的圈套，因为除了哈利卡纳斯王后阿尔泰米西娅（Queen Artemisia of Halicarnassus）之外，波斯所有指挥官均支持同希腊进行海战。阿尔泰米西娅指出，若论海战经验，希腊远比波斯丰富，而且波斯攻占了雅典，此战的目标已经实现。但薛西斯采纳了大部分指挥官的意见，波希海战一触即发。阿尔泰米西娅后来在海战中非常勇猛（她猛撞一艘希腊三桨座战船并将其击沉。而根据希罗多德的记载，阿尔泰米西娅实际上是在躲避另一艘船，取得这一功绩实属意外）。看到这一幕，陷入困境的薛西斯惊呼："我军的男将表现得简直像女人，而女将却像男人！"

与此同时，希腊内部各邦仍争执不下。不少城邦反对雅典人指挥舰队，于是推举斯巴达人优利比亚德（Eurybiades）担任舰队总司令。地米斯托克利主张在萨拉米湾同波斯开战，一个重要的原因就是大批雅典人正在对面的岛屿避难，他们恰恰暴露在海湾内波斯军的威胁下，非常脆弱。

优利比亚德想指挥舰队驶往科林斯地峡，巩固那里的防线，可是他在关键时刻显得有些怯懦。相比之下，地米斯托克利毫不退缩。优利比亚德训斥道："地米斯托克利，赛跑时起跑得太早，是要挨鞭子的。"地米斯托克利答道："此话不假，但是落在后面的人也得不到什么奖赏。"

黄昏时分，波斯海军抵达萨拉米附近海域，与雅典舰队对峙；波斯陆军则奔赴伯罗奔尼撒。在此生死攸关之际，地米斯托克利想出了一个大胆的诡计：他派自己儿子的教师、曾经做过波斯奴隶的西金诺斯（Sicinnus）前往波斯军舰，称地米斯托克利支持波斯，还说希腊人此时惊恐万状，内部已经四分五裂，大部分人准备逃跑或投奔波斯。据希罗多德记述，波斯人果然中计，迅速封锁了希腊人的归路。至此，没有退路的希腊各邦只得同波斯大军决一死战。

双方交战地点位于现代萨拉米的安拜拉基亚（Ambelákia）与阿提卡[2]的帕拉马（Pérama）之间。根据古希腊剧作家埃斯库罗斯（Aeschylus）的描述，波斯海军共有战船1207艘，但只有700艘在帕列隆（Phalerum）备战。波斯派200多艘埃及船只将萨拉米湾西口封锁得严严实实，另派400人登上普塞塔里亚岛（Psyttalia）准备歼灭希腊，不料战后反被希腊所灭。

天时、地利、人和

由于天气恶劣，波斯远征军战斗力锐减：许多战船刚驶离希腊东部的优卑亚岛就葬身大海。在阿特密西昂（Artemisium）的一场小战斗中，虽然敌众我寡，但地米斯托克利以紧凑的阵型大败波斯小型舰队，希腊海军退守萨拉米海湾。地米斯托克利非常清楚，雅典要想取胜，必须通过海战，因此他对战场的选择十分谨慎。萨拉米和亚洲大陆之间的距离非常狭窄，这里同温泉关一样，"一夫当关，万夫莫开"。庞大的波斯海军虽三倍于希腊，在这里却无法施展。

登船前，地米斯托克利对水兵发表了振奋人心的演说，按照普鲁塔

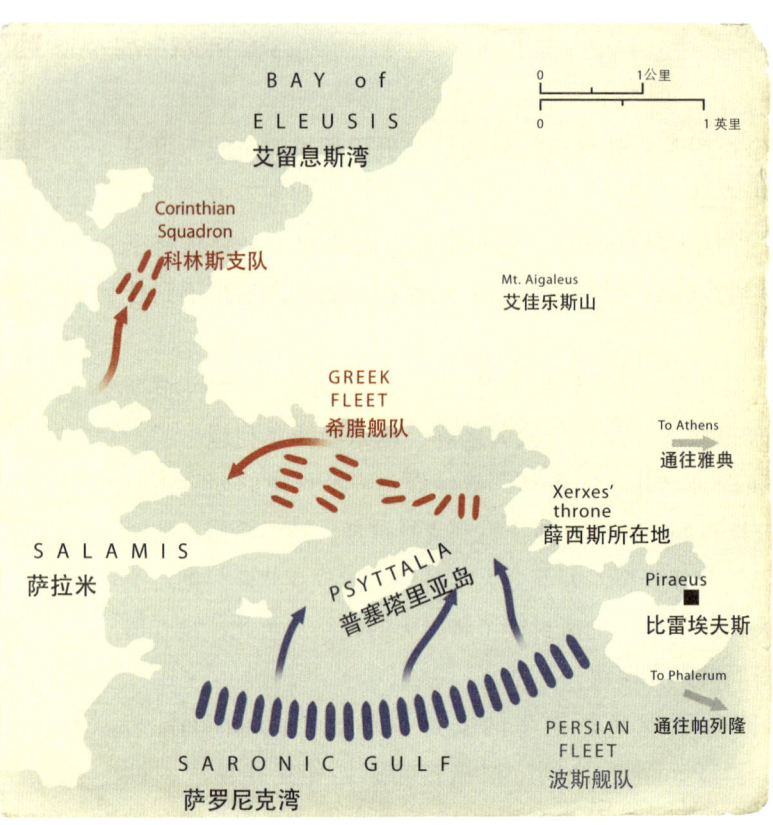

奔赴萨拉米。 波斯战舰靠近普塞塔里亚岛时,地米斯托克利的雅典海军佯装溃散,科林斯支队一部分舰船甚至掉头北上,像是准备开赴艾留息斯湾(Bay of Eleusis)。

萨拉米海战。 波斯军队中了地米斯托克利的圈套,驶入狭窄的海湾。此时,重新整编的希腊军队突然全力撞向波斯的三桨座战船。科林斯支队也调转船头,同希腊主力军并肩作战。

克的说法，希腊赢得萨拉米海战靠的不仅是排兵布阵，更是全局的战术。希腊军在普塞塔里亚岛背后严阵以待，而波斯军则从开阔的公海驶向海湾。

国王薛西斯命人把自己的黄金宝座安放在附近的艾佳乐斯山（Mount Aigaleus）上，打算俯瞰一场好戏。地米斯托克利故意制造假象，让雅典舰队显得混乱无序。等到海上起风，他才展开部署。希腊小船由于轻便灵活，紧贴水面，受海风影响不大。而波斯船只却出水过高，被风吹得左摇右晃，其侧面暴露在希腊阵前。

有人说，雅典的保护神帕拉斯·雅典娜（Pallas Athena）当时亲临战场鼓舞雅典人，也有人说那是酒神狄俄尼索斯（Dionysus）。起初，希腊船队撤退时险些搁浅，帕列涅的亚美尼亚斯（Ameinias of Pallene）和比雷埃夫斯的索克列斯（Socles of Piraeus）随后率领一艘雅典小船向薛西斯的兄弟阿里亚莫涅（Ariamenes）指挥的波斯旗舰撞去。普鲁塔克描述道："两艘船头撞头，青铜撞角[3]卷在一起，但亚美尼亚斯和索克列斯坚持抵抗，用长矛奋力攻击阿里亚莫涅，直到阿里亚莫涅跌入大海。"这时其他希腊舰船也纷纷前来救援，接连攻击波斯暴露的侧翼，折断其船桨，使其进退两难。波斯各分队前赴后继，却被风吹得摇摇摆摆，自相碰撞，全军上下一片混乱。而希腊军队大获全胜，彻底摧毁了波斯海军，波斯残兵败将纷纷调头逃跑，薛西斯悲痛欲绝。

"国王坐在岩石山脊 / 俯瞰海中的萨拉米；/ 千艘战船，由他统领 / 各族军士，为他效忠！/ 黎明时清点的舰船，/ 日落时又在何处？"

——选自拜伦勋爵的《哀希腊》(The Isles of Greece)，描写了萨拉米海战中薛西斯的惨败

波斯溃逃

希腊仅损失战船 40 余艘，而波斯军队却损失了 200 多艘。溃逃途中，波斯船只又一次自相碰撞，水兵死伤无数。即使侥幸逃离，也未能逃过厄基那[4]支队的拦截。胜利的荣耀的确应当属于厄基那，而非雅典。厄基那人波吕克里图（Polycritus of Aegina）、阿那几洛斯的尤蒙尼斯（Eumenes of Anagyrus）和帕列涅的亚美尼亚斯被公认为最英勇的将士。希罗多德记载，大多数希腊的落水士兵因可以游回萨拉米而幸免于难，波斯人却难免溺水而亡。

薛西斯听从了阿尔泰米西娅的建议，留下马多尼斯[5]率一支规模庞大的波斯军队继续同希腊作战，自己则撤回波斯。普鲁塔克称，当时地米斯托克利派宦官告诉薛西斯，希腊军要烧毁赫勒斯滂[6]的桥梁，薛西斯听后吓得立即撤退。

波斯雄兵往日是何等骄傲，现在却要忍饥挨饿，大批士兵抱病而亡，仅有一小部分撤回赫勒斯滂。最后，希腊军又在普拉蒂亚（Plataea）击败了马多尼斯，彻底摆脱了波斯的威胁。

在普鲁塔克看来，萨拉米海战是历史上最伟大的海战。希腊的胜利还要归功于地米斯托克利的"英明决断、富于独创"。

注释

[1] 译注：Boeotia，又译皮奥夏或波奥蒂亚。古希腊地区名，位于雅典西北部。

[2] 译注：Attica，是现代雅典所在的大区，也是古希腊对这一地区的称呼。

[3] 译注：beak，古代战舰船头上突出的金属或包有金属的铁嘴撞角。长船（快船）时代主要的战术是硬撞，撞角是主要兵器。

[4] 译注：Aegina，希腊东南沿海的岛屿。

[5] 译注：Mardonius，薛西斯之父大流士手下将军。12 年前指挥了波斯帝国首次入侵希腊的军事行动，失败后被大流士撤职，薛西斯继位后重新重用了马多尼斯。

[6] 译注：Hellespont，即现在的达达尼尔海峡。

-4-
伯罗奔尼撒战争
PELOPONNESIAN CAMPAIGNS

雅典
vs
斯巴达
Athens v. Sparta
前431—前404年

　　伯罗奔尼撒战争是以雅典为首的提洛同盟（中心设在阿提卡。公元前478年波斯战争中，为抵抗波斯人入侵，以雅典为首的爱琴海诸岛和小亚细亚一些希腊城邦形成"提洛同盟"）与以斯巴达为首的伯罗奔尼撒同盟之间的争霸战。历史学家伦登（J. E. Lendon）认为，这场战争十分惨烈，战机稍纵即逝。公元前460年，雅典人挑起战争，14年后，伯罗奔尼撒盟军入侵阿提卡，结束了第一次伯罗奔尼撒战争。双方签署和约，维持了30年左右的和平。

第二次伯罗奔尼撒战争有两个导火索：公元前 435 年的克基拉战役[1]和公元前 432 年的波提狄亚争端[2]。科林斯的殖民地波提狄亚同意向雅典纳贡，但拒绝按雅典要求拆毁城墙，这就加深了科林斯与雅典间的矛盾，科林斯遂请求斯巴达出兵援助波提狄亚，两大同盟正式宣战。古希腊哲学家苏格拉底和未来的雅典指挥官亚西比德（Alcibiades）都曾参与波提狄亚争端，并曾共处一帐。

各有胜负

公元前 431 年，伯罗奔尼撒同盟成员底比斯入侵雅典盟国普拉蒂亚，打破了第一次伯罗奔尼撒战争后短暂的和平局面。一天夜里，一支仅有 300 人的底比斯军队在叛徒帮助下进入普拉蒂亚，幸得城内居民迅速反应才逃过一劫。这次进攻明显破坏了两大同盟之间的和约，伯罗奔尼撒战火重燃。陆上城邦几乎全部与斯巴达结盟，而希腊诸岛及小亚细亚各城则加入了雅典阵营。

8 天后，伯罗奔尼撒人占领了阿提卡[3]。这一场景在公元前 431—前 425 年中曾反复出现了 5 次。雅典领袖伯里克利（Pericles）最初并不出击，只令雅典军在城内守卫。雅典陆军远不敌斯巴达铁骑，可是雅典海军十分强大，其威力可以直捣伯罗奔尼撒。伯里克利死后，雅典加大了进攻力度。

公元前 425 年，斯巴达及其盟友再一次洗劫了阿提卡。雅典将领德摩斯梯尼（Demosthenes）遂率军夺取伯罗奔尼撒西南的皮洛斯（Pylos）海岬并加固了该要塞，斯巴达国王亚基斯（King Agis）闻讯迅速班师回朝，派 60 艘船只抢夺皮洛斯。德摩斯梯尼给士兵们打气，鼓励他们"把敌人消灭在岸边"。最终还是雅典海军发挥了作用，取得了胜利。这一战后，420 名斯巴达重装步兵被困在了皮洛斯南边的斯法克特里亚

公元前5世纪的阿提卡双耳瓶上的绘画，描绘了重装步兵的近距离激战。古希腊城邦的武装力量全部由壮年自由公民组成，许多诗人和哲学家都曾在重装步兵部队中服役。

（Sphacteria）小岛。最终，德摩斯梯尼率领800人登岛，斯巴达人被迫投降。雅典人发出警告，如果斯巴达胆敢再度入侵阿提卡，便处死战俘。这样，雅典获得了一段时期的和平。

一年后，希波克拉底（Hippocrates）指挥的一支雅典军在底利翁[4]大败于帕冈达斯将军（Pagondas General）指挥的维奥蒂亚（Boeotian）和底比斯联军。底利翁城有一处重要的阿波罗神庙，雅典企图控制该城以挑起维奥蒂亚民主人士的暴动。然而当地并未发生暴动，雅典阴谋败露，还损失了约1000名重装步兵。亚西比德和苏格拉底又一次同时参战。获胜的敌军仍穷追不舍，不少雅典残军在撤退途中被箭射中。

公元前421年，斯巴达将领伯拉西达（Brasidas）和雅典领袖克里昂（Cleon）阵亡后，希腊赢来了短暂的和平。然而没过多久，雅典人及其同盟又被有钱有势的亚西比德驱赶上阵。亚西比德自幼被政坛领袖伯里克利收留并抚养成人，他性格复杂，饱受争议，若不是因为亵渎无礼，他甚至可能成为伯里克利的继承人；他傲慢自大，以希腊英雄埃阿斯[5]的后代自居。但是，人们也不得不承认，亚西比德的确是一位陆战、海战全能的出色指挥官。

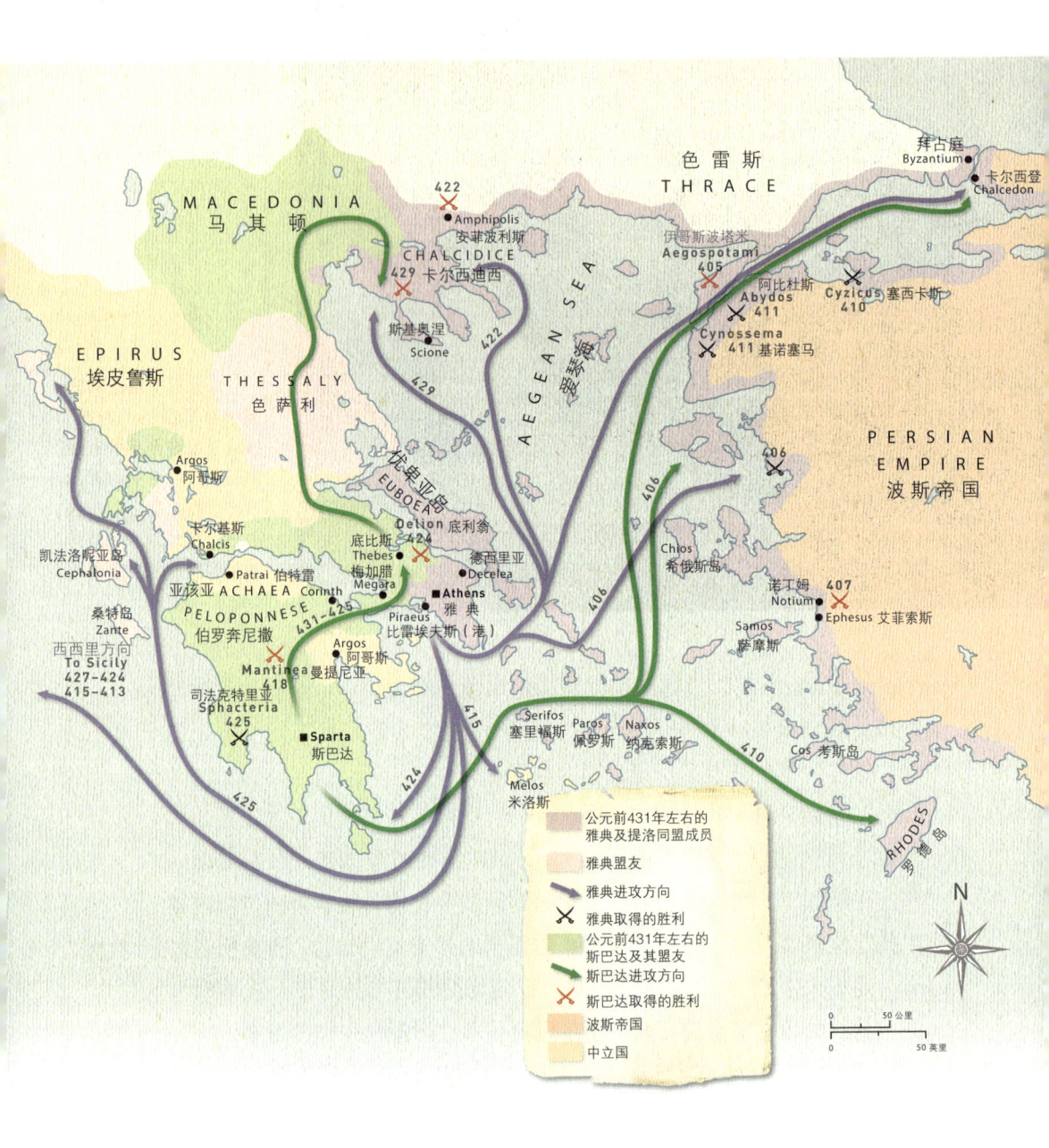

战役图文史
THE GREAT BATTLES

第二次伯罗奔尼撒战争的主要交战地点及胜负情况。

大快人心

公元前 418 年，斯巴达人在曼提尼亚[6]遭到突袭，幸而他们反应及时，迅速组织抵抗，才成功扭转战局，大败雅典与阿哥斯[7]联军。由于曼提尼亚远离雅典，普鲁塔克认为，"对斯巴达而言，即使胜利也得不到什么好处，但是倘若战败，后果则不堪设想"。

从希腊作家、《伯罗奔尼撒战争史》(The History of the Peloponnesian War) 作者修昔底德 (Thucydides) 对曼提尼亚战役的描述中，我们可以了解到斯巴达的指挥结构："斯巴达军……经赫拉克勒斯神庙 (Temple of Hercules) 回到原来的营地，突然发现敌人迎面袭来，阵型整齐……时间紧迫，士兵们迅速就位，等待国王亚基斯发号施令。按照法律，国王若亲临战场，则一切命令皆由国王下达。他把命令传达给文官，文官再逐级向下传达。"

斯巴达军在长笛手伴奏下向阿哥斯进军。大部队作战时秩序很容易混乱，吹奏长笛是为了让士兵步调一致。斯巴达军把盾牌锁在一起，尽管他们的一个侧翼被敌军击垮，但是，国王卫队的 300 名士兵将阿哥斯老兵彻底打退。虽说信使把胜利的消息带回斯巴达城邦时，得到的奖赏不过是一块肉，但军士们却抑制不住内心的喜悦。"据说此前的战败让他们羞愧难当，（他们）甚至不敢正视自己的妻子。"（普鲁塔克）

> "国王若亲临战场，则一切命令皆由国王下达。他把命令传达给文官，文官再逐级向下传达。"
> ——《伯罗奔尼撒战争史》作者修昔底德对斯巴达指挥结构的描述

雄心与背叛

亚西比德说服阿哥斯普通民众支持雅典，但寡头政治集团却支持斯巴达。阿哥斯的战事结束后，亚西比德立即派人用船从雅典运来石头，帮助他们修筑延伸到大海的防御墙。希腊大部分地区迎来了和平，而斯巴达人仍在四处征战，企图夺取墨塞奈（Messene）。雅典方面，亚西比德正着手准备西西里战争（公元前415—前413），对付叙拉古[8]。在他看来，征服西西里只是建立庞大雅典帝国的第一步，迦太基[9]、利比亚、意大利和伯罗奔尼撒最终都将属于雅典。亚西比德不断用这些观点刺激雅典年轻人，"结果，无论在摔跤学校还是在僻静之处，总能见到人们详细规划着未来的西西里、利比亚和迦太基的模样"。（普鲁塔克）

不幸的是，希腊在西西里战争中惨败。这不仅是军事上的惨败，更让亚西比德名声扫地。因为战败的亚西比德并没有返回雅典受审，而是逃到了斯巴达。他建议斯巴达与波斯结盟。他还巩固了阿提卡的德西里亚（Decelea），并安排了长驻军，对雅典形成包围。他极力渲染斯巴达势力如何强大，以此劝说爱奥尼亚各城脱离雅典。尽管亚西比德如此卖命地效忠新主，斯巴达人仍不愿与他为伍。他们怀疑亚西比德早晚会重返故土。后来，亚西比德害怕遭人暗杀，决定悄悄离开斯巴达。

重归雅典

离开斯巴达后，亚西比德去了波斯，得到大流士国王的一位总督提萨弗尼斯（Tissaphernes）的庇护。斯巴达人最担心的事情终于发生了：亚西比德又开始帮助雅典对抗斯巴达。同时，他也与雅典谈判，希望得到赦免[10]。为了达到这一目的，他秘密同萨摩斯（Samos）的雅典指挥皮山大（Pisander）进行了谈判。此人一向支持亚西比德等雅典贵族，支持推翻民主政治。

公元前411年，在萨摩斯的寡头执政者鼓动下，雅典发生政变，引入了寡头政治。"四百人议事会"（The Four Hundred）取代了民主秩序，漂泊的亚西比德终于被召回，虽然召回他的并不是雅典的新政府。同时，亚西比德联合民主派将军特拉西布鲁斯（Thrasybulus）和塞拉门尼斯（Theramenes）组成了反对斯巴达的三人执政，效果显著。

荷马史诗《奥德赛》中场景：奥德修斯与半人半鸟海上女妖塞壬（Siren）。古阿提卡罐子上的绘画。塞西卡斯战役中，双方就使用了类似的船只参战。

战争后期

最重要的是，在公元前410年的塞西卡斯战役[11]中，斯巴达舰队严重威胁了雅典从赫勒斯滂运输谷物的船只。雅典舰队共86艘战船，仅比斯巴达多6艘，最终雅典击败了斯巴达舰队。

战斗打响前，雅典军在夜色掩护下驶离普洛孔涅索斯岛[12]，亚西比德作了一次鼓舞人心的演讲。他告诉士兵，他们不仅要在海上和陆上作战，还要围攻敌人的要塞；而且只有赢得整个战役的胜利，国库才能付给他们军饷。说完这些，他让士兵们登船，凯利亚斯（Chaereas）负责指挥，而亚西比德、特拉西布鲁斯和塞拉门尼斯则负责指挥海军支队。

亚西比德率领约40艘战船大胆驶入塞西卡斯港西侧。斯巴达舰队司令明达鲁斯（Mindarus）以为这就是雅典舰队的全部力量，于是派出所有舰船，追击驶向阿尔塔开岬（Artace）的雅典军。亚西比德见时机成熟，命令调转船头迎击明达鲁斯，同早已隐蔽在明达鲁斯后方的特拉西布鲁斯和塞拉门尼斯相互呼应，夹击斯巴达军。

明达鲁斯逃往克莱里（Cleri），在那里得到了波斯同盟法那培萨斯（Pharnabazus）的支援。亚西比德虽然摧毁了部分斯巴达船只，但是他终归寡不敌众，直到塞拉门尼斯和凯利亚斯赶来才救了亚西比德。波斯将领下令撤退。斯巴达军被打散，不久，明达鲁斯被杀。斯巴达抛弃了塞西卡斯，雅典军夺取了赫勒斯滂，从海上横扫斯巴达。传回斯巴达城邦的消息极其简练："船损。将亡。兵饥。不知所从。"

位于雅典南部、阿提卡半岛最南端苏尼翁海角（Sounion）的波塞冬神庙。 公元前 413 年，雅典人加固了海角防守，抵御斯巴达人入侵。苏尼翁海角是雅典从优卑亚岛运送粮草的海上咽喉要道，关系到雅典的生死存亡。

塞西卡斯战役胜利后，雅典重新以民主制取代了不得人心的寡头政府。

公元前 407 年，亚西比德得胜归来。然而仅一年之后，雅典在诺丁姆战役（The Battle of Notium）中失败，亚西比德成了替罪羊，再遭放逐。

公元前 404 年，雅典战败，第二次伯罗奔尼撒战争结束。几周后，亚西比德在弗里吉亚（Phrygia）遭谋杀。

> "船损。将亡。兵饥。不知所从。"
> ——塞西卡斯战败后，一条极其简练的消息传回斯巴达城邦

注释

[1] 译注：The Battle of Corcyra，指公元前 435 年，伯罗奔尼撒同盟中的科林斯与其殖民地克基拉发生争端。公元前 433 年，雅典出兵援助克基拉，逼科林斯退兵。

[2] 译注：The Battle of Potidaea，指雅典借口伯罗奔尼撒同盟成员科林斯的殖民地波提狄亚隶属于提洛同盟，要求波提狄亚与科林斯断绝关系，拆毁面向帕利尼方面的城墙；向雅典交纳人质；驱逐科林斯人派来的地方官；并且不允许科林斯以后再派遣地方官。

[3] 译注：伯罗奔尼撒加入了斯巴达联盟，而阿提卡则是提洛同盟的中心。

[4] 原注：Delion，即现在的底雷斯（Dhilesi）。

[5] 译注：Ajax，特洛伊战争中的希腊英雄。

[6] 译注：Mantinea，希腊南部城市，当时是雅典盟国。

[7] 译注：Argos，希腊古城，位于伯罗奔尼撒半岛东部。

[8] 译注：Syracuse，又译锡拉库扎，意大利西西里岛东部一港市。

[9] 译注：Carthage，位于非洲北海岸，历史上曾建立过国家，三次布匿战争中均被罗马打败。

[10] 译注：西西里战争后，亚西比德曾缺席被判处死刑。

[11] 译注：Battle of Cyzicus，是伯罗奔尼撒战争中斯巴达和雅典的一次重要较量。这次战斗之后，斯巴达完全丧失了海上战斗力。

[12] 译注：Proconnesus，位于塞西卡斯西北，现名马尔马拉岛（Marmara）。

-5-
喀罗尼亚战役
CHAERONEA

马其顿王国腓力
vs
希腊联盟

Philip of Macedon *v.* The Hellenic League

前338年

  马其顿王国位于希腊北部，在国王腓力二世统治时期，王国逐渐强盛；至腓力二世之子亚历山大大帝时期，马其顿王国达到鼎盛。马其顿人在军事上最主要的创新之一就是以职业化常备军代替了希腊式重装步兵，即"城市民兵"（soldier-citizen）。"新式部队"的武器是由两节韧木（可能是樱桃木）制成的"重型方阵矛枪"（sarissai）。有力的武器加上强有力的领导，马其顿成了一支不可小觑的军事力量。

> 腓力二世[1]的部队中除了马其顿本国军队，还有阿吉里亚（Agrianian）和色雷斯的标枪兵、克里特弓箭手，以及所谓的"皇家近卫军"（Royal Foot Companions）和"持盾卫队"（Royal Shield Bearers）等原始步兵兵团。这些部队大大增强了马其顿的军事实力。士兵多为农民出身，他们直接效忠国王，而非当地贵族。

武士之邦

马其顿王国是军事化国家，类似腓特烈一世统治下的普鲁士。马其顿部队军纪严整，甚至不允许士兵用热水洗澡，苛刻程度可见一斑。在当时的马其顿，种地和采矿是奴隶的工作，而本国公民必须从小接受军事训练，学习战争艺术，尤其要学会使用长矛。

马其顿步兵的装备比雅典的重装步兵轻便许多：他们腿绑铠甲，头戴弗里吉亚式金属头盔，使用的盾牌很小，以便更加自如地挥动长矛。最初，每个步兵单位由10行16列组成，共160人。后来扩大为16行16列，共256人。马其顿大方阵由7个1500人的中队组成，共计10500人。中队也称作"团"（taxies），由马其顿贵族指挥。方阵右翼防御力较弱，需要全副铠甲武装的持盾兵来保护。当部队在平原上后撤时，这支持盾兵在骑兵配合下就成了精锐部队。骑兵原本位于方阵左侧，在马其顿方阵中呈楔形，而在盟友色萨利部队中则呈菱形，以便于方阵转弯或后退。骑兵佩戴护胸甲和皮制下摆，但不配马镫。他们一手拿短剑，即"双刃曲剑"（kopis），另一手则使用2.7米长轻矛（xyston）。进攻时先使用矛，敌人打入方阵后再放下轻矛，以短剑相接。

公元前 333 年的伊苏斯战役（The Battle of Issus）中，亚历山大大帝大败波斯王大流士三世。该图出自一幅罗马的马赛克拼图，画面背景展示了马其顿军队的主要武器——重型方阵矛枪。

保卫王国

为了巩固马其顿王国，腓力二世南征北战，向西、北远及多瑙河流域，征服了色雷斯人和伊利里亚人，向东抵达黑海。他向当时最伟大的将军——底比斯国王伊巴密浓达（Epaminondas）学习战争的艺术。伊巴密浓达是最早主张使用骑兵的人，并将步兵方阵向纵深扩展为 48 行。

受伊巴密浓达的启发，腓力对骑兵进行了改革：作战时先让骑兵一齐用长矛猛攻，扰乱敌军阵脚，随后再派步兵歼灭敌人。这种骑兵作战法同日后的火力掩护颇有几分相似。

腓力二世的部队还有关键武器——攻城车。他用攻城车至少夺取了安菲波利斯（Amphipolis）、波提狄亚（Potidaea）、皮德纳（Pydna）、墨托涅（Methone）等 32 个希腊北方城镇。夺城后，他就将马其顿农民迁移进来，喂养马匹，令其参加骑兵。其实，希特勒争取"生存空间"（Lebensraum）的主张[2]同这种做法颇为相似。

佛西斯人曾在一场持续了一年的围城战中公然反对马其顿，因此腓力二世便同底比斯人和色萨利人结盟，对佛西斯人发动"圣战"，把奥林索斯[3]夷为平地。然而腓力很清楚，马其顿迟早要与底比斯人和雅典人开战。公元前 339 年后期，他在维奥蒂亚的喀罗尼亚（Chaeronea）扎营。喀罗尼亚位于底比斯以北 30 英里（48 公里）的佛西斯边境，控制着克菲索斯谷（Valley of Cephissus），是温泉关南部岩石地带上一条重要的通道。历史学家伊恩·沃辛顿（Ian Worthington）简明扼要地概括了这场战役的危险程度及其性质："这场战役将决定希腊的命运：如果希腊取胜，就能保持自由和自治……若腓力二世取胜，他就控制了希腊。就这么简单。"

> "这场战役将决定希腊的命运：如果希腊取胜，就能保持自由和自治……若腓力二世取胜，他就控制了希腊。就这么简单。"
>
> ——历史学家
> 伊恩·沃辛顿

希腊惨败

希腊联盟的反应非常迟缓，双方直到次年 8 月 22 日才开战。战场可能位于克菲索斯河（River Cephissus）与喀罗尼亚卫城之间，两边以河流为界，中间是狭窄的平原，宽度仅 2 英里（3 公里）。平原中间河流密布，南北两侧为山丘，东部为沼泽。腓力在这里部署了精锐的骑兵，一旦敌人突破自己的防线，他们还可以退守色拉塔（Cerata）关口。

腓力从埃拉提亚[4]出发，途经帕拉波塔米欧伊[5]至喀罗尼亚；其子亚历山大曾在一棵橡树下扎营。因此直到普鲁塔克时代，这棵树仍被称为"亚历山大橡树"。腓力大军有 3 万人的步兵和 2000 人的骑兵，其中 2.4 万人为马其顿人，其余是马其顿的盟军。而希腊方面在人数上稍占优势，有 3 万步兵和 3800 名骑兵。雅典军队由卡瑞斯（Chares）、吕西克列斯（Lysicles）和斯特托高斯（Stratocles）指挥，位于左侧，底比斯将军特阿根尼（Theagenes）率军居右。维奥蒂亚共派 1.2 万名重装步兵参战，其中包括一支 254 人的精锐步兵部队——"底比斯圣团步兵"（Sacred Band）。

这些部队按种族排列，各部队侧翼均在河边。亚历山大骑兵对面是圣团步兵。由于战线太过狭窄，骑兵的优势难以体现，因此喀罗尼亚战役的成败几乎全由步兵决定。公元前 338 年 8 月 1 日（一说 4 日），天刚破晓，战斗就拉开了序幕。马其顿人战斗经验丰富，雅典人却是第一次与其交锋。战斗的细节已无据可考，历史上一般认为，腓力的右翼佯装撤退，引雅典左翼孤军深入，自毁阵型。这样就在希腊-底比斯联军的战线上撕开缺口，迫使联军收缩战线。然而圣团步兵没有调整战线，于是又出现了一个缺口。腓力后撤 30 米，并立即令其子亚历山大指挥骑兵插入缺口，迅速包围并全歼了底比斯圣团步兵。据说，这些士兵英勇却徒劳的抵抗让一向严肃的马其顿国王感动得掉下了眼泪。

此时，腓力二世的方阵停止佯动，开始前进。马其顿步兵使用重型方阵矛枪，雅典联盟根本无法靠近，被腓力一直打到河谷。1000 余

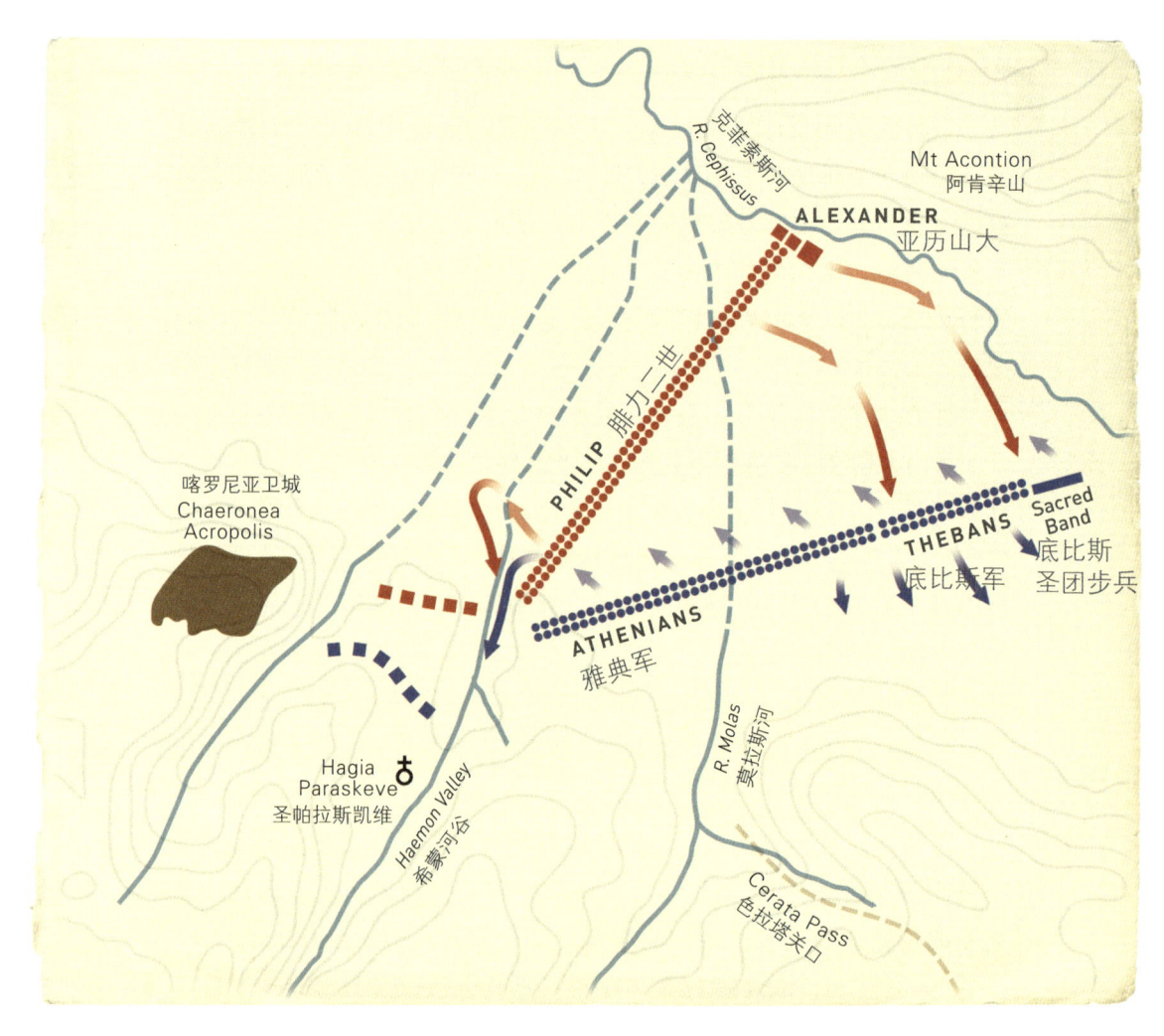

喀罗尼亚战役中双方部署图。 底比斯防线最右侧是精锐的圣团步兵，面对亚历山大的骑兵，他们英勇作战，直到全部牺牲。

名希腊人在战斗中死亡，另有 2000 人被俘，亡者的鲜血染红了希蒙河（The River Haemon）。尽管如此顽强，希腊联军依然大败而归，仅有少数幸存者从色拉塔关口逃脱。据说，腓力二世见状冷漠地评价道："雅典人根本不懂克敌制胜之法。"

建立新秩序

对雅典和底比斯而言，喀罗尼亚战役无疑是一场灾难。底比斯的人员伤亡比雅典更加惨重。雅典将军吕西克列斯被送上法庭，检察官指责他"是我们国家活生生的耻辱"，给他判了死刑。

马其顿胜利后，大多数希腊城邦加入了科林斯联盟，臣服于马其顿并跟随腓力二世征战波斯。喀罗尼亚战役使希腊在此后一个半世纪里受制于马其顿。从政治角度来看，这场战役无疑是一场克劳塞维茨[6]式胜利。

两年后，腓力二世在马其顿首都韦尔吉纳（Vergina）被暗杀，其子亚历山大继位。

注 释

[1] 译注：Philip II，前382—前336。

[2] 译注：德语的Lebensraum指国土以外可控制的领土和属地。

[3] 译注：Olynthus，希腊北部卡尔西迪西（Chalcidice）的古城。

[4] 译注：Elatea，古希腊佛西斯地区的一座古城，位于希腊中部。

[5] 译注：Parapotamii，佛西斯地区古城，位于克菲索斯河左岸。

[6] 译注：Clausewitz，1780—1831，德国军事理论家、军事历史学家，其著名观点为"战争是政治的工具"。

-6-
坎尼战役
CANNAE

迦太基将军汉尼拔
vs
罗马共和国

Hannibal v. The Roman Republic

前216年8月2日

  公元前216年，迦太基将军汉尼拔克服重重阻力，终于在意大利南部城市坎尼击溃罗马军。在军事院校的战略专家眼里，坎尼战役是一场史无前例的经典战役，亦是后世难以逾越的巅峰之战。

> 为了争夺地中海控制权，罗马和迦太基进行了一场耗时长久的战争，史称"布匿战争"（Punic Wars）。第一次布匿战争（公元前264—前241）爆发时，罗马刚刚建立，羽翼尚不丰满，尚未完全控制意大利半岛。迦太基与罗马两方因争夺盛产小麦的西西里岛和墨西拿城（Messina）引爆了这场战争。罗马接连几次在海上战胜了迦太基，夺取了第一次布匿战争的胜利。
>
> 为了复仇，迦太基挑起了第二次布匿战争（公元前218—前201）。事实上，这两个国家积怨已久。汉尼拔的父亲哈米尔卡·巴卡（Hamilcar Barca）早就让他发誓"永远不对罗马人表示友善"。

冒险之策

同亚历山大大帝一样，汉尼拔也从父亲手里继承了一支精锐部队，且他同亚历山大一样善于统领骑兵。公元前219年，汉尼拔开始穿过西班牙，进入罗马境内。之所以选择翻山越岭长途跋涉，就是为了避免同所向披靡的罗马海军交战。

公元前218年，他率利比亚步兵、努米底亚[1]骑兵、巴利阿里[2]投石兵、西班牙各族以及37头大象翻越阿尔卑斯山。亚历山大早年也使用过战象，这一点并非汉尼拔首创。这次翻山越岭、艰苦卓绝的行动虽然可以出奇制胜，让敌人措手不及，却也使自己的部队损失过半。士兵要么冻死、饿死，要么半路折返，险些让汉尼拔的进攻计划流产。

一进入意大利，他就对波河[3]支流——特雷比亚河（Trebbia）沿岸的罗马大营发起一连串侵扰。罗马军出战迎敌，被汉尼拔的骑兵打散。但是，罗马并非彻底战败，最后仍有1万名罗马人逃到皮亚琴察[4]避难。

公元前 217 年 6 月 21 日，一个大雾弥漫的早晨，汉尼拔在托斯卡纳南部山丘和特拉西米诺湖（Lake Trasimene）之间，伏击了罗马执政官弗拉米尼（Flaminius）指挥的 2.5 万罗马大军，挫败了罗马军主力，他们只有 6000 余人侥幸逃脱。不幸的是，他们不久之后再次陷入汉尼拔的包围。

在劫难逃

尽管汉尼拔的部队捷报频传，然而他们的处境却非常危险。汉尼拔的士兵来自各个部落，他对这些人并不十分信任。罗马作家李维（Livy）也将他们描述为"各民族的大杂烩"。此外，汉尼拔缺乏必要的补给。他曾想过先退回高卢，不过最终他还是决定南下阿普利亚[5]，那里收获的季节来得较早。罗马派执政官盖乌斯·特雷恩蒂乌斯·瓦罗（Gaius Terentius Varro）和路奇乌斯·埃米利乌斯·保路斯（Lucius Aemilius Paullus）为统帅，他们决心彻底消灭汉尼拔，消除隐患。后世对这两位执政官的评价并不高，尤其指责瓦罗太过鲁莽。虽然罗马兵力几乎两倍于汉尼拔，但由于保路斯判断失误，罗马军陷入了汉尼拔的圈套。正如李维所说，"命运自有定数"。

迦太基约有包括凯尔特人、西班牙人、北非人和努米底亚人在内的步兵 4.6 万人，以及约 1 万人的骑兵部队，而罗马军有整整 8 个军团，共计 8.6 万人。

当时，狂风夹杂着大量沙尘刮过坎尼平原，汉尼拔让军队背对盛行风。罗马历史学家卡西乌斯·迪奥（Cassius Dio）证实，他选择的位置非常有利。罗马人则面风而战，连呼吸都很困难。

汉尼拔迫切想要战斗，于是他计划诱敌深入：他要以优势兵力——骑兵"小规模迅速出击"，以"引诱敌人进攻"。在这紧要关头，保路斯和瓦罗却还在为采取何种战术争论不休。

四面夹击

汉尼拔佯装撤退,同时派骑兵在罗马大营前的饮水处进行骚扰。保路斯行事谨慎,轮到他指挥时,他非常明智地制止士兵出击。但第二天,即公元前216年8月2日,轮到瓦罗指挥,他竟没有和保路斯商议,就草草下令进攻。两个罗马阵营兵合一处,骑兵在右,步兵军团在左,涅乌斯·塞维利·盖米努斯(Gnaeus Servillus Geminus)指挥的标枪兵和轻步兵辅助军团居中。他们采用常规的三列步兵阵势,两侧辅以骑兵,准备以优势兵力进攻敌人。汉尼拔命令高卢和西班牙骑兵居左,努米底亚骑兵居右,步兵团居中。努米底亚军队配备了精良的罗马武器——特拉西米恩战斗中夺取的战利品。

一上午的激战未分胜负。汉尼拔布下圈套,引罗马人上钩:他将战线排成半月形,中间凸出,面对敌人,同时增援左右两侧。他派左侧的骑兵出击,将未经过训练的罗马平民骑兵赶出战场,围困在安菲狄额河(River Anfidius)河边。另外,据李维记载,大约500名努米底亚士兵佯装投降,他们把剑藏在宽松的长袍下、把盾牌挂在背后,来到罗马军前,罗马人把他们转移到后方。

然而,令罗马人始料未及的是,努米底亚人一到后方,便立即拿出盾牌,从背后突破了罗马防线。随后,汉尼拔骑马绕到罗马步兵后方,支援正与罗马骑兵交战的努米底亚军。正当罗马步兵从战线中部向前推进时,努米底亚人及时从右侧发起了冲击。哈斯德鲁巴(Hasdrubal)指挥的西班牙和凯尔特骑兵也迅速冲向敌后,合围了罗马军。共消灭敌人48200人,其中包括1名执政官、2名检察官和29名护民官以及多名前任执政官、裁判官和市政官等,俘虏了2万多人。汉尼拔从罗马死者手上缴获并送往西西里的金戒指达数斗之多,罗马贵族的死伤之重,可见一斑。

瓦罗逃脱了,保路斯却没有,战斗一开始他就被弹弓射出的石块击中,但他依然血战到底。据说护民官兰图鲁斯(Lentulus)看见失血过多的保路斯坐在岩石上,就对他说:"在上苍眼里,唯有你在今天的战斗中无可责备。"保路斯朝他挥挥手,让他速回罗马,巩固罗马城池。

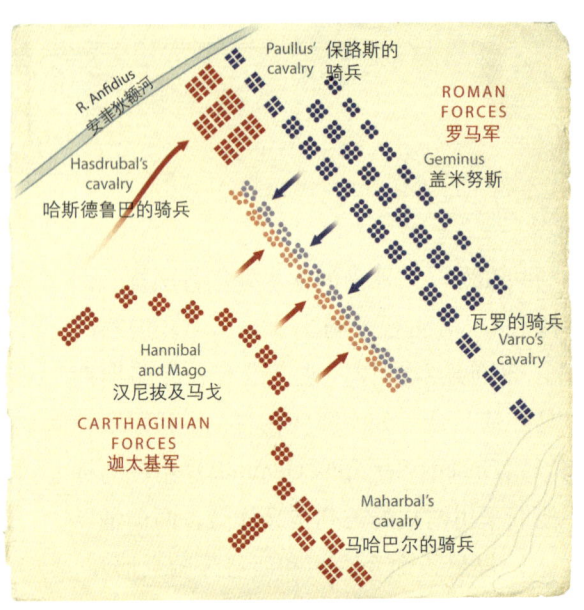

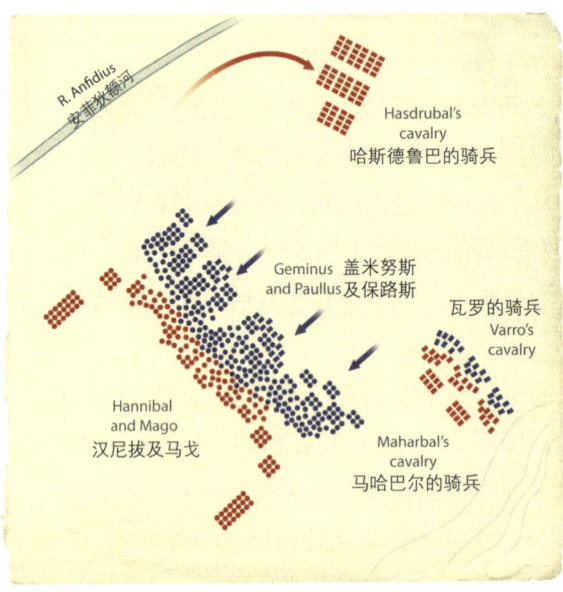

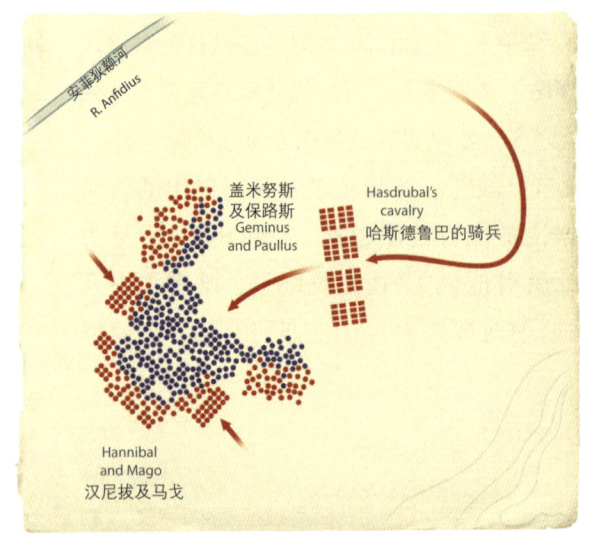

坎尼战役前两阶段，汉尼拔使用"双面包围"策略从侧面包围并全歼迎面而来的罗马敌军。同时，汉尼拔和兄弟马戈率步兵进攻罗马军团防御较弱的侧翼，骑兵从背后偷袭，完全包围了罗马大军。战斗的第三阶段，大批罗马军陷入包围，被汉尼拔消灭。

罗马惨象。 坎尼战役是古代历史上最著名的战役，也是罗马共和国遭受的最惨烈的战败。该图是19世纪法国艺术家弗朗索瓦－尼古拉·希夫拉尔（Francois-Nicolas Chifflart）所绘的战场景象。

费边战术

从施里芬到艾森豪威尔，历史上众多军事家都把坎尼战役看作歼灭战的经典战例。遗憾的是，汉尼拔自认为兵力不足，不肯乘胜进军、踏平罗马，错失取得全胜的良机。事实上，罗马当时几乎只剩空城一座。坎尼战役后，罗马重新启用了昆图斯·费边·马克西姆斯（Quintus Fabius Maximus）的战术。费边将军一向小心翼翼，因而被人讽刺为"拖延者"（delayer）。他避免同汉尼拔正面接触，任敌人攻城略地，待汉尼拔的主力转移，再行夺回失地。"费边战术"逐渐拖垮了汉尼拔这支受疾病和士兵逃亡困扰的军队。由于远离本土，汉尼拔无法得到任何

坎尼战役纪念碑。 该地区的广阔平原可以最大限度地发挥汉尼拔的骑兵优势，尽败罗马大军。

增援。公元前212—前211年，罗马先后夺回卡普阿[6]和叙拉古，形势开始逆转。

公元前202年，扎马战役[7]爆发，帕布留斯·科涅利乌斯·西庇阿[8]率罗马军大败汉尼拔。汉尼拔要求和解，第二次布匿战争终于结束。汉尼拔被流放，最终于公元前183年自杀。

公元前149—前146年的第三次布匿战争中，罗马大军夺下迦太基城，并将其夷为平地。罗马终于摆脱了迦太基威胁。罗马一位元老演讲时说："一定要彻底摧毁迦太基！"在这句名言鼓动下，罗马人在迦太基的土地上撒上盐，使万物不得生长，并把迦太基人卖为奴隶。

注释

[1] 译注：Numidian，北非古国，领土大约相当于阿尔及利亚东北以及突尼斯部分地区。公元前 3 世纪左右，努米底亚为迦太基所统治，为其提供轻骑兵作为雇佣军。

[2] 译注：Balearic，地处西地中海，位于伊比利亚半岛、法国南部和北非之间，当时处于迦太基控制之下。

[3] 译注：River Po，意大利最大的河流，主要流经意大利北部。

[4] 原注：Placentia，现写作 Piacenza。

[5] 译注：Apulia，位于意大利南部，濒临亚得里亚海。

[6] 译注：Capua，意大利南部城市。

[7] 译注：The Battle of Zama，罗马名将帕布留斯·科涅利乌斯·西庇阿同汉尼拔在北非古城扎马的战役。这是汉尼拔平生第一次也是最后一次战败。

[8] 原注：Publius Cornelius Scipio，指"非洲的征服者西庇阿"（Scipio Africanus）。也称"大西庇阿"。

-7-
法萨卢斯战役
PHARSALUS

尤利乌斯·恺撒
vs
庞培大帝

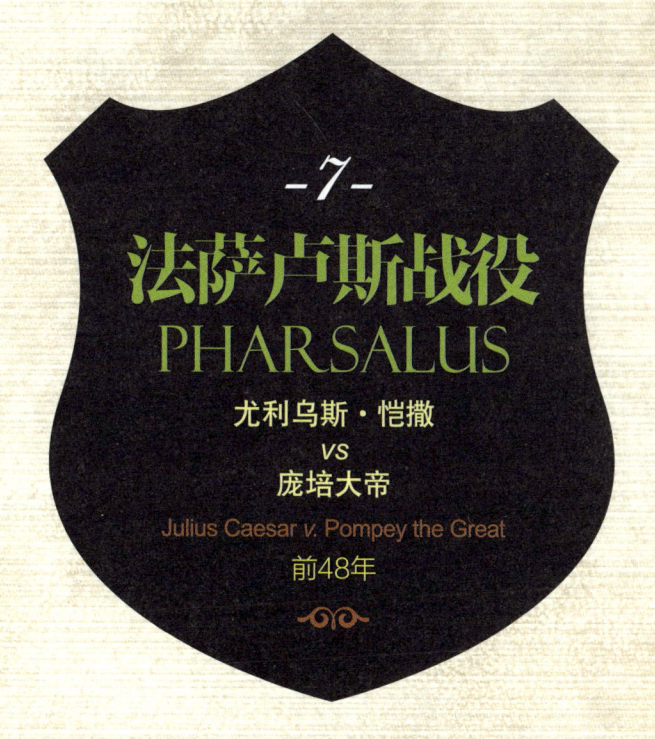

Julius Caesar *v.* Pompey the Great
前48年

法萨卢斯战役发生在现在希腊北部的法色拉（Farsala）。这场战役摧毁了尤利乌斯·恺撒曾经的盟友和多年的对手庞培大帝，巩固了恺撒的权力。他很快成为罗马唯一的主人，这为他日后建立罗马帝国打下基础。

格奈乌斯·庞培（Gnaeus Pompeius Magnus）曾一度是罗马的宠儿。他的父亲庞培·斯特雷波（Pompeius Strabo）在占领意大利周边各国的作战中立过赫赫战功。庞培比父亲更精于政治，他以英雄亚历山大大帝为榜样，并小心地经营着自己的形象。庞培相貌英俊，英勇善战，同亚历山大一样，主张发展骑兵，并多次靠骑兵获胜。但从法萨卢斯战役可以看出，骑兵并不能百分之百战胜训练有素、经验丰富的步兵。

公元前81年，庞培出征努米底亚，在古罗马的阿非利加行省（Africa）大获全胜。独裁者苏拉[1]授予年仅25岁的庞培人生第一个凯旋式[2]。事实上，庞培当时过于年轻，且没有官职，按照罗马法律他并没有资格获此殊荣。但庞培坚持要求获得这项荣誉。他准备乘大象拉的战车进入罗马，展示他在阿非利加的功绩，但大象战车竟无法通过罗马城门。庞培的骄傲和雄心从这件事上可见一斑。

阴谋夺权

公元前1世纪，罗马共和国政治斗争频发，内战连年。公元前60年，三个最有权势的人物——庞培、恺撒和马库斯·李锡尼·克拉苏[3]建立了"前三头同盟"。随后恺撒返回罗马行省高卢，继续镇压高卢起义。由于庞培和克拉苏互为死敌，这一联盟注定是不坚固的。恺撒离间了庞培和克拉苏，取得政治优势，当上了执政官。他还同庞培联姻，把女儿尤莉亚嫁给庞培。但两人之间的关系随尤莉亚的临产死亡而破裂。公元前53年，克拉苏出征小亚细亚时阵亡，两巨头之间唯一的缓冲剂不复存在，血腥冲突一触即发。

庞培非常擅长操纵舆论。他65岁左右时，有一次海盗袭击了意大利海岸，劫走两名罗马大法官。庞培利用此事任命自己为海军统帅，不到一年便彻底清剿了海盗。恺撒也极尽迎合平民之能事，他利用高卢战役的胜利来笼络人心。普鲁塔克称他的所作所为"狡猾而诡诈"。

恺撒跨过卢比孔河

公元前50年，恺撒得知庞培及其盟友企图解除自己的职务，便警觉地离开高卢，返回罗马。根据当时罗马法律的规定，任何将军不得带领军队跨过意大利本土与山内高卢的边界卢比孔河（Rubicon）。然而公元前49年1月，恺撒宣称："木已成舟"，公然违抗禁令，率兵渡河，占领罗马。随后又追至西班牙，大败对手庞培。回到罗马后，他继续寻求平民的支持，而庞培则着力于拉拢贵族。

庞培率自己的全部势力逃往布鲁登西[4]，然后乘船前往希腊。他计划同东部行省内效忠自己的部队会合，共同对抗恺撒，但他的权势正日渐衰弱。恺撒曾批评庞培在布鲁登西的战术，称他应该像雅典将军伯里克利一样加强防御，而不该模仿地米斯托克利，弃城而逃。但由于没有船只，恺撒只得回到罗马，仅用了60天就征服了意大利其他地区。

庞培仍坚持先在希腊站稳脚跟。他认为："一个人越爱罗马，就越愿意不惜一切代价为她而战，也就越不愿看见罗马发生内战，而只愿耐心地等待统治者的到来。"

希腊之战

与庞培相比，恺撒有一个巨大优势：他的军队身经百战，善用标枪，善使短剑近距离激战。而庞培的军队集结过于匆忙，严重缺乏作战

R. Enipeus 埃尼培乌司河

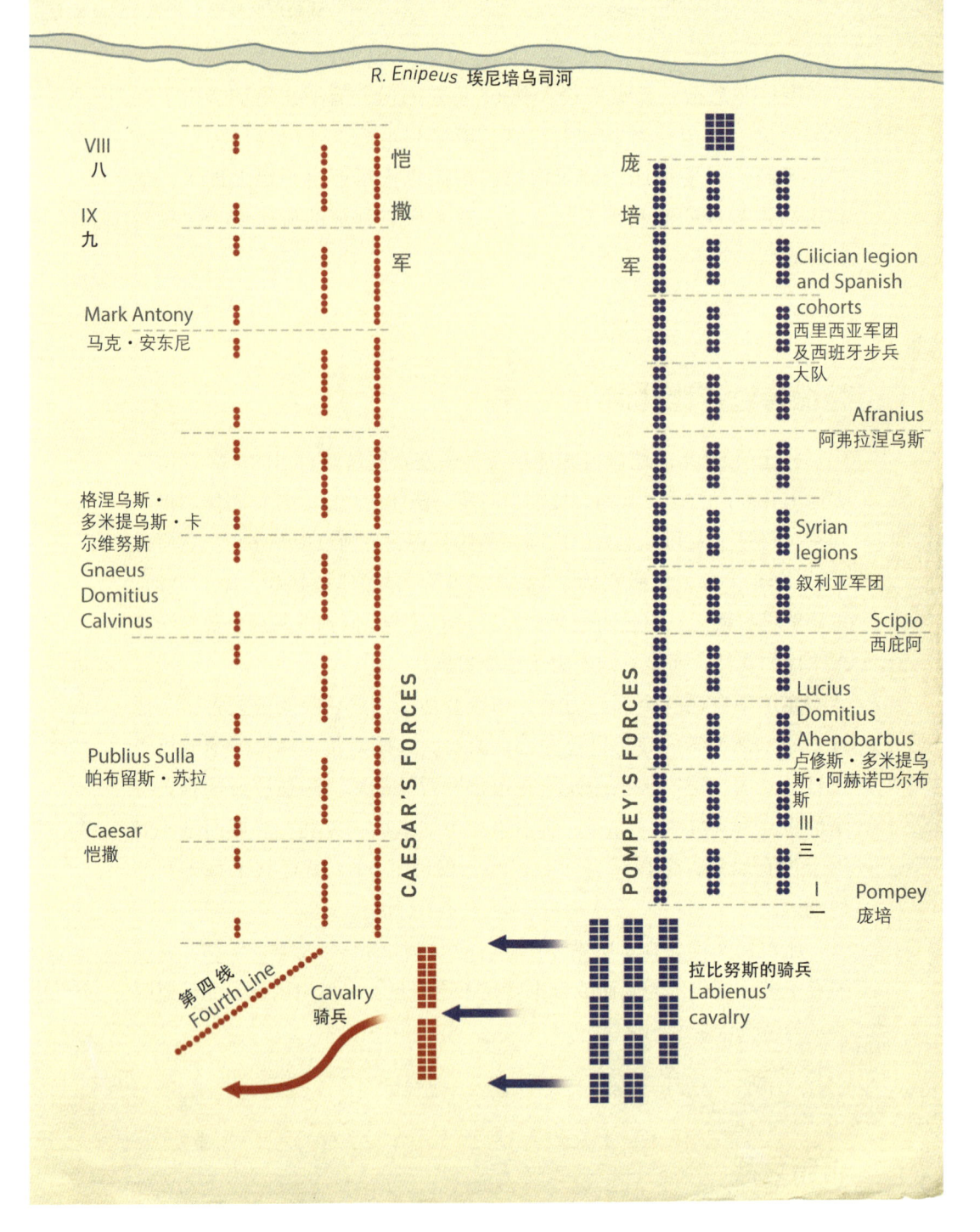

Caesar's Forces		Pompey's Forces	
VIII 八	恺撒军		庞培军
IX 九			
Mark Antony 马克·安东尼		Cilician legion and Spanish cohorts 西里西亚军团及西班牙步兵大队	
			Afranius 阿弗拉涅乌斯
格涅乌斯·多米提乌斯·卡尔维努斯 Gnaeus Domitius Calvinus		Syrian legions 叙利亚军团	
			Scipio 西庇阿
		Lucius Domitius Ahenobarbus 卢修斯·多米提乌斯·阿赫诺巴尔布斯	
Publius Sulla 帕布留斯·苏拉		III 三	
Caesar 恺撒		I 一	Pompey 庞培

第四线 Fourth Line
Cavalry 骑兵

拉比努斯的骑兵 Labienus' cavalry

法萨卢斯战役第一阶段阵列图。 庞培军队的人数是恺撒的两倍多，占有压倒性优势，然而恺撒的部队大多在高卢身经百战，十分勇猛。

经验。

恺撒率军穿过马其顿，同庞培发生了几次小冲突，眼看粮草就要耗尽。他们本打算在都拉基乌姆（Dyrrachium，位于今天的阿尔巴尼亚境内）截断庞培的补给，不料遭到惨败，伤亡超过1000人。然而庞培没能充分利用这次胜利：他不敢同恺撒正面交锋，丧失了制胜良机。庞培的军官试图给他鼓气，把他比作"阿伽门农"[5]、称他为"王中之王"，但他似乎已经失去了作战勇气。普鲁塔克记载了恺撒如何嘲讽他的对手缺乏决心："若敌人有个好统帅，他们早就胜利了。"普鲁塔克同时揭示，恺撒如此虚张声势掩盖了他受挫后的焦虑心情，他将那一夜称为"我此生最痛苦的一夜"。

恺撒运气不佳，戈姆菲城[6]拒绝接纳他。于是他毫不留情地率军攻城，大肆洗劫了戈姆菲。其他城市见状，再也不敢与恺撒为敌。庞培非常清楚，恺撒严重缺乏重要的军需物资，所以宁愿拖延战斗消耗恺撒，也不愿出战。他也惧怕恺撒军中英勇顽强的老兵。庞培的岳父梅特卢斯·西庇阿（Metellus Scipio）很快将率主力前来与他会合，他不愿让岳父惨败而归。但迫于众将压力，庞培终于决定开战，西庇阿一到，他们便前往色萨利迎击恺撒。

决战法萨卢斯

庞培起初驻扎在法萨卢斯平原高地上，该平原南抵埃尼培乌司河（River Enipeus）。由于庞培占据了有利地形，恺撒并不愿就此开战。令人意外的是，庞培突然来到平原扎营。恺撒与中尉商量后决定第二天就与庞培开战。为了求得众神相助，夺取胜利，他彻夜祭祀战神马尔斯（Mars）和维纳斯。

第二天一早，两军摆好阵势：阿弗拉涅乌斯（Afranius）指挥庞培大军的右翼迎战沿河布阵的马克·安东尼（Mark Antony），西庇阿迎战格涅乌斯·多米提乌斯·卡尔维努斯（Gnaeus Domitius Calvinus），而卢修斯·多米提乌斯·阿赫诺巴尔布斯（Lucius

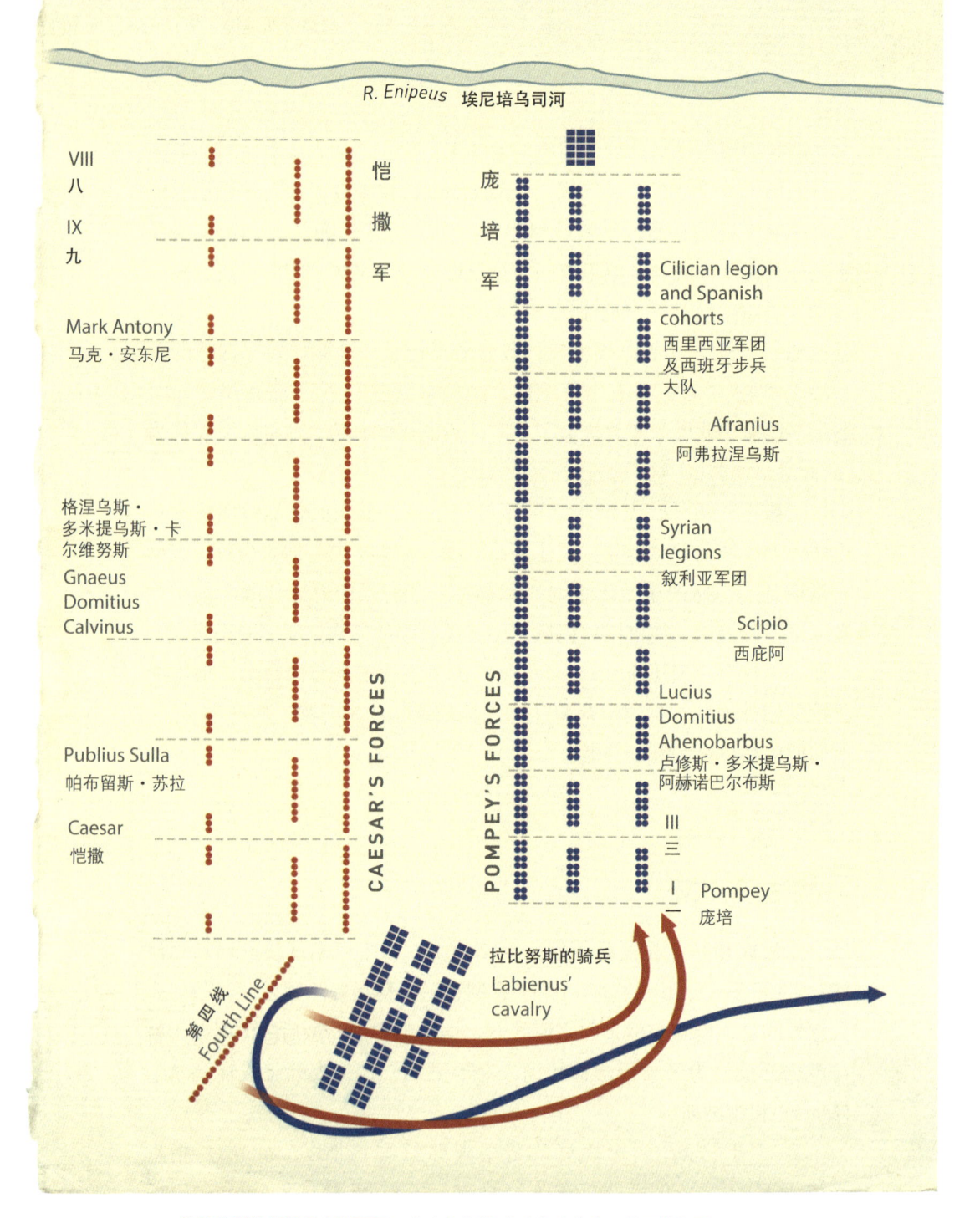

法萨卢斯战役转折点阵列图。拉比努斯的骑兵发动进攻，然而他们军纪不整，很快就被击溃，只得撤退。恺撒的第四线趁乱穿过敌人的步兵团左翼，重重地打击了庞培军。

罗马雕像尤利乌斯·恺撒。 恺撒是古罗马杰出的军事家。他在高卢战争中的辉煌战绩很快使年老的庞培黯然失色。

Domitius Ahenobarbus）为庞培左翼，迎击帕布留斯·苏拉（Publius Sulla）。恺撒身边是最精锐的第十军团。庞培的步兵大队排列过于紧凑，不利于投掷标枪。为了抵御骁勇的第十军团，庞培令拉比努斯（Labienus）指挥约 6400 名骑兵排在左侧。总之，庞培的兵力共计 4.5 万人，而恺撒的仅有 2.2 万人。

百夫长[7]盖乌斯·克拉斯阿努斯（Gaius Crassianus）率领 120 名恺撒士兵率先发起进攻，然而他不久就被敌人从正面一剑穿喉。恺撒的士兵仍坚持战斗，他给士兵灌输的忠诚信念在这里得到了体现。

按照计划，庞培的骑兵应该突破恺撒的阵地，从后方合围恺撒全军。恺撒暗自从第三线抽调了 6 个步兵大队组成第四线，构成斜角巩固左翼。为防止混乱，双方各设口令。恺撒的口令是"维纳斯，带来胜利的人"[8]，庞培的是"战无不胜的赫拉克勒斯"。看起来，恺撒一方的布阵相对更宽松、更机动灵活。

恺撒的士兵距敌人 14 米时掷出标枪，他们本以为庞培的步兵会上前迎战，但庞培早已命令士兵原地不动。恺撒后来批评这个决定，认为这是严重的错误。"庞培忽视了一点：第一次须全力出击，才能愈战愈勇，战斗的激情总是在进攻中点燃，在冲撞中燃烧。"当恺撒军团意识到敌人根本不会冲锋时，便手持利剑冲向他们。

转折之点

现在轮到骑兵指挥官拉比努斯进攻了，他的分队人数远远多于对手。恺撒命骑兵撤退，诱敌深入；他还命令左翼的兵士越过前线，用标枪刺骑兵的眼睛。这些骑兵多数是年轻贵族。恺撒深信，这些贵族爱慕虚荣，绝不会为了打败敌人而牺牲自己的容貌。这个判断非常准确：这些骑兵甚至不等来到阵前，就已经乱作一团，各自溃逃了。如此一来，恺撒的步兵团就可以重点攻击敌人最脆弱的部位，扰乱敌人的阵脚。

恺撒从第三线调来步兵大队增援时，庞培的士兵开始掉头逃跑。恺撒保留了一部分力量袭击庞培大营，并命令他们尽量不要屠杀罗马同胞。尽管如此，仍有 6000—15000 人被杀，其中包括卢修斯·多米提乌斯·阿赫诺巴尔布斯将军。而恺撒仅损失了 200 名士兵和 30 名百夫长。

庞培见自己的部队已溃不成军，便放弃了战斗，悄悄回到自己帐中。也许 58 岁的庞培早已过了斗志昂扬的年纪，不再适合担任前线指挥了。恺撒军攻入帐篷时，庞培已经不见了踪影。他摘掉了将军徽章，抛弃了他的士兵，竟没有一点大将风范。另外，庞培大军的营房之多，让恺撒军吃惊不已。

> "若敌人有个好统帅，他们早就胜利了。"
> ——庞培在都拉基乌姆取胜后，恺撒见其没有乘胜追击，做出了上述评价

悲惨结局

庞培同一小支人马逃到海滨，准备前往埃及，也许他认为在那里还有希望东山再起。当庞培抵达亚历山大港时，年轻的埃及法老托勒密十三世尚未亲政，埃及辅政官讨论了应对之策。宦官波提诺斯（Pothinus）反对接纳庞培，因为他料定恺撒必会赶来追捕。这位罗马将军的命运就掌握在了埃及人手里。

庞培一见到前来接应的埃及小船，就毫无防备地只身登上小船。不料船一划开，他就被自己的老战友塞普提米乌斯（Septimius）刺杀，当场死亡。庞培之妻科尼莉亚（Cornelia）在自己的船边目睹了这一幕，惊恐万分。这位昔日的罗马英雄曾 3 次获得凯旋式，3 次当上罗马执政官，然而现在竟败得如此悲惨，死得如此凄凉。人们砍下他的头颅交给恺撒，把他的尸体胡乱抛在沙滩上。恺撒听到庞培的下场，震惊不已。极其讽刺的是，4 年后，就在罗马的庞培大帝雕像脚下，布鲁图（Brutus）和卡西乌斯（Cassius）等一群阴谋家也无情地刺杀了恺撒。

> "……上午，一束强光在恺撒大营的上方闪耀……那里升起一支点燃的火炬，投向庞培的大营。"
> ——据普鲁塔克记载，法萨卢斯战役前出现了有利于恺撒的征兆

法萨卢斯战役。该图截取自 16 世纪意大利文艺复兴时期艺术家尼古拉·德尔·阿贝特（Niccolo dell'Abbate）绘制的壁画。

注 释

[1] 译注：Sulla，前 138—前 78，古罗马著名的统帅，奴隶主贵族政治家。

[2] 译注：是指罗马军事指挥官所能得到的最高荣誉。要获得一次凯旋式必须符合一定的条件。

[3] 原注：Marcus Licinius Crassus，曾是苏拉手下大将。

[4] 译注：Brundisium，现名布林迪西（Brindisi），意大利南部港口城市。

[5] 译注：希腊神话中的迈锡尼王，武艺高强。

[6] 译注：Gomphi，希腊古城，位于色萨利西北部。

[7] 译注：centurion，古罗马军官，每名百夫长指挥士兵 100 名左右。

[8] 原注：恺撒宣称自己看见了维纳斯派来的神灵。

-8-
条顿堡森林战役
TEUTOBURG FOREST

日耳曼首领阿米尼乌斯
vs
罗马将军瓦卢斯

Arminius v. Quinctilius Varus

9年

条顿堡森林战役极大地打击了罗马人的自尊。罗马军队竟败在日耳曼"蛮族"首领阿米尼乌斯手里,这给罗马人带来了巨大的折磨,而这一胜利却使日耳曼将奴隶制延续到了第三帝国。可以说,阿米尼乌斯是追求自由、反抗压迫的典型代表,他曾对自己的兄弟说过:"奴隶过于廉价。"

尽管现在的德国早已坚定地抛弃了军国主义传统,但是矗立在代特莫尔德[1]附近那座53米高的赫尔曼[2]纪念碑每年却吸引着大批游客前来参观。如果抛开民族主义这层意义,条顿堡森林战役[3]可谓一段靠智慧和勇气抵御强敌的精彩往事。

罗马战败的消息使舆论一片哗然,罗马皇帝奥古斯都(Augustus)禁止为数不多的幸存者入城;第17、18和19军团从此彻底消失,再也没有重组。几十年后,古罗马历史学家塔西佗(Tacitus)痛斥罗马的堕落:正因为罗马的衰落才导致了这种奇耻大辱。

从友到敌

罗马人将领土扩大到莱茵河畔时,一切都还很平静。他们继续扩张,侵入日耳曼部落时,灾难开始降临。公元6年,帕布利乌斯·昆克提里乌斯·瓦卢斯(Publius Quinctilius Varus)被派往日耳曼,帮助奥古斯都的女婿、未来的罗马皇帝提比略(Tiberius)治理莱茵河与易北河之间的日耳曼部落。瓦卢斯共统领5个军团和几支日耳曼辅助部队,其中之一由日耳曼切鲁西部落首领阿米尼乌斯[4]指挥。

阿米尼乌斯是首领赛格米卢斯(Segimerus)之子,出生于公元前18年左右。切鲁西部落是易北河与威悉河(Weser River)之间的主要部落,这两条河流自南向北纵贯德国北部平原。公元4—9年,他们与罗马占领者提比略签订条约,规定切鲁西部落向罗马输送辅助军团。据史料记载,阿米尼乌斯曾同罗马军团一道镇压巴尔干半岛北部的潘诺尼亚(Pannonian)起义。他精通拉丁语,有自己的支队,不仅得到了罗马公民权,甚至还被晋升为骑士。因此,他对罗马军团可谓了如指掌。

据记载，阿米尼乌斯的弟弟弗拉乌斯（Flavus）在提比略军中服役时伤了一只眼睛，直到公元 16 年，他仍在罗马军中服役。

煽动叛乱

公元 7 年前后，阿米尼乌斯回到日耳曼。此时，日耳曼在瓦卢斯治理下正日益罗马化。可以推断，阿米尼乌斯在此获得了官职。然而，由于政策执行不力，罗马人不仅把日耳曼人视为奴隶，还以赐予他们罗马文明为借口，大肆搜刮钱财。

阿米尼乌斯不仅不推行罗马大业，反而秘密着手集结日耳曼各部，使切鲁西同马西（Marsi）、查提（Chatii）、卜茹克特累（Bructeri）、卡乌基（Chauci）和斯坎布雷（Sicambri）等多个部落组成反罗马联盟。然而，就连切鲁西部落内部的首领之间都没有一致同意起义，更不要提

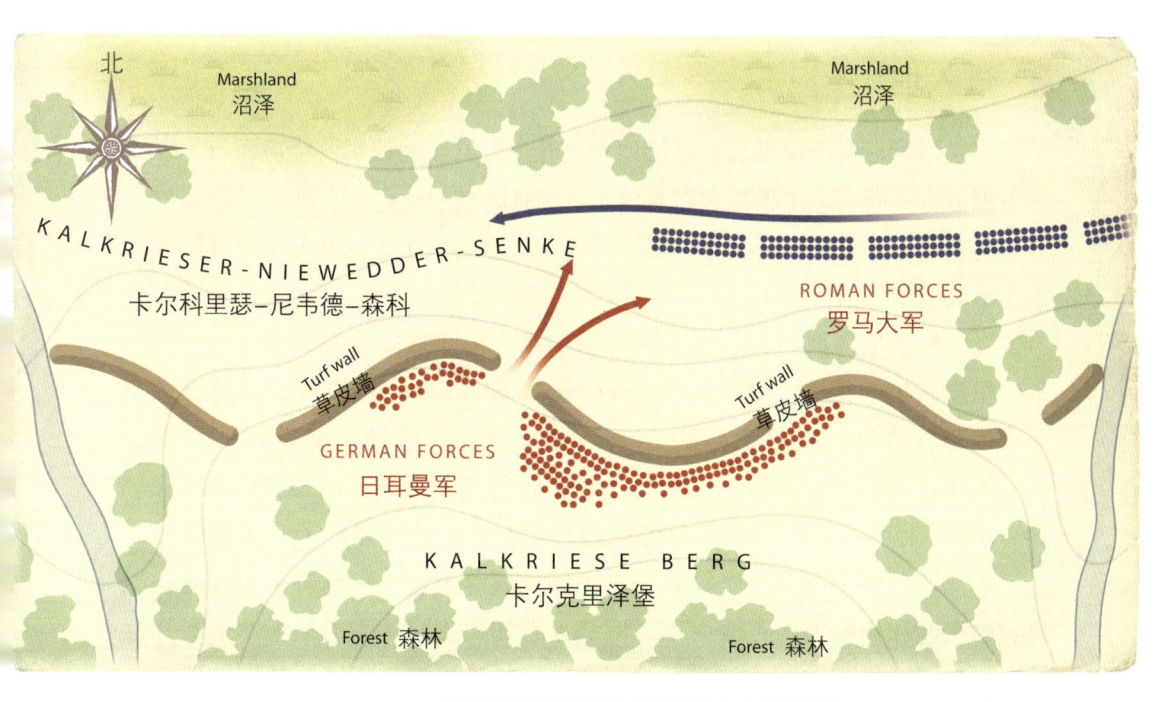

罗马军团穿过沼泽中狭窄的卡尔克里泽堡（Kalkriese Berg），
进入了曾经的盟友阿米尼乌斯精心设计的埋伏圈。

如何起义了。阿米尼乌斯反罗马统治的决心与日俱增，而叔叔因奇奥米卢斯（Inguiomerus）却始终举棋不定。

公元9年，瓦卢斯率3个军团、6支辅助部队（其中1支由阿米尼乌斯指挥）和3个骑兵营驻扎在威悉河以东靠近明登[5]处。切鲁西部落中亲罗马的首领塞格斯特斯（Segestes）早就警告过瓦卢斯不要相信阿米尼乌斯，但是瓦卢斯坚信，罗马给了阿米尼乌斯如此高的荣誉，这个盟友绝不会背叛罗马。

瓦卢斯率领1.2万—1.5万名士兵拔营返回冬季驻地，受行李搬运车和随军杂役的影响，军队行进缓慢。途中经过一段道路时，路的一边是巨大的石灰岩山丘韦恩格博格（Weihengebirge），而另一边则是一片广阔的沼泽（Great Moor）；加之天降大雨，道路变得越来越窄并泥泞不堪。大雨浸湿了罗马弓箭手的弓弦，弓箭成了摆设，湿透的藤条盾牌也变得沉重不堪。

进入埋伏

阿米尼乌斯说服瓦卢斯让他率兵开道，甚至建议军队绕道而行，以保证行军安全。由于瓦卢斯对他十分信任，便没有派出侦察兵。阿米尼乌斯的分队很快就从大军视线中消失。而罗马大军，尤其是骑兵部队则不断遭到游击队袭击。

阿米尼乌斯与瓦卢斯的兵力基本相当。罗马军沿一条名叫卡尔科里瑟-尼韦德-森科（Kalkrieser-Niewedder-Senke）的狭长关隘继续前行。这条关隘长3英里（4.8公里），宽仅182米，是莱茵河和威悉河之间的重要通道。从路边丛林密布的卡尔克里泽山丘（Kalkriese Hill）上可以俯瞰此通道。切鲁西人早就在山丘上修建了一道蜿蜒的草皮墙及沙土壁垒。罗马人一进关隘，就等于进入了陷阱：切鲁西人的密箭和标枪如雨点般射下，罗马人在如此狭窄的小道上根本摆不开阵势。一支瓦卢斯的部队试图猛攻壁垒，结果壁垒坍塌，他们被埋在了下面。副指挥纽莫纽斯·维拉（Numonius Vala）率领骑兵成功逃

条顿堡森林战役中，阿米尼乌斯屠杀瓦卢斯的罗马军团。此图由约翰·彼得·提奥多·詹森（Johann Peter Theodor Janssen）绘于1871年德意志第二帝国建立后不久。作品带有浓重的浪漫主义色彩，阿米尼乌斯的伟大胜利被普遍看作德意志民族主义和英勇无畏的象征。

脱，但阿米尼乌斯的骑兵迅速追上，将其消灭。最终，瓦卢斯见罗马全军覆没，自杀身亡。大量考古发掘证实，此战中的阵亡者大多为罗马人。

日耳曼崛起

塞格斯特斯仍然忠于罗马，然而他的女儿苏斯内尔达（Thusnelda）却怀上了阿米尼乌斯的孩子（后来她被许配给了别人）。苏斯内尔达与塞格斯特斯一起被新任罗马指挥官日耳曼尼库斯（Germanicus）俘虏，送往拉韦纳[6]。苏斯内尔达在那里生下了反叛者阿米尼乌斯的儿子。此事激怒了阿米尼乌斯，他再一次拿起武器[7]，几乎全歼了4个罗马军团。

时至今日，在德国明登和奥斯纳布鲁克（Osnabrück）地区，条顿堡森林战役的旧址附近仍然丛林密布。 19世纪德国民族主义历史学家西奥多·莫姆森（Theodor Mommsen）把这场著名的战役称为"德意志民族命运的转折点"。古罗马时代，茂密的原始丛林是游击作战的理想战场。

条顿堡森林战役摧毁了瓦卢斯军团,这一战绩促进了日耳曼部落的崛起,他们到处屠杀罗马人,引发了长达 7 年的大规模叛乱。公元 16 年,阿米尼乌斯在威悉河畔的伊狄斯多维索之战[8]中最后一次迎击罗马军。他堵住罗马大军前线,压缩其作战空间,把罗马式战术应用得淋漓尽致。但阿米尼乌斯终究敌不过罗马军团,只能靠在脸上涂满鲜血才侥幸逃脱。不久,日耳曼尼库斯被召回罗马,阿米尼乌斯再次得到了可乘之机。他指挥日耳曼军进攻罗马的波希米亚盟友马拉博多斯(Maraboduus),双方一度僵持不下。公元 21 年,年仅 37 岁的阿米尼乌斯被部落内部的对手杀害。

瓦卢斯遭到了当时和后代评论家一致的指责。据罗马传记作家苏埃托尼乌斯(Suetonius)记载,提比略把战败的原因归于瓦卢斯,说他"轻率鲁莽,疏于防范意外事变"。据说,年迈的皇帝奥古斯都得知这一灾难性战败时,不断地以头撞墙,高声呼道:"昆克提里乌斯·瓦卢斯,还我军团!"

> "瓦卢斯,还我军团!"
> ——奥古斯都

注释

[1] 译注:Detmold,德国西北部城市。

[2] 原注:Hermann,德国人对阿米尼乌斯的称呼。

[3] 原注:这场战争在德国称为瓦卢斯(Varus)战役,拉丁语即"瓦里安灾难"(Varian disaster)。

[4] 原注:Arminius,又名阿敏(Armin),罗马名为盖乌斯·尤利乌斯·阿米尼乌斯。

[5] 译注:Minden,德国北莱茵 – 威斯特法伦州,是中世纪古城。

[6] 译注:Ravenna,又译拉文纳,是意大利东北部城市,位于艾米利亚 – 罗马涅区。

[7] 原注:他说:"我的敌人……是全副武装的士兵,而不是手无寸铁的孕妇。"

[8] 原注:The Battle of Idistaviso,又叫明登之战或威悉河之战。

-9-
洗劫罗马
SACK OF ROME

西哥特
vs
罗马

Visigoths v. Romans

410年8月24日

公元4、5世纪，西罗马帝国不断遭到东部蛮族的入侵，国势日渐衰微。昔日盛极一时的罗马帝国不复存在，西罗马步入迟暮，在外敌的入侵下名存实亡。

罗马皇帝霍诺留在拉韦纳宫殿内喂养鸽子和珍珠鸡。 此图截取自维多利亚时期艺术家约翰·威廉·沃特豪斯（J. W. Waterhouse）的作品《霍诺留的最爱》（ The Favourites of Honorius ）。

18 世纪英国历史学家、《罗马帝国衰亡史》（Decline and Fall of the Roman Empire）作者爱德华·吉本（Edward Gibbon）认为，西哥特人[1]侵入至圣之所无疑是西罗马历史上最沉痛的灾难。然而一个世纪后，德国历史小说家费利克斯·达恩（Felix Dahn）却提出了完全不同的观点：帝国末期的罗马人颓废堕落、两面三刀，而哥特人的到来却让意大利的面貌焕然一新。

西哥特人洗劫罗马时，软弱无能的皇帝霍诺留（Honorius）根本不在城内，而是躲在拉韦纳避难。拉韦纳三面被城墙和沼泽环绕，另一面则朝向大海，可谓易守难攻。

古罗马广场遗址。 古罗马的毁灭过程持续了几个世纪。公元 410 年 8 月阿拉里克（Alaric）率领西哥特人入侵时，基本保留了罗马的建筑，没有对罗马居民造成过多伤害。

蛮族入侵

从 4 世纪晚期开始，东欧的日耳曼部落在中亚匈奴人侵扰下，被迫向西迁移。其中的一支部落——西哥特人[2]在多瑙河北岸定居下来。罗马东部皇帝瓦伦斯（Valens，364—378 年在位）当时正与波斯交战，无暇顾及西哥特人。此外，罗马帝国连年征战，人口锐减，这些蛮族移民也许可以补充日渐亏空的罗马军队。

378 年，瓦伦斯与波斯人媾和，使他可以腾出兵力对付西哥特人。这些西哥特人入境后肆意劫掠，侵害了罗马人利益。瓦伦斯率罗马军在色雷斯（位于今保加利亚）亚得里亚堡（Adrianople）同西哥特人展开激战，结果一败涂地，损失了三分之二兵力，瓦伦斯也战败身亡。最终，瓦伦斯继任者、罗马帝国最后一位皇帝狄奥多西一世（Theodosius I）同意哥特人作为罗马"同盟者"在色雷斯定居。

阿拉里克的崛起

西哥特指挥官阿拉里克来自瑟文吉部族，出生于 360—370 年前后。他出身平民，凭借自己的本事在军中获得一席之地。391 年，他差一点在伏击中活捉狄奥多西。然而不久，他就归顺了罗马，随皇帝征讨占领罗马的僭位者尤吉尼厄斯（Eugenius）。在朱利安·阿尔卑斯山[3]的冷河战役（Battle of the Frigidus）之后，尤吉尼厄斯被狄奥多西俘虏并处死，战争随之结束。395 年，狄奥多西临终前，将罗马帝国分给两个儿子，阿卡迪乌斯（Arcadius）得到东部，建都君士坦丁堡，史称东罗马，而霍诺留得到西部，称西罗马。霍诺留当时年仅 10 岁，于是由汪达尔人和罗马人的后代斯提里克（Stilicho）将军辅政。

冷河战役后，阿拉里克认为受到了不公正待遇。西哥特人战时伤亡惨重，战后却没有得到相应回报。为了报复，他先进攻了防御坚固的君士坦丁堡；进攻失败后，他便大肆洗劫爱琴海周围的城池。斯提里克率军翻越阿尔卑斯山，抵抗阿拉里克，而西哥特国王机敏地躲过了追捕。

397 年，掌握大权的东罗马宦官欧特罗庇乌斯（Eutropius）同阿拉里克达成协议：他任命阿拉里克为将军，准许他在色雷斯和马其顿征税。然而这项妥协遭到了东罗马人的唾弃，两年后，欧特罗庇乌斯被处死，协议随之作废。

目标西移

由于在东罗马得不到应有的待遇，阿拉里克将目标转移到了西罗马帝国。401 年 11 月，他率军赶在冰雪封山之前翻过朱利安·阿尔卑斯山，一路西下抵达波河河谷，把霍诺留从米兰皇宫赶到阿斯塔（Asta）。402 年 4 月 6 日，即复活节（星期日），斯提里克率兵赶来，打击了正在波兰提亚[4]做弥撒的西哥特天主教徒。罗马军截获了西哥特人满载战利品的行李运输车，并俘获了阿拉里克的妻儿。阿拉里克还没来得及返回巴尔干，就在维罗纳（Verona）再一次被斯提里克挫败。此次西进的唯一战果就是迫使霍诺留把都城北迁至拉韦纳。

随后的 4 年半中，阿拉里克养精蓄锐，恢复元气。406 年，为了夺取东罗马伊利里库姆（Illyricum）行省，斯提里克将阿拉里克视为潜在的盟友。面对中欧各部落带来的新威胁，斯提里克感到兵力不足。他认为，一旦控制了伊利里库姆，军队就会得到充分的人员补给。为此，他又重新授予阿拉里克官职，赋予他征税的权力。

还没等他赶往伊庇鲁斯（Epirus）与阿拉里克会和，一支汪达尔人、苏维人（Suevi）和阿兰人（Alans）联军就越过了冰封的莱茵河，侵入高卢。僭位者君士坦丁（Constantine）也从不列颠进入高卢。斯提里克只得调转方向，背弃阿拉里克。阿拉里克又一次陷入困境，于是他定居东阿尔卑斯山的诺里库姆（Noricum），要求当地人纳贡，以换取和平。罗马元老院严重不满斯提里克对待阿拉里克的方式，加之对日耳

4世纪末—5世纪初，阿拉里克及西哥特人进攻路线图。 最终，西哥特人在西班牙和法国南部建立了王国，盛世局面一直持续到8世纪摩尔人（Moorish，指中世纪居住在伊比利亚半岛、马格里布和西非的穆斯林居民）入侵。

曼的偏见由来已久，遂派人逮捕并处死了斯提里克。更悲惨的是，军中的罗马士兵还大肆屠杀他们的日耳曼战友，导致幸存者纷纷投奔阿拉里克。

不久，阿拉里克再次入侵意大利，一路大肆烧杀劫掠。408年11月，他兵临罗马城下，逼迫年轻的皇帝满足他的要求。根据历史学家吉本的记述："阿拉里克军沿城墙围了一圈，控制了12个主要城门，隔断了罗马与邻邦的联系。他们还警惕地把守住台伯河（Tiber）航运，切断了罗马的大部分补给。"他向罗马索要赎金，接着耗尽城中供给，迫使罗马人投降。

逃亡的奴隶纷纷赶来投奔阿拉里克，他的队伍迅速达到4万人。

元老院派代表团来到他的大营，警告阿拉里克罗马城内人口众多，士兵训练有素，全副武装。据说阿拉里克听后，答道："越多越好。"随后他开出条件：他要求罗马在诺里库姆划出一片土地给他的子民安家，还要大量的金子和粮食。元老院代表问道："国王啊，您提出这样的要求，那么给我们留下什么呢？""留你们一条命！"阿拉里克无情地答道。

罗马人与这支劲敌谈判了一年时间。躲在拉韦纳避难的霍诺留也已成年，可是他准备保留力量对抗高卢的君士坦丁。

敷衍、洗劫

409年，为了应对尴尬的局面，元老院自己推举了前奥斯蒂亚（Ostia）行省长官普里斯库斯·阿塔卢斯（Priscus Attalus）做皇帝。阿塔卢斯并无实权，因此无法满足阿拉里克的要求。410年7月，失去耐心的阿拉里克前往拉韦纳，试图逼迫霍诺留谈判，不料遭到伏击，损失了几名士兵。于是，阿拉里克重新包围了罗马。8月24日夜，一位支持者打开了罗马东北部的萨拉关口（Salarian Gate），西哥特人兵不血刃，进入罗马。

阿拉里克洗劫了3天，大获而归。爱德华·吉本详尽描述了罗马这座"永恒之城"遭劫的过程："西哥特人粗鲁地将精美豪华的家具搬出宫殿，将餐具橱里大量的餐盘、衣橱里成堆的丝绸和紫色王袍杂乱无章地堆在行李车里，照旧跟在大军之后。"

其实，现代评论家普遍认为，阿拉里克大军是相当有节制的。阿拉里克禁止士兵进入教堂，且只能带走便于携带的物品；避免流血，避免破坏。西哥特人把圣彼得教堂和圣保罗教堂列为圣所，据说他们甚至把原属于这两所教

> "罗马曾经盛极一时，然盛极而衰则是不可避免的自然规律……与其追究罗马为何毁灭，我们更应该惊讶于罗马存在的时间之长。"
> ——历史学家爱德华·吉本反对将罗马灭亡的原因归结于410年阿拉里克入侵

破坏与抢劫。该图绘于1890年，表现了阿拉里克洗劫罗马的场景。传统观点认为，野蛮人的入侵给罗马文明带来了灾难性冲击，此图传递的正是这一观念。然而从已知的史料来看，事实远没有人们想象的那么简单。

堂的财宝物归原主。毫无疑问，这期间的确有一些罗马公民丧命，其中大部分是奴隶杀死曾经虐待自己的贵族。吉本提供的资料中也包含大量的强奸行为，但是总体来说，野蛮人的表现并不那么野蛮，有些人还护送修女到达安全之所。

阿拉里克抓获了一批俘虏，包括皇帝的妹妹盖拉·普拉西蒂娅（Galla Placidia）。他们大部分被卖为奴隶。罗马城内仅有一座建筑受损严重，那是元老院。这场灾难后，人们首先将罗马的沦陷归咎于元老院成员，不过据说只有一名成员在洗劫过程中死亡。

象征意义

当时的罗马象征意义重大，但洗劫罗马实际上没有任何战略意义。然而，这次洗劫给罗马人造成了难以愈合的心灵创伤。罗马建于公元前753年，800年前遭到高卢入侵，此后再未遭到过任何侵略。后来有传言称瑟琳娜（Serena，即斯提里克的遗孀、提奥西斯的侄女，也是霍诺留的姑姑）暗自通敌，引起了公众的愤怒，遂被绞死。

罗马被侵略后，霍诺留仍不答应阿拉里克的条件。愤怒的西哥特国王于是挥师南下，但在那一年晚些时候，阿拉里克却莫名其妙地死于意大利南部。

注 释

[1] 译注：Visigoths，日耳曼部落的两个主要分支之一，是民族大迁移时期摧毁罗马帝国的众多"蛮族"之一。

[2] 原注：包括"Tervingi"和"Greuthingi"两个部族。

[3] 译注：Julian Alps，东阿尔卑斯山山脉，从意大利东北部一直蜿蜒到斯洛文尼亚。

[4] 原注：Pollentia，即今皮埃蒙特波伦佐（Pollenzo in Piedmont）。

-10-
卡太隆尼平原之战
CATALAUNIAN PLAINS

弗拉维斯·埃提乌斯
vs
匈奴王阿提拉

Flavius Aetius *v.* Attila the Hun

451年

匈奴人大举进攻西哥特的同时，也占领了大片高卢土地。他们一路烧杀抢掠，最终包围了奥尔良（Orléans）。匈奴是骑在马背上的民族，他们在入侵的同时也把怪异的习俗传入了西方。

阿提拉的征服者——弗拉维斯·埃提乌斯的壁画。 埃提乌斯年轻时在哥特和匈奴做了多年人质,这令他对后来的对手"野蛮民族"了如指掌。

弗拉维斯·埃提乌斯可谓罗马的最后一员大将，也是帝国后期将领的典型代表。他来自巴尔干，父亲高登提乌斯（Gaudentius）最初不过是罗马禁卫军中的普通士兵，后来升至骑兵统帅，并娶了元老的女儿为妻。这可谓新旧势力的联姻，生机与没落的结合。埃提乌斯早年也曾进入禁卫军，还做过阿拉里克和匈奴的人质。正是在匈奴做人质期间，他学会了像匈奴人一样骑马射箭，并同匈奴国王鲁嘉（Ruga）及其侄子阿提拉（Attila）结下了深厚友谊。埃提乌斯娶了一位西哥特公主为妻。他们的儿子卡尔皮罗（Carpillo）也当过鲁嘉的人质，并在阿提拉的军营中接受过教育。他同匈奴和西哥特人的这种密切关系为其日后的事业提供了支持。

罗马将军、历史学家雷纳特斯·普洛弗图拉斯·弗里格里德斯（Renatus Profuturus Frigeridus）曾简短评价过埃提乌斯："他形象优雅，身材不高但非常灵活，四肢健美有力，富有男子气概，在马术、射箭及标枪方面技艺超群。他坚韧不拔，能够忍受饥饿和困乏，无论多么艰难的劳动都压不垮他的身躯。他天生勇敢，蔑视各种危险和伤害，任何腐败堕落、欺骗和恫吓都不能腐蚀他正直的灵魂。"

> "他形象优雅，身材不高但非常灵活，四肢健美有力，富有男子气概，在马术、射箭及标枪方面技艺超群。"
> ——罗马将军、历史学家雷纳特斯·普洛弗图拉斯·弗里格里德斯

权力之争

423 年，优柔寡断的西罗马帝国皇帝，即放任阿拉里克洗劫罗马的霍诺留逝世。由于没有男性继承人，东罗马帝国皇帝狄奥多西二世（Theodosius II）遂指定霍诺留的侄子、年仅 4 岁的瓦林提尼安三世（Valentinian III）继承王位，由母后盖拉·普拉西蒂娅摄政，摄政时间长达 25 年之久。

451年，阿提拉入侵时的西罗马帝国疆域图。

西罗马官员皆反对立幼子为帝，他们推举名叫约翰的官员执掌大权。狄奥多西给普拉西蒂娅提供军队，供她调遣，而约翰则派埃提乌斯将军[1]着手组织匈奴雇佣军。但埃提乌斯率领6万蛮族士兵归来时，约翰已遭罢黜并被处死。普拉西蒂娅见到埃提乌斯力量如此强大，只得将他赦免，并命他前往指挥高卢的普拉西蒂娅军队。

417年，西哥特人已在阿基坦（Aquitaine）地区定居，成为高卢南部不可小觑的力量。另一个日耳曼人部落——法兰克人则控制了高卢北部，而勃艮第人[2]则占领了高卢东部。中古高地德语史诗《尼伯龙根之歌》（Nibelungenlied）记载的就是勃艮第人的传奇故事。史诗讲述了西格弗里德（Siegfried）和克里姆希尔德（Kriemhild）的故事。在这部史诗中，勃艮第国王冈瑟（Gunther）参与暗杀西格弗里德之事暴露后，勃艮第人全部被匈奴国王阿提拉屠杀掉。现实中，匈奴人的确与勃艮第国王甘达哈（Gundahar）发生过交锋，不过战后，埃提乌斯把幸存的勃艮第人迁到了日内瓦湖以南的地区。

平定高卢

埃提乌斯的军队仅有4.5万人，他在高卢取得的功绩很大程度上要归功于骁勇善战的匈奴人。他用了10年时间控制了高卢：425—426年在阿尔勒（Arles）城外打败西哥特国王阿拉里克之子提奥多里克（Theodoric）；427年阻止法兰克人进军索姆河；430年阻止了阿勒曼尼人（Alemanni），在莱茵河两岸建立据点。随后，他又镇压了诺里库姆[3]起义，并再次战胜西哥特人和法兰克人。432年，埃提乌斯被任命为罗马执政官。

汪达尔与匈奴敌人

普拉西蒂娅始终对埃提乌斯怀恨在心。没过多久，她便令非洲指挥官博尼费斯（Boniface）取代了埃提乌斯的职务。但是，埃提乌斯很快在匈奴人帮助下打败了博尼费斯,不仅恢复了职务,还加封为贵族。437年,瓦林提尼安三世正式登基后,母亲普拉西蒂娅的权力被大大削弱,而埃提乌斯成了西罗马帝国真正的统治者。

蛮族各部依旧严重威胁着西罗马的统治:汪达尔国王盖塞里克(Genseric)从西班牙南下北非,于435年攻占了整个毛里塔尼亚(Mauretania)。438年,在西班牙蛇山战役(The Battle of Snake Mountain)中,埃提乌斯战胜了汪达尔人和苏维人,取得了胜利。此外,他还重新将高卢边界推至莱茵河畔。然而,盖塞里克的威胁依然存在:439年,他夺取了罗马粮仓——迦太基。迦太基城及其周围地区不仅为罗马提供粮食,还贡献了巨额税收。因此,迦太基的陷落对罗马而言是严重的损失。也许正如爱德华·吉本所言,在罗马衰亡史中,盖塞里克的地位应当与阿拉里克和阿提拉相当。埃提乌斯被迫向狄奥多西求助。440年,东、西罗马帝国组成的联军在西西里集结。然而,收复迦太基的行动还没有开始,阿提拉就已经开始进攻巴尔干了。因此,进攻盖塞里克的计划被迫搁置。

在此之前,埃提乌斯同匈奴人一直保持着密切联系,然而451年,匈奴首领阿提拉对西哥特人发起进攻,双方反目成仇,埃提乌斯以强大的外交手段说服伟大的西哥特国王提奥多里克与他同仇敌忾。提奥多里克终于抛弃前嫌,同他一道赶赴奥尔良。从现代的匈牙利一带远道而来的阿提拉此时正准备包围奥尔良:一旦夺城成功,他就可以控制整个卢瓦尔河河谷。

埃提乌斯还取得了勃艮第人、萨克森人和阿兰人的支持。阿提拉见他组成了如此强大的联盟,便主动放弃围攻,退守塞纳河(Seine)。而埃提乌斯和提奥多里克联军先锋部队则不断侵扰阿提拉的后方。阿提拉准备寻找一片适应骑兵作战的辽阔草原,于是决定在沙特尔(Châtres)附近的卡太隆尼平原(Catalaunian Plains)同埃提乌斯开战。沙特尔位于马恩河畔沙隆(Châlons-sur-Marne)和香槟区的特鲁瓦(Troyes)之间。

这是埃提乌斯的最后一场战役。罗马-西哥特联军的规模远远超过了匈奴和东哥特(Ostrogoth)联军。战前,阿提拉发表演

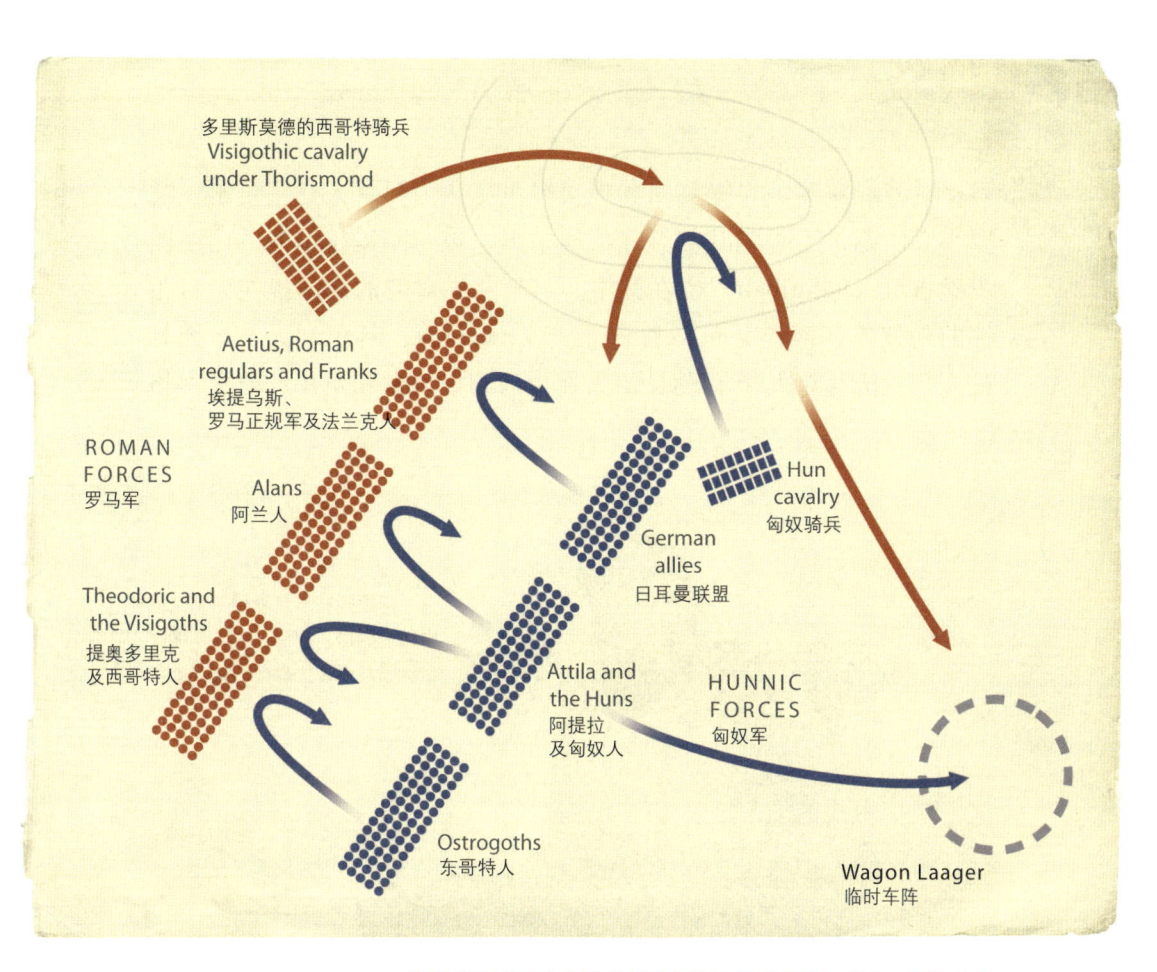

罗马和匈奴双方军队在沙隆平原上的阵列图。是夜，阿提拉负伤躺在营帐中。埃提乌斯并没有下令追击，他要保存匈奴实力，牵制高卢的西哥特人。

说："我……将亲自掷出第一支标枪，任何怯懦畏战的可怜之人必被处死。"

战斗过程

下午3时，战斗拉开了序幕。双方争夺的目标是卡太隆尼平原唯一的高地。埃提乌斯首先确定了进攻目标，于是派提奥多里克之子多里斯莫德（Thorismond）指挥西哥特骑兵发起进攻，迎面正对阿提拉战线左侧。埃提乌斯和提奥多里克认为阿兰人并不可靠，需要小心防范，于是将其部署在战线中央。曾与阿提拉结盟的阿兰国王桑吉班（Sangiban）也在其中。与阿兰人对峙的是阿提拉亲自指挥的匈奴军，两侧是包括鲁吉亚人（Rugian）、赫鲁利人[4]、图林根人[5]、法兰克人[6]和勃艮第人在内的匈奴盟友和臣民，右翼由格

阿提拉在卡太隆尼平原之战中被迫撤退。据说，第二年他因血管破裂死在了自己的婚礼上。

皮德[7]国王阿尔达里克（Ardaric）指挥，而左翼由东哥特人负责。东哥特的交战对手正是他们的同族西哥特人。正如吉本所言，"从伏尔加到大西洋的各个民族都集中到了沙隆平原上。"可见这次战役涉及的范围之广。

阿兰人很快被匈奴骑兵击溃。随后，匈奴人左转进攻提奥多里克指挥的西哥特人。提奥多里克被东哥特人安加热（Angages）的标枪击中后坠马，不幸被自己的士兵踩踏致死。多里斯莫德举兵反攻，消灭了东哥特人。多里斯莫德的遭遇同父亲如出一辙：头部受伤，不幸坠马。万幸的是，他被部下及时救了起来。埃提乌斯的士兵采用罗马传统战法，将盾牌锁在一起，挡住了匈奴中路的猛攻。阿提拉只得令右侧的日耳曼盟友进攻罗马军。傍晚，埃提乌斯暂时收兵，阿提拉躲到营中避难。第二天，匈奴人败退，阿提拉本来准备自尽。幸亏弓箭手挡住了穷追不舍的罗马军，匈奴人才得以撤军。据传卡太隆尼平原之战中双方死伤人数达 16.5 万人，虽然这一数字有些夸张，但是这次之战确实死伤惨重。

这是阿提拉的第一次战败。但是，埃提乌斯没有乘胜追击，这很可能是故意为之。阿提拉急于迎娶西罗马皇帝的妹妹奥诺莉亚（Honoria），便一路烧杀抢掠奔赴意大利。然而第二年，阿提拉就神秘死亡了。

血腥垮台

西罗马当时的权力已经趋于平衡，因此匈奴人的离去对埃提乌斯反而是一个灾难，他在宫廷的影响力逐渐减弱。瓦林提尼安企图统一东西罗马，但是埃提乌斯知道，此举必将引发内战，因此他全力阻止瓦林提尼安。同时，埃提乌斯还企图让自己的儿子高登提乌斯攀附皇帝之女普拉西蒂娅。瓦林提尼安没有男性继承人，高登提乌斯若能娶皇帝之女，日后就有望登上王位。瓦林提尼安对此厌恶至极，于是在 454 年 9 月 22 日（一说 25 日）的一次税收会议上处死了埃提乌斯。

然而皇帝自己也没能摆脱遭人暗算的下场。455 年 3 月 16 日，瓦林提尼安练习剑术时，两个忠于埃提乌斯的军官趁机将其杀死。476 年，日耳曼将军奥多亚塞（Odoacer）当上意大利国王，取代了皇帝，风雨飘摇的西罗马终于走到了尽头。

埃提乌斯一生仅有一次战败经历，他极受手下将士的爱戴。但他过分依赖同匈奴的友谊。在德国作家费利克斯·达恩（Felix Dahn）1876 年出版的历史小说《为罗马而战》(*Struggle for Rome*) 中，主人公西第古斯（Cethegus）的原型正是埃提乌斯；6 世纪，这位罗马将军被拜占庭历史学家普罗科庇乌斯（Procopius）称为"最后的罗马人"，吉本也在他的著作中沿用了这一称号。

> "我……将亲自掷出第一支标枪，任何怯懦畏战的可怜之人必被处死。"
> ——匈奴首领阿提拉在卡太隆尼平原之战前夕的演说

注释

[1] 原注：他曾为普拉西蒂娅前夫君士坦提乌斯（Constantius）效力。

[2] 译注：Burgundian，日耳曼人的一支，曾于 411 年在莱茵河上游建立勃艮第王国。

[3] 原注：Noricum，现为多瑙河以南的奥地利。

[4] 译注：Heruli，东日耳曼部落的一支。

[5] 译注：Thuringian，日耳曼人的一支，350 年始见于记载。

[6] 译注：Frank，5 世纪时入侵西罗马帝国的日耳曼民族的一支。他们建立了中世纪初西欧最大的基督教王国，统治区域包括现在法国和德国部分地区。

[7] 译注：Gepidae，东日耳曼东哥特部落。

-11-
黑斯廷斯战役
HASTINGS

哈罗德·葛温森
vs
诺曼底公爵威廉

Harold Godwinson *v.* William of Normandy
1066年10月14日

很多人认为，黑斯廷斯战役标志着作战方式的转变：骑士时代就此拉开了序幕吗？以步兵为主的时代就此终结了吗？法国的威廉公爵把封建制度引入了不列颠群岛？

事实远没有我们想象的那么简单。首先，黑斯廷斯战役绝不是普通的英法冲突。诺曼人是维京人的后裔，而撒克逊人[1]来自欧洲大陆，只不过早在几百年前，撒克逊人就进入了不列颠岛，建起了民兵形式的半封建制度。从战术上来说，诺曼人擅长骑马作战，有时也下马作战。

诺曼骑士

毋庸置疑，征服者威廉正是靠骑兵赢得了黑斯廷斯战役的胜利。诺曼骑兵的战术是先以长矛冲击敌人，待冲击力被削弱，再用剑、斧或狼牙棒迎敌。他们借鉴了西欧封建军队的作战方式，但跟随威廉渡过英吉利海峡的多数为雇佣兵，他们希望通过服兵役为自己的家族获得封地。从这一点上说，他们沿袭了8—9世纪查理大帝建立的骑士制度。

战争性质的变化增加了军队开支：维持装甲骑兵的开销十分高昂（因此要让骑士自行承担装备和雇民的费用）。黑斯廷斯战役时，骑士身披沉重的长锁子甲，因此必须有健壮的战马来承载这些辎重。骑士需要自己购买装备，因为得了国王的封地，就要服从国王，为国王服务。这与农民对领主服务的关系非常类似。

黑斯廷斯战役后，威廉对英国进行了彻底的重建，威廉的追随者把英国瓜分得一干二净。到1166年，英国共有5000个骑士封地，而事实上应征参加黑斯廷斯战役的骑士仅228名。到15世纪阿金库尔战役时，这种纯粹的封建制度已经被另一种更具爱国精神的制度所取代。

竞争王位

诺曼底公爵威廉[2]要求继承英格兰王位并非无理取闹。早在1051年,威廉就拜访过无嗣的英国国王"忏悔者"爱德华(Edward the Confessor);爱德华也曾明确答应传位于他。然而国王也对丹麦国王斯韦恩(Svein of Denmark)做了同样的许诺,另外,王后伊迪丝(Edith)可能还怀有一子。这样看来,老国王根本没有把这些承诺当真。万一爱德华死后无嗣,摄政委员会可能会把王位授予他同父异母的兄弟——"流放者"爱德华,这是委员会的最佳人选。"流放者"爱德华一直生活在匈牙利,1057年回到英国后不久便离奇死亡。随后王位的主要争夺

集结军队。此图是贝叶挂毯(Bayeux Tapestry,亦称巴约挂毯,长231英尺,宽20英寸,上绣诺曼人征服英格兰的历史场面,收藏于法国巴约博物馆)截图,展示了威廉的同父异母兄弟、后来的贝叶主教奥多(Odo)骑战马指挥诺曼大军前进的情形。除了上方的图例说明外,他身上考究的锁子甲也可证明他是高级指挥官。

者变成了爱德华的侄子"显贵者"埃德加（Edgar Aetheling）。

另一个竞争者是老国王爱德华的内弟——埃塞克斯[3]伯爵哈罗德·葛温森。1064年（一说1065年），他的船在驶离蓬修[4]时失事，被威廉救起，后成了威廉的封臣。从贝叶挂毯上来看，是威廉强迫哈罗德支持自己夺取王位。可能历史上确有此事，但这则故事出自普瓦捷[5]的威廉之口。他的记述大多是给诺曼人造势，可信度不高。历史上也许确有此事，但是与王位继承可能毫无关系。

另一种可能是，哈罗德这么做仅仅是为了摆脱窘境，拖延时间。不管怎么说，都给威廉提供了寻求教皇支持、发动进攻的借口。由于英国危机四伏，"忏悔者"爱德华在弥留之际似乎改变了主意，把王位留给了哈罗德。

卓越将领

威廉无疑是卓越将领，他南征北战已有20多年，其中最大的功绩莫过于1055年夺取了曼恩[6]边界的栋夫龙（Domfront）城堡。围攻城堡的同时，他听说阿朗松防守较弱，便向阿朗松进军。守军以其母亲的名誉相威胁，惹恼了威廉。因此攻陷要塞后，他狠狠地惩罚了阿朗松守军，斩断了那些人的双手双脚。

威廉极力倡导突袭和齐射相互配合。突袭是一种十分残忍的手段，在征服以勒芒（Le Mans）为中心的曼恩地区时，威廉将突袭和齐射的战术发挥到极致。"长期、频繁的入侵给这片土地种下了恐怖的种子。"

爱德华死后，由于没有明确的继承人，英国国内陷入混战。从贝叶挂毯上可以看出，威廉建造了大量战船，准备入侵英国。舰队的规模之大，史无前例。相应地，哈罗德也在英国南部海岸部署了陆军和海军。8月，威廉的军队在迪弗（Dives-sur-Mer）集结，只等待合适的风向，或最好是哈罗德失去耐心，从岸边撤兵。9月8日，哈罗德果然撤兵。3天后，威廉逆风起航。一些船沉没，只好到索姆河河口暂避风浪。就在此时，英国传来了重大消息：挪威人从另一个方向向英格兰发

1086年由巴约主教厄德命人制作的贝叶挂毯。一般认为这幅挂毯绣于英国。在这幅著名的挂毯上，撒克逊指挥官哈罗德·葛温森左眼被箭射中，而后被威廉的骑士击倒的场景。

起了进攻！又一位王位争夺者——挪威国王哈拉尔·哈德拉达（Harald Hardrada）也出其不意，向王位发起了冲击。

两线作战

为了抵抗挪威人，哈罗德·葛温森挥师向北，于9月24日抵达塔德卡斯特（Tadcaster）。第二天，他在约克附近的斯坦福德桥战役（Battle of Stamford Bridge）中战胜了哈德拉达并杀死了托斯提戈（Tostig）。托斯提戈不仅是哈罗德自己的兄弟，也是爱德华遗孀伊迪丝的兄弟。然而撒克逊人却没多少时间尽享胜利的果实。几天后，哈罗德得知威廉已经等到合适的风向,并于 28 日起航。威廉的军队乘 500 艘战船抵达英国,几乎没有遭到任何抵抗就登陆了佩文西海湾(Pevensey Bay)。他们巩固了此处的罗马要塞,又在黑斯廷斯搭建了木制要塞。威廉还派出了清道队和王牌军——侦察队。可以说,威廉是运用战场情报的大师。

为了避免有人乘虚窃取诺曼底王位[7],威廉必须引对手出战,速战速决。

哈罗德从约克郡出发,经历了 7 天的艰辛跋涉,终于在 10 月 6 日抵达伦敦,同兄弟格斯(Gyrth)和利弗温(Leofwin)会合。5 天后,哈罗德继续南下;13 日,他到达黑斯廷斯西北的加德贝克高地(Caldbec Hill)同另一支军队会合。侦察队向威廉汇报了哈罗德到来的消息,威廉公爵害怕哈罗德夜袭,于是重新集结部队。据说威廉当时十分紧张,甚至把锁子甲都穿反了。

黑斯廷斯战役地图。 图中标出了佩文西海湾及伦敦和温彻斯特的相对位置。

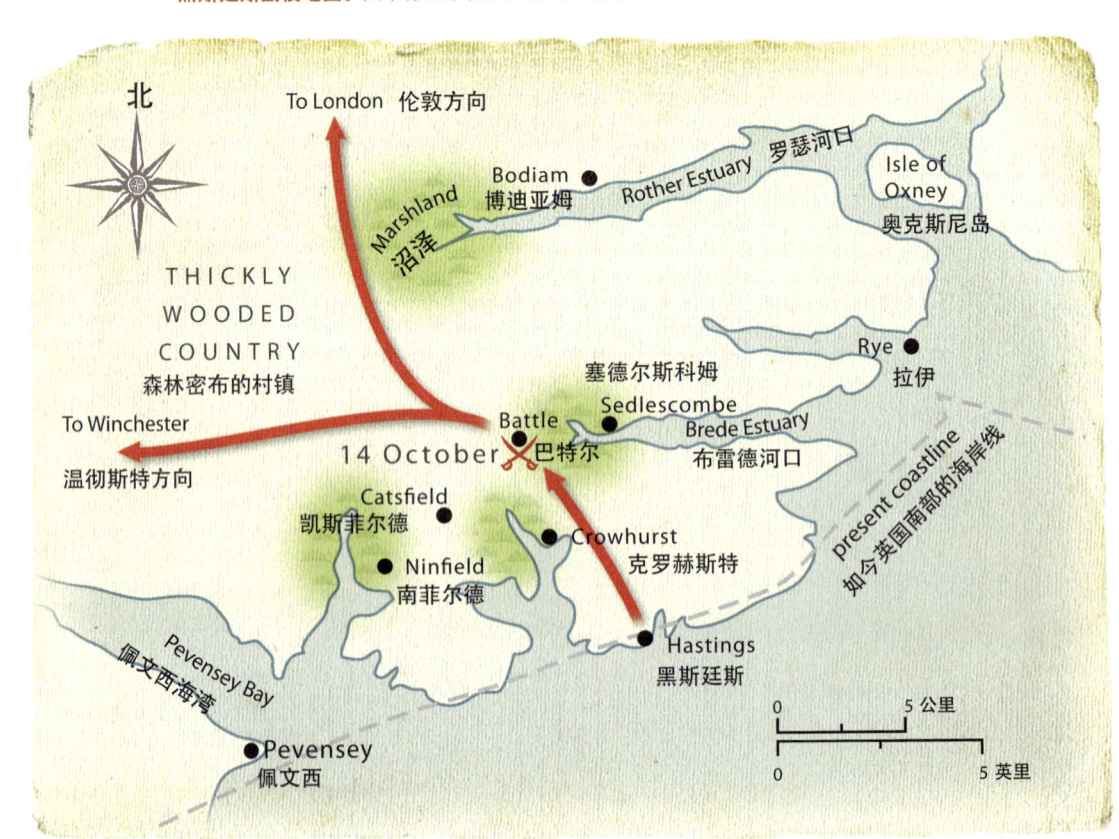

处于弱势

哈罗德奇袭哈德拉达时，威廉已经预先得到了警报，于是他趁天蒙蒙亮就集结了兵力对抗哈罗德。撒克逊国王在森拉克山脊[8]摆好了阵型。哈罗德在北方同挪威交战时损失了部分精锐力量，民兵也尚未集合完毕，即使把侍卫[9]、乡绅[10]以及民兵全部包括在内，哈罗德的总兵力也不过 1 万人。似乎还有一些当地农民提着棍棒参加战斗，迫切地想要夺回被威廉侵占的土地和牲畜。

哈罗德的军队全部骑马，但是他们并不在马上作战。此外，英国人与欧洲大陆先进的军事技术脱节，丝毫不知长弓的巨大威力。而威廉"熟悉欧洲大陆的各种作战工具"[11]，他"出身骑士，领导骑士"。他指挥 2000 名骑兵、4000 名重装步兵和 1500 名弓箭手，部队成员全部是志愿军，其中大部分是没有土地的骑士和来自西欧各地的机会主义者。

弓箭手承担了炮兵角色，战斗一开始就向敌人密集发射。撒克逊人缺少弓箭手和骑兵，只得处于守势。哈罗德及其精锐部队在如今的巴特尔教堂祭坛附近的海角凸出处列阵，诺曼人占领了旁边稍低的山脊。起初，撒克逊人的双刃战斧轻而易举地砍断了敌人的盾牌和铠甲，诺曼人伤亡惨重，急忙朝山下后撤，撒克逊人猛追不舍。恰在此时，骑兵的优势开始凸显。

> "这次战役的交战方式实在奇怪，一方不停移动、不断进攻，另一方却只得被动挨打，一动不动地站在原地。"
> ——诺曼编年史学家、普瓦捷的威廉（约1075年）

扭转战局

诺曼人的战术效果一经凸显，就被最大限度地利用起来。地形对威廉非常有利，哈罗德的撒克逊军只得收紧防线，盼望诺曼人自己在战斗中精疲力竭。根据普瓦捷的威廉记载，撒克逊人防线极其紧凑，人挨着人，即使有人已经死亡，依旧能保持站立姿势不倒下。诺曼骑兵没能消

> "诺曼征服后,英格兰不仅迎来了新的王室,也迎来了新的统治阶级、新的文化和新的语言。"
>
> ——约翰·吉林汉姆(John Gillingham)论黑斯廷斯战役的影响

灭他们,他们依旧挥动着战斧,给诺曼人造成了严重损失。威廉战死的流言在诺曼军队左翼的布列塔尼人(Bretons)中引起了巨大恐慌,威廉只得高举头盔证明自己还活着,以便稳定军心,重整旗鼓。普瓦捷的威廉还证实,三匹坐骑在威廉公爵胯下战死,他们采取佯动,逐渐取得了优势,击退了撒克逊人的每一次追击。同时,诺曼弓箭手一步步削弱了撒克逊人的防线。天色将晚时,左眼受伤的哈罗德被诺曼骑士砍死,结束了这场战役。然而最惨烈的是,幸存者全部惨遭屠杀。威廉似乎要用这种手段警告他的新子民,他绝不容忍任何的反抗。

修道院院长的房子,修建于13世纪。 这幢房屋距离黑斯廷斯很近,坐落在森拉克山脊的巴特尔教堂遗址处。1095年,威廉命人重新修建了巴特尔教堂。

胜利进军。这张地图显示了 1066 年 10—12 月黑斯廷斯战役后威廉公爵的行军路线图。他征服了英格兰南部后，立即开赴伦敦。

注 释

[1] 译注：Saxon，此处指 5-6 世纪征服英国的日耳曼人。习惯上称为盎格鲁－撒克逊人（Anglo-Saxon），以区别德国的萨克森人（英文同为"Saxon"）。

[2] 原注：又被称为"私生子威廉"（William the Bastard），因为其父诺曼底公爵罗伯特二世（Rober II）从未与其母结为夫妻。

[3] 译注：Essex，英国东南部的郡。

[4] 译注：Ponthieu，位于现今法国皮卡第大区索姆省。

[5] 译注：Poitiers，法国中西部克兰河畔，是普瓦图－夏朗德大区和维埃纳省首府，历史上经历了多场战役。

[6] 译注：Maine，法国旧省名，位于法国北部。

[7] 原注：几年后，类似的事件真的发生了：勒芒人趁威廉征战英国期间推翻了他的统治。

[8] 原注：Senlac Ridge，今巴特尔山脊（Battle Ridge）。

[9] 原注：即军队中的仆人。

[10] 原注：即等级较低的贵族，大约相当于封建领主。

[11] 原注：引自弗兰克·斯坦通爵士（Sir Frank Stenton）的话。

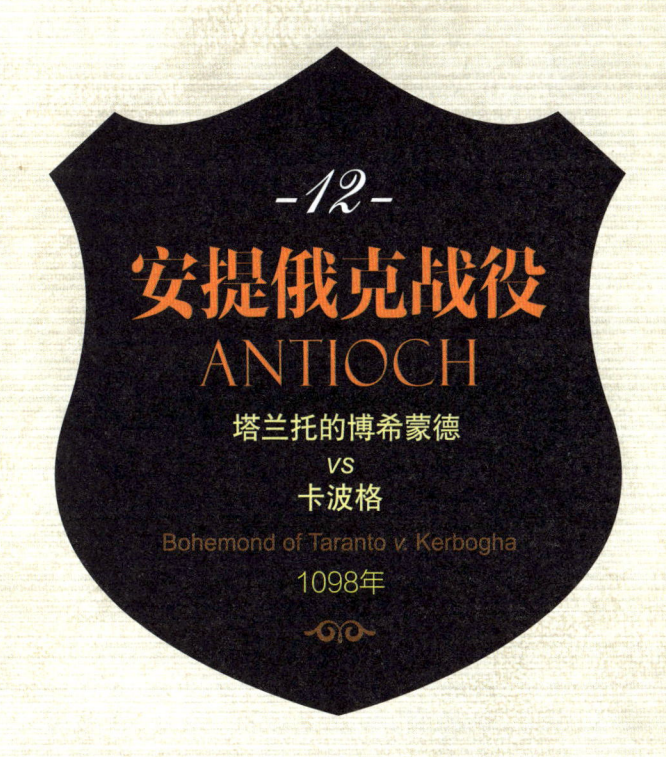

-12-
安提俄克战役
ANTIOCH

塔兰托的博希蒙德
vs
卡波格

Bohemond of Taranto v. Kerbogha

1098年

　　安提俄克包围战（The Siege of Antioch）发生在第一次东征期间（1095—1099）。骑士精神和封建主义的发展要求人们解放被教会侵占的土地。对不少骑士，例如博希蒙德（Bohemond）而言，东征只是获取封地的手段。参加东征不仅能获得无数战利品，还能成为领主，其权力甚至可以超过欧洲的王公贵族。

1095 年 11 月，应教皇乌尔班二世（Pope Urban II）在克勒芒[1]宗教大会上的号召，10 万多人拿起武器，加入了东征军行列，远征土耳其。拜占庭皇帝阿莱克修斯（Alexius）向乌尔班发出紧急求救，请教皇帮助他抵抗塞尔柱土耳其人[2]。从表面上看，这次克勒芒大会似乎旨在援助拜占庭。教会还宣称，凡参与东征的骑士，罪行可以获得赦免。1097 年，6 万名士兵进入小亚细亚，打败塞尔柱土耳其人。随后，他们以此为跳板进攻"圣地"[3]。1099 年 6 月 15 日，东征军攻破耶路撒冷，实现了其主要目标。然而仅仅两周之后，教皇就与世长辞。

东征运动一直持续到 13 世纪。第一次东征不久之后，耶路撒冷再次被萨拉丁夺走。历史上，法国皇帝腓力二世（Philip II）、神圣罗马帝国皇帝康拉德三世（Conrad III）、德国皇帝腓特烈一世（Frederick Barbarossa）以及英国"狮心王"理查一世（Lionheart Richard I）等卓越领袖都曾试图再次东征，结果均以失败告终。

天才领袖

率领第一次东征的是塔兰托的博希蒙德。他本名叫马克·吉斯卡尔（Mark Guiscard），博希蒙德[4]只不过是取笑吉斯卡尔身材矮小的绰号。他是诺曼冒险者罗伯特的长子。罗伯特后来定居意大利南部，成为阿普利亚（Apulia）和卡拉布里亚[5]大公，而博希蒙德担任副指挥官。

博希蒙德在受到教皇乌尔班二世召见后，自命为教皇的封臣。他在教皇指示下集结了包括侄子唐克雷德（Tancred）在内的数百名骑士，奔赴君士坦丁堡。尽管拜占庭国王阿莱克修斯曾向教皇求援，但天主教骑士如此大规模涌入都城君士坦丁堡引起了他的警觉。而且，

1080—1085 年，博希蒙德曾随父出征过拜占庭帝国，因此阿莱克修斯与他有不共戴天之仇。阿莱克修斯让东征军承诺归还拜占庭领土，并让他们发誓效忠。而阿莱克修斯则许诺给他们提供食物、向导和军事支援。

最初，许多骑士自称是查理大帝的后裔，因此穆斯林和天主教徒都将早期的东征军称为"法兰克人"。在 1097 年 6 月 30 日的多利留姆[6]战役中，法兰克人第一次与塞尔柱土耳其人发生激战，博希蒙德的部队遭到塞尔柱弓箭手的袭击，幸亏圣吉尔的雷蒙德（Raymond de Saint Gilles）和布永的戈弗雷（Godfrey de Bouillon）率军相救才得以解脱。东征军从拜占庭出发后须穿过干旱的安纳托利亚高原，途中马匹大量死亡，严重影响了东征军作战。

"圣地"之门

1097 年秋，东征军抵达奥龙特斯河畔的安提俄克。安提俄克位于现在的叙利亚西北地区，是通往"圣地"耶路撒冷的大门。就在几十年前，这座城市刚刚被土库曼人征服。

安提俄克城市太大，而东征军人数太少，攻城实属不易。加之东征军与拜占庭时有不和，陆上补给十分不稳定。

东征军信仰坚定，团结一致。他们在利万特海岸（Levantine Coast）修建了重要的桥头堡[7]，以保证海上补给顺利抵达。这使最初几个月的围攻比较顺利，保证了食物和酒的充足供给。然而进入初冬，补给开始减少，博希蒙德迫切希望早日结束战斗。1097 年 12 月，一次外出搜集粮草过程中，博希蒙德遭遇大批前来解围的援军。他率骑兵上阵，打退了援军。

然而，他随后又遇上了更大的麻烦：士兵接连逃跑；而一支敌军在勒德旺（Ridwan）指挥下已经从阿勒颇[8]出发，很快将抵达安提俄克。博希蒙德上马出战，在安提俄克湖边与勒德旺对峙。为弥补人数上的不足，他将士兵部署在湖边的河流和沼泽中间并加强了防守。没等勒德旺

攻城之战。这幅插图选自提尔斯的威廉（William of Tyre's）所著的《海外历史》（*History of Outremer*）（约成书于 1250 年），描绘了东征军使用投石器攻打安提俄克城的场景。背景是守军从城墙上向下投弹。

部队摆开阵型，博希蒙德的骑兵就迅速出击，将敌人打散。

围者遭围

围攻一直持续到 1098 年初夏，博希蒙德使用了 16 年前父亲在杜拉佐[9]攻城战时使用过的妙计：他接近安提俄克塔楼的看守者——亚美尼亚人菲路兹（Firuz），许诺只要他放攻城部队进城，就赏他金子。与此同时，博希蒙德同盟友达成协议，假如他发现了进城的途径，可以先行进城，待时机成熟再交还阿莱克修斯。6 月 3 日，一支博希蒙德的人马在菲路兹帮助下通过塔楼，随即杀入城中。一进城，他们便开始肆意胡为，滥杀无辜，场面十分血腥。

然而好景不长，法兰克人刚刚进城，还没等他们攻下城堡，摩苏尔[10]的土库曼统治者卡波格（Kerbogha）就派出援军围攻安提俄克，博希蒙德转眼间从围攻变成了被困。卡波格的救援行动得到了阿拉伯帝国国王哈里发的亲自授权，因为伊斯兰世界日益支离破碎的状况引起了哈里发的警觉，他下定决心要阻止东征军的进犯。

城堡内的守军同卡波格密切配合，不少东征军见状立即趁机逃跑。未能逃脱的只得以自己的马匹充饥；穷人没有马匹，只能吃蓟草。阿莱克修斯本打算出兵支援，只是路上听信了谗言，又中途折返了。同时，他也担心穆斯林对安提俄克构成新的威胁，于是举棋不定。

成功突围

6 月中旬，东征军发现了一件器物，认定它就是"圣枪"（The Holy Lance），即耶稣被钉在十字架上刺入他身体的那支长矛。东征军大受鼓舞，其兴奋之情有如雅典人在萨拉米海战[11]中见到了守护神雅典娜。因此，他们下定决心进行突围。

6 月 28 日，东征军从安提俄克城中走了出来，骑兵中仅有 200 人

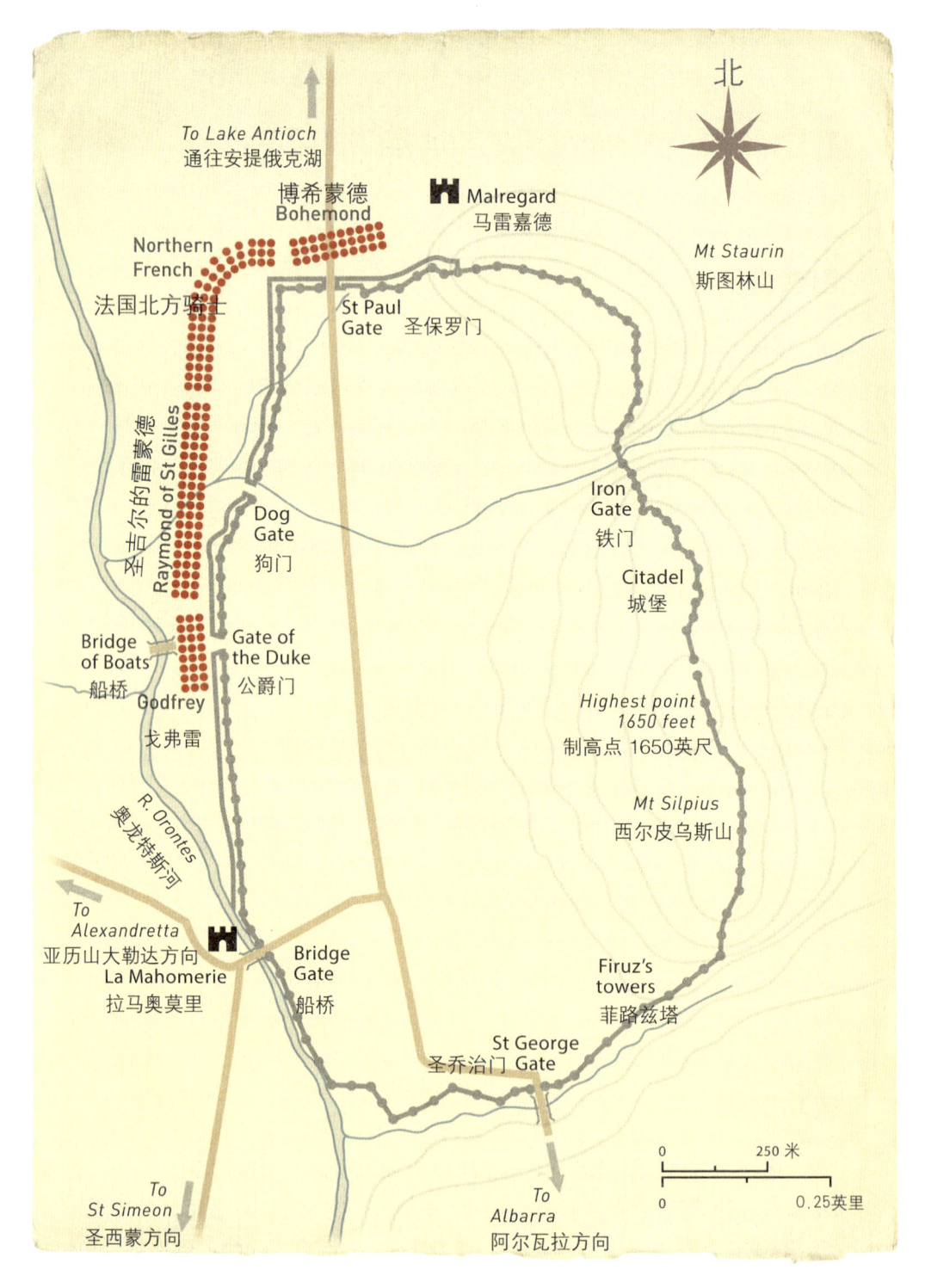

1097年10月—1098年6月，法兰克人围攻安提俄克示意图。该图展示了法兰克的兵力部署以及居高临下的城堡，这座城堡是东征军最后才夺取的要塞。

逃脱了人吃人的噩运。博希蒙德把全军分成 5 队，自己率领的一队为后备。土库曼军队分散在城下各处，严重分散了兵力。他们先是万箭齐发，随后以骑兵猛攻。博希蒙德看到自己的士兵陷入恐慌，便亲自披挂上阵，大声喊道："向勇士一样加速进攻！"据《法兰克人传奇》[12]记载："（他）像一头饥饿了三四天的雄狮般咆哮而出，不顾一切地冲向畜群，把羊撕咬成碎片，吓得羊群四散奔逃。"

博希蒙德的鼓舞令士兵锐气大增。他们奋力杀敌，劫掠了无数战利品。尽管如此，东征军依然还算自律。他们打退了穆斯林的第一次进攻后，再一次发起猛攻，将其彻底击垮。守卫城堡的士兵见自己的同伴遭到重创，纷纷投降博希蒙德。至此，东征军终于可以无所顾忌地进军耶路撒冷了。清教徒迫切向往耶路撒冷，而博希蒙德却对城内的战利品依依不舍，恨不得以"安提俄克亲王"自居，安提俄克俨然成了独立的基督教公国。博希蒙德以拜占庭食言，没有协助自己围城为借口，迟迟不肯前往耶路撒冷，直到 1099 年才开始了自己的朝圣之旅。

巨额赎金

博希蒙德不断扩大自己的领地。1100 年，他遭遇伏击，被土耳其人俘虏。土耳其人兴奋不已，因为他们认为博希蒙德是法兰克人中最强有力的人物。土耳其人将博希蒙德关押了 3 年，并索要 10 万金币作为赎金。

> "向勇士一样加速进攻！"
> ——安提俄克突围时博希蒙德对士兵的鼓舞

博希蒙德获释后，安提俄克又遭受过一次威胁，于是他决定前往意大利和法兰西寻求援助。博希蒙德所到之处无不受到热烈欢迎，有人甚至套用马其顿的亚历山大大帝、古罗马的庞培大帝和查理大帝的称谓，叫他"博希蒙德大帝"，无数士兵聚在他的麾下。1107 年，博希蒙德做足了准备，继续东征。他先进攻了阿尔巴尼亚的拜占庭，又围攻了杜拉佐。然而进攻最终以失败告终，博希蒙德被迫与阿莱克修斯签订条约，作为阿莱克修斯的封臣继续占领安提俄克。1111 年，博希蒙德逝世，葬于意大利普利亚大区[13]卡诺萨（Canosa）。

注 释

[1]　译注：Clermont，法国南部城市。

[2]　译注：Seljuk Turk，突厥人的一支，居住在现在的小亚细亚及中东地区。

[3]　译注：Holy Land，指巴勒斯坦。

[4]　原注："Bohemond"可能源自"Behemoth"一词，意为"巨人"。

[5]　译注：Calabria，现为意大利南部大区。

[6]　译注：Dorylaeum，安纳托利亚高原上的古城，位于现在的土耳其境内。

[7]　原注：尤其是在海岸上的埃德萨（Edessa）和的黎波里（Tripoli）两处修建了桥头堡。

[8]　译注：Aleppo，今叙利亚北部城市，历史悠久。

[9]　译注：Durazzo，坐落于阿尔巴尼亚海岸中部，现为阿尔巴尼亚第二大城市。

[10]　译注：Mosul，伊拉克北部城市，11 世纪时被塞尔柱人征服。

[11]　译注：这场战役的详细情况可以参阅本书第 3 章。

[12]　原注：*Gesta Francorum*，一本记载第一次东征的拉丁文编年史，成书于 1100 年前后。

[13]　译注：Puglia，意大利南部大区，濒临亚得里亚海。

-13-
普瓦捷战役
POITIERS

"黑太子"爱德华
vs
法国国王约翰二世

Edward the "Black Prince" *v.* John II of France

1356年9月17日

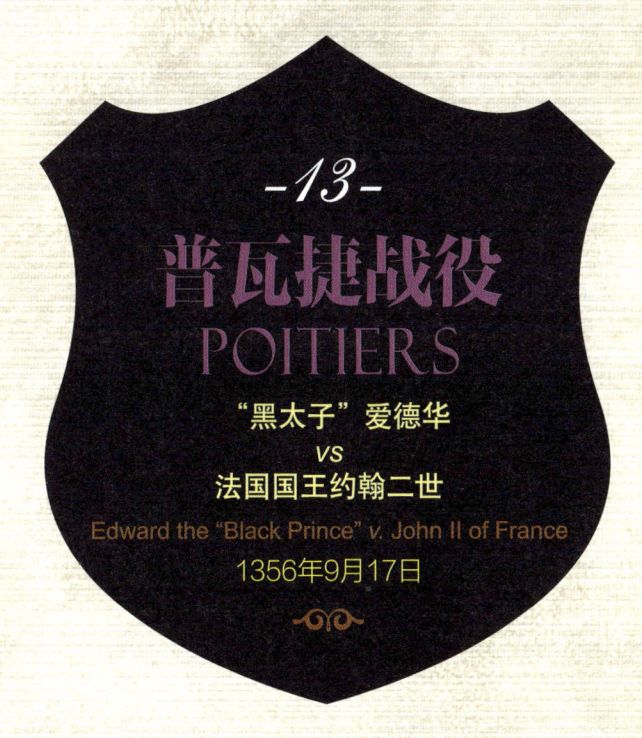

"百年战争"（The Hundred Years' War，1337—1453）是英法两国为争夺法国而进行的一系列战役。战争初期，英国在克雷西战役（The Battle of Crécy）中获胜，夺取了法国北部港市加莱（Calais）。直到1558年1月，英国才退出加莱。

> 百年战争中，英国最伟大的将军莫过于爱德华三世的长子、威尔士王子爱德华，人称"黑太子"。这一广为流传的绰号其实到16世纪才出现，但是他在生前就已经备受崇拜。正如历史学家乔纳森·桑普顿（Jonathan Sumption）所言："……爱德华无疑是那个时代，甚至整个中世纪欧洲最伟大的将军……他在普瓦捷战役中俘获法国国王约翰二世，赢得了百年战争中的最完整的一次胜利。"

战术演进

"黑太子"生活在一个战术不断演进的时代，他在这种背景下依然创造了不少军事奇迹。重骑兵的时代已经过去，面对训练有素的步兵，尤其是弓箭手，全副披挂的战马行动非常迟缓，很容易受到敌人的攻击。1320年7月的科特赖克战役[1]中，佛兰德人（Flemish）大败法军，首次显示出了弓箭手的威力。在1314年苏格兰军对抗英格兰的班诺克本战役（The Battle of Bannockburn）中，枪兵也同样大显身手。

此外，英国还发明了另一种新型作战方式：骑兵马下作战。大军抵达指定作战地点后，骑兵下马作战，战马留在后方，战役结束才重新上马。战马仅做行军和追击之用。如果情况不利，也可以上马立即后撤。同时，弓箭手的规模日益壮大，可以为徒步作战的骑兵提供保护。

普瓦捷战役中法军大败。 这幅作品是 1830 年法国浪漫主义艺术家欧仁·德拉克鲁瓦（Eugène Delacroix）想象中的战争场景。

炮火洗礼

英国人还将长弓发展到极致。它射程远，发射快，威力远远超过欧洲军队普遍使用的弩。到 14 世纪中叶，步兵已经没有了统一模式。在 1333 年哈里顿山（Halidon Hill）战役和 1346 年克雷西战役中，英王爱德华三世运用上述战术击败了苏格兰军和法军，胜利归来。此后，法国也开始效仿这些战术，回击英军。

"黑太子"跟随父亲学会了这些战术，并将其应用于实践。他 16 岁时就指挥一个师[2]奔赴战场，参加了他的第一场战争——克雷西战役。那是一场艰苦的战役，需要他把部队从诺曼底调往巴黎塞纳河畔，再从巴黎调往皮卡第[3]。

克雷西战役无疑是一次新战争艺术的实战。法国骑兵的进攻混乱无序，大批热那亚（Genoese）弩手死于英格兰人箭下。虽然法国－热那亚联军兵力远远超过英军，但是英军军纪严明，联军终究不是对手。可能就是因为太子当时身披黑色铠甲，后来才得名"黑太子"。他在随后的历次战役中也屡立战功：例如，在长达 11 个月的加莱包围战中最终夺取加莱[4]；20 岁时，他还率军在温切尔西（Winchelsea）近海同法军交战。

1355 年，25 岁的"黑太子"爱德华成为父王治下的阿基坦总督，自 1152 年亨利二世迎娶埃莉诺（Eleanor）后，该行省成为英国领地。"黑太子"的大部分士兵来自加斯科尼省[5]，他们抵达波尔多（Bordeaux）时，仅有 800 名士兵和 1400 名骑射手。虽然人少，但他仍然先后突袭朗格多克[6]，掠夺阿维尼奥内和卡斯泰尔诺达里，洗劫卡尔卡松和纳博讷。第二年，他挥师北上，洗劫了奥佛涅[7]、利穆赞和贝里地区。

根据爱德华三世和他的表兄弟兰卡斯特（Lancaster）公爵制定的袭击法国方案，"黑太子"应在 1356 年同父王会合。他们策划以三支部队同时入侵法国："黑太子"从南部的波尔多北上，兰卡斯特从诺曼底南下，两军同爱德华在布列塔尼（Brittany）的部队以及反法的纳瓦拉国王（King of Navarre）会合。同时，爱德华三世也将亲率英军主力横渡海峡抵达加莱，这三股力量将在卢瓦尔河会师。

8月，"黑太子"率6000—7000人向卢瓦尔河进发，其中三分之二为加斯科尼骑兵，另有1000名英国弓箭手。兰卡斯特的部队也按计划从诺曼底出发，然而兰卡斯特的大军根本无法渡过卢瓦尔河，国王也因故无法参与这次夹攻行动。对手法王约翰二世却率领8000名骑兵和3000名步兵共同抗击英军。"黑太子"发现自己的兵力远远不敌法国，便决定撤回波尔多，不料约翰二世穷追不舍。9月16日，在普瓦捷东部平原，约翰侧翼包抄了爱德华军。但是"黑太子"拒绝无条件投降。

当晚，法军召开军事会议。苏格兰的威廉·道格拉斯爵士（Sir William Douglas）指出了英军在班诺克本战役中所犯的错误，于是法军决定听从他的建议，抛弃传统的骑兵战术，改用步兵向前推进。

防御要塞

9月17日黎明，英军进入法军南部的一片高地，隐蔽在山楂林后，弓箭手埋伏在两翼。战线左侧的沼泽和右侧的战壕为他们提供了更好的保护。虽然防线牢固，但是他们的粮草很快就会耗尽。英军做好了准备：一旦侧翼遭到法国骑兵攻击，他们就向后撤。法军的主要目的在于打散英军的弓箭手，英国弓箭手总能克服重重阻力，重新排好阵型，而后痛击法军，并且反击一次比一次有力。英军这一切活动皆隐藏在山后，大部分法军根本察觉不出。法国大军在法国王太子（Dauphin，国王的长子）带领下，继续沿着山楂林前进，挤进山谷。此后的两小时里，双方展开了一场白刃战，法军抵挡不住，被迫撤退。王太子被护送到安全地带，士兵见王太子离开，便也准备撤退。约翰二世率领后备军亲自上阵，试图挽回局面，无奈被英军赶下山坡，而后被团团围住：背后是德·布赫上尉的加斯科尼军，侧面是詹姆斯·奥德利（James Audley）爵士的骑兵。众多法军被俘，约翰二世也未能逃脱。

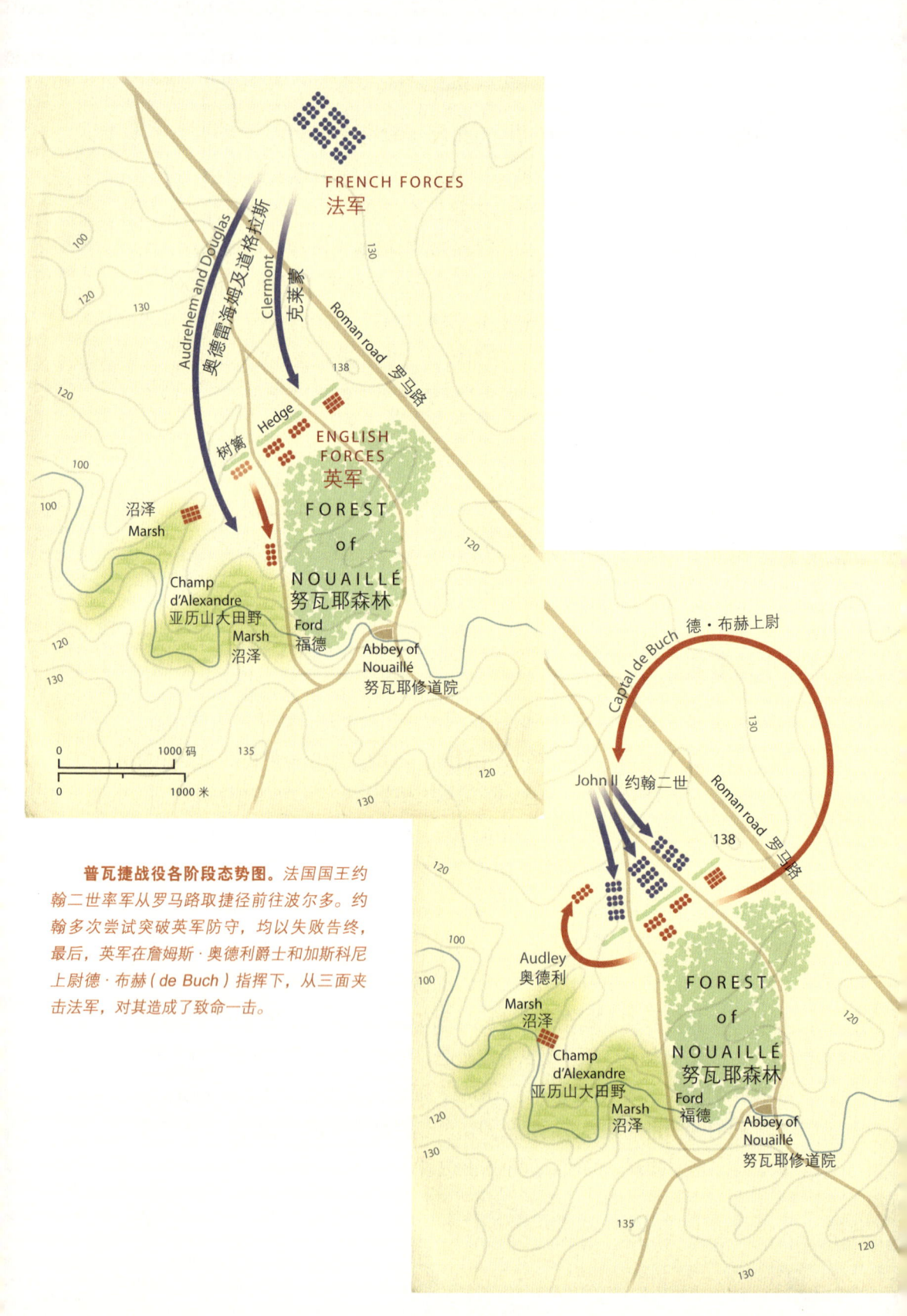

普瓦捷战役各阶段态势图。 法国国王约翰二世率军从罗马路取捷径前往波尔多。约翰多次尝试突破英军防守，均以失败告终，最后，英军在詹姆斯·奥德利爵士和加斯科尼上尉德·布赫（de Buch）指挥下，从三面夹击法军，对其造成了致命一击。

军事才能

爱德华在这场战役中充分展现了一个大将的灵活应变之才。相比之下，约翰却要求部下严格执行命令，不得擅自行动。因此，在形势发生变化时，法军很难随机应变。不过普瓦捷战败对法国的影响微乎其微，"黑太子"也无力继续扩大战果，只能把约翰押回波尔多当了4年人质，勒索了巨额赎金，仅此而已。

1360年，英王爱德华三世和法王约翰二世签订《布雷蒂尼条约》[8]，英国得到了法国大片领土，"黑太子"成为阿基坦公爵。

此后，"黑太子"继续谱写他的战功。1367年，他率领英国和加斯科尼联军在卡斯提尔[9]的纳吉拉（Nájera）战斗中打败西班牙卡斯蒂利亚王国的王位争夺者——特拉斯塔马拉（Trastámara）的亨利。然而不久之后，法国逐渐强大，收回了《布雷蒂尼条约》中损失的大部分领土。1370年，"黑太子"展开报复，围攻了利穆赞首府利摩日（Limoges）并残忍杀戮城内无辜的平民百姓。第二年，他因病返回英国，于1376年去世，比父王爱德华三世还早了一年。

> "……爱德华无疑是那个时代，甚至整个中世纪欧洲最伟大的将军……他在普瓦捷战役中俘获法国国王约翰二世，赢得了百年战争中的最完整的一次胜利。"
>
> ——历史学家乔纳森·桑普顿对"黑太子"的评价

注 释

[1]　原注：The Battle of Courtrai，由于佛兰德人战后缴获了大量落马骑兵的战利品，故这次战役也叫作"金马刺战役"（The Battle of Golden Spurs）。

[2]　原注：英军当时总兵力为1.4万人，分为三个师。

[3]　译注：Picardy，法国北部旧省。

[4]　译注：1453年，英法百年战争结束时，法国收复了除加莱外的全部领土，取得了百年战争的胜利。1558年，法国攻陷加莱，至此英国失去了在欧洲大陆最后一座城市。

[5]　译注：Gascon，法国西南部比利牛斯地区，旧时称加斯科尼省。

[6]　译注：Languedoc，它和下文的阿维尼奥内（Avignonet）、卡斯泰尔诺达里（Castelnaudary）、卡尔卡松（Carcassonne）、纳博讷（Narbonne）均位于法国南部。

[7]　译注：奥佛涅（Auvergne）、利穆赞（Limousin）和贝里（Berry）均位于法国中部。

[8]　译注：*Treaty of Brétigny*，根据该条约，英王爱德华三世得到法国大片领土，放弃索要法国王位，而"黑太子"受封法国阿基坦公爵。

[9]　译注：Castile，或译卡斯蒂尔，西班牙古王国。

-14-
阿金库尔战役
AGINCOURT

英国国王亨利五世
vs
法国国王查理六世

Henry V of England v. Charles VI of France

1415年10月25日

阿金库尔战役是历史上英国最伟大的胜利。阿金库尔的沦陷对法国的侮辱丝毫不亚于1940年的德国入侵。至此，以弓箭手决定胜负的时代即将过去，弓和弩很快会被火炮所取代。

> 英格兰国王亨利五世同他的叔祖父"黑太子"爱德华一样，小小年纪便随军出征。16 岁时，他就在什鲁斯伯里[1]战役中担当了重要角色，不过面部被箭刺伤。1413 年，亨利登上王位后，立即要求收回英国在《布雷蒂尼条约》(1360 年)中放弃的领土；他还要求得到法国的诺曼底和安茹[2]地区，作为迎娶瓦卢瓦的凯瑟琳的前提条件。在他看来，自己的使命就是把法国并入英国，然而英国内部的斗争却十分激烈。

征战法国

为了战胜法国，亨利做了充分的前期准备：他召集了 1 万名士兵并筹备了大量的长弓、箭矢、船只和加农炮。1415 年 8 月 11 日，英军从南安普敦（Southampton）出发。国王制定并执行了严厉的军规，例如不准劫掠、尊重妇女、尊重教会。9 月底，英军占领了阿夫勒尔港[3]，并要求与法国王太子[4]决斗。

秋末冬初，痢疾肆虐，英军人数锐减。按照计划，后备力量本应从海路赶来补充，但途中不幸遭暴风雨袭击，多数人不知去向。加之冬天不适宜作战，亨利只得率 6000 名士兵冒着狂风暴雨奔赴加莱海峡，准备返回英国。然而就在此时，两支法国军队在巴波姆（Bapaume）郊外会合，拦住了英军归路。双方交涉无效，亨利来到布拉尼（Blagny）的特诺斯河（River Ternoise）上游列阵。至此，他才第一次见识了法军的规模："密密麻麻，犹如一群蝗虫。"

一场战斗已经不可避免，骑士瓦尔特·亨格福特（Walter Hungerford）爵士议论道，要是再多 1 万名弓箭手，英国必胜无疑。亨利答道，用好你手中的一切，上帝自会保佑他的子民。国王随后释放了

亨利五世画像。 亨利五世胆略过人,是杰出的战术专家。据说,在阿金库尔战役中,他头戴一种尖顶、带面罩的轻质头盔骑在马上指挥战斗,华丽的王冠让他成了法军打击的目标。

战俘，以免背后遭袭。第二天恰逢 10 月 25 日，即圣克里斯宾节[5]，英国将同 3 倍于己的敌人在阿金库尔村[6]开战。国王亲自指挥中路，约克公爵（Duke of York）打前锋，而卡莫伊斯勋爵（Lord Camoys）指挥左翼。前夜下过大雨，道路泥泞不堪，法军只得放慢了进攻步伐。这对亨利而言并非坏事。回想历史，大雨天气曾帮助过阿米尼乌斯在条顿堡森林战役中取得优势，也帮助威灵顿公爵在滑铁卢战役中获胜。

24 日，亨利集结了弓箭手，法军在英军右侧约半英里的地方扎下营盘，两军中间相隔一道小山谷，法军的一侧稍宽。亨利担心法军绕过丛林从背后突袭英军，当夜便在梅松塞尔村（Maisoncelles）重新进行了部署，将兵力分成四部分。

箭雨密布

25 日清晨，虔诚的亨利做了 3 次弥撒。英军仅有一条战线，排成 4 行。战线分为 3 个营，各营之间以及侧翼前部均为弓箭手，中间留出充足的空间以便撤退。亨利让英国弓箭手准备了两头削尖的木桩，高度可及战马前胸，木桩插在泥泞的地面上即可组成一道屏障。

英军左右两侧及后方大部分地方丛林密布，只在中间有一条通道，法国骑兵进入英军战线后就好似进入瓶口。亨利骑马来回巡视以振作士气。随后，他下马来到战线中央，指挥战斗。

法军从特拉姆考特（Tramecourt）步行前进，大部分马上作战的骑兵排在第三营。两翼虽然也有部分马上作战的骑兵，但是他们的主要目标是英军弓箭手。前锋多为大贵族和官员，紧随其后的是弩手、箭手和炮手。与英军相比，法军整体上缺乏有力的指挥。战前，亨利发表了鼓舞人心的演说："现在正是大好时机，整个英格兰都在为我们祈祷，振作起来……以全能的上帝、圣徒乔治之名，向敌人前进！他们必将助我们一臂之力。"他随后命令弓箭手拔起木桩，冲向敌人。进入弓箭的有效射程（230—275 米）后，再插上木桩，构成屏障。英军再次重整旗鼓，随后，英国元帅托马斯·厄平汉爵士（Sir Thomas Erpingham）将指挥棒在空中一挥,所有弓箭手立即同时放箭。

少数法国骑兵仍旧骑在马上,而大部分则下马徒步作战。由于雨后土地泥泞湿滑,身披铠甲的法军士兵行进十分困难。他们企图消灭英军两个侧翼的弓箭手,不料遭到木桩防线的阻拦。另外,英军箭如雨下,法军死伤严重。一些骑兵及战马被木桩刺伤,动弹不得;另一些骑士则拨马后退,慌乱中闯入步兵阵营。法军上下一片混乱,进退两难。亨利的士兵毫不畏战,当法军靠近英军阵前时,弓箭手就拿起短剑和战斧同敌人厮杀。英军的优势渐渐明显,但也有大量士兵死亡,狭窄的地形使得战场越来越拥挤,法国骑兵甚至没有挥剑的空间。在这种情况下,数

阿金库尔战役地图。该图展示了双方的兵力部署。

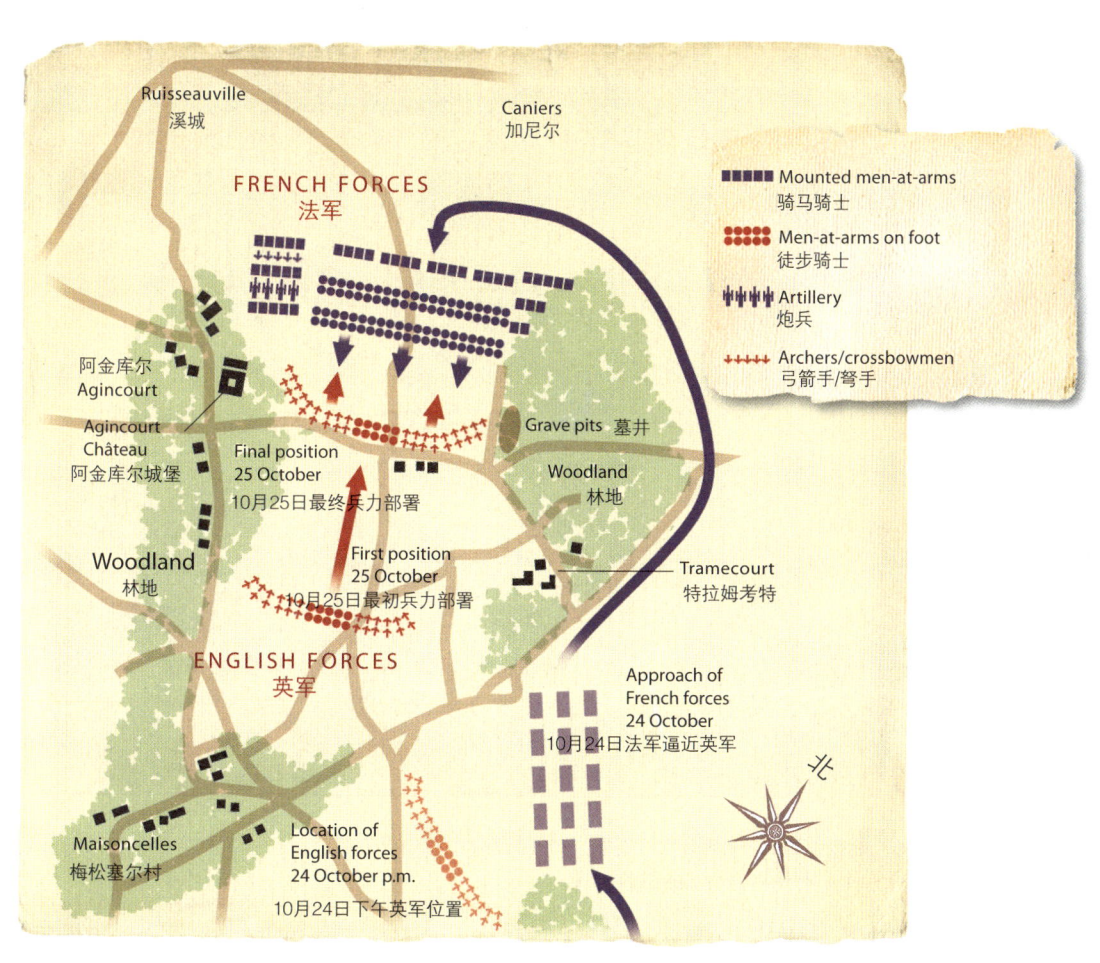

这幅 15 世纪的插画表现了英王亨利五世（右侧）在阿金库尔战役中的决定性胜利。英军旗帜上的百合表明了英军对法国的领土要求。

量庞大的法军反而受到制约，最后只得大规模投降。

这场战役中，英军仅损失了 300—400 人，而法军则有数千人死亡或被俘，结局十分悲惨。一时，有谣言称英军行李运输车遭袭，法军遂准备起用完好无损的第三营再次发起进攻。据说亨利五世闻讯立即派 200 名射手将所有战俘统统处死；另有记载称多达 1000 人遭屠杀，死者皆为贵族。但后一条传闻没有确切的证据，事实上，被屠杀的法国人也不会超过 100 人。亨利直到确信法军不会发起新一轮进攻，才停止了杀戮。

战役一直持续到下午 2 点。法国的奥尔良公爵查理、波旁大公、旺多姆（Vendôme）伯爵以及布列塔尼公爵之弟里什蒙德（Richemont）伯爵等一些杰出贵族皆在此战中沦为英国俘虏。但亨利也损失了约克公爵和萨福克（Suffolk）伯爵等几员大将。

征服英雄

亨利五世作战一向冷酷无情，他的一句名言是："没有火力的战争就如同少了芥末的香肠。"如果说 70 年前的普瓦捷战役展示了"黑太子"的军事才能，那么如今的阿金库尔战役证明了亨利五世的指挥艺术，也证实了只要军纪严整，再庞大的乌合之众也不足为敌。亨利总是制订周密的计划，从不贸然行事。阿金库尔战役取胜后，他便率军前往加莱，返回英国。

但是，英法两国的较量还远远没有结束。1416 年，亨利率军重返诺曼底，派军官攻下瑟堡[7]、库唐斯[8]、阿弗朗什（Avranches）和埃夫勒（Evreux）后，又率军亲征卡昂（Caen），不久还包围了鲁昂（Rouen），并于 1419 年夺取该城。随后，他精明地同勃艮第公爵结成同盟。

1420 年，《特鲁瓦和约》（*Treaty of Troyes*）签订后，亨利被指定为查理六世的继承人，并娶了凯瑟琳为妻，而法国王太子（即后来的查理七世）则被剥夺了王位继承权。亨利后来率军围攻默伦[9]，1420 年 12

> "现在正是大好时机，整个英格兰都在为我们祈祷，振作起来……以全能的上帝、圣徒乔治之名，向敌人前进！他们必将助我们一臂之力。"
>
> ——阿金库尔战役前亨利五世对士兵发表的演说

月一举战胜了巴尔巴赞（Barbazan）总督，而后乘胜进军巴黎。

亨利的辉煌仍在继续：1421 年，他解了沙特尔[10]之围，把法国王太子赶回卢瓦尔河对岸，又夺取了莫市（Meaux）。然而第二年，亨利不幸在率兵支援勃艮第人的途中感染痢疾，不久在巴黎城外的文森城堡（Château de Vincennes）逝世，终年不到 35 岁，寿命甚至不及英年早逝的"黑太子"。更悲惨的是，亨利仅比对手查理六世早 6 周零 1 天死亡，否则他便可以继承法国王位。

注释

[1] 译注：Shrewsbury，英格兰西部城市。

[2] 译注：Angevin，法国旧时行省，大致位于现在的曼恩 – 卢瓦尔省。

[3] 译注：Harfleur，法国西北部海港，在勒阿弗尔港建成之前曾长期是法国最重要的港口之一。

[4] 原注：即国王的长子。

[5] 译注：St. Crispin's Day，为纪念基督教圣徒克里斯宾兄弟殉道所设，第二次梵蒂冈大公会议后不再作为公共节日。历史上，圣克里斯宾节这天爆发过多次重大战役。

[6] 原注：现名 Azincourt。

[7] 译注：Cherbourg，它和阿弗朗什均为法国西北部港市。

[8] 译注：Coutances，它和下文的埃夫勒、卡昂及鲁昂，均为法国西北部城市。

[9] 译注：Melun，位于法国中部的塞纳 – 马恩省。

[10] 译注：Chartres，它和莫市均为法国中部巴黎附近城市。

-15-
围攻奥尔良
THE SIEGE OF ORLÉANS

法国圣女贞德
vs
英军

Joan of Arc *v.* The English
1429年4—5月

1422年亨利五世逝世后，英国虽然没有马上衰落，但是在"百年战争"中也逐渐不敌法国。襁褓中的亨利六世在一些杰出将领支持下同时继承了英国和法国王位。1423年和1424年，英国先后在克拉旺（Cravant，它和维尔讷伊均在法国中部，位于巴黎附近）和维尔讷伊（Verneuil）的战役中取得了重大胜利。至1428年，英国在法国的领土已经延伸至卢瓦尔河沿岸，并准备围攻奥尔良。英军的杰出将领索尔兹伯里（Salisbury，英格兰南部威尔特郡古城）的托马斯伯爵在围攻中阵亡，这是英国在"百年战争"中第一次重大失败。

从奥尔良战役开始，法国经历了伟大的民族复兴，这在很大程度上归功于贞德（Joan of Arc）的领导。据称她受到了神的启迪，因此被称为"圣女"。1429年5月，她率领法军解除奥尔良之围，取得了一场伟大的胜利。

神的指引

贞德原是法国洛林（Lorraine）的普通农家少女，她称自己多次见到"神迹"现身，例如圣米迦勒、圣凯瑟琳等，让她拯救法国。但是，当地领主罗伯特·德·博垂科特（Robert de Baudricourt）认为她纯粹是在编造故事，便命人把她赶走。不久，与英国结好的勃艮第人进入贞德所在的村庄，她被迫在当地的小镇新堡（Neufchâteau）避难。

在贞德的一次次请求下，博垂科特将信将疑。他给了贞德一匹战马和一把剑，让她去卢瓦尔河以南几英里外的地方面见太子。1429年3月4日，她抵达了维埃纳河（Vienne）河畔的希农（Chinon）。

图为从卢瓦尔河另一侧远观奥尔良新貌。由于城内守军采取了牵制英军的行动，圣女贞德率领的援军轻而易举地渡过了卢瓦尔河防线。

索尔兹伯里去世后,英国对奥尔良的围困陷入了困境。但 1429 年 2 月,约翰·法斯托夫爵士(Sir John Fastolf)获得了鲁夫赖(Rouvray)战役,即"鲱鱼战役"(Battle of the Herrings)的胜利,确保了英军的供给。约翰·法斯托夫是莎士比亚的历史剧《亨利五世》(*Henry V*)中福斯塔夫(Falstaff)原型之一。法国王太子提议离间英国及其勃艮第同盟,这一招果然有效,勃艮第军队从奥尔良撤军,法军终于看到了一丝解围的希望。

3 月 6 日,贞德第一次得到太子接见。太子本人迷信神力,他要检查她的贞操才能交给她指挥大权。太子的岳母对贞德做了一番

检查，认为她确实带来了"神明支持奥尔良"的信号。

贞德自信有神灵保佑，但她还是严肃认真地进行了军事训练，学会了骑马和挥矛。国王为她特制了铠甲、宝剑和旗帜，旗上绣着"我们高高在上、公断是非的救世主……天使手捧耶稣赐福的百合花"。

这面旗帜成了贞德的标志。法国人不再犹豫，纷纷投奔到她的旗下。3月22日，在一封贞德口述的信中，她明确表示要把英国人赶出法国。不久，贞德率军前往奥尔良，一队教士走在最前方，高唱"伏求造物神灵降临"（*veni creator spiritus*）。

4月，贞德抵达了奥尔良。奥尔良占地面积广阔，以英军的兵力很难将其完全包围，如今又少了勃艮第的援助，英军渐渐觉得力不从心。他们建了几座临时要塞，但这几座要塞远远不够，而且东面几座要塞之间相去甚远。

贞德同法国援军一起乘船渡过城南的卢瓦尔河。他们仅仅试了两次就奇迹般地冲破了岸上英军的阻拦。法国人之所以能够顺利登岸，还有一个原因不可忽略：奥尔良城内的守军出击圣卢普（Saint Loup），分散了英军注意力。29日，贞德的援军进入奥尔良城。

1429年奥尔良包围战中，攻城塔楼上英军的加农炮和长弓手。*此图出自当时的绘画图书。*

解除包围

贞德主张立即同英军交战,但指挥官迪努瓦(Dunois)坚决反对。眼下,贞德只能通过宗教方式抨击英军,抨击的目标直指守卫卢瓦尔河南岸的土列尔堡(Les Tourelles)的威廉·格莱斯代尔(William Glasdale)及其部下。

贞德一边继续鼓舞士气,一边打探英军的防守情况,法军成功进行了几次突围,先夺取了圣卢普,两天后又夺取奥古斯汀(Les Augustins)。5月8日,她指挥法军进攻卢瓦尔河南岸的土列尔堡,颈

这幅地图展示了奥尔良城墙和英军在其周围建设的临时要塞。
由于兵力不足,英军在城东的防线非常脆弱,给了法军以可乘之机。
1429年4月,法军增援力量正是由此进入了奥尔良。

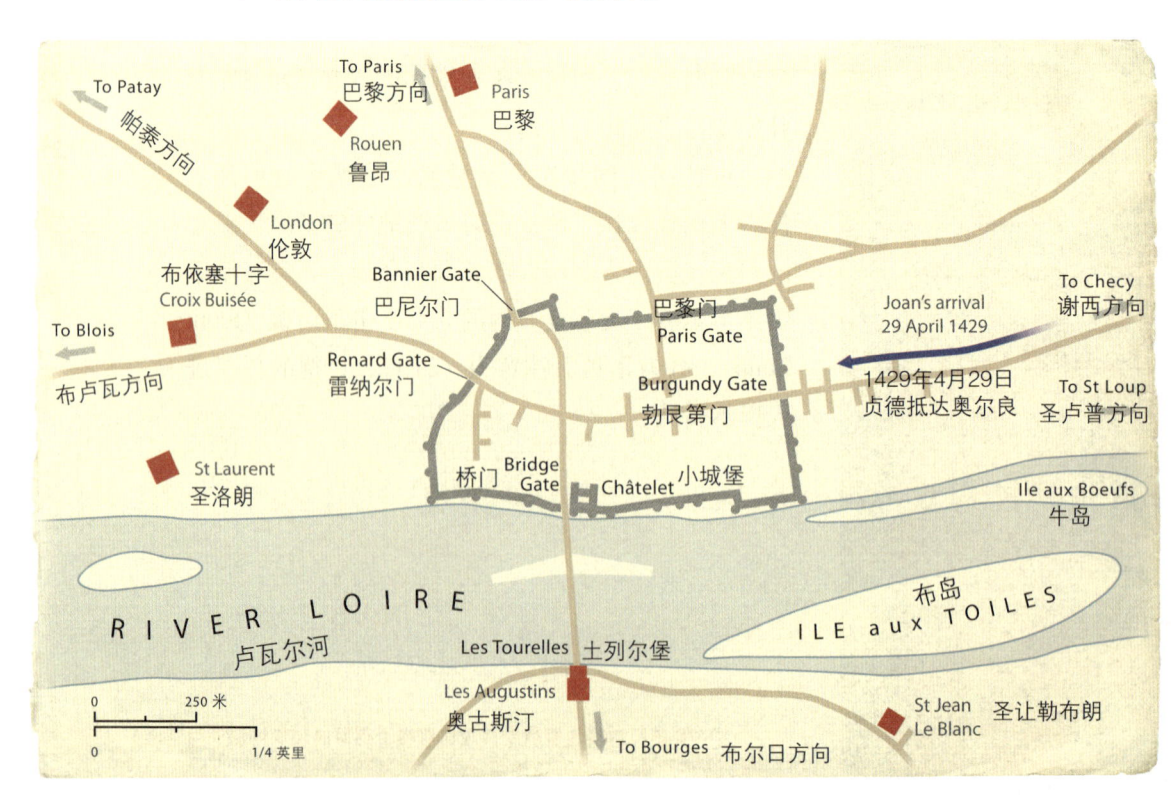

To Patay 帕泰方向	To Paris 巴黎方向
Rouen 鲁昂	Paris 巴黎
London 伦敦	
Croix Buisée 布依塞十字	Bannier Gate 巴尼尔门
To Blois 布卢瓦方向	Paris Gate 巴黎门
Renard Gate 雷纳尔门	Burgundy Gate 勃艮第门
St Laurent 圣洛朗	Bridge Gate 桥门
	Châtelet 小城堡
Joan's arrival 29 April 1429 1429年4月29日 贞德抵达奥尔良	To Checy 谢西方向
	To St Loup 圣卢普方向
	Ile aux Boeufs 牛岛
RIVER LOIRE 卢瓦尔河	ILE aux TOILES 布岛
Les Tourelles 土列尔堡	
Les Augustins 奥古斯汀	St Jean Le Blanc 圣让勒布朗
To Bourges 布尔日方向	

比例尺:0—250米 / 0—1/4英里

部被箭射中受伤。战斗异常激烈，迪努瓦一度建议撤军。不久她回到战场，重新集结了法军。

英军上下弥漫着恐惧的氛围，而法军却愈战愈勇。贞德身先士卒搭起了云梯，两军展开激战，结果以英军的败退告终。不久，法军打退了围城的英军，奥尔良得救了。英军撤退后，法军举行了两天的感恩活动，为圣女贞德和她指挥的军队欢呼。

解围奥尔良后，贞德开始清剿卢瓦尔河谷的英军残部，将其赶回诺曼底。她让敌人开始敬畏上帝，惧怕她的军队。英军中的流言称，上帝不支持他们。很快，雅尔若（Jargeau）、博让西谷（Beaugency）和卢瓦尔河畔默恩（Meung-sur-Loire）相继落入法国手中。6月18日，法军又取得了帕泰（Patay）战役的胜利。暂且不论法军是否受到了上帝帮助，但是现实中有一个不可忽略的因素，即火炮的应用。自克雷西战役和阿金库尔战役以来，长弓一直是英军克敌制胜的有力武器，从此以后，一个杀伤力更强的新式武器将取而代之，再次改变战争面貌。

扭转局势

奥尔良战役后，法军逐渐扭转了战局，取得了一系列胜利。帕泰战役胜利后，法国收回了巴黎东部的领土。法军的士气和军事力量不断增强，1453年，他们在波尔多北部的卡斯蒂永战役（Battle of Castillon）中大胜什鲁斯伯里伯爵约翰·塔尔伯特（John Talbot）率领的英军，士气达到了顶峰。这次胜利结束了英国对阿基坦地区长达三个世纪的统治，也宣告了"百年战争"的结束。

明星陨落

1429年7月17日，查理七世在兰斯（Reims）加冕。行涂油礼时，贞德手握旗帜站在国王身边。贞德的神圣使命已经完成，但比胜利更重要的是法国人在战争中树立起来的祖国统一的信念。

此时，查理七世最关心的是如何拉拢勃艮第人，而贞德针锋相对的战斗则会适得其反。进攻巴黎时，贞德的腿部在圣奥诺雷港（St. Honoré）战斗中被弩箭刺伤。她刀枪不入的神话就此破灭。不久，国王便令她撤退。

1430年4月，贞德率兵北上，解围受勃艮第威胁的贡比涅[1]。5月23日被敌人俘虏。巴黎大学的神学家提出对贞德进行审判。然而11月，她却被送往英国，圣诞节前夕又被转移至鲁昂，这期间查理七世竟没有提出支付赎金解救贞德。1431年1月，她在鲁昂被指控为异教。审判只是形式，敌人早已决定判她有罪。5月30日，贞德被施以火刑。1456年，法国将境内的英军全部消灭后，对贞德进行了重新审判，并为她昭雪。1920年，罗马天主教会封贞德为圣徒。

查理七世后来也承认，他亏欠贞德太多，然而一切为时已晚。于是国王将她的兄弟们封为贵族，并免除了贞德的家乡栋雷米（Domrémy）的税赋，直到大革命爆发。

"奥尔良少女"（Maid of Orléans）激励了整个法国的军事和政治复兴。据说，她在接受审判时一再坚持，她率领的不是国王的军队，而是上帝的军队。

注 释

[1] 译注：Compiègne，位于法国北部的瓦兹省。

-16-
君士坦丁堡沦陷
THE FALL OF CONSTANTINOPLE

奥斯曼帝国苏丹穆罕默德二世
vs
君士坦丁十一世

Sultan Mehmet II v. Emperor Constantine XI

1453年5月29日

君士坦丁堡始建于324年，古罗马皇帝君士坦丁统一罗马帝国后，在古希腊城市拜占庭的废墟上兴建了这座城市。君士坦丁堡又名"新罗马"（New Rome），它位于一个三角形半岛末端，三面环海，易守难攻，是抵御蛮族威胁的坚强堡垒。5世纪初，狄奥多西二世对该城进行了加固，使其海陆防御线总长达到14英里（22.5公里），并建造了双层城墙和192座塔楼。

几个世纪以来，拜占庭帝国[1]不断受到周边塞尔柱土耳其人以及后来的奥斯曼帝国的威胁。1451年，18岁的穆罕默德二世即位，成为奥斯曼帝国的新任苏丹[2]。即位不久，他就率兵进攻君士坦丁堡。在此之前，君士坦丁堡仅遭到过一次洗劫，即1204年第四次东征时威尼斯（Venetian）军队的入侵。

紧张升级

君士坦丁堡控制着黑海和达达尼尔海峡之间的狭窄通道——博斯普鲁斯海峡（Bosphorus）。这场战役的导火索是拜占庭皇帝巴列奥略王朝（Palaeologus）的君士坦丁十一世要求增加海峡的通行年费。而穆罕默德自幼就梦想着夺取君士坦丁堡，建立覆盖小亚细亚和巴尔干半岛的奥斯曼帝国。1451—1452年，他下令封锁海峡，并在君士坦丁堡城外5英里（8公里）处位于欧洲一侧的如梅利堡垒[3]处修建城堡。该堡垒将成为日后土耳其围攻君士坦丁堡的军事基地。但如梅利堡垒本来是拜占庭的领土，君士坦丁十一世遂提出抗议，并派使者同穆罕默德交涉，而穆罕默德却将使节斩首。

修建城堡共动用了约5000名劳工，仅用时4个半月就修建完毕，得名"割喉堡"（The Cutter of the Throat）。穆罕默德派500人驻守城堡。他大张旗鼓地巡视了君士坦丁堡城墙后，骑马返回了都城亚得里亚堡[4]。穆罕默德还在"割喉堡"部署了一台骇人听闻的加农火炮，并在海岸上布置了13组排炮。自此，任何通过博斯普鲁斯海峡的船只都必须停船向苏丹纳税，否则必被炸成碎片。

奥斯曼苏丹穆罕默德二世。 此图是奥斯曼帝国时期一本手稿中的插图。历史学家爱德华·吉本评价他为"专制君王,他的微笑象征着财富,皱眉则意味着死亡"。

金属怪兽

穆罕默德的大炮是由枪炮制造商人奥尔班[5]提供的。奥尔班可能是匈牙利人或德国人[6],起先他想将武器卖给拜占庭皇帝君士坦丁,可惜皇帝无力支付这笔巨额开支,他便转向富裕且渴望新武器的奥斯曼苏丹。

奥尔班许诺为穆罕默德提供威力巨大的火炮,用以打穿君士坦丁堡的城墙。3个月后,他果然造出了一个铜质的庞然大物——"巴西利卡射石炮"(Basilica Gun)。射石炮长8米,口径达76厘米。第一次试验时,它把重达360千克的炮弹射到了1英里(1.6公里)开外,把地面砸出1.8米的深坑。

埃迪尔内铸造厂随即开始铸造"巴西利卡"。1453年春天,工匠们用了60头公牛才将造好的大炮拉往140英里(225公里)之外的君士坦丁堡对面。奥尔班和工匠们共为穆罕默德制造了70门"巴西利卡",如此大规模地制造大炮在东方实属首次。(西方战场上一个多世纪前就已经出现了野战炮，因此旧式的城堡早已不堪一击。)

穆罕默德还准备了攻城器械和大量地雷，并从整个帝国调集了包括 1.2 万名苏丹亲兵[7]在内的 10 万名士兵，相当于君士坦丁堡总人口数的两倍。君士坦丁堡仅有兵力 7000 人，而且威尼斯人和热那亚雇佣军几乎占了三分之一。他们沿城墙分散开来，各处的防守人数都非常有限。

同年冬天，穆罕默德焦急等待着合适的攻城时机。而在君士坦丁堡，皇帝派热那亚工兵乔瓦尼·古伊斯提尼亚尼（Giovanni Giustiniani）带领 700 名士兵加固城内防御，并许诺把利姆诺斯岛（Lemnos）赏赐给他。

穆罕默德知道，要想攻下君士坦丁堡，必须从海陆两线同时进攻。于是他组织了一支由 125 艘船组成的海军，交由巴尔塔·奥格里（Baltha Ogli）指挥。这支海军的数量是君士坦丁堡舰队的 5 倍。

> "君士坦丁堡围攻战的与众不同之处，在于它是老式和新式火炮的混合。加农炮和投射石块、标枪的器械齐发，子弹和攻城槌同时击打一座城墙，火药的发明也没有取代液体燃烧剂和不灭的火种。"
>
> ——爱德华·吉本论君士坦丁堡围攻战的军事技术

开始进攻

初春伊始，穆罕默德的军队开始朝海峡进发。1453 年 4 月 2 日，即复活节星期一，他们抵达了博斯普鲁斯海峡。穆罕默德率苏丹亲兵在城墙中间的位置拉开战线，他们在那里安置了奥尔班的"巨型怪兽"和另外两台巨型加农炮。战线右侧为亚洲军队，左侧为欧洲军队。他另派了少量兵力进攻金角湾（Golden Horn）北部的加拉塔（Galata）及城内的热那亚居民。君士坦丁皇帝同古伊斯提尼亚尼率领的热那亚军在对面的圣罗马努斯门（Gate of St. Romanus）迎敌。城内的希腊人自己也有几台加农炮，但他们不敢轻易射击，唯恐破坏了古城墙。

尽管君士坦丁发出了求救信，却没有等来任何援军。基督教世界似乎并不关心君士坦丁堡的命运，700 名威尼斯人也已悄悄地乘船离开。但是，皇帝没有绝望。历史学家吉本对他的评价是："虽然勇气可嘉，兵力却难以匹敌。"君士坦丁下令关闭城门，撤掉护城河上的桥梁，留在城内的人们则不断祈祷援兵到来。攻城一周之后，奥斯曼苏丹按照伊斯兰律法，向君士坦丁发出休战信，许诺将城内平民置于奥斯曼帝国保护之下。然而皇帝拒绝了。4月6日，穆罕默德开炮，开始了对君士坦丁堡长达6周的炮轰。

事实证明，这座古老的城墙非常厚实，经受住了加农炮、迫击炮以及石弩的打击。一旦出现裂痕，古伊斯提尼亚尼等人便迅速进行修补。在海上，热那亚军在金角湾筑造了横江铁索，抵挡住了苏丹的海军，并使4艘满载弹药和补给的船只顺利入城。穆罕默德派大批军队死战，试图阻止补给入城。他鞭打海军指挥官，并威胁他一旦失败，立即赐死。

陆上行船

一位在苏丹军中服役的意大利人提出了大胆的计策：他提议把博斯普鲁斯海峡一侧的船队从陆上偷运至金角湾一侧，背后偷袭拜占庭海军。穆罕默德听闻后令工兵迅速开工，在海平面以上60米的陆地上修建了长达10英里（16公里）的道路，穿过灌木丛通往港口。随后，在这条道路上铺设木质轨道，涂满牛羊油脂，作为船槽。路上另建一架金属滑轮，最后用牛拖拽滑轮，将水面上的船只吊起，拖到轨道上。

船帆在通过轨道时就已经升起。拜占庭守军看到敌人的船队竟从山坡"驶"向港口，惊呆了。就这样，土耳其人完成了一项惊天动地的壮举——将70艘船运抵金角湾，成功夺取了希腊守军的制海权，甩开了远在佩拉（Pera）的热那亚守军。他们还搭建了一座浮桥，架设了一组浮动排炮，以摧毁君士坦丁堡的软肋。

君士坦丁堡城内补给匮乏，士气低落。有人劝说皇帝趁早离开，逃往安全地带。但皇帝拒绝道："我决不能离开，我如何能够离开主的教堂，离开主的教士们，离开王位？如何能弃吾民于水火之中？……我的朋友们，我请求你们，以后不要再劝我离开。你们只需对我说：'不，陛下，不要弃我们而去。'而我也决不会离开你们。"

猛烈攻城

7周过后，穆罕默德仍然没能摧毁城墙。苏丹采纳了奥斯曼大宰相的提议，再次派使者去见皇帝君士坦丁，让他或每年缴纳一笔供奉，或放弃君士坦丁堡。他还同时许诺，准许他的子民和货物自由通行；准许皇帝在伯罗奔尼撒建立王国。然而君士坦丁又一次拒绝了苏丹的条件。苏丹听闻后，给了他两个选择：要么战死，要么皈依伊斯兰。

穆罕默德决定于5月29日发动总攻。占卜之后，占星师告诉他那天是个吉日。27日，即进攻前的礼拜天，他骑马巡视兵营，答应他们攻城后可以任意劫掠3天。土耳其人彻夜不眠，管弦声、喇叭声在战壕内回响。被困在城内的居民甚至可以听到他们的高呼。

君士坦丁堡城内，教堂的钟声缓慢地回荡着，人们举着圣像列队游行。28日夜，奥斯曼苏丹在城墙外集结起军队；而城墙另一边，拜占庭皇帝告诉随从："人或为信仰，为国家牺牲；或为小家，为君主献身。而现在，他们要准备为这一切而战死沙场。"他谈了君士坦丁堡的传统，讲了苏丹的背叛。用吉本的话说，这篇深刻的演讲可谓是"罗马帝国的悼词"。

在场的人无不"掉下眼泪，相互拥抱，无论贫贱富贵，皆为国捐躯；所有的指挥官各就其位，彻夜警惕，焦虑地把守城墙"。第二天早晨，市民们在一片难以名状的嘈杂声中醒来，这是敌人进攻的信号。男人纷纷奔向自己的岗位，女人也紧随其后，搬运石头和梁木，随时待命修补城墙。土耳其人分三批进攻：非正规军（bashi-bazouks）首先被驱赶上阵，他们的主要任务是拖垮守军；安纳托利亚军团紧随其后，一路打到古伊斯提尼亚尼的栅栏外，此处的城墙早已被土耳其人攻破，古伊斯提尼亚尼便修建了结实的栅栏继续抵御敌人的进攻；敌人投掷石头和炮弹，而君士坦丁堡守军只能赤膊上阵，同敌人搏斗。安纳托利亚军被打退。拂晓时分，奥尔班的大炮打穿了栅栏，300名土耳其士兵如潮水般涌进缺口。君士坦丁手持铁杖，亲自率领一支希腊分队迎击敌人，在

> "上帝不会允许我做一个没有帝国的皇帝！若我的城池沦陷，我也将随之一同消亡。"
> ——君士坦丁堡陷落时，
> 拜占庭皇帝君士坦丁十一世
> 听天由命

穆罕默德进入君士坦丁堡。这幅作品由法国艺术家本杰明·贡斯当（Benjamin Constant）绘于 1876 年。

缺口处杀死众多苏丹的士兵，剩下的士兵见状匆忙逃出缺口。

穆罕默德大怒，遂派苏丹亲兵上阵，并亲口命令他们打进护城河。城内的守军尽管已连续作战4个小时，却仍旧坚持抵抗，奋勇杀敌。

最终陷落

希腊人的败局似乎早已注定。此时发生的两件事足以致命：第一，他们从科克波塔门[8]出击土耳其军侧翼后，没有将此门关严，一支土耳其军便得以乘虚而入，爬上了城门塔楼；第二，古伊斯提尼亚尼在肉搏战中身负重伤，虽然皇帝恳求他留下，无奈这位意大利人去意已决。当他被抬上一艘热那亚小船驶离港口时，热那亚人便意识到大势已去。

君士坦丁堡的士气迅速瓦解。苏丹下令进攻圣罗马努斯门，一名身材异常高大的安纳托利亚人哈桑（Hassan）顺着栅栏爬到城墙顶端，不幸中箭身亡。但是，紧随其后的大量土耳其军如潮水般涌来，击垮了希腊守军，一直打到内城墙下，兵不血刃便翻过内墙。一踏进君士坦丁堡中心，土耳其人的呼声四起："君士坦丁堡被攻破！"

土耳其军从小后门迅速涌入城内，君士坦丁骑马回到圣罗马努斯门，最后一次召集起希腊士兵。看到大势已去，皇帝摘下徽章，"径直冲向迎面而来的一群苏丹亲兵，再也不见了踪影，从此生死不明"[9]。

土耳其人随后大肆屠城，希腊人纷纷躲进圣索菲亚大教堂，企盼天使降临。然而他们最终仍遭到围捕，被土耳其士兵抓到各自的营房。

踏入城内

君士坦丁皇帝惨遭杀戮，约3万人沦为奴隶或遭到驱逐，更有上千人成为"刀下之鬼"。1453年5月29日，穆罕默德苏丹骑一匹白马进入君士坦丁堡。环视四周，整座城市已经被胜利的奥斯曼大军洗劫一空。（见证这一景象的威尼斯人，做了一番夸张的描述：一场突如其来的暴雨过后，城内的血流如雨后的河水，尸体像运河上的甜瓜一般漂向

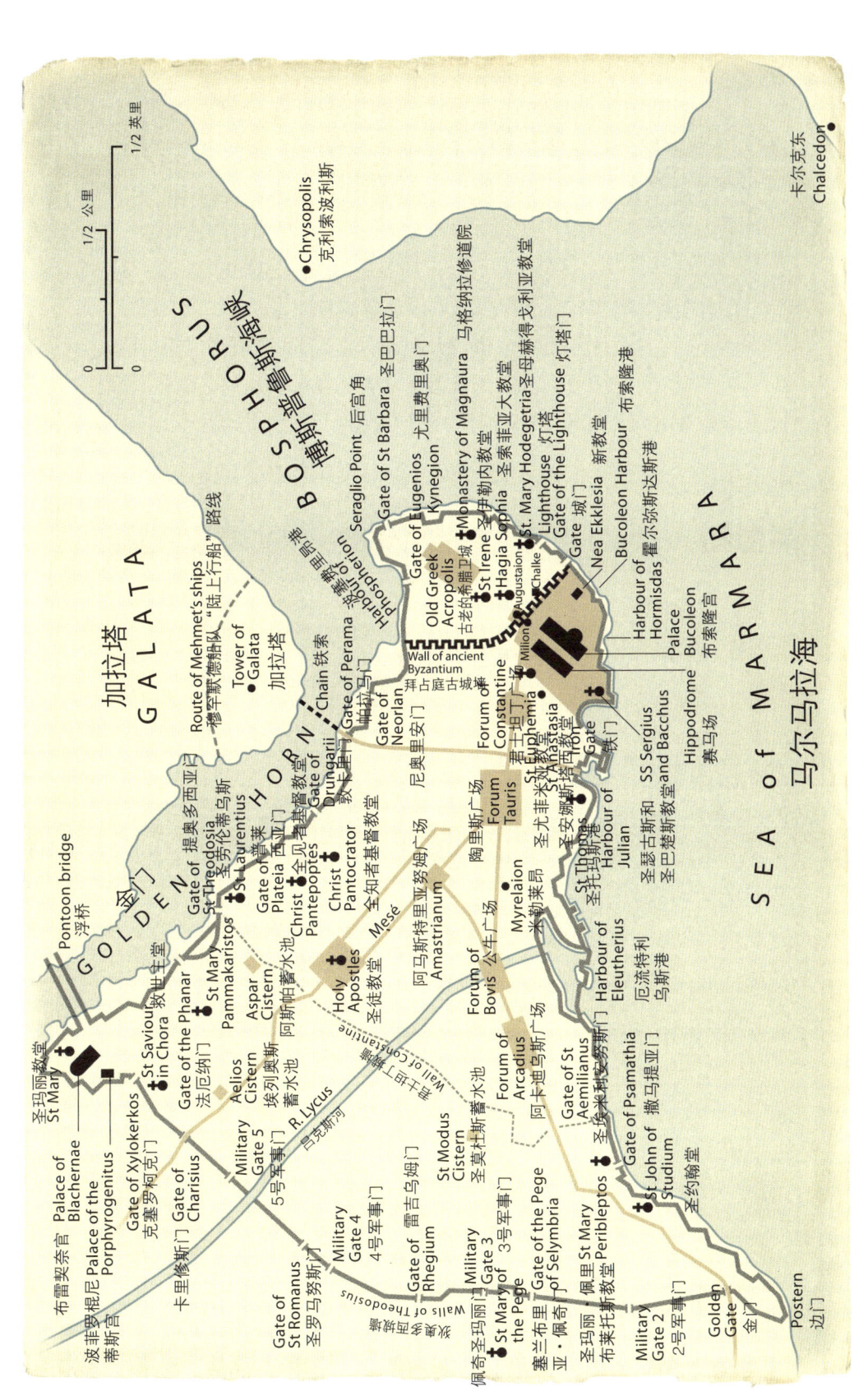

君士坦丁堡围攻态势图。拜占庭的希腊军为抵抗穆罕默德的进攻，从海陆两方面部署了防御。

大海。）土耳其人掠夺了金、银、宝石等各种战利品。穆罕默德骑马来到东罗马皇帝查士丁尼（Justinian）建造的圣索菲亚大教堂门前，下令将这座教堂改为清真寺。

　　穆罕默德凭借这一赫赫战功被后世称为"法齐赫"（Fatih），即"征服者"。这场胜利也为后继者取得更辉煌的成就奠定了基础。穆罕默德的曾孙苏莱曼大帝（Suleyman the Magnificent）不断高呼着"攻向罗马！攻向罗马！"的口号。在他的统治下，奥斯曼帝国达到了鼎盛。虽然他从未攻克罗马，却于1529年和1683年两度兵临维也纳城下。

注 释

[1] 原注：前身为东罗马帝国。

[2] 译注：此处的"苏丹"是对伊斯兰国家，尤其是奥斯曼帝国统治者的称谓，而非苏丹国。

[3] 原注：Asomaton，又称Rumeli Hisar。

[4] 原注：Adrianople，即埃迪尔内（Edirne）。

[5] 原注：Orban，又名乌尔班（Urban）。

[6] 原注：历史学家吉本认为他可能是丹麦人。

[7] 原注：Janissaries，是从奥斯曼帝国的基督教村落挑选的男童，经过训练后组成苏丹的精锐部队。

[8] 原注：Kerkoporta Gate，是靠近布雷契奈宫（Blachernae）的偏门。

[9] 原注：引自金鲁斯爵士（Lord Kinross）话语。

-17-
纽波特战役
NIEUPORT

拿骚亲王莫里斯
vs
奥地利的阿尔布雷希特大公

Maurice de Nassau *v.* Albrecht of Austria

1600年7月2日

  众所周知，文艺复兴运动带来了文化和艺术上的深刻变革，引发了一场"人文主义"思潮。与此同时，战争理论研究同样达到了新的高潮。正如科学、艺术和文学领域纷纷从古典文化中探求灵感一样，政治家和将军也开始研究希腊、罗马等文明古国的战略和战例，汲取经验教训。

在很大程度上，战争毕竟不同于科学和艺术领域。虽然古希腊、罗马的战例对后世有一定借鉴意义，但是后代的武器装备早已远远超过了古代，火炮的出现便是明证。1494年法王查理八世[1]入侵意大利时使用青铜加农炮将西班牙和神圣罗马帝国哈布斯堡（Habsburg）王朝的要塞夷为平地，这对没有火炮和火药的古罗马而言无疑是难以想象的。旧式城堡已经无法抵御新武器的入侵，只有经过改良的新式城堡[2]才能抵挡重型火炮的进攻。

这一时期，火炮是促使军事战略天翻地覆的首要推动力。但可移动重型火炮的发明让人们再次清楚地认识到平整的道路对军事行动的重大意义。[3]

火枪逐渐变得轻巧、便携，命中率也有所提高，因此愈发受到各国青睐。火枪手在战斗阵型中位于侧翼，即"黑太子"爱德华或亨利五世时代弓箭手的位置。在那个时代，步兵的主要武器仍然是长矛。

1568年起，尼德兰北部的新教徒掀起了反抗西班牙天主教统治的起义。起义引发了荷兰与西班牙的长期冲突，直到1648年《威斯特伐利亚和约》[4]签订之后，这场持续了约80年[5]的西荷之战才终于结束。《威斯特伐利亚和约》也标志着波及众多欧洲大国的"三十年战争"[6]最终结束。

新式司令

拿骚亲王莫里斯（Prince Maurice of Nassau，1575—1625）是荷兰[7]执政"沉默者"威廉（William the Silent）之子。威廉曾宣布要脱离西班牙殖民统治，但1584年他不幸遭人暗杀。莫里斯子承父业，率领荷兰人团结一致，将新教徒的起义转变成荷兰独立运动，终于把西班牙殖民者赶出荷兰共和国。莫里斯不仅是战术大师，而且可以算是当时欧洲最杰出的将领。他非常清楚，在这个可移动火炮迅速发展的时代，无论攻城还是守城都迫切需要新技术。

莫里斯开始自学攻城法，他研究了父亲的死敌——西班牙的阿尔瓦公爵[8]和帕尔玛公爵[9]发明的攻城战术。历史学家约翰·蔡尔兹（John Childs）对这一战术的定义是：先封锁，后包围。即："用两层对垒（contravallation and circumvallation）围住所攻之城，同时保护自己。然后开挖战壕、部署雷区，通向事先选好的攻城地点。在排炮中间安置火炮，轻型加农炮主要用于摧毁低矮的防护墙和守军的火炮，而重型火炮则用于集中摧毁防御工事。突破守城防线后，随即进攻斜堤，夺取主城墙（或主堤）前的护城河外岸，再用火炮攻击主防御墙。同时，步兵立即建桥筑堤，通过护城河，随时准备破城而入。"

军事改革

莫里斯是一个很有头脑的军事改革家。他非常清楚，要想克敌制胜，就必须先打造专业化军队。在他所处的文艺复兴时期，各领域都兴起了一场复古的高潮，因此莫里斯同样热衷于效法古代的战例。他不仅潜心研究古代战争理论，还注意从与他同时代的战略专家身上汲取营养，例如贾斯特斯·李普修（Justus Lipsius）。李普修是莫里斯在莱顿大学（University of Leiden）学习时的导师，他撰写了多篇关于古罗马军队的专著，同时潜心研究攻城战争，为莫里斯提供了巨大帮助。莫里斯派军官到莱顿大学学习，他的表兄约翰则在德国锡根（Siegen）设立了一所军事学院。

由于缺乏充足的兵源，莫里斯无法建立一支公民军，因此他的军队多为雇佣军，士兵大多来自欧洲北部的英格兰、苏格兰、德国、瑞士或者丹麦等国家。他也十分小心地给雇佣军提供一定的条件，以保证他们效忠自己。

莫里斯在步兵改革上花了大量心血。他定期给士兵发饷，使士兵第一次有了可观的收入。此外，他还按照古罗马战略家埃利亚努斯·塔克提卡斯[10]的观点，强调军事训练。严格的训练对提高长矛手的作战效率和火枪手装弹的速度有很大帮助，因为当时火枪还十分笨重。长矛手和火枪手协同行动可以大幅提高步兵的射击速率。

这时的军团结构刚刚有了现代军团的雏形。16世纪，西班牙发展出一支极其高效的作战部队，即由1500名士兵组成的"西班牙步兵大方阵"（tercio）。莫里斯对这种结构做了进一步改进，让士兵组成长方形方阵，中间是5行长矛手，两翼辅以火枪手。他还将方阵规模减为800人，后来又压缩成580人的棋盘结构。的确，正如人们所言，莫里斯对战场的把握如下棋一般灵活自如。这样的小型方阵比西班牙的步兵大方阵更灵活，更易于指挥。按照当时的传统，只有贵族阶层才能担任指挥官，而莫里斯军队的许多下级军官是普通荷兰人。他很早就懂得打破等级限制、重用贤能的重要意义，这在当时着实是不小的进步。他的改革得到了检察官约翰·范·奥尔登巴内费尔特（Johan Van Oldenbarneveldt）、表兄威廉·路易（William Louis）以及拿骚－锡根（Nassau-Siegen）伯爵约翰七世（John VII）等人的大力支持。

莫里斯还废除了旧的炮兵制度，引进了标准口径武器，以适应他所擅长的围城战。他建立了1.2万人的小型常备军，配备6门野战炮和42门加农炮。早在1598年，他就在荷兰海牙建立了铸造厂。另外，数学家西蒙·斯蒂文（Simon Stevin）撰写的两部著作为荷兰军事要塞的设计奠定了理论基础。

纽波特战役 | NIEUPORT 149

a Dutch army under Maurice of Nassau and Francis Vere and a Spanish army under Albrecht of Austria, took place on July 2, 1600 near the present day Belgian city Nieuwpoort.

在这幅17世纪版画《纽波特战役》中可以看到，荷兰方阵（左上角）规模较小，机动灵活，同西班牙大方阵形成了鲜明对比。当敌人在数量上占优势时，莫里斯这位战术大师通常竭力避免与其发生激烈交锋。

战略与时机

低地国家在反抗西班牙起义过程中，因宗教不同出现了明显的分区。南部[11]依然信奉天主教，北部则信奉加尔文教[12]。于是莫里斯把主要力量集中在北部7个省：权力中心主要位于荷兰省、泽兰省（Zeeland）和乌特列支省（Utrecht），以此为基础逐步扩展至格罗宁根省（Groningen）、上艾瑟尔省（Overijssel）、弗里斯兰省（Friesland），以及海尔德兰省（Gelderland）。莫里斯同议会和国会商量后，确定了几个重点围攻城市。1589—1609年，莫里斯至少从西班牙手中夺回29个城市，颠覆了帕尔玛公爵自1587年以来所取得的胜利果实。

1588年，为配合"无敌舰队"（Glorious Armada）进攻英国，帕尔

1588年，帕尔玛公爵亚历山大·法尔内塞围攻贝亨奥普佐姆 (Bergen-op-Zoom)。 但是，帕尔玛公爵和后来的西班牙指挥官斯皮诺拉（Spinola）都没能成功夺取该城。

玛公爵在尼德兰的军事行动暂时被搁浅。然而英国天气恶劣，加之弗朗西斯·德雷克[13]的大肆劫掠，"无敌舰队"最终无功而返。帕尔玛公爵又被派往法国支援天主教反对新教的行动。于是，莫里斯趁机占领布雷达[14]，随后又先后控制了聚特芬（Zutphen）、赫尔斯特（Hulst）、奈梅亨[15]、斯滕维克（Steenwijk）、库福尔登（Coevorden）、吉尔崔顿堡（Gertruidenberg）和格罗宁根。1598年法国和西班牙和解，打破了莫里斯的战略均势。幸运的是，西班牙军队内部出现了兵变，加之新任的西班牙驻荷兰总督，即奥地利的阿尔布雷希特大公（Archduke Albrecht of Austria）经验不足，莫里斯很快重新占据了上风。

重大胜利

莫里斯总是尽量避免同敌人正面冲撞，这很可能是借鉴了古罗马将军费边·马克西姆斯对付汉尼拔的经验。1597年，莫里斯在蒂尔瑙特战役[16]中打败瓦拉斯（Varas）指挥的西班牙军，取得了辉煌的胜利。瓦拉斯的军队约有2500人伤亡，而莫里斯的荷兰军仅损失了100人。1599年，莫里斯南下进攻佛兰德海岸，进入奥斯坦德[17]。这个港口城市当时只有一支荷兰卫戍军驻守，莫里斯准备以此为据点，夺取敦刻尔克和纽波特。1600年7月2日，他在纽波特城外的沙丘上击溃兵力稍弱的西班牙军。莫里斯能在这场鏖战中取胜，一个重要原因在于各兵种密切配合和巧妙的炮兵部署。然而莫里斯由于兵力不足，难以围城，最终没能夺取敦刻尔克或纽波特，浪费了宝贵的战机。

1609年，在西班牙新任指挥官安布罗吉欧·斯皮诺拉侯爵（Ambrogio Spinola）请求下，荷兰同西班牙签订了12年的停战协定。1621年，停战期满，双方重新开战。从某种程度上说，西荷重新开战更像是"三十年战争"中的一段插曲。

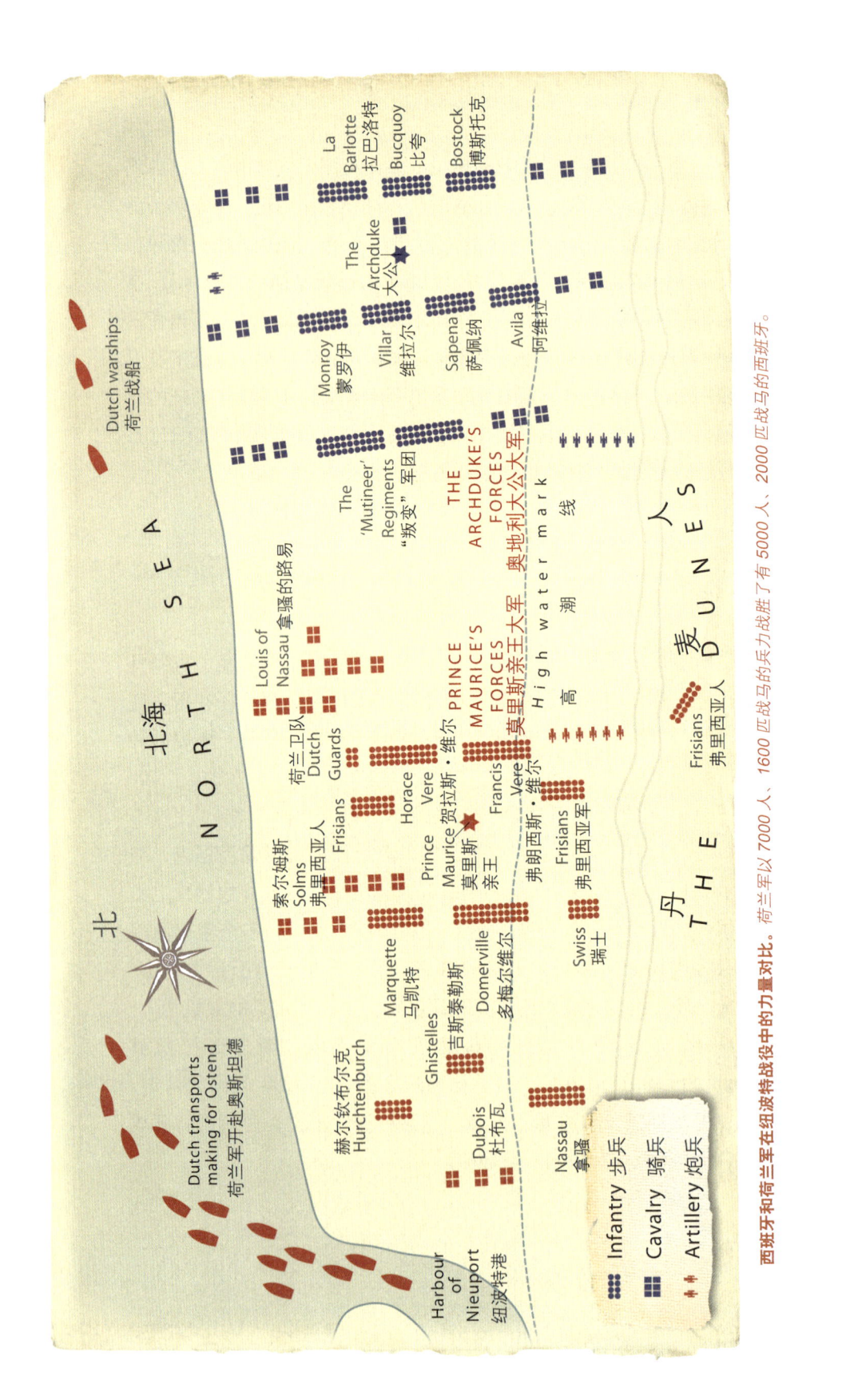

西班牙和荷兰军在纽波特战役中的力量对比。荷兰军以7000人、1600匹战马的兵力战胜了有5000人、2000匹战马的西班牙。

注 释

[1]　译注：Charles VIII，1470—1498 年在位。1494 年查理八世进入那不勒斯，企图夺取意大利。

[2]　原注：尤指法国侯爵沃邦（Vauban）改良后的新式城堡。

[3]　原注：古罗马人非常重视修路，后来的统治者似乎忽视了这一点。

[4]　译注：The Treaty of Westphalia，是统治西班牙、神圣罗马帝国、奥地利的哈布斯堡王室同法国、瑞典以及神圣罗马帝国内勃兰登堡、萨克森、巴伐利亚等诸侯邦国签订的和约。而在 1648 年 10 月 24 日签订的《西荷和约》，正式确认了威斯特伐利亚这一系列和约，并象征"三十年战争"结束。

[5]　原注：荷兰人称之为"八十年战争"（Eighty Years' War）。

[6]　译注：Thirty Years' War，1618—1648，欧洲历史上第一次大规模国际战争，发生在德意志境内，天主教同盟为一方，新教同盟为另一方。后来欧洲各国为了自己的利益纷纷插足，演变成一场波及全欧洲的大规模战争。

[7]　译注：当时的荷兰为尼德兰联邦的 7 个省之一。

[8]　译注：Duke of Alba，1507—1582，西班牙贵族。1567 年，他被任命为低地国家总督，残酷镇压尼德兰资产阶级革命。

[9]　译注：帕尔玛公爵（Duke of Parma），即亚历山大·法尔内塞（Alexander Farnese，1545—1592），是阿尔瓦公爵之后的尼德兰总督。他是西班牙全盛时期最伟大的将领之一。他镇压了尼德兰革命，对保卫西班牙在尼德兰的领地做出了重大贡献。

[10]　原注：Aelianus Tacticus，又名 Aelian。

[11]　原注：这些地区仍受西班牙统治。

[12]　译注：它和后文出现的路德教都是新教的主要流派。

[13]　译注：Francis Drake，英国著名海盗，在英国女王支持下大肆劫掠西班牙船只。

[14]　译注：Breda，它和聚特芬、赫尔斯特、吉尔崔顿堡均为荷兰南部城市。

[15]　译注：Nijmegen，它和斯滕维克、库福尔登均为荷兰中部城市。

[16]　译注：The Battle of Turnhout，是"八十年战争"中的一场战役。蒂尔瑙特位于南北尼德兰交界处，现在属于比利时。

[17]　译注：Ostend，现为比利时西北部港市。

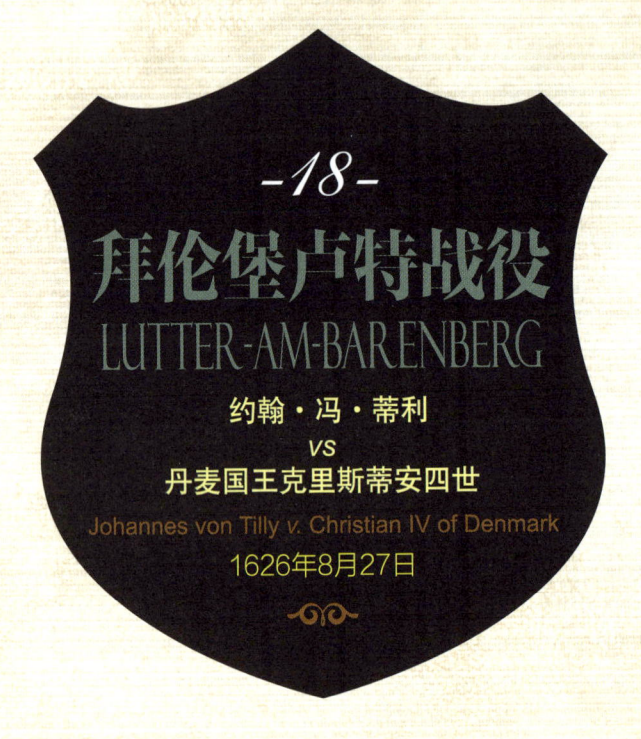

-18-
拜伦堡卢特战役
LUTTER-AM-BARENBERG

约翰·冯·蒂利
vs
丹麦国王克里斯蒂安四世

Johannes von Tilly v. Christian IV of Denmark

1626年8月27日

  1619年，刚刚继任神圣罗马帝国皇帝的斐迪南二世（Ferdinand II）决意扩张哈布斯堡王朝的控制范围。他从小受到严格的基督教教育，坚决镇压宗教改革，并且决心一举消除新教势力对神圣罗马帝国的威胁。为此，他首先把矛头指向奥地利，那里90%以上的人口拥护新教，其中包括绝大多数贵族。

1618 年 5 月 23 日，发生在布拉格的"掷出窗外事件"（Defenestration），拉开了"三十年战争"的序幕。一群新教徒把皇帝任命的天主教钦差从布拉格古堡的楼上抛出窗外，摔到下面的粪堆上。新教贵族在格拉夫·海因里希·特恩（Graf Heinrich Thurn）领导下，推选普法尔茨选侯国[1]的弗里德里希[2]为国王，挑战波希米亚[3]和摩拉维亚[4]两地的天主教权威。这一事件引发的"三十年战争"震动了整个中欧，尤其是德意志。此后，德意志用了大约 150 年的时间来恢复其经济和文化上的创伤。

面对新教徒的挑战，神圣罗马帝国的盟友纷纷出兵夺取弗里德里希的领地：西班牙占领了捷克南部，巴伐利亚占领北部。1620 年 11 月 8 日，白山战役[5]在布拉格郊外爆发。弗里德里希率 1.5 万大军迎战神圣罗马帝国将军约翰·采克拉斯·冯·蒂利（Johann Tserclars von Tilly）和布奎伯爵（Comte de Bucquoy）查尔斯·德·隆格瓦勒（Charles de Longueval）指挥的 2.5 万人大军。结果弗里德里希战败，帝国大军洗劫了波希米亚并占领了捷克。弗里德里希被迫逃亡荷兰海牙，成了一个没有国家的国王。由于在位时间短暂且注定难逃一劫，弗里德里希在历史上也被称为"冬王"（Winter King）。

"穿盔甲的修道士"

在 1548 年的奥格斯堡会议[6]上，天主教同新教曾为解决教派纷争达成过妥协，但该协议十分脆弱，到 17 世纪已经瓦解。蒂利伯爵是比利时瓦隆人（Walloon），早年一直跟随帕尔马公爵镇压荷兰的新教运动，直到 1592 年公爵逝世。蒂利年轻时目睹了自己的家乡被加尔文教派洗劫的场景，因此他坚决反对加尔文教，坚定地忠于信奉天主教的哈

1618 年布拉格的"掷出窗外事件",是波希米亚新教徒反天主教统治起义的开端。这一事件对 17 世纪中欧的和平与安定产生了深远的影响。这幅作品出自瑞士雕塑家马特乌斯·莫里安(Mattäus Merian)之手,后人给这幅作品上了色。

布斯堡王朝。虽然他也曾在科隆(Cologne)的耶稣会神学院学习,但这种观点丝毫没有改变。因为信仰的坚定,蒂利被人称为"穿盔甲的修道士",尽管他从未在教会任职。

帕尔玛公爵死后,蒂利继续为哈布斯堡王朝效力。1594 年,他在匈牙利同奥斯曼土耳其交战。1605 年晋升为陆军元帅。离开神圣罗马帝国后,他又在巴伐利亚的马克西米连公爵麾下效力。1610 年,德意志组成了天主教联盟部队(Catholic League of German Princes),蒂利担任统帅。

蒂利同冈萨洛·费尔南德斯·德·科尔多瓦(Gonzalo Fernández de Córdoba)率领的佛兰德斯西班牙军队结盟,成功镇压了巴登-杜拉赫

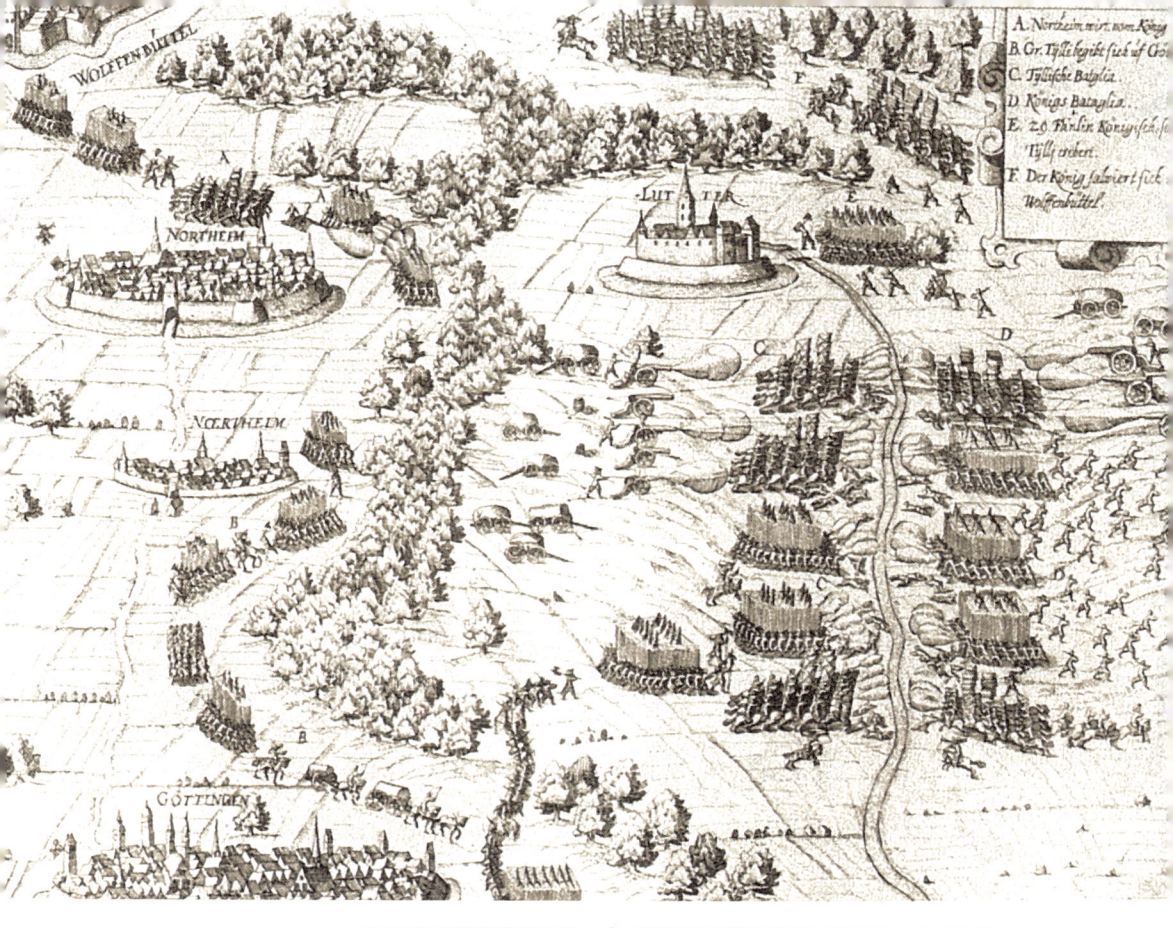

拜伦堡卢特战役地形图。此图展示了战役的进展及其后果。右上角的文字对战役各个阶段做了详细的说明。请注意最后一条:"F:(丹麦)国王逃往沃尔芬比特尔(Wolfenbüttel)避难。"

边区伯爵格拉夫·恩斯特·冯·曼斯菲尔德(Graf Ernst von Mansfeld)和不伦瑞克[7]亲王克里斯蒂安领导的新教运动。"三十年战争"的"普法尔茨阶段"[8]以神圣罗马帝国胜利告终。但蒂利大军的进攻给多座城市造成了严重的破坏。例如,蒂利围攻海德堡[9]11周后,海德堡成为一片废墟。1623年,蒂利被封为伯爵。

"三十年战争"初期,在镇压新教运动过程中,西班牙名将唐·安布罗吉欧·斯皮诺拉(Don Ambrogio Spinola)也发挥了重要作用。他切断了新教徒在莱茵兰(Rhineland)的补给线,夺取了荷兰战略要地布雷达。同时,蒂利率领的天主教联盟首当其冲,抵挡普法尔茨的正面冲击;而帝国皇帝的奥地利军队此时正同特兰西瓦尼亚[10]王子拜特伦·加波尔（Bethlen Gábor）交战。1624—1625年冬，巴伐利亚求援，皇帝将部队进行了重新整编。蒂利继续领导天主教同盟的军队。这时，另一支神圣罗马帝国军队在杰出将领阿尔伯莱希特·冯·华伦斯坦（Albrecht von Wallenstein）将军率领下加入了"三十年战争"。

轻率冒险

1625年夏，丹麦国王克里斯蒂安四世（Christian IV）开始领导新教运动。他参战的动机不仅仅是出于宗教信仰，更重要的是为了维持自己荒淫无度的生活。他对富庶的费尔登[11]、不来梅[12]和奥斯纳布吕克（Osnabrück）等主教区觊觎已久。尽管克里斯蒂安的确勇猛善战，他却缺少得力的军事顾问，而且他过度寄希望于英国和荷兰的援助。克里斯蒂安如此鲁莽地参加战争，只能让战火和灾难更加肆意蔓延。

1625年6月，克里斯蒂安率1.7万大军越过易北河，前往普鲁士哈默林（Hamelin）。行军途中克里斯蒂安不幸坠马，跌下25米深的山坡。让人称奇的是，他竟然毫发无损地重新出现在众人面前。在那个预言盛行的年代，士兵们无不把这一奇迹视作吉兆。

起初，克里斯蒂安并不是蒂利的对手，但是，新教运动支持者正在日益增加。1625年11月，英国、荷兰、丹麦、法国[13]和奥斯曼苏丹穆拉德四世[14]等为了各自的利益，在荷兰海牙结成反天主教同盟。英国和荷兰主要负责出资，联盟任命格拉夫·恩斯特·冯·曼斯菲尔德为统帅。他们准备沿易北河而进，同拜特伦·加波尔会师，从背后偷袭华伦斯坦。

卢特陷阱

这一行动并非易事：曼斯菲尔德的部队在德绍桥（Dessau Bridge）

遭到华伦斯坦重创，兵力损失约三分之一，而不伦瑞克兵力过少，很难战胜华伦斯坦。次年6月，不伦瑞克亲王战死。同时，丹麦国王克里斯蒂安坚信在蒂利镇压上奥地利的农民起义后，必然元气大伤。国王迫切地发起追击，率领2.1万大军从不伦瑞克沃尔芬比特尔出发，深入因奈尔斯特（Innerste）和尼尔（Neile）河谷，穿过海恩堡（Hainberg）和奥德瓦尔德（Oderwald）森林。然而华伦斯坦早已派出8000人增援蒂利，尼古拉·德斯福尔斯伯爵（Count Nicholas Desfurs）也派出4.3万人。蒂利同丹麦的先头部队发生了几次小规模交锋后，成功将丹麦国王克里斯蒂安引入自己设下的埋伏圈。

历史学家约翰·蔡尔兹认为卢特战役是"蒂利最伟大、最辉煌的一次战役"。直到8月24日，克里斯蒂安才意识到蒂利的兵力多达2.45万人，远远超过了自己的力量。无奈之下，国王只好向沃尔芬比特尔撤退。然而当时大雨倾盆，丛林密布，地形复杂，撤退阻力重重，背后还要应付蒂利的不断侵扰。在拜伦堡卢特，狭窄的小路被行李运输车封死，克里斯蒂安陷入了蒂利的陷阱。他已别无选择，只得在尼尔河谷后布阵迎敌。

克里斯蒂安效仿拿骚的莫里斯，将每1200名士兵组成一个营，共分3个梯队，骑兵在两侧。而蒂利采用老式"西班牙步兵大方阵"，将所有士兵分成5个方阵，骑兵同样在方阵两侧。

蒂利本想在尼尔河谷南侧的罗德（Rohde）设立桥头堡，不料被丹麦骑兵打退。士气高涨的丹麦士兵开始在尼尔河两岸无序进攻，结果被蒂利军的火枪手和火炮彻底击溃。德斯福尔斯伯爵的皇家骑兵从穆勒镇（Muhle）过桥，侧面包抄，大败丹麦军，仅以700人的代价消灭克里斯蒂安的8000余人。丹麦国王身下的坐骑也被射中。

此时的德国完全处在了蒂利和华伦斯坦联军摆布之下，从石勒苏益格－荷尔斯泰因[15]到日德兰半岛[16]，他们一路横扫丹麦溃军。丹麦军只得逃到小岛上避难。天主教势力重新控制了德国。1629年5月22日，丹麦被迫与神圣罗马帝国签订《吕贝克和约》（Peace of Lübeck），规定丹麦必须支持神圣罗马帝国才可赎回已经丧失的土地，并且保证在德国西北部港市维斯马（Wismar）建立海军。尽管克里斯蒂安在这次

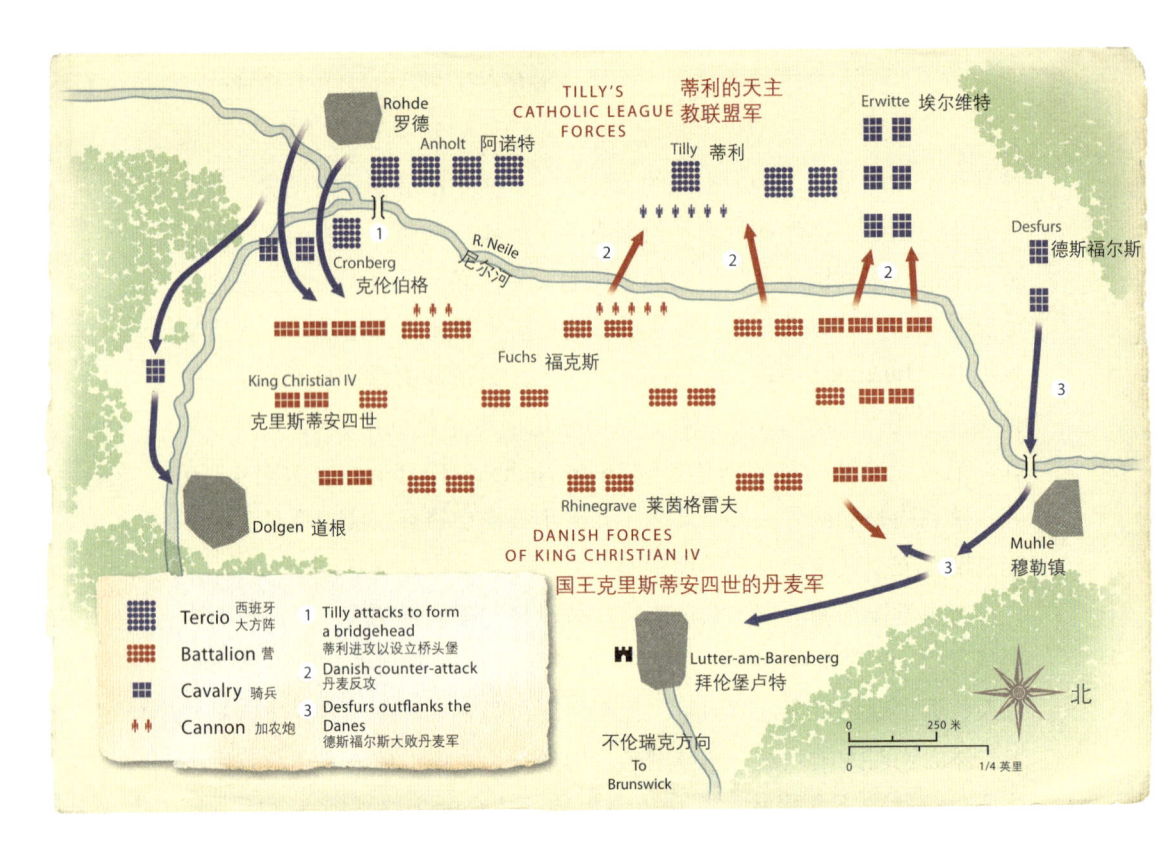

下萨克森拜伦堡卢特战役中双方兵力部署图。 德斯福尔斯率骑兵从战线后方包抄丹麦大军时，战斗进入了决定性时刻。最终，克里斯蒂安军的大炮落入敌手，丹麦大败。

鲁莽的军事行动中大败而归，颜面扫地，但他依然镇静地接受了和约的全部内容。在他看来，这支海军至少可以帮他对付波罗的海的强劲对手——瑞典国王古斯塔夫·阿道夫（Gustavus Adolphus）。

注释

[1] 译注：Elector Palatine，其领土范围涵盖了莱茵兰－普法尔茨州和法国北部的阿尔萨斯部分区域，曾经还包括位于莱茵河东岸的海德堡和曼海姆。

[2] 原注：Frederick，他娶了英格兰国王詹姆斯一世之女伊丽莎白·斯图尔特（Elizabeth Stuart）。

[3] 译注：Bohemia，历史上是一个多民族地区，现在的波希米亚位于捷克共和国中西部。

[4] 译注：Moravia，位于现在的捷克东部地区。

[5] 译注：The Battle of White Mountain，"三十年战争"早期安哈尔特公爵克里斯蒂安同神圣罗马帝国皇帝斐迪南二世之间的战役。这场战役结束了"三十年战争"的波希米亚阶段。

[6] 译注：Diet of Augsburg，神圣罗马帝国曾多次在德国奥格斯堡召开会议，其中最出名的是宗教改革期间的三次会议。本文指的是 1548 年查理五世召开的奥格斯堡会议，旨在解决天主教同新教之间的纷争。

[7] 译注：Brunswick，历史上曾有不伦瑞克公国，现该城为德国东南下萨克森州最大的城市。

[8] 译注："三十年战争"分为 4 个阶段：普法尔茨阶段（或称捷克阶段）；丹麦阶段；瑞典阶段；法兰西 – 瑞典阶段。

[9] 译注：Heidelberg，位于现今德国西南部的巴登 – 符腾堡州。

[10] 译注：Transylvania，当时是匈牙利王国一部分，反对神圣罗马帝国皇帝继承匈牙利王位。

[11] 译注：Verden，它和下文的奥斯纳布吕克均为德国下萨克森州城镇。

[12] 译注：Bremen，德国西北部港市，四周为下萨克森州所环绕。

[13] 原注：法国此时仍然支持"冬王"弗里德里希。

[14] 原注：Murad IV，他当时支持特兰西瓦尼亚王子拜特伦·加波尔。

[15] 译注：Schleswig-Holstein，德国最北部的州，北接日德兰半岛。

[16] 译注：Jutland，欧洲北部北海和波罗的海之间的半岛。

-19-
布赖滕费尔德战役
BREITENFELD

瑞典国王古斯塔夫二世·阿道夫
vs
约翰·冯·蒂利

Gustavus II Adolphus *v.* Johannes von Tilly

1631年9月17日

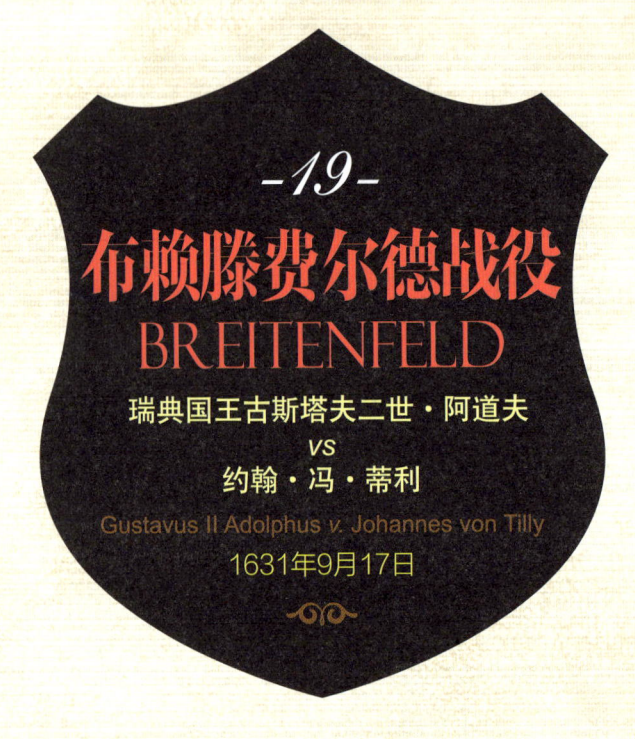

截至1629年,"三十年战争"形势似乎越来越有利于信奉天主教的神圣罗马帝国,新教运动在德国阻力重重。路德教国家丹麦和瑞典反目后,新教运动的形势更加恶化。但是这时的形势也有一些转机:神圣罗马帝国名将华伦斯坦企图将势力范围扩展至波罗的海,这种大肆扩张的举动招来了当时欧洲最骁勇善战的将军——瑞典国王古斯塔夫二世(1594—1632)的强烈不满。1630年,古斯塔夫率军参加"三十年战争"后,形势开始向新教联盟倾斜。

布赖滕费尔德战役 | BREITENFELD

> 古斯塔夫·阿道夫实力十分强劲。他同导师拿骚的莫里斯一样，使用雇佣军，其中大部分为英格兰和苏格兰人；他还引入普遍征兵制，建立了常备军，这支常备军是欧洲"配合最密切的步兵部队"。他效法莫里斯，给士兵发放军饷以避免士兵劫掠或逃亡。士兵年满 50 岁后即可获得一块土地。

布赖滕费尔德战役中的瑞典国王古斯塔夫二世·阿道夫（当代画家 J. 沃尔特绘）。他曾亲率芬兰轻骑兵旅向神圣罗马帝国军发起猛攻。

截取自 1637 年大马特乌斯·莫里安（Matthäus Merian the Elder）绘制的铜版画：布赖滕费尔德战役俯视图。神圣罗马帝国庞大的方阵纵深两个连，而瑞典军纵深仅一个连，因此作战更灵活。

军事改革

　　古斯塔夫还效仿莫里斯，加强军事训练，重视装备配给。他首先对瑞典的武器进行了改良，给长矛装上更加坚固的铁质矛头，以免被敌人轻易削掉；他还引进了轻型火枪（不过这种火枪依然有叉架，比较笨重），组成火枪部队。每个火枪营约500人，由3—4个中队组成，纵深6排，呈"T"形。每3—4个营组成1500—2000人的旅，再加上部分军官和军士。这种编队远比神圣罗马帝国采用的"西班牙大方阵"灵活得多。古斯塔夫·阿道夫让火枪旅排列成楔形或弓形，纵深仅6人，是敌人纵深人数的五分之一。每个中队配2—3个3磅重的火炮，发射霰弹。

　　他还从老对手波兰人那里学到了怎样有效地发起骑兵进攻。在这个时代，"半旋转"（caracole）战术依然是大部分军队采取的主要战术。所谓"半旋转"，是指骑兵靠近敌人时停下射击，子弹射完后便转身180度，到后排重装子弹。而古斯塔夫认为，这样的动作太过缓慢，非常容易遭敌人反击。他将自己的军队改革成了一支"进攻果断，防御坚固，移动迅速"的军队。当时，欧洲大部分国家的火枪手还很依赖长矛兵保护，而长矛和火枪主要用于防御。古斯塔夫首次将长矛与火枪相结合，用于进攻。他令多名火枪手一齐射击，随后，长矛手从打开的缺口中突破，扰乱敌人阵脚。在未来的战役中，古斯塔夫用这一战术给西班牙步兵方阵造成了致命打击。

投入战争

自 1620 年起，古斯塔夫·阿道夫同波兰拉开了一场旷日持久、耗资巨大的战争。直到 1629 年双方签订停战协定，古斯塔夫才腾出兵力插手"三十年战争"。然而，他的士兵大多已经疲惫不堪。尽管法国与神圣罗马帝国同为天主教国家，法国国王路易十三[1]却十分仇视哈布斯堡王朝统治下的神圣罗马帝国。因此，只要瑞典不再进攻巴伐利亚（因为巴伐利亚日后很可能成为法国的盟友），法国就同意甚至资助瑞典的行动。古斯塔夫·阿道夫是虔诚的路德教徒，他参与"三十年战争"还有更大的目标：同神圣罗马帝国皇帝斐迪南清算。究其原因，一是斐迪南曾在瑞典和波兰的战争中支持波兰；二是他也担心神圣罗马帝国过

布赖滕费尔德战役中，交战双方最初的战略部署。这是"三十年战争"中新教联盟的首次胜利，意义十分重大。此战之后，不少摇摆不定的国家纷纷开始支持加尔文教运动。

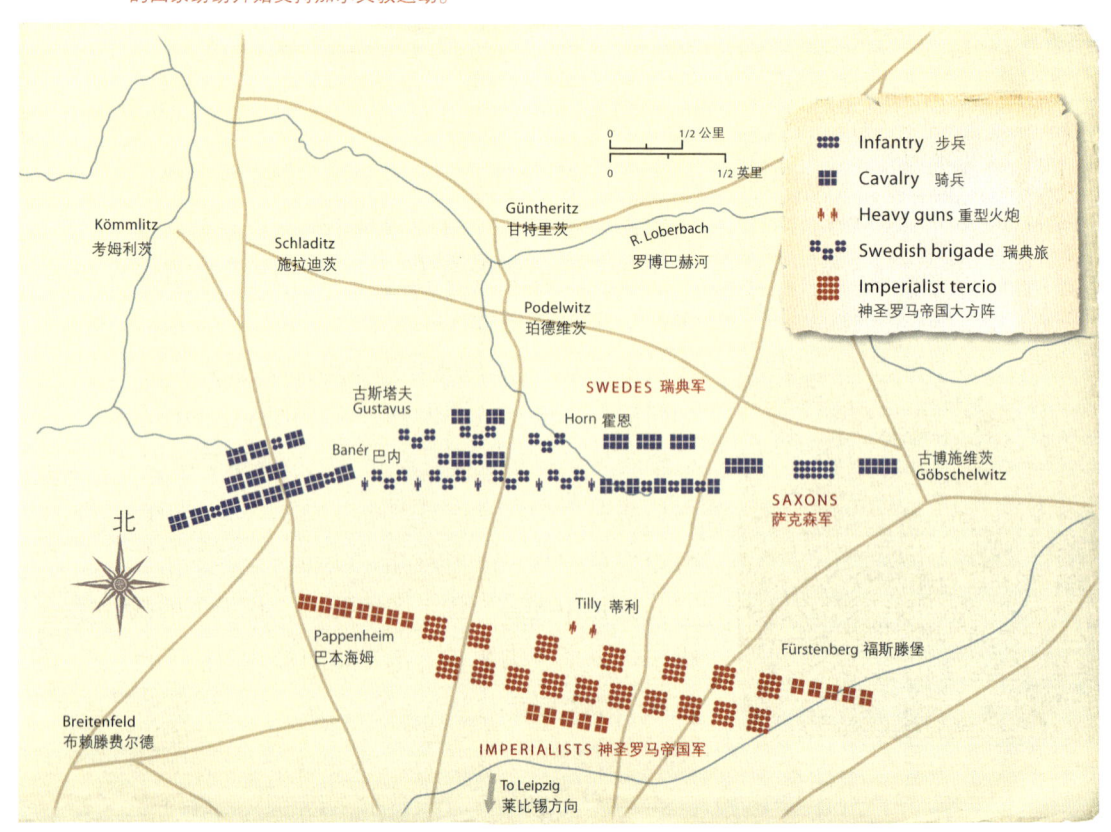

于强大，给瑞典造成威胁。

1631年5月，"三十年战争"迎来关键性时刻：易北河畔的战略重镇马格德堡（Magdeburg）落入冯·蒂利伯爵率领的神圣罗马帝国军队手中。蒂利从前一年11月份就开始围攻马格德堡，攻城后，蒂利及其副将——皈依天主教的戈特弗里德·冯·巴本海姆伯爵（Graf Gottfried zu Pappenheim）进行了疯狂的屠城，马格德堡的3万居民中有2.5万多人惨遭屠杀。这一残暴行径在舆论上给神圣罗马帝国造成了极其恶劣的影响，这就加速了新教联盟胜利的步伐。

1631年9月，由于缺少补给，瑞典和神圣罗马帝国大军同时向德国的萨克森求援。萨克森选帝侯约翰·乔治一世（John George I）拒绝蒂利入境，但是蒂利完全没有把他放在眼里，径自闯入了梅泽堡[2]和莱比锡（Leipzig）。乔治遂率领1.8万人与瑞典2.3万人的大军联手，共同应对蒂利。

整军备战

1631年9月17日，布赖滕费尔德战役在莱比锡以北5英里（8公里）处一片绵延起伏的丘陵地带爆发。此战是古斯塔夫在"三十年战争"中取得的第一次，也是最辉煌的胜利。与他对峙的是蒂利率领的神圣罗马帝国及其同盟的3.2万大军。此前，华伦斯坦因违抗皇帝的命令被免了职，因此71岁高龄的蒂利得以独掌大权。

在蒂利提醒下，巴本海姆伯爵的骑兵顺利攻克了最初的障碍，因此战斗很快进入炮兵对决阶段。古斯塔夫·阿道夫拥有51门重型野战炮，而蒂利仅27门——他的兵力和装备均不敌古斯塔夫。巴本海姆准备从侧面包抄，但是，他的黑色胸甲骑兵却畏缩不前，瑞典军队火枪齐射，骑兵猛击，给巴本海姆造成了致命打击。巴本海姆的骑兵纷纷溃散而逃，无法接近瑞典军。不久，巴本海姆重新集结起军队，掩护蒂利军撤退，将功补过。

古斯塔夫把莫里斯的战术发挥到了极致。蒂利此时同时面对两个对手：瑞典的古斯塔夫及汉斯·格奥尔格·冯·阿尼姆（Hans Georg von Arnim）的萨克森人。双方的侧翼均为骑兵部队，埃贡·冯·弗斯滕伯格（Egon von Fürstenberg）率蒂利大军右侧的骑兵迅速击退了对面的萨克森骑兵，步兵方阵也很快除掉了乔治一世的步兵，辉煌的胜利似乎又将垂青于蒂利。

古斯塔夫·霍恩（Gustav Horn）指挥的瑞典左翼暴露在敌人面前，形势十分危急。蒂利虽然率2万名步兵和2000名骑兵同时发起进攻，却未能全歼对手。灵活的瑞典部队及时变换阵型抵御进攻，并发动了后备力量。而蒂利的大方阵规模达50行30列，这17支大方阵在进攻失败后，重组就十分艰难。瑞典火枪手、长矛兵、骑兵和野战炮趁机向对手发起猛烈进攻。蒂利的大军还没来得及反应，古斯塔夫的芬兰骑兵就打掉了其侧翼，缴获了数门火炮。瑞典大军的炮火如雨点般砸向蒂利的部队，彻底扭转了战局。结果，蒂利军共7600人死亡，9000人负伤或被俘，另外4000人当了逃兵。而瑞典仅损失1500人，萨克森损失3000人。

虽然蒂利已经算是军队整编的专家，但是，在巴伐利亚的莱希河战役（Battle of the River Lech）中，他却又一次败于古斯塔夫·阿道夫。1632年4月20日，蒂利伯爵在因戈尔施塔特[3]去世。他的对手也在不久之后去世：就在同年11月16日，德国的吕岑战役（Battle of Lüzen）即将胜利之时，古斯塔夫背后遭遇暗箭，不幸身亡。

注释

[1] 原注：Louis XIII，他主要受首相黎塞留的影响。

[2] 译注：Merseburg，位于德国中部的萨克森–安哈尔特州。

[3] 译注：Ingolstadt，德国巴伐利亚州小城，坐落于多瑙河沿岸。

-20-
马斯顿荒原战役
MARSTON MOOR

英国国会军
vs
王军

Parliamentarians v. Royalists
1644年7月2日

  1638—1652年间爆发的英国内战可谓英国本土上有史以来最惨烈的战役，死亡人数超过英国总人口的10%。国王查理一世企图强迫苏格兰信仰英国国教（苏格兰与英格兰虽由同一个国王统治，但并未与英格兰合并），而议会坚决反对，英国内战由此拉开序幕。国王组织了一支1.25万人的部队，而国会则召集了1.4万人，由埃塞克斯伯爵指挥。随着战事扩大，清教徒奥利弗·克伦威尔（Oliver Cromwell）逐渐脱颖而出，成为日后的国会军领袖。

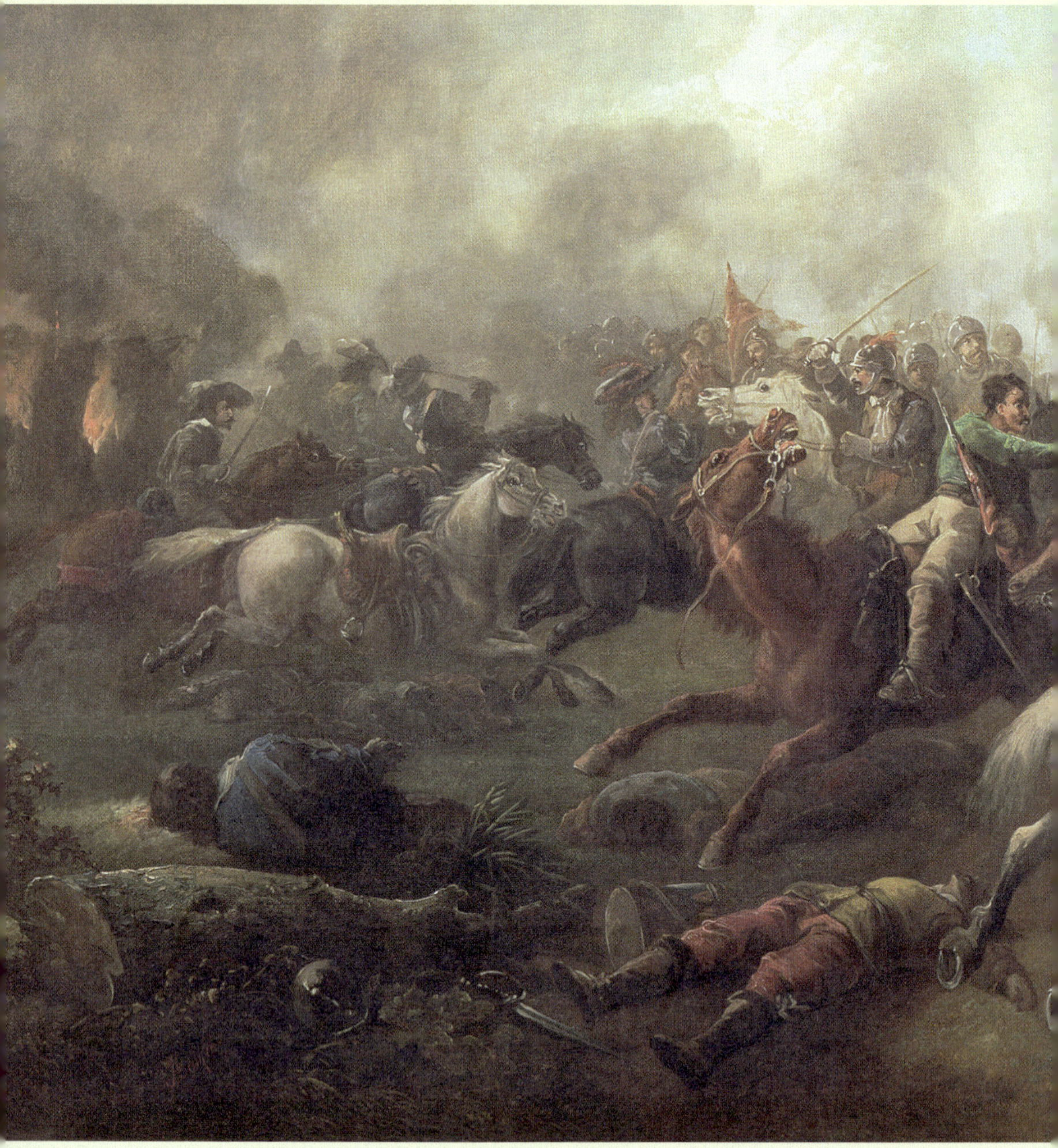

英国历史上规模最大的战斗。 在马斯顿荒原战役中，2.7万国会大军与1.8万王军对峙战场，这场战争一直是混战，直到克伦威尔担任指挥，才带领国会军走向胜利。19世纪艺术家约翰·巴克尔（John Barker）的这幅画正是描绘了这样的景象。

奥利弗·克伦威尔并非军人出身，直到40多岁时才第一次投身战斗。克伦威尔曾经学习法律，打算成为律师。他曾进入亨廷登[1]郡议会，后又来到母校所在地的剑桥担任议员。克伦威尔热衷马术。1643年，他组建了一支骑兵，加入曼彻斯特伯爵（Earl of Manchester）组织的"东部联盟"（Eastern Association）。克伦威尔从小受清教思想的熏陶，他不仅坚持信仰，而且意志坚定。的确，历史学家克里斯托弗·希尔（Christopher Hill）称他为"上帝的英国人"。他不允许士兵像蒂利或巴本海姆伯爵的军队一样肆意妄为，并且禁止说脏话、乱性和劫掠。但是，单纯靠虔诚并不能打败王军的骑兵。此外，王军有充足的财力为骑兵配备剑、胸甲和手枪等武器。

马斯顿荒原战役后，王军骑兵指挥——莱茵的鲁珀特亲王（Prince Rupert of the Rhine）称克伦威尔为"老铁骑"，因此克伦威尔的骑兵亦得名"铁骑"。他同古斯塔夫一样，也反对"半旋转"战术，倾向于使用冷兵器和骑兵全面进攻。

1642年，国会军同王军在班伯里（Banbury）附近的埃吉山（Edgehill）交火，拉开了英国内战序幕。然而没有任何一方可以宣称在这场战役中获胜。虽然埃塞克斯最终控制了战局，却没有阻止查理进军伦敦。惊魂未定的查理行至特恩汉绿地（Turnham Green）时，发现一支2.4万人的国会军早已在此等候多时。查理掉头奔向牛津，在那里度过了一冬。

同时，保皇党人拉尔夫·霍普顿爵士（Sir Ralph Hopton）和威尔莫特勋爵（Lord Wilmot）集结了西部势力，大败威廉·沃勒爵士（Sir William Waller）指挥的国会军，夺取了塞文谷（Severn Valley），致使布里斯托（Bristol）和格洛斯特（Gloucester）形势危急。

在北部，纽卡斯尔侯爵（Marquess of Newcastle）威廉·卡文迪许（William Cavendish）、马默杜克·兰代尔爵士（Sir Marmaduke Langdale）以及乔治·戈林（George Goring）等保皇党人也频传捷报。1643年6月，费尔法克斯勋爵（Lord

Fairfax）及其子托马斯·费尔法克斯爵士（Sir Thomas Fairfax）率领 6000 名国会军在约克郡阿沃尔顿荒原（Adwalton Moor）大败，被迫撤回赫尔（Hull）。

由于皇后派出了一支 3000 人的部队赶赴牛津增援查理，国王军的规模超过了埃塞克斯的国会军。同时，鲁珀特亲王攻占了布里斯托。鲁珀特是"冬王"弗里德里希五世与查理一世之妹伊丽莎白之子，相貌英俊，勇敢无畏，在英国内战中表现出色，直到马斯顿荒原战役之前一直所向披靡、战无不胜。然而，查理一世没能攻下伦敦，仅包围了西南部港市格洛斯特。埃塞克斯率国会军成功解围，查理却挡住了国会军退路。双方在纽伯里（Newbury）交锋，结果王军的骑兵遭到重创。

1644 年 1 月，莱文伯爵[2] 率 21.5 万苏格兰军跨过特威德河（River Tweed），支援国会军；而查理一世许诺不干涉爱尔兰的天主教信仰和崛起的民族主义，恳求爱尔兰出兵，成功取得爱尔兰的大规模援助，尤其是在步兵方面。

集结备战

马斯顿荒原战役是英国内战中规模最大、意义最重的战役。莱文的苏格兰部队先南下同费尔法克斯的北方军会合，两军再同东安格利亚[3]的埃塞克斯会合，曼彻斯特伯爵也率领一支规模庞大的骑兵部队赶来支援。王军方面，纽卡斯尔侯爵率北部的王军退守约克，查理一世遂令鲁珀特不惜一切代价解围。鲁珀特率军翻越奔宁山脉（Pennines），打败国会军，同纽卡斯尔会合。

国会军决心阻止王军南下。7 月 2 日，大雨持续了一整天。国会军的后卫行至约克郡西南的马斯顿荒原；国王军则从约克突围，然而纽卡斯尔却迟迟不肯出兵，王军没有完全集结，鲁珀特无法迎敌。双方直到下午才列阵完毕：步兵居中，骑兵在侧，其中还有一支龙骑兵——相当于骑马的火枪手。两军之间是通往朗马斯顿村（Long Marston）和托克维斯村（Tockwith）的道路。国会军战线长约 1.5 英里（2.4 公里），王军的战线较之稍长，前方是一片农田和沟渠。但王军仅有兵力 1.8 万人，远不敌 2.7 万人的国会－苏格兰联军，其中包括费尔法克斯和苏格兰预备役中的骑兵 2000 人以及克伦威尔的骑兵 3000 人。费尔法克斯面对戈林的骑兵，而克伦威尔的对手是拜伦勋爵。

下午 2∶00 左右，炮兵开始连续射击，但天色渐晚，当天开战的可能性也越来越小，纽卡斯尔侯爵回到马车旁边，让人给自己点了一袋烟。下午 6∶00 左右，保皇党大部分将领离开前线去吃晚餐，鲁珀特也随后离开。两军开始对骂：国会军大唱赞美诗，喊着口号；而国王军举出约翰·皮姆（John Pym）的漫画。（皮姆曾担任国会军领袖，说服了苏格兰与国会军结盟，他于 1643 年 12 月逝世。）双方各自摩拳擦掌，随时准备开火。

一片迷茫

王军火枪手当时已经占据了沟渠。当晚 7∶00 左右，下起大雨，这样的大雨恰好掩护了国会军的前进，只是不知道谁最先下达了进攻指令。一位随军牧师后来回忆道，"国会军像浓雾一般冲下山坡"，克伦威尔的铁骑在左侧迎战鲁珀特的骑兵。两人以前从未有过交锋，鲁珀特巧妙地把火枪手安插在骑兵中间，打退了克伦威尔的进攻。苏格兰副指挥大卫·莱斯利（David Leslie）见克伦威尔陷入困境，立即上前攻击鲁珀特军的侧翼。英国作家、政治家约翰·莫利（John Morley）在其作品《奥利弗·克伦威尔的一生》（Life of Oliver Cromwell）中强调了莱斯利此举的重大意义："奥利弗当时颈部受伤，莱斯利的进攻转移了敌人的注意力，使克伦威尔得以借机命令溃退的士兵重新投入战斗……他们在莱斯利帮助下大败鲁珀特。"

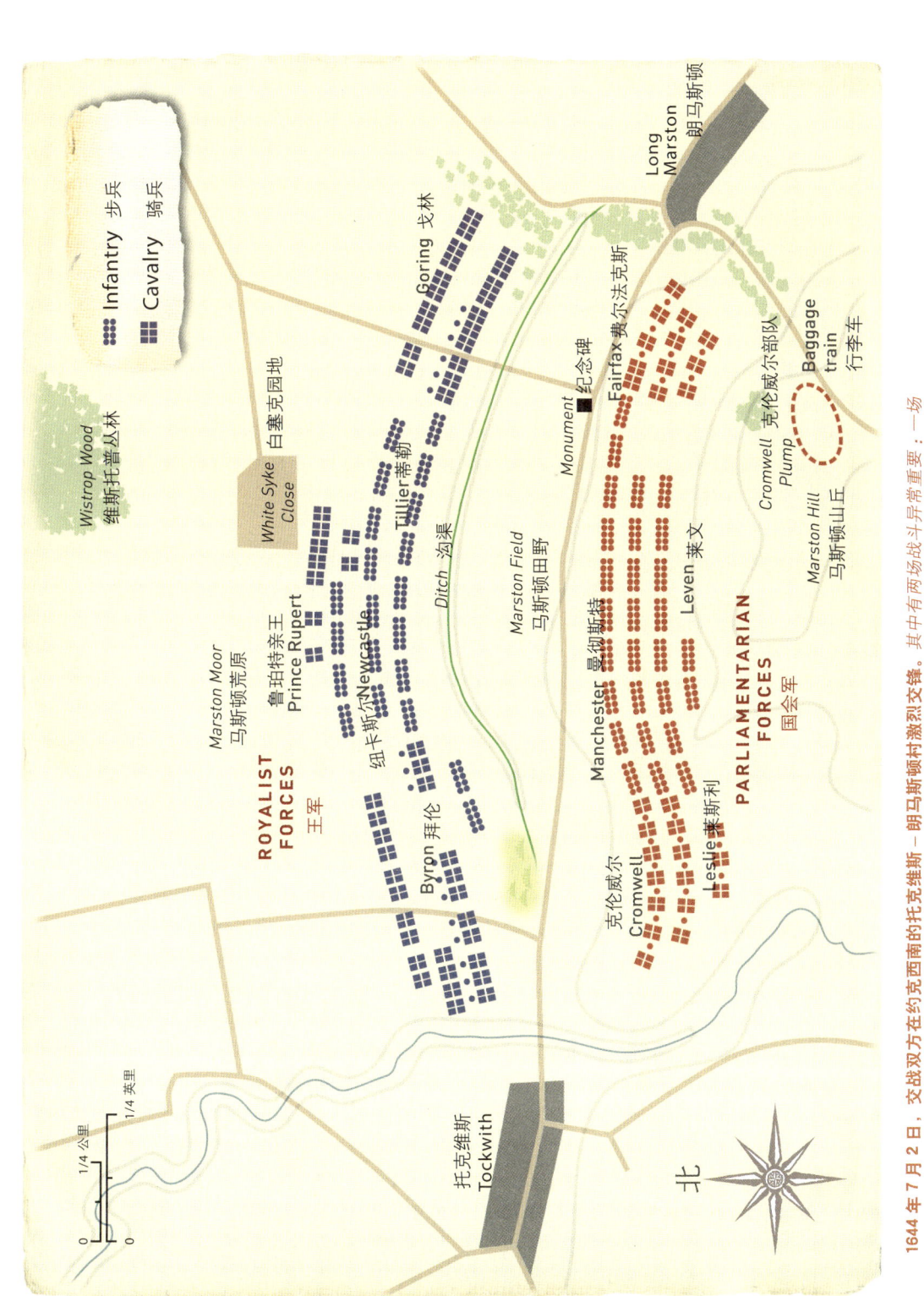

马斯顿荒原战役 | MARSTON MOOR

图例
- Infantry 步兵
- Cavalry 骑兵

地点标注：
- Wistrop Wood 维斯托普丛林
- White Syke Close 白塞克园地
- Marston Moor 马斯顿荒原
- Prince Rupert 鲁珀特亲王
- Newcastle 纽卡斯尔
- Byron 拜伦
- Tillier 蒂勒
- Goring 戈林
- Ditch 沟渠
- Marston Field 马斯顿田野
- Long Marston 朗马斯顿
- Monument 纪念碑
- Fairfax 费尔法克斯
- Baggage train 行李车
- Cromwell Plump 克伦威尔部队
- Marston Hill 马斯顿山丘
- Manchester 曼彻斯特
- Leven 莱文
- Cromwell 克伦威尔
- Leslie 莱斯利
- Tockwith 托克维斯

ROYALIST FORCES 王军
PARLIAMENTARIAN FORCES 国会军

比例尺：1/4 公里 / 1/4 英里

北

1644年7月2日，交战双方在约克西南的托克维斯－朗马斯顿村激烈交锋。其中两场战斗异常重要：一场是苏格兰步兵团的顽强抵抗，守住战线中部；另一场是克伦威尔和费尔法克斯外侧包抄王军的步兵。

> "两支军队，无论步兵还是骑兵皆混在一处，都离开了自己的位置。在这里……大批苏格兰士兵放声哀号，仿佛来到了世界末日。他在另一处还看见一支衣衫褴褛的部队，仅剩下了4名士兵和一名号手。一位没了帽子的步兵军官气喘吁吁、有气无力地询问下一处驻防所在地。"
>
> ——《奥利弗·克伦威尔的一生》（1900年），布莱克本子爵约翰·莫利

王军的步兵开始猛烈进攻。若不是两个苏格兰军团顽强抵抗，王军很可能就占据了上风。费尔法克斯在这场长达两小时的激战中负伤，形势似乎对国会军十分不利，莱文伯爵、费尔法克斯勋爵以及大批士兵皆认为大势已去，便离开了战场："两支军队，无论步兵还是骑兵皆混在一处，都离开了自己的位置。在这里（一位保皇党的所见之景）……大批苏格兰士兵放声哀号，仿佛来到了世界末日。他在另一处还看见一支衣衫褴褛的部队，仅剩下了4名士兵和一名号手。一位没了帽子的步兵军官气喘吁吁、有气无力地询问下一处驻防所在地。"

事实上两军的交战一直持续到深夜。戈林率领王军骑兵打散了费尔法克斯勋爵的骑兵右翼，战场乱作一团。克伦威尔镇定地重整旗鼓，策马迅速进攻，给王军的骑兵造成致命一击。

残兵败将

克伦威尔赶来同受伤的费尔法克斯会合，率骑兵出其不意地打击了王军后方。军事历史学家认为这次战役可以同"七年战争"[4]中塞德利茨（Seydlitz）指挥的曹恩道夫战役（Battle of Zorndorf）相提并论[5]。国会军转败为胜，从王军手中夺取了胜利。

王军仍在奋勇挣扎，被围困在战场东北边缘哈特维斯（Hatterwith）的纽卡斯尔"白袍"（Whitecoats）军团一直苦战到最后一刻。国会－苏格兰联军中一名上尉也承认，"在他参加过的历次战斗中，还没有见过如此果敢坚毅的部队"。鲁珀特的几支骑兵部队知道败局已定，却依然奋战到底。

鲁珀特亲王躲在了一片豆田中，逃过了克伦威尔的猛攻。这一可耻行径后来被国会宣传分子大加利用。鲁珀特的白色狮子狗"小男孩"曾

跟随主人参加了每一场战役,最后也在战斗中毙命。在这场战役中,国王军至少有4000人死亡,1500人被俘。纽卡斯尔侯爵被流放,鲁珀特带领6000人逃亡。国会和苏格兰联军也有2000人死亡。7月16日,约克的王军投降。

马斯顿荒原一战有效打击了英国北部的保皇党势力;然而南方的情况却大不相同,埃塞克斯企图消灭莫里斯亲王和拉尔夫·霍普顿的部队,却不幸在康沃尔(Cornwall)战败。8月,埃塞克斯被王军合围。

反王党小册子中的卷首插画。 画上是鲁珀特亲王和他的白色狮子狗"小男孩",这幅画意图攻击鲁珀特残忍。1643年4月,他为了报复采取了严酷的手段,纵火烧了80余匹马。

尽管埃塞克斯本人侥幸逃离洛斯特威西尔（Lostwithiel），他的 6000 名步兵却全部投降。这是王军在内战中取得的最大胜利。

埃塞克斯的表现令克伦威尔非常失望，他决定组建一支"新模范军"（New Model Army），由费尔法克斯指挥。1644 年 12 月，议会通过《自抑法》（Self-denying Ordinance），规定议员不得担任军职。议会中的贵族和长老会成员均因这项法令被剥夺了指挥权，唯独克伦威尔被临时任命为骑兵中将。1645 年的纳西比（Naseby）战役并不十分惨烈，但是克伦威尔功不可没。国会军截获了查理一世的信件，证明他煽动爱尔兰起义，国会遂借机进行了大肆宣传。

纳西比战役后，国会军围歼了王军的残余势力。1646 年，苏格兰

人们在托克维斯－朗马斯顿公路上建起了方尖碑，纪念马斯顿荒原战役。 战役后，克伦威尔表示："的确，幸亏上帝的保佑，英格兰才取得了这场战役的胜利。"

军在纽瓦克[6]俘虏了国王。1648年，第二次英国内战爆发，克伦威尔率军在普雷斯顿（Preston）大败汉密尔顿公爵（Duke of Hamilton）指挥的苏格兰军。由于国王反复无常，两面三刀，而且拒不同议会妥协，议会最终决定将其处死。

在爱尔兰征战时，克伦威尔第一次独立指挥了战役。[7]然而，他在德罗赫达（Drogheda）和韦克斯福德（Wexford）的屠杀大大玷污了自己的名声。爱尔兰战役后，克伦威尔升任国会军总司令。

注释

[1] 译注：Huntingdon，属于英格兰东部的剑桥郡。

[2] 译注：Earl of Leven，苏格兰世袭伯爵。

[3] 译注：East Anglia，英格兰古王国。

[4] 译注：Seven Years' War，指1756—1763年之间欧洲两大交战集团为争夺殖民地，在欧洲、亚洲和美洲展开的一系列战争。

[5] 译注：塞德利茨当时率领普鲁士骑兵以斜线式战术攻击俄军突出的右翼。

[6] 译注：Newark，位于英国中部的诺丁汉郡。

[7] 译注：1649—1652年，克伦威尔远征爱尔兰，镇压天主教徒领导的反英起义。他在攻占德罗赫达和韦克斯福德后，都进行了毁灭性烧杀劫掠。

-21-
布伦海姆战役
BLENHEIM

反法同盟
vs
法国-巴伐利亚联军

The Confederacy v. Franco-Bavarian Armies
1704年8月13日

17世纪，欧洲战火连年。究其原因，主要是法国国王路易十四（Louis XIV）的不断扩张及其他欧洲大国的联合反击。1688—1697年，大部分欧洲国家参与了奥格斯堡同盟战争，共同打击法国。光荣革命（Glorious Revolution）后，詹姆斯二世（James II）被罢黜。他的女儿玛丽和女婿奥兰治王子威廉（Prince William of Orange）随之夺取了王位。法国因支持詹姆斯二世而与英国结了仇。路易十四承认詹姆斯二世之子，即"老王位觊觎者"詹姆斯·斯图亚特（James Stuart）为英国和爱尔兰的合法王位继承人后，英国开始对法国采取行动。

奥格斯堡同盟战争[1]见证了英国杰出的军事指挥官、马博罗公爵（Duke of Marlborough）约翰·丘吉尔（John Churchill）的崛起。丘吉尔出生于1650年，早年在短暂的英法同盟[2]中脱颖而出；1674年德国恩斯海姆战役（The Battle of Ensheim）时，他率领军团效力于伟大的法国元帅杜伦尼（Vicomte de Turenne）麾下；1689年，丘吉尔凭借光荣革命中的功绩，晋升为马博罗公爵。同年8月25日，在佛兰德斯[3]地区的瓦勒库尔战役[4]中，丘吉尔一马当先，造成法军2000多人伤亡，而同盟军仅损失300人。

反法同盟

1701年1月，奥格斯堡同盟战争结束后不久，西班牙王位继承战（Spanish Succession War）爆发。1700年，西班牙哈布斯堡国王查理二世（Charles II）过世，路易十四之孙准备即位。为此，英格兰、哈布斯堡王朝、尼德兰联省共和国[5]、勃兰登堡-普鲁士（Brandenburg-Prussia）以及大部分德意志小邦国联合组成了"反法同盟"，共同抵制即将继位的路易之孙。而路易得到了萨伏依[6]、西班牙、巴伐利亚、曼图亚[7]，以及科隆大主教支持。

这场战争首先在意大利和阿尔萨斯（Alsace）拉开序幕。反法同盟派萨伏依的欧根亲王（Prince Eugène of Savoy）担任指挥。欧根亲王拒绝为法军效力，自愿投入哈布斯堡王朝的列奥波德一世（Leopold I）麾下。他英勇善战，曾沉重打击了企图颠覆西欧的土耳其军队。[8]他与马博罗公爵的结合可以说是战争史上最勇猛的组合。

1702年初，路易十四进犯西班牙控制下的尼德兰，对周边各国，尤其是尼德兰联省共和国构成了巨大威胁。反法同盟在英、荷主导下开

布伦海姆战役。荷兰艺术家让·凡·胡琛伯格（Jan van Huchtenburgh）的作品，绘于1705年。胡琛伯格随军参加了布伦海姆战役，负责记录欧根亲王和其他指挥官在战斗中的主要事迹。

始行动起来。那一年晚期，在夺取马斯河（River Meuse）沿岸的法国要塞行动中，马博罗发挥了关键作用，晋升为公爵。

1703年春，法国和其盟友巴伐利亚企图进军维也纳，致使主战场突然南移。然而巴伐利亚的马克西米连[9]转向蒂罗尔（Tyrol）时，法国指挥官维拉尔（Villars）元帅还留在多瑙河谷对付反法联盟，并试图让马克西米连前来救援。1704年初，巴、法两军终于会合，8.5万大军开赴维也纳。

关键人物

马博罗公爵大显身手的时候到了。由于英国控制着直布罗陀巨岩（Rock of Gibraltar），马博罗便努力引诱正在向维也纳行军的法军偏离既定路线，正面与其交战。他让法军误以为自己要在摩泽尔（Moselle）开战，而实际却是立即离开荷兰，行军250英里（400公里）追击巴伐利亚人。马博罗的部队行军十分迅速，但还是给士兵留出了适当的休息时间。行至法兰克福时，他还给士兵发了新靴子。马博罗联合了其他反法同盟成员，6月10日，他与巴登边区伯爵路易[10]及欧根亲王在蒙代尔希姆

（Mondelsheim）相会。欧根亲王率1万人分散维拉尔元帅的注意力，阻止其进入巴伐利亚。而巴登的3万人同马博罗的3.5万人合并。

马博罗把新旧战术相结合，骑兵沿用70年前瑞典国王古斯塔夫二世·阿道夫的战法，而士兵均装备新式刺刀，这让长矛兵成了负担。每个手榴弹兵持3枚手榴弹，并装备新式燧发枪。此外，火炮不仅能发射圆石头，还可发射更加致命的炮弹（cartridge）。

7月2日，为在多瑙河南岸建立桥头堡，反法同盟军猛攻并最终夺下了多瑙沃特（Donauwörth）的舒伦堡（Schellenberg）。虽然同盟军付出了惨烈代价，却第一次取得对法作战的胜利。布拉德上校（Colonel Blood）指挥的炮兵在此战中发挥了重要作用，他们在多瑙沃特的城中要塞"死亡三角区"抵御法军，大大削弱了其进攻力。

由于马博罗早就想在此建一座军火库，因此几周前他就开始密切关注多瑙沃特。他和欧根亲王放火烧毁当地村庄，引诱巴法联军出战。

8月12日，欧根亲王同马博罗的大军在多瑙沃特西南10英里（16公里）处的布伦海姆[11]会合，总兵力约5.6万人。普鲁士阵营中名叫库尔特-克里斯托弗·冯·施维林（Kurt-Christoph von Schwerin）的年轻上校，因1714年在莫尔维茨战役[12]中的胜利而声名大噪；1757年，施维林在布拉格战役（The Battle of Prague）中阵亡。

法军共计6万人，比英军稍多，由前任驻英国詹姆斯王朝的大使泰拉德元帅（Tallard）总指挥。

8月13日清晨，马博罗和欧根亲王率军来到仍在睡梦中的法军阵前；泰拉德只得在多瑙河北岸的布伦海姆和他们左侧的鲁特青根村（Lutzingen）之间仓促布阵，两地之间还有上格劳村（Oberglau），泰拉德已经派人巩固了这3个村庄的防御。

马博罗步兵不足，但骑兵明显占有优势。当看到泰拉德反常地把骑兵布置在非常适合骑兵作战的布伦海姆和上格劳之间时，他心中一阵大喜。他决定把大部分法军控制在布伦海姆村。

布伦海姆战役前奏——舒伦堡战役地形图。一名法军幸存者后来回忆了当时肉搏战的惨烈景象:"攻守双方都显得愤怒而绝望,他们顽强地坚守阵地,堪称世界上最勇敢的士兵。"

不利地形

欧根亲王率 74 个皇家骑兵中队和 18 个步兵营[13]迎战法国马尔森伯爵(Comte de Marsin)和选帝侯马克西米连;马博罗居左,迎战泰拉德。战场是一片泥泞的沼泽,欧根一次次地发起进攻,使马尔森和选帝侯无法分兵援助泰拉德。在这种地势上交战,双方都没有任何优势。

欧根亲王的骑兵[14]成功穿过两军之间的内伯尔河(Nebel),这是一条沿沼泽流入多瑙河的溪流,突破了马尔森的骑兵,但他没能突破对方的第二条防线,只得退回内伯尔河对岸;普鲁士步兵随后进攻,但也未能突破巴法联军的火力网。欧根亲王的第二轮进攻同样以失败告终。于是欧根以 14 门火炮做掩护,令普鲁士军进攻鲁特青根村;

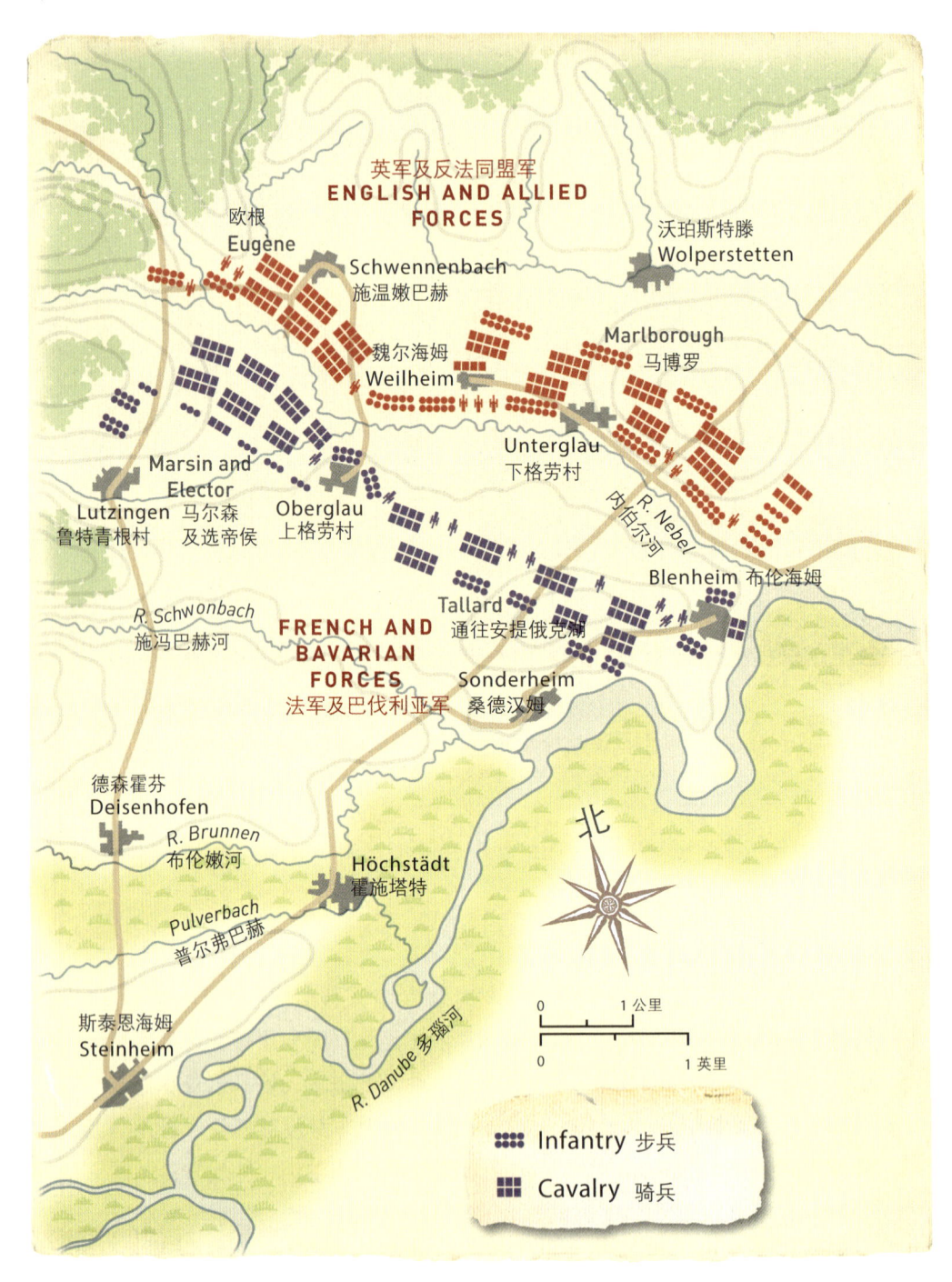

布伦海姆战役双方兵力部署图。 在反法同盟战线右翼，欧根亲王率皇家步兵及骑兵克服不利条件，发起一次又一次进攻。

与此同时，丹麦人也压倒了法国炮兵。然而，由于缺少骑兵助阵，欧根最终依然被迫撤退。

马博罗同以往一样，试图寻找一处能发挥其兵力优势的作战地点；否则就采取牵制行动，待敌人分兵，再寻找机会集中优势兵力各个击破。上格劳村共有 14 个法国步兵营驻守，其中包括布兰维尔（de Blainville）的爱尔兰移民军。同时，荷尔斯泰因－贝克亲王（Prince Holstein-Beck）指挥的荷兰部队也试图进攻上格劳，但是，法军力量过于强大，贝克亲王在这场战斗中阵亡。这一阶段，法军似乎胜算很大，眼看就要将同盟军一分为二了。马博罗聚集了荷兰军和富格尔伯爵（Count Fugger）的皇家胸甲骑兵，成功袭击了法军侧翼。

危急关头

卡特（Cutts）勋爵率联盟第九纵队两次进攻布伦海姆，战场的局势愈发焦灼。罗韦准将（Rowe）的第一波攻势遭到重创，连军旗都被法军夺走。随后，威尔克斯（Wilkes）上校指挥卡特的预备役继续进攻，击败法军最精锐的宪兵部队，夺回了卡特部队的旗帜。泰拉德十分警觉地调动了法军预备兵力。前线变得非常拥挤，士兵甚至无法正常射击。更糟的是，法军纵火焚烧了村庄，导致法军自己的士兵备受折磨。

进攻法军中部上格劳的荷兰军同样被马尔森的骑兵击退。马博罗令皇家胸甲骑兵进攻马尔森的侧翼，将其孤立在上格劳村。随后，欧根亲王使用 16 门排炮进攻法军炮兵，依然无果而终。法军左翼这一情况分散了泰拉德的注意力，马博罗公爵趁机重新采取包围战术：他派先头部队推起束柴，建起 5 座浮桥，同时修补法军摧毁的石桥，此时公爵的兄弟查尔斯·丘吉尔（Charles Churchill）顺利渡过内伯尔河。直到中午，欧根亲王开始对马尔森和选帝侯的法国－巴伐利亚联军发动牵制行动，阻止他们增援泰拉德。

法国宪兵队同弗朗西斯·帕尔马斯（Frances Palmes）率领的 3 支英国骑兵中队展开交锋。本来按照规定，英国骑兵进攻时不允许在马上使用手枪，只有追击败军时才能射击。但是，面对法军的射击，帕尔马斯随机应变，挥剑指挥英军进攻宪兵队侧翼。法军又派出一支中队回击，帕尔马斯命令主力奥德菲尔德（Oldfield）和克雷德（Creed）从外侧进攻法军。这次，泰拉德为抵抗布伦海姆的进攻，削弱了中路的兵力，马博罗让两列步兵在中间，两列骑兵在两侧，并让步兵先行。他用这种独特的阵型击溃了法军的进攻。泰拉德吹嘘：敌人跨过内伯尔河的人数越多，死亡规模就越大，但泰拉德似乎错过了有利的进攻时机。马博罗担心渡河太慢，便让骑兵牵引着马缰迅速跨过内伯尔河的两条支流。

重大突破

法军的第一次进攻卓有成效，然而马博罗重整了骑兵，打退了法国宪兵。就这样，马博罗率8000名骑兵和1.4万名步兵渡过了内伯尔河，这位54岁高龄的英国大元帅还亲自指挥了一场进攻。当天下午5：30，泰拉德的骑兵已经疲惫不堪，英军从中路撕开了缺口，大批英军接踵而至，炮火群发，将法国步兵击溃。泰拉德的骑兵见势纷纷溃逃，马博罗穷追不舍。法军一路逃向多瑙河，不少士兵跳入多瑙河深谷，不幸死亡。

马博罗的另一半骑兵在霍姆佩施将军（Hompesch）率领下袭击了马尔森侧翼，而欧根亲王则从正面发起进攻。

饱受战火摧残的布伦海姆村终于被查尔斯·丘吉尔包围，截至夜晚11时，共27个营投降。上格劳村和鲁特青根村的法国驻军在法国－巴伐利亚骑兵掩护下有序撤退，只是火炮无法运走，只得丢弃。泰拉德的部队却不幸彻底被英军歼灭。法国－巴伐利亚联军共计28个军团缴枪投降。泰拉德本人也成了俘虏，一直被关押在英国诺丁汉，直到1711年。马博罗见稳操胜券，在小酒馆的账单上给安娜王后草草地写了一张字条。安娜王后收到消息时已是8天之后，得知英军胜利，她自然是欣喜若狂。

骁勇善战的马博罗公爵约翰·丘吉尔。在那个时代，大部分将军趋于保守，而他却勇往直前，随时准备出征。这幅插图截取自布伦海姆宫殿的挂毯，描绘了布伦海姆战役中的马博罗公爵。布伦海姆宫坐落在英国牛津郡，是安娜王后为表彰丘吉尔在布伦海姆战役中取得的胜利而赏赐给他的乡间宅邸。

军中兄弟

马博罗和欧根亲王默契配合、意志坚定，缔造了布伦海姆的丰功伟绩。战后授予他们的奖章上，二人被描绘为罗马神话中的卡斯托尔（Castor）和波吕克斯（Pollux）兄弟。这是一场压倒性胜利：法国－巴伐利亚联军在这次战斗中的损失多达 3.8 万人，而盟军仅损失 1.2 万人。奥格斯堡同盟保住了维也纳，并将法军逐出德国。马克西米连遭到流放，而巴伐利亚则成了奥地利附属国。总之，布伦海姆战役见证了法国国王路易十四的首次战败。

注 释

[1] 译注：The League of Augsburg War，指 17 世纪后期英国及其盟友为抵制法国的扩张在欧洲大陆展开的战争。

[2] 原注：指 1672—1675 年第三次英荷战争期间英法结成的同盟。

[3] 译注：Flanders，西欧的历史地名，泛指古代尼德兰南部地区，包括今比利时、法国和荷兰的部分地区。

[4] 译注：The Battle of Walcourt，瓦勒库尔位于今天比利时境内。

[5] 译注：The Netherlands，即 The United Provinces，1581 年，尼德兰北方反西班牙封建统治的省份独立，成立了联省共和国。包括今天的荷兰、比利时、卢森堡和法国东北部部分区域。

[6] 译注：Savoy，是法国东南部和意大利西北部的历史地区。

[7] 译注：Mantua，位于意大利境内。

[8] 原注：欧根亲王在 1697 年的森塔战役（The Battle of Zenta）中的表现尤其令人称道。

[9] 译注：Maximilian，神圣罗马帝国的 7 个选帝侯（Elector）之一，下文出现的选帝侯指的就是马克西米连。

[10] 译注：即路德维希·威廉，他的法语名为"路易"。

[11] 原注：Blindheim，也称 Blenheim。

[12] 译注：The Battle of Mollwitz，是奥地利王位继承战期间西里西亚战争中的一次重大战役。普鲁士在此战中战胜了奥地利。

[13] 原注：这支部队中的三分之二为普鲁士人，另外三分之一为丹麦人。

[14] 原注：由符腾堡公爵（Duke of Württemberg）指挥。

-22-
拉米利斯战役
RAMILLIES

英国马博罗公爵
vs
法国-巴伐利亚联军

Duke of Marlborough v. French and Bavarian Forces

1706年5月23日

有人形容马博罗公爵和欧根亲王为"卡斯托尔和波吕克斯兄弟"。布伦海姆战役后，两人又联手在奥德纳尔德战役（爆发于1708年7月11日，是西班牙王位争夺战中的重大战役）和代价惨重的马尔普拉凯战役（Malplaquet）中数次击败法国和巴伐利亚联军。不过，拉米利斯（Ramillies）战役是马博罗个人的杰作。他在这场战役中大败法国维拉尔元帅和巴伐利亚选帝侯，为联军夺取比利时安特卫普（Antwerp）、根特（Ghent）和布鲁日（Bruges）开辟了道路。

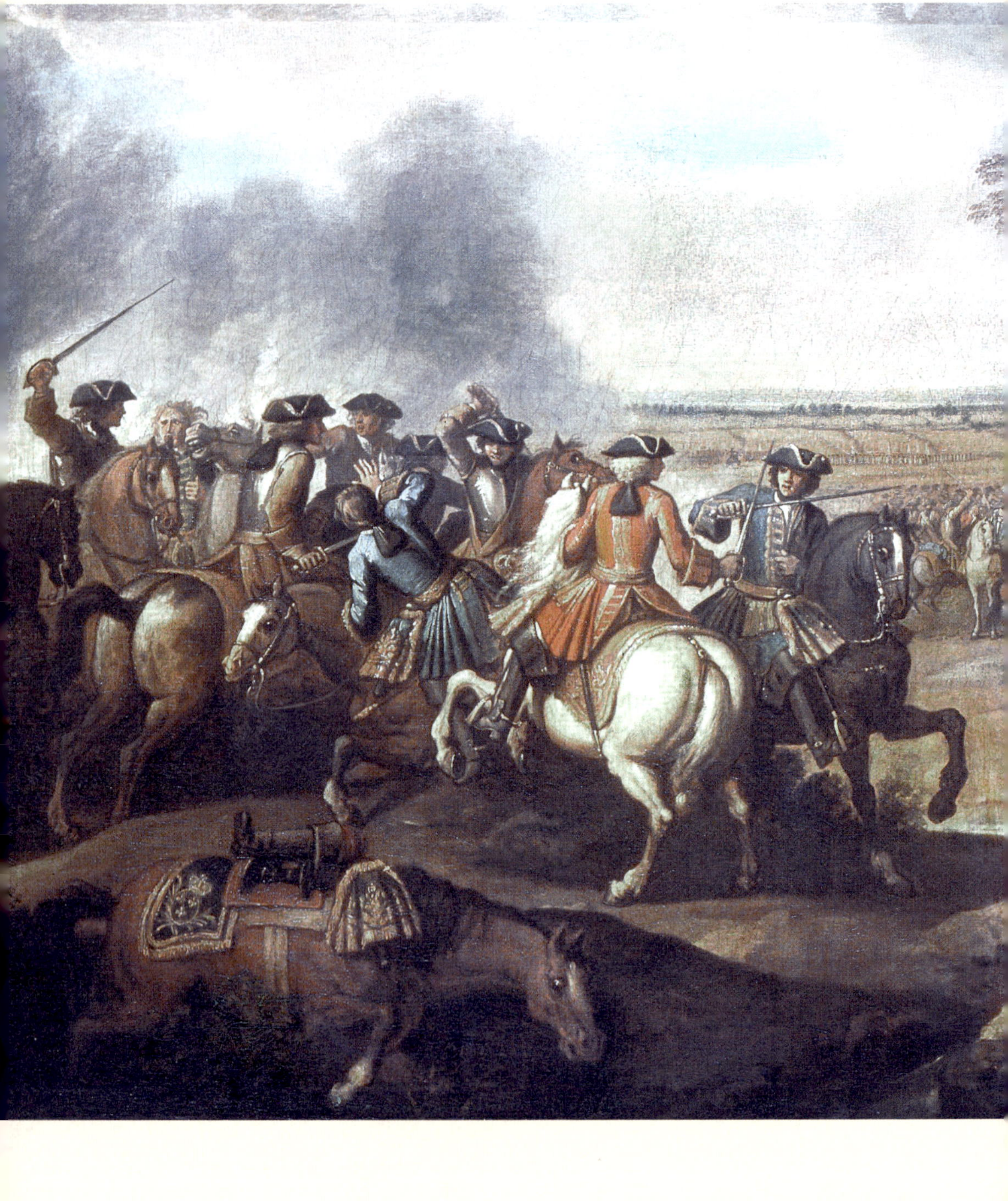

拉米利斯战役中反法同盟的胜利。这次胜利严重打击了路易十四夺取西属尼德兰的野心,对反法同盟而言意义重大,使哈布斯堡王朝能在此后一个多世纪的时间里继续控制尼德兰。

1706年，西班牙王位争夺战进入第五年，反法同盟仍未攻下尼德兰。同盟各国，尤其是荷兰，国库日渐空虚；雇佣军警告各国，宣称若再不支付报酬，就停止作战。

路易十四也希望停战，但必须得到有利于法国的条件。为此，路易决心打几次胜仗，炫耀一番法国的实力，于是他命令维拉尔元帅积极出战。英军方面，马博罗公爵已经突破了布拉班特[1]的法军防线，彻底打败了祖特鲁[2]和梅多普[3]一带的法军，他此时迫切希望能在马尔森的援军抵达之前引维拉尔元帅出战。

维拉尔解除了英军对祖特鲁的包围后，继续前进迎敌。维拉尔认为丹麦和普鲁士都未同意参战，因此对手只有荷兰军队。事实上，马博罗已经说服丹麦派骑兵在开战前一天抵达战场，而普鲁士步兵却并不参战。普鲁士步兵曾在布伦海姆战役中支持马博罗右翼。

1706年5月23日，圣灵降临节[4]当天，马博罗选定了作战地点。法军在纳慕尔镇[5]北部小吉特（Little Geete）湿地后的一片空地上摆好了阵势：右翼位于默艾涅河（Mehaigne）河岸，中部在拉米利斯村，而左翼深入奥特格利兹村（Autreglise）。马尔森的骑兵已赶来支援，而步兵尚未就位。法国的阵势同两年前的布伦海姆战役如出一辙，只是默艾涅河取代了多瑙河，拉米利斯村、上格劳村和塔维尔村（Taviers）取代了布伦海姆村。两次战役最大的不同之处在于拉米利斯战场上少了"内伯尔河"及沿岸的沼泽。此外，虽然法军左侧有吉特河（River Geete）作为天然屏障，右侧却十分空旷，完全暴露在敌人面前。

两军兵力都在5万人左右，相比之下，反法同盟士气较高。当天早晨天气潮湿，雾气蒙蒙。法军的出现令马博罗非常欣喜。法军战线长达4英里（6.4公里），士兵身穿崭新的制服。马博罗军火炮比法军多，而路易的军队配备了新的三孔野战炮，这一点法国隐蔽得很好，英军丝毫没有发现。

马博罗公爵集结了荷兰和丹麦骑兵对抗法国的国王卫队

> (Maison du Roy)，下午1：00，他在吉特河上架设炮火带，打退法军右翼。而奥克尼（Orkney）勋爵率英国军团渡过吉特河，接近法军左翼，进入奥特格利兹村和奥弗兹村（Offuz）。维拉尔十分警觉，他在保证中部兵力充足前提下，调兵增援左翼。

有效计策

然而，英军对法军左翼的进攻只不过是佯动，奥特格利兹村和奥弗兹村的行动很快被取消。午后，马博罗狡猾地将右翼部队调到左翼，掩盖了英军的作战动机。法军右翼遭袭，然而维拉尔仍继续增援左翼，误以为马博罗主力会从此处进攻。但是，此处的英军力量非常薄弱，马博罗的骑兵已经在拉米利斯和塔维尔村之间重新布阵，法军右翼愈发薄弱，而对面的盟军力量却不断增强。

> "布伦海姆战役已经给法国造成了严重的打击，然而1705年，反法同盟没有抓住有利时机，给了法军以喘息的机会。"
> ——历史学家特里维廉
> （G. M. Trevelyan）

战场南半部，马博罗兵力的一半以上是欧弗柯克（Overkirk）将军率领的荷兰部队，其余则为苏格兰、瑞士、斯堪的纳维亚半岛等地的新教徒。塔维尔村防守十分薄弱，维拉尔元帅前往奥弗兹时，该村迅速落入反法联盟手中。前来解围的援军也被丹麦骑兵打退。丹麦军可以从拉米利斯进攻法军侧翼，深入法军后方。

法国国王卫队突破了塔维尔村和拉米利斯村间的荷兰骑兵，却未能躲过4个步兵军团的阻击。马博罗在这场战斗中坠马，处境一度非常危险。而且，他"厚重的假发和长筒靴实在不利于逃跑求生"[6]。默里（Murray）将军率部分瑞士步兵前来解围，用刺刀挡住了紧追不舍

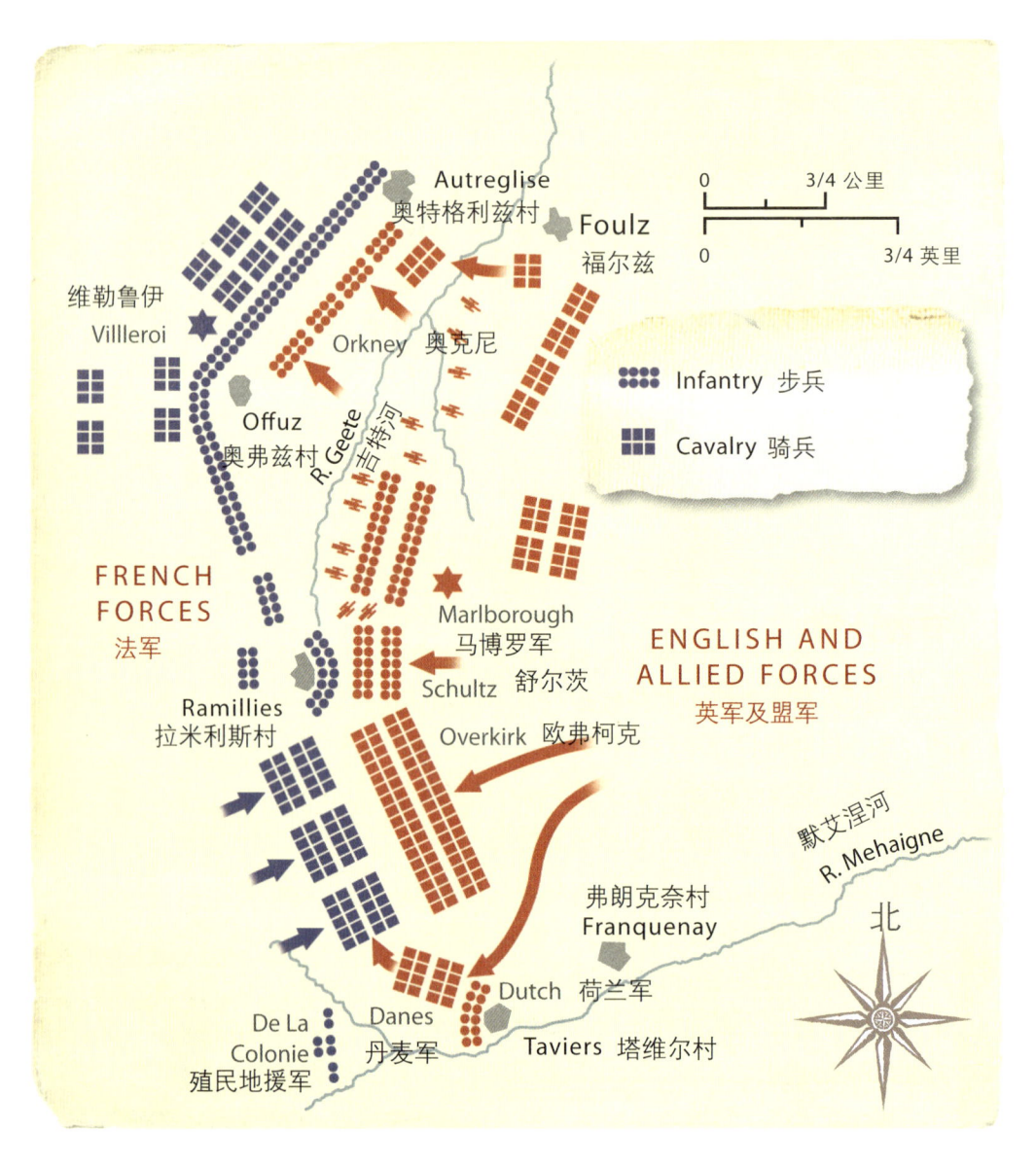

拉米利斯战役双方交战图。

的法军。然而马博罗更换战马时，在一旁扶着马镫的布林菲尔德上校（Bringfield）不幸被法军加农炮击中。

下午6:30，一场激战过后，拉米利斯被反法同盟攻陷。法国和瑞士两军共出动了20个营以及十几门加农炮，但最终他们还是不敌荷兰将军舒尔茨（Schultz）率领的苏格兰和英格兰营；再加上马博罗源源不断地从右翼调兵支援，法军被迫投降。他们试图形成第二条战线，不幸

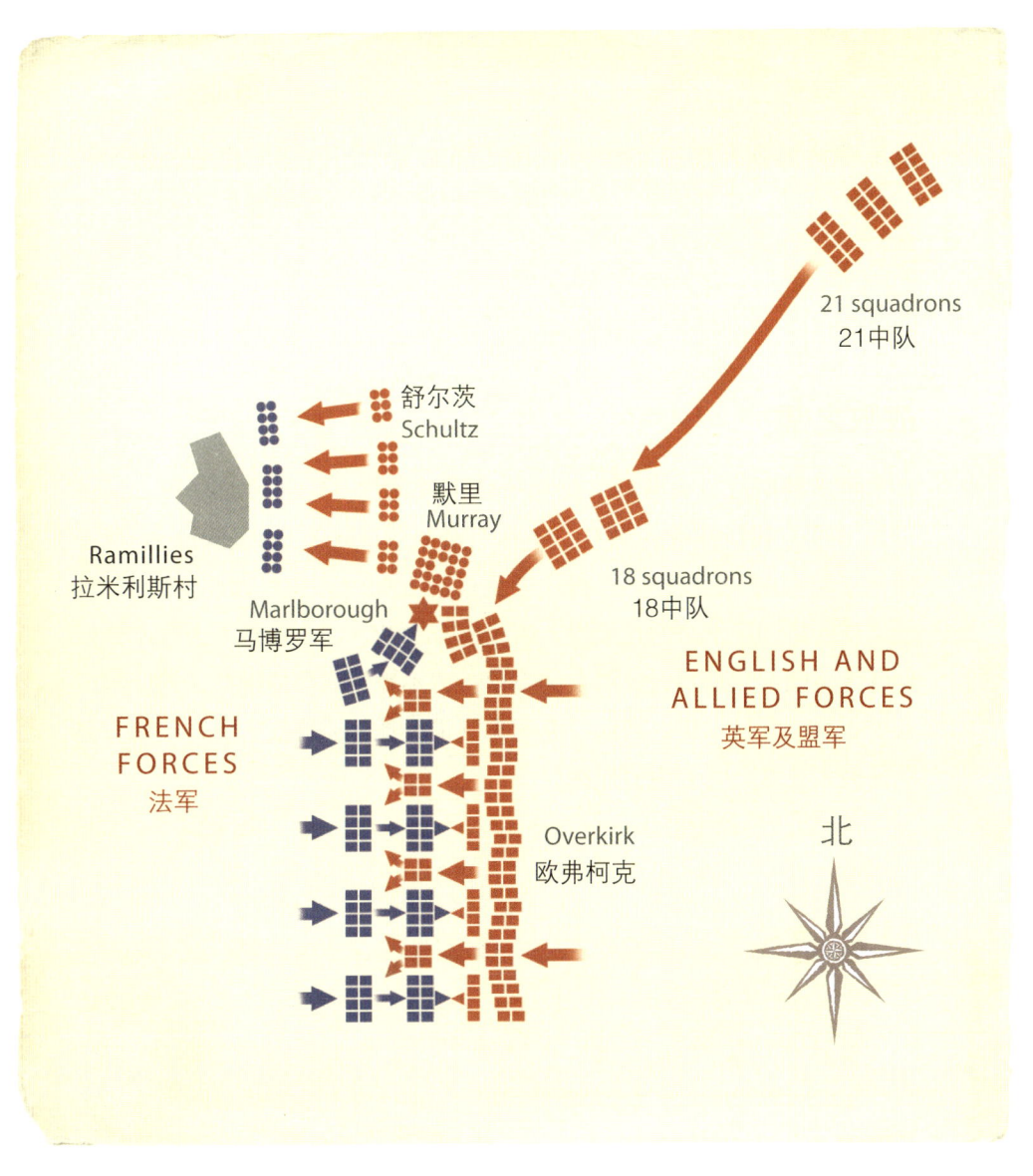

马博罗公爵的增援起了决定性作用。

又被马博罗的骑兵清剿。法军四散奔逃,丹麦军猛追不舍,尽杀法国逃兵,巴伐利亚选帝侯和维拉尔元帅险些被俘。奥弗兹和奥特格利兹村不战而降,国王近卫步兵也缴械投降。

截至第二天上午,法军伤亡人数已达8000余人,另有7000人被俘,兵力损失过半。马博罗也损失了4000余人。这场战役中,反法同盟缴获了法军所有火炮及80多面军旗;哈布斯堡王朝仍控制着西属尼德兰部分，直到 1789 年法国大革命爆发。同盟军将法国赶回扩张前的边界，甚至未放一枪一弹就夺取了安特卫普和奥斯坦德等重要港口。

战败之痛

拉米利斯战役失败后，路易十四绝望无比。5 月 26 日早朝，国王得知了拉米利斯战败的消息。圣西蒙公爵（Duc de Saint-Simon）后来回忆了君主的失望之情："我从未见过国王如此心焦，如此惊慌失措。最糟糕的是，接下来的几天里，由于邮车中断，国王一连 6 天收不到任何音讯，既不知道亲人或朋友的下落，也不知道战败的细节，这让国王备受折磨，度日如年。因此，无论见到谁，他都要打听一番，还竭力避免任何人在这个时刻为他作画。"

注释

[1] 译注：Brabant，欧洲古代公国，位于今天的比利时境内。

[2] 译注：Zoutleew，荷兰语 Zoutleeuw，今多译为祖时莱厄夫，是比利时布拉班特区城市。

[3] 译注：Merdorp，比利时境内地名，在列日省。

[4] 译注：Whit Sunday，即复活节后的第七个星期日。

[5] 译注：Namur，位于今天的比利时境内。

[6] 译注：引自历史学家特里维廉话语。

23

罗菲尔德战役
LAUFELDT

英国坎伯兰公爵
vs
法国元帅莫里斯·德·萨克斯

Duke of Cumberland v. Marshal Maurice de Saxe

1747年7月2日

17—18世纪，欧洲各国接连爆发王位争夺战。1740年，王位争夺的战火烧到了哈布斯堡王朝。奥地利皇帝查理六世（Charles VI）没有男性继承人，便决定让女儿玛丽亚·特蕾莎（Maria Theresa）继承王位。查理希望通过《1713国事遗诏》（*Pragmatic Sanction of 1713*）得到各国的支持。查理去世前，欧洲各国都没有提出异议，然而根据《萨利克继承法》（*Salic Law*，起源于法兰克人萨利克部族的习惯法，对中世纪和近代欧洲历史产生了重大影响。该法规定女性无权继承王位）的规定，玛丽亚·特蕾莎并没有资格担任神圣罗马帝国皇帝，因此查理六世希望，德意志各邦如有异议，就选举玛丽亚的丈夫为皇帝。

对于王位继承的问题，连哈布斯堡家族内部都无法达成一致：约瑟夫一世（即查理六世的兄长、前神圣罗马帝国皇帝）的两个女儿均反对玛丽亚·特蕾莎继位。这两姐妹分别嫁给了萨克森和巴伐利亚选帝侯。1732年召开帝国议会（The Imperial Diet）时，她们就反对《1713国事遗诏》。1740年查理六世逝世后，德意志多个邦国，尤其是新继位的普鲁士国王腓特烈二世[1]，背信弃义，不承认玛丽亚的继承权。腓特烈二世同他父亲一样，因继承问题对于利希公国（Jülich）和克莱夫公国（Cleves）满怀怨恨。他决定夺取神圣罗马帝国控制的西里西亚，以弥补普鲁士的损失。

腓特烈夺取西里西亚的举动把欧洲拖入了战争的泥潭。腓特烈得到西里西亚后随即退出了战争，扔下英国和哈布斯堡王朝同法国继续交战。法国又一次支持詹姆斯党人[2]"小王位觊觎者"查尔斯·爱德华·斯图亚特[3]，挑起了这场战争。

奥地利王位继承战（The War of the Austrian Succession）后半期的大部分战役发生在佛兰德斯地区，由萨克森选帝侯（Elector of Saxony）的私生子——莫里斯·德·萨克斯元帅担任法军总司令。萨克斯年轻时参加了马尔普拉凯战役[4]，由于在波兰无法实现自己的雄心抱负，他便转投法国并得到重用。

爱尔兰旅

萨克斯并不是法国军队里唯一的外国人，爱尔兰旅也数次为法国立功。在1745年5月11日的丰特努瓦战役[5]中，法军战线险些被英军攻破。萨克斯在关键时刻派爱尔兰旅上阵，才为法国赢得了胜利。爱尔兰旅辖6个步兵团和1个骑兵团，步兵团由巴克莱（Bulkeley）、克莱尔（Clare）、贝尔维克（Berwick）、罗思（Rothe）、狄龙（Dillon）和拉利（Lally）等将军指挥，共 3870 人；骑兵由詹姆斯伯爵（FitzJames）指挥，共 250 人。克莱尔勋爵查理·奥布莱恩（Charles O'Brien）指挥的 40 多名麦克多纳（MacDonaghs）家族成员也在其中，克莱尔勋爵后来晋升为法国元帅。

法国眼看就要战败，但他们把英国先锋旅逐出战场，扭转了战局。据说狄龙军团的安托尼·麦克多纳上校喊着振奋士气的口号头一个冲向英军："莫忘利默里克[6]！莫忘英国的背信弃义！"该军团此战共死伤 750 人，直到今天，凯尔特人仍在丰特努瓦战役遗址纪念他们。英军的撤退混乱不堪，丢掉的 60 多架火炮以及第二近卫步兵团[7]的大批旗帜和徽章，被弗朗西斯·巴克莱上校（Colonel Francis Bulkeley）缴获。英军死伤共 7500 人，法军 7200 人。

1746 年 2 月，萨克斯夺下佛兰德斯，7 月又占领了蒙斯（Mons），9 月攻占了纳慕尔，接连不断的胜利让萨克斯十分得意。10 月 11 日，他率 1.2 万名法军在罗可斯[8]大败洛林王子查尔斯（Charles）指挥的 8 万人联军。1747 年初，萨克斯被授予法国"大元帅"称号，继杜伦尼和维拉尔之后，萨克斯成为法国历史上第三个大元帅。

随着事态发展，越来越多的国家卷入了这场战争。1747 年，信奉新教的尼德兰遇到了 1672 年以来从未有过的巨大威胁，因为英国、奥地利和荷兰结成同盟，集结的兵力总人数接近 18 万之多。

双重骗术

萨克斯最著名的一次胜利是 1747 年的罗菲尔德战役（The Battle of Laufeldt）。这场战役发生在荷兰马斯特里赫特（Maastricht）附近，后人对这一胜利始终存在争议。坎伯兰（Cumberland）公爵，即英国国王乔治二世（George II）的小儿子威廉王子又一次统帅"国事遗诏军"（Pragmatic Army）参战。他尾随萨克斯军，使用了一系列狡诈策略。大部分情况下，交战双方分列代默尔河（Demeer）两岸，距离很近。

视察战场。罗菲尔德战役中,陆军元帅莫里斯·德·萨克斯(中间靠右者)正与国王路易十五商定计策。这幅画作出自当时的艺术家皮埃尔·朗方(Pierre L' Enfant)之手,现保存于法国凡尔赛宫。

路易十五御驾亲征，命令萨克斯夺取坚固的马斯特里赫特城堡。但是，萨克斯却希望先战胜敌军，再夺取城镇。他想出了两个绝妙的骗术：第一，派小部分兵力误导坎伯兰公爵，而让主力在马斯特里赫特以西列阵；第二，设法让坎伯兰相信法军已经占领了海尔德伦（Herderen），而事实上法军在那里仅有兵力1.2万人。7月12日，法军按照萨克斯的想法部署完毕。

战斗将近，约25万大军[9]挤进了狭窄的战场。法军面北而列，战线长约5英里（8公里），分为两段：从埃尔德伦（Elderen）到海尔德伦，再从蒙坦纳克（Montenaken）到维尔（Wilre）郊外。英奥荷联军面南，战线右翼为奥地利军，位于格罗特－斯帕文（Grote-Spaeven）左侧，与大部队之间相隔一条小河；中间为荷兰军，位于格罗特－斯帕文和维利登格（Vlijtingen）之间；而战线左翼由英军、汉诺威军（Hanoverians）和赫西亚人（Hessians）组成，从罗菲尔德村向东延伸，左端与马斯特里赫特之间仅有非常狭窄的空隙。

萨克斯决定把进攻重点放在这个空隙上：他提议，首先猛攻盟军左翼的中心罗菲尔德，派步兵和骑兵进攻西侧伽尔河（Jaar）的联军，切断其与马斯特里赫特之间的联系。尽管天气阴雨，地表潮湿，萨克斯依然下令冒雨进攻。罗菲尔德战役在一阵炮火猛击下拉开了序幕。萨克斯认为"国事遗诏军"放弃了罗菲尔德，已经将战线后移，但是，在英军服役的法国胡格诺教徒约翰·列戈尼尔爵士（Sir John Ligonier）向坎伯兰公爵提出了不同意见。列戈尼尔参加过丰特努瓦战役，当时法军就隐藏在了废弃的城镇内，他认为英军可以效法此计。坎伯兰犹豫一番后，最终先占领了这个小村庄。因此当法国宪兵进攻罗菲尔德时，此地已是枪炮林立，萨克斯至少进攻了5次，都以失败告终。

坎伯兰不断增援罗菲尔德，下午2：00，萨克斯决定袭击敌人右翼。4小时后，萨克斯的法军终于可以在罗菲尔德和维利登格立足。骑兵进攻维利登格时，坎伯兰令荷兰骑兵从侧翼出击，然而荷兰骑兵一片混乱，很快被法国步兵击溃。

约翰·列戈尼尔爵士又一次挽救了败局，至少暂时扭转了眼下的颓势。萨克斯派德·埃斯特雷（d'Estrées）伯爵率140个骑兵中队出

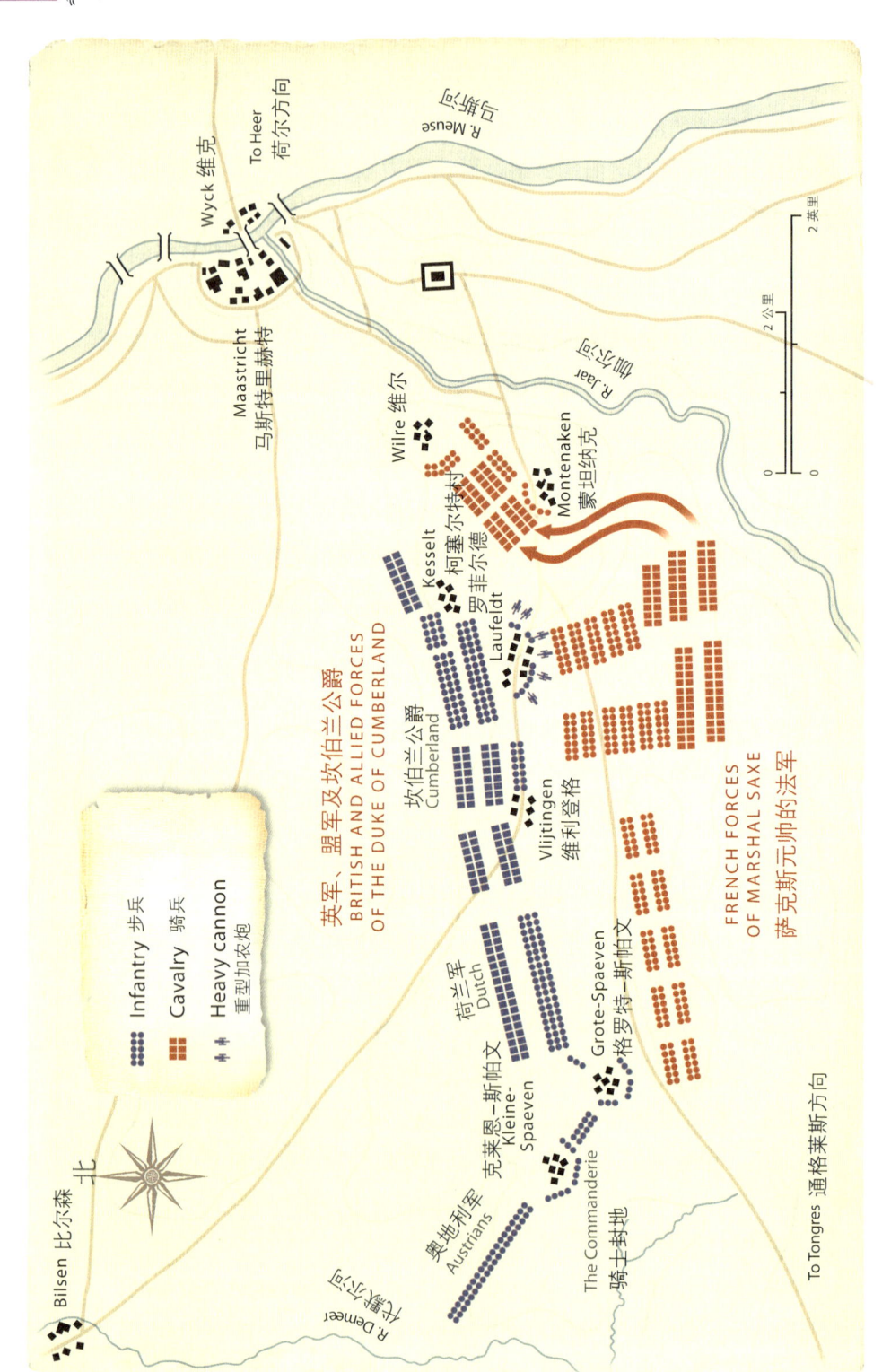

战役图文史
THE GREAT BATTLES

罗菲尔德战役中，法军与联军的兵力部署图。虽然法军统帅莫里斯·德·萨克斯战术上技高一筹，他却没能攻占马斯特里赫特，也未能摧毁英国、汉诺威、奥地利和荷兰军队的"国事遗诏军"。

英军、盟军及坎伯兰公爵
BRITISH AND ALLIED FORCES OF THE DUKE OF CUMBERLAND

萨克斯元帅的法军
FRENCH FORCES OF MARSHAL SAXE

图例：
- Infantry 步兵
- Cavalry 骑兵
- Heavy cannon 重型加农炮

地名标注：
- Wyck 维克
- To Heer 荷尔方向
- R. Meuse 默兹河
- Maastricht 马斯特里赫特
- R. Jaar 雅尔河
- Wilre 维尔
- Montenaken 蒙坦纳克
- Kesselt 柯塞尔特村
- Laufeldt 罗菲尔登格
- Cumberland 坎伯兰公爵
- Vlijtingen 维利登格
- Dutch 荷兰军
- Grote-Spaeven 格罗特-斯帕文
- Kleine-Spaeven 克莱恩-斯帕文
- Austrians 奥地利军
- The Commanderie 骑士封地
- To Tongres 通格莱斯方向
- Bilsen 比尔森
- R. Demeer 杰默尔河
- 北

击，准备彻底清除维尔的联军侧翼。对面的约翰·列戈尼尔爵士也自发地率领联军骑兵出击。伽尔河平原非常适宜骑兵作战，英军在此曾多次打退法军的进攻，阻止法军占领马斯特里赫特和联军中间的空地。但法军在其他地方占据了优势地位，坎伯兰便命令列戈尼尔再次进攻，掩护联军撤退。尽管列戈尼尔成功突破法国骑兵战线，但是，法国步兵却从另一侧包围了列戈尼尔。列戈尼尔企图乔装改扮成法国军官逃脱包围，可惜他的巴斯勋章[10]暴露了他的身份，被法军俘虏。奥地利骑兵前进，掩护"国事遗诏军"撤退。

> "陛下，我向您介绍一个人，他仅用一招就出奇制胜，粉碎了我的全部计划。"
> ——法国陆军元帅莫里斯·德·萨克斯评价约翰·列戈尼尔爵士

罗菲尔德战后，萨克斯很有风度地这样向国王介绍了列戈尼尔："陛下，我向您介绍一个人，他仅用一招就出奇制胜，粉碎了我的全部计划。"结果，法国国王让这位胡格诺教徒担任了和平使者。

代价惨重

罗菲尔德的胜利其实并不辉煌，法军为此损失了 1 万余人，甚至比联军的伤亡还要惨重。路易十五惊愕不已，决定同英奥荷盟军和解。萨克斯杰出的军事才能曾得到全国上下一致的称赞，但是，有人忽然意识到，萨克斯之所以取胜，只不过是对手过于无能。然而腓特烈二世却十分欣赏这位法国将军，后来对他给予了很高的评价。

罗菲尔德战役后，萨克斯没能实现他的近期目标：他不仅没能俘虏坎伯兰公爵，反而让他成功逃脱，还攻占了马斯特里赫特。9 月 16 日，萨克斯对贝亨奥普佐姆[11]发起了暴风雨般袭击，最后终于夺取了这座战略要地。然而，他的进攻也给这座城市造成了严重的破坏。

第二年，法、英等国签订《亚琛和约》[12]，饱受战火摧残的欧洲各国终于达成妥协。法国同意撤出荷兰，承认玛丽亚·特蕾莎的丈夫——洛林公爵弗朗茨·斯特凡为神圣罗马帝国皇帝。

注 释

[1]　原注：Frederick II，即腓特烈大帝。

[2]　译注：Jacobite，指英国光荣革命后，支持斯图亚特王朝及其后人夺回王位的政治、军事团体，多为天主教徒。

[3]　原注：Charles Edward Stuart，被称为"小王子查理"（Bonnie Prince Charlie）。

[4]　译注：Malplaquet，指西班牙王位争夺战期间欧根亲王和马博罗公爵指挥英奥荷联军在比利时村庄马尔普拉凯同维拉尔指挥的法军之间的战役，以法军战败而告终。

[5]　译注：Battle of Fontenoy，是萨克斯元帅的大捷之战，法国在这场战役中夺取了佛兰德斯。

[6]　译注：Limerick，位于爱尔兰共和国西南部芒斯特省。

[7]　原注：即考德斯特莱姆近卫军（Coldstream Guards）。

[8]　译注：Rocoux，位于比利时列日省郊区。

[9]　原注：这当中法军约13.6万人，联军10万人。

[10]　译注：Order of the Bath，设立于1725年，是英国最有含金量的骑兵勋章之一。

[11]　译注：Bergen-op-Zoom，位于今天荷兰的北布拉班特省。

[12]　译注：*Treaty of Aix-la-Chapelle*，签订于1748年10月18日。法、英、荷、奥四国达成了一系列妥协，标志着奥地利王位继承战争的终结。

-24-
普拉西战役
PLASSEY

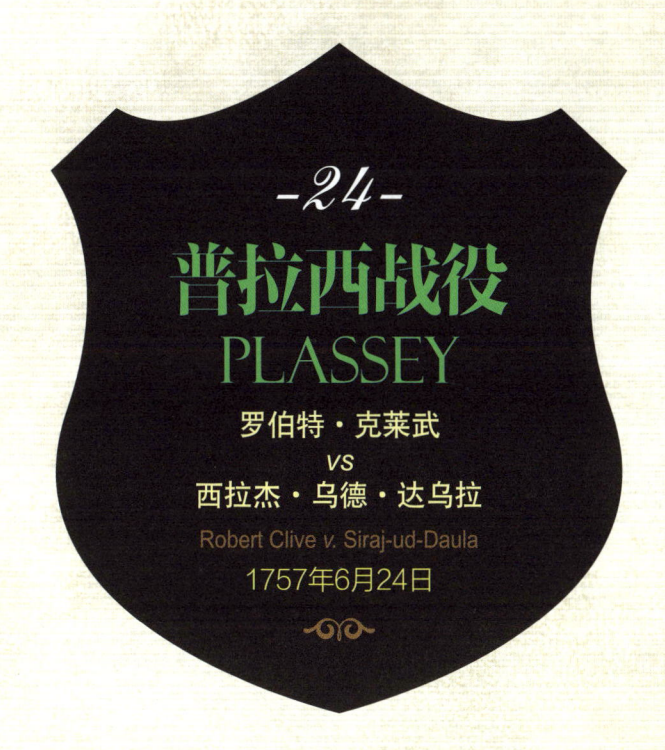

罗伯特·克莱武
vs
西拉杰·乌德·达乌拉

Robert Clive v. Siraj-ud-Daula

1757年6月24日

　　普拉西战役证明，未必只有声势浩大的战役才能引发政治上的大动荡。普拉西战役规模虽小，却为英国赢得了印度最富庶的孟加拉省。英国从此一步步控制了整个南亚次大陆。

> 普拉西战役的胜利要归功于名不见经传的罗伯特·克莱武。此人不甚出名，却着实有一番雄心抱负。1744年，19岁的克莱武进入东印度公司时，只是普通职员。同年，克莱武第一次抵达印度马德拉斯[1]。当时的他穷困潦倒，感到无比压抑，企图开枪自杀。然而命运似乎同他开了个玩笑，他的手枪连续两次哑火，克莱武自杀未遂。随后的几年，法国在印度南部的势力猛增。1746年，法军在约瑟夫·弗朗索瓦·杜布雷（Joseph-François Dupleix）率领下占领了马德拉斯。克莱武和3名同伴假扮成印度人才侥幸逃出马德拉斯。后来在进攻庞第皆瑞[2]战役中，克莱武表现突出，升任海军少尉。

小试牛刀

克莱武并未受过严格的军事训练，但是，他似乎非常适合军队的生活。他是一位优秀的军官，能给手下士兵（包括印度士兵）带来巨大鼓舞。他被冠以"战斗中坚"的称号。

18世纪早期，英国东印度公司因贸易权问题与法国展开了激烈的竞争；18世纪中期，法国占了上风。1751年，法国与其盟友卡纳蒂克省[3]的统治者昌达（Chanda）大人[4]包围了重要的英军基地特里奇诺波利（Trichinopoly），克莱武参与救援。他向指挥官提议，此战的最佳策略莫过于进攻卡纳蒂克首府北部的阿尔果德（Arcot）要塞，迫使卡纳蒂克统治者放弃对特里奇诺波利的包围。随后昌达继续围攻阿尔果德，克莱武率军抵抗。他以仅有的80名欧洲兵和150名印度兵，不仅成功击退1万人的围城部队，还打退了城内居民的抵抗。昌达试图用大象摧毁城门，克莱武下令向大象射击，大象受到惊吓，转身向昌达自己的军队扑来，部分士兵被踩伤。

19世纪绘画：罗伯特·克莱武率大军在普拉西战役中迎战孟加拉纳瓦布西拉杰·乌德·达乌拉。

英国国内密切关注着阿尔果德之围，这一胜利解除了法国的威胁，成就了一篇"皇家史诗"。英国随后又取得了一系列胜利，最终克莱武和他的上级斯特林格·劳伦斯（Stringer Lawrence）[5]上校成功解除了特里奇诺波利之围，彻底打败了昌达。1753年10月，年仅28岁的克莱武退伍回国。据称他这几年在印度赚了4万英镑。

遭遇新敌

1775年，克莱武以中校身份重回印度。当时，孟加拉年轻的纳瓦布[6]、21岁的西拉杰·乌德·达乌拉向殖民者示威，试图驱逐孟加拉的殖民者。西拉杰是前任纳瓦布阿利瓦迪汗（Alivardi Khan）之孙，而"纳瓦布"一职是阿利瓦迪汗靠武力从莫卧儿皇帝手中抢来的。阿利瓦迪汗害怕孟加拉卷入英法在卡纳蒂克的纠葛，担心英法在孟加拉的贸易争端继续恶化。1756年夏，西拉杰占领了加尔各答（Calcutta）以及威廉城堡（Fort William）的英军基地，该基地早已被英国总督抛弃，城堡内的"黑洞"（Black Hole）中关押着一些欧洲战俘。据推测，每晚因酷暑闷热死在"黑洞"里的囚犯从23人到140人不等。

英国海军上将查尔斯·沃森（Charles Watson）率领600名欧洲兵和900名印度兵乘5艘战舰前往加尔各答。1757年元旦，克莱武重新夺回加尔各答和胡格利-金苏拉镇（Hooghly-Chinsura）上游，控制了胡格利河[7]。他认为，必须罢免西拉杰，扶植一个顺从的傀儡统治孟加拉。

耍个花招

克莱武此战中的主要手段是两面派和耍花招。他通过加尔各答的商界精英接近了西拉杰的高级指挥官米尔·贾法可汗（Mir Jafar Khan）。此人颇受投资者和印度反孟加拉人士的青睐，克莱武说服贾法背叛西拉杰，并许诺扶植他取代西拉杰成为新任纳瓦布。为了确保贾法及其部下眼下，克莱武需要通过战争赶走西拉杰，扶植贾法上台。1757年2月，他先发制人，袭击了加尔各答城外达姆达姆（Dum-Dum）的西拉杰大营。西拉杰向胡格利河上游撤退，在成德拉哥（Chandernagore）同法国贸易公司结盟。克莱武实施炮轰并占领了该城，西拉杰却侥幸逃脱。

克莱武从卡西姆巴扎尔（Kasimbazar）出发，率军渡过胡格利河支流帕吉勒提河（Bhagirathi）。6月23日，终于在普拉西与西拉杰正面相遇。此时正值印度的雨季，河水泛滥，克莱武成功切断西拉杰的唯一退

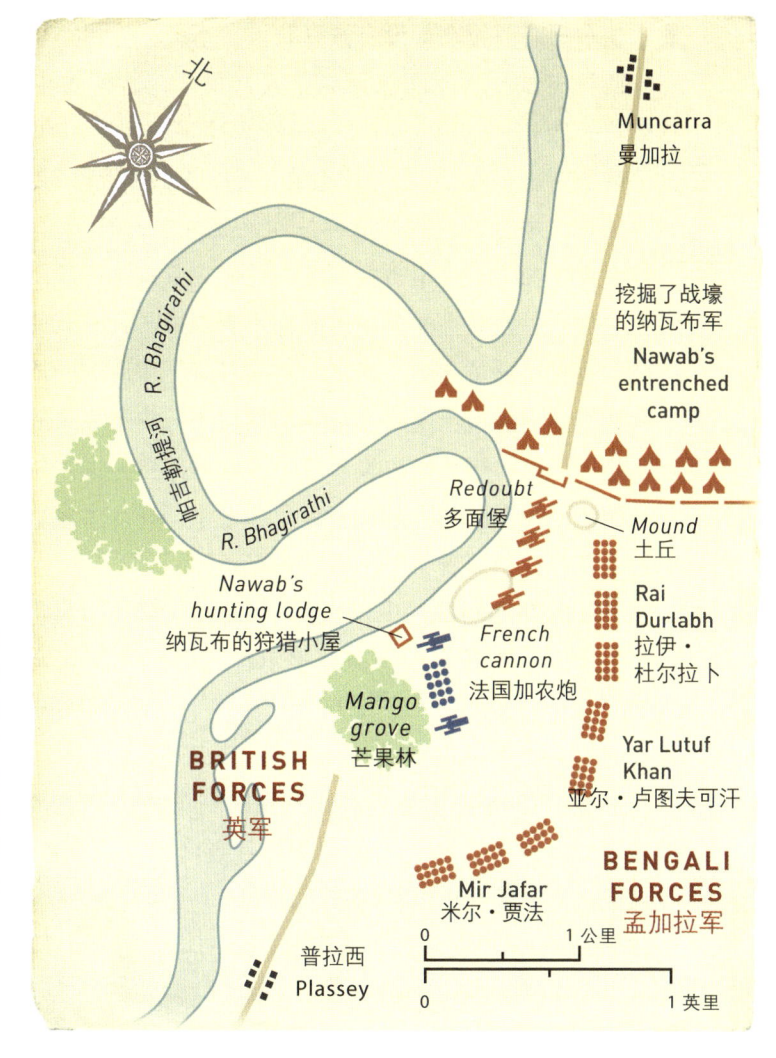

以少胜多阵列图。 罗伯特·克莱武的远征军人数虽少，却取得了普拉西战役的胜利。当时恶劣的天气和西拉杰军营的分化都极大地帮助了克莱武。

地图标注：
- Muncarra 曼加拉
- R. Bhagirathi 帕吉勒提河
- Nawab's entrenched camp 挖掘了战壕的纳瓦布军
- Redoubt 多面堡
- Mound 土丘
- Nawab's hunting lodge 纳瓦布的狩猎小屋
- French cannon 法国加农炮
- Rai Durlabh 拉伊·杜尔拉卜
- Mango grove 芒果林
- Yar Lutuf Khan 亚尔·卢图夫可汗
- BRITISH FORCES 英军
- Mir Jafar 米尔·贾法
- BENGALI FORCES 孟加拉军
- Plassey 普拉西

路。他率领 3200 人（其中三分之一为欧洲人）和 10 门火炮迎战西拉杰的 5 万大军和法国援助的 53 门火炮。为了避免盛夏的热浪袭击，欧洲部队大多乘船作战。

关键胜利

克莱武指挥英军埋伏在芒果林中，并在两侧部署加农炮。他把欧洲部队排在战线中间，印度士兵位于两侧。上午 8∶00，法军发射第一枚炮弹，拉开普拉西战役序幕。英军立即给予还击，把西拉杰的战线撕开缺口。然而天降大雨，双方的炮弹都遭到了雨淋。英军只得把弹药罩上防水帆布。而西拉杰却没有做好防护，不久，炮弹完全被浸湿了。

西拉杰试图从侧面包抄克莱武，双方在这场战斗中只是互相发射炮弹进行攻击。这终究不过是一场小冲突，印度军在炮弹攻击中彻底乱了阵脚：他们将 50 头公牛套在一起，把 24 磅和 32 磅的炮弹运到炮台，再用大象将其装入炮筒。然而，英军炮火击中了其中的 3 头大象，其他大象受惊，再也不听指挥了，因此克莱武又一次阴错阳差地得到了大象的帮助。西拉杰的公牛也同样不听指挥，甚至有些印度枪兵也乱了阵脚，竟然点燃了火药。米尔·贾法目睹了印度军的溃散，于是让人给克莱武带话，说自己随时准备脱离西拉杰。由于克莱武无法确定米尔的手下是否可靠，轰炸时也没有放过贾法的阵营。但米尔并未受到什么损失，因为西拉杰的部下与那些大象和公牛一样，大多已经逃跑；而他们的纳瓦布西拉杰骑着骆驼，带头逃跑。

克莱武在这场战斗中仅损失了 23 名欧洲兵和 500 名印度士兵，并最终夺下了孟加拉。西拉杰在穆尔昔达巴德[8]被处死，米尔·贾法顺理成章地升任新纳瓦布。1769 年[9]，克莱武回到英国，当选什鲁斯伯里议员，后在爱尔兰成为克莱武男爵。1765 年，他重返印度，成为孟加拉总督。1766 年克莱武最后一次回到英国，身体状况日渐恶劣，还沉浸于鸦片。1774 年，可能因为鸦片吸食过量，或者是终于自杀成功，克莱武在伦敦的住所内神秘死亡。

普拉西战役后的克莱武和米尔·贾法。此图为18世纪英国艺术家弗兰西斯·海曼（Francis Hayman）所绘。长期以来，普拉西战役一直被视为英国皇家部队的一次辉煌胜利。但是，这一战役赢得并不光彩：为使贾法及其部下叛离原主，克莱武使用了许多阴谋。

注 释

[1]　原注：Madras，现名金奈。

[2]　译注：Pondicherry，又译"本地治里"，位于印度东南部。

[3]　译注：Carnatic，位于印度南部。

[4]　译注："Sahib"是当地在殖民地时期的称呼，相当于阁下或大人。

[5]　原注：外号"老公鸡"（The Old Cock）。

[6]　译注：nawab，印度帝国时代的地方长官。

[7]　译注：是印度西孟加拉邦河流，为恒河支流和加尔各答通海航道。

[8]　译注：Murshidabad，位于今天印度的西孟加拉邦。

[9]　译注：根据维基百科上Robert Clive词条，克莱武当选议员的时间为1761年。

-25-
洛伊滕战役
LEUTHEN

普鲁士腓特烈大帝
vs
奥地利-萨克森联军

Frederick the Great v. Austrian and Saxon Forces

1757年12月5日

　　普鲁士可谓是奥地利王位继承战争的最大赢家：腓特烈大帝夺取了西里西亚，并通过《亚琛和约》将占领合法化。1740年，查理六世过世后，即位仅数月的腓特烈二世就撕毁《1713国事遗诏》，发起了"闪电战"，并于1745年达到了控制整个西里西亚的目的。此后，普鲁士享受了11年的和平。1756年，"七年战争"爆发，包括普鲁士在内的欧洲大部分国家均卷入其中。

这十余年的和平给了腓特烈充分时间来反思他在西里西亚战争中运用的战略和犯下的错误。1748年，他写成《战争原理》（*Les principes généraux de la guerre*），仅限在普鲁士将官内部传阅。他在书中详细论述了"斜线战术"（oblique order），即将主力集中在战线一侧，击溃对面敌人的侧翼，进而从侧面包抄敌军主力的战术。他在1745年1月霍亨弗里德堡战役[1]中首次使用了这一战术。

《战争原理》中还有一个深刻的见解：战争背后往往有很强的政治动力。后来卡尔·冯·克劳塞维茨[2]在《战争论》（*On War*，1832）中重申了这一观点。

四面受敌

腓特烈称自己从未听说过哈布斯堡王朝控制了西里西亚，因此，他和表兄英国国王乔治二世于1756年缔结了《威斯敏斯特公约》[3]。此举导致法国与奥地利结盟。次年，奥地利首相文策尔·冯·考尼茨（Wenzel von Kaunitz）又向沙皇俄国求援，并许诺一旦收复西里西亚，就把东普鲁士划归俄罗斯。

腓特烈大帝清醒地意识到，要想免遭周围强国的包围和瓜分，就必须先发制人。腓特烈决定各个击破：他把普鲁士军队分成三部分，自己亲率一支出击奥地利，不过在这之前，他们必须首先打败萨克森。腓特烈对萨克森的领地觊觎已久，该国宣称中立，却秘密与奥地利缔结了条约。普鲁士迅速打败萨克森后，乘胜追击，战胜奥地利军，一路攻至布拉格。1757年5月6日，在布拉格城外的战役中，腓特烈展现了卓越的军事才能，从此声名大噪。然而这一战使普鲁士转

第三保卫营猛攻洛伊滕村墓地。 德国画家卡尔·罗契林（Carl Röchling）所绘，表现了洛伊滕战役中普鲁士士兵超凡的勇气和严整的军纪。在腓特烈大帝训练下，普鲁士军队实力大增，名扬欧洲。

入防御，几乎没有任何战略意义。6月18日，两军在科林[4]发生激战，奥军兵力远远超过普鲁士，并且占领着高地，因此大败普鲁士。但在后来的两次战役中，普军重整旗鼓，大获全胜。1757年11月5日的罗斯巴赫战役（The Battle of Rossbach）中，普鲁士以2.1万人迎战兵力两倍于已的法国和神圣罗马帝国联军，以少胜多，仅以169人死亡、379人受伤的代价消灭联军5000多人，俘虏5000多人。

一个月后，洛伊滕战役在西里西亚爆发。奥军统帅洛林的卡尔亲王（Prince Charles）和陆军元帅列奥波德·道恩（Leopold Daun）已经攻占了西里西亚大部，并于11月底攻下了西里西亚首府布雷斯劳（Breslau）。腓特烈处境十分艰难，得来不易的胜利似乎眼看就要化为泡影。11月13日，普鲁士大军从图林根（Thuringia）出发，腓特烈派伟大的骑兵统帅约希姆·冯·齐腾（Joachim von Zieten）打先锋，增援西里西亚。

振奋士气

12月3日，腓特烈大帝召集普军指挥官在普罗霍维采[5]召开会议。这一次他没有使用法语，而是用德语告诉他们："我们必须打败敌人，否则必死无疑。先生们，请你们记住，我们是为荣誉而战，为保卫家乡而战，为我们的妻儿而战……不要有任何顾虑，如果你们之中有人不幸阵亡，我一定善待你们的家人；但如果有人不愿战斗，现在就请离开，再也不要乞求我的恩惠……"普鲁士军队总共仅3.9万人，而奥地利和萨克森联军的兵力却多达6.6万人。

双方在洛伊滕村前对阵。联军战线长约4.5英里（7.2公里），左翼延伸至哥劳村（Gohlau）外，右翼延伸至尼佩恩（Nippern）。奥地利和

洛伊滕战役中，腓特烈大帝依然偏爱他的"斜线战术"。
他先从右侧发动佯攻，随后主力从左侧进攻奥地利军，敌人果然上钩，误以为腓特烈军准备撤退。

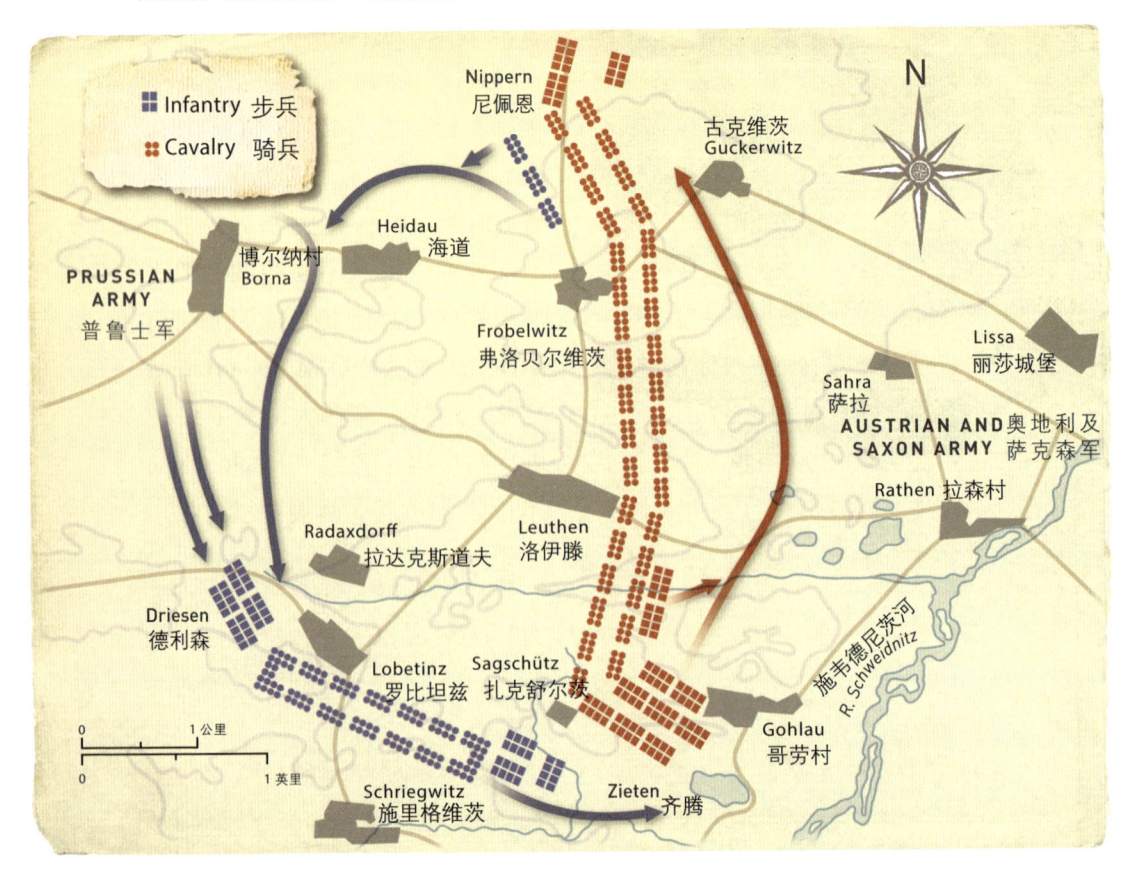

萨克森联军占据高地，拥有火炮210门，而普鲁士仅170门。联军的骑兵部队居中，位于洛伊滕和弗洛贝尔维茨（Frobelwitz）两个村庄之间。

腓特烈军从清晨5：00开始行军。一名骑兵抱怨天气寒冷难耐，国王让他有点耐心，天会很快转暖。在博尔纳村（Borna），先头部队遭遇并击溃了部分奥地利和萨克森骑兵，俘虏敌方200余人。腓特烈登高仔细研究了奥地利阵线形势，发现敌军左侧有一片池塘和沼泽，奥地利－萨克森联军的左侧并未延伸到这里。腓特烈因此成功地对弗洛贝尔维茨村和尼佩恩之间的敌军右翼进行了佯攻。联军误认为腓特烈要在此决一死战，便调来9个预备役兵团进行增援。而事实上，此地距腓特烈选定的主战场扎克舒尔茨（Sagschütz）南侧非常遥远，行军需一小时才能到达。后来联军发现，调兵至右翼无异于自行撤退。洛林的卡尔亲王说道："我们的盟友正离我们而去，就让他们平静地走吧。"

杰出战术

腓特烈现在已经充分掌握了地形特点。在骑兵和几座山丘保护下，他决定派步兵从侧翼包抄奥地利军。腓特烈的步兵时进时停，阵型变化莫测。奥地利军震惊地称之为"波茨坦卫兵仪仗队"[6]。随后，腓特烈使用独创性的"斜线进攻"战术，令齐腾率53支骑兵中队和3支步兵军团进攻敌军左翼，安哈尔特－德绍亲王莫里茨（Prince Moritz of Anhalt-Dessau）率领波美拉尼亚（Pomeranian）第二十六军参战。联军中的符腾堡军（Württemberger）抵挡不住，掉头溃逃。莫里茨下令撤退，士兵却不愿服从指令，他们一边继续猛攻一边高喊："撤退就是懦夫！给我子弹！子弹！"

与此同时，齐腾的中队发起了进攻。奥地利被迫将整条战线向左转，丧失了数量上的优势。奥军上下手忙脚乱，腓特烈趁机深入洛伊滕村，以加农炮猛攻奥地利－萨克森联军。下午3：30，普鲁士军发起最后一轮冲击，奥军组织骑兵猛击，却被威廉·冯·德利森（Wilhelm von Driesen）的40支拜罗伊特（Bayreuth）龙骑兵中队击溃。

战斗持续了 3 小时，奥军死伤 1 万余人，1.2 万人被俘。普鲁士也损失了 8000 余人。战斗结束后，天降大雪，腓特烈到附近的丽莎城堡（Lissa Castle）躲避，却发现此城堡已经被奥军占领。腓特烈十分冷静地招呼道："晚上好，先生们，你们一定不希望在这里遇见我吧。"

拿破仑把洛伊滕战役称为"战术和决心的杰作"；从政治上说，罗斯巴赫战役的意义比洛伊滕战役更重大，因为普鲁士就此将法国赶出了欧洲战场。"七年战争"之初，腓特烈企图速战速决，消灭敌人，但是，这一目标根本无法实现。无休无止的消耗战还将持续下去，洛伊滕战役只不过是这场战争中微不足道的一部分，"费边战术"（Fabian Tactics）又将重新发挥它的作用。

> "我们必须打败敌人，否则必死无疑。先生们，请你们记住，我们是为荣誉而战，为保卫家乡而战，为我们的妻儿而战……"
> ——洛伊滕战役前，腓特烈大帝对普鲁士将士发表了鼓舞士气的演说

注释

[1] 译注：The Battle of Hohenfriedberg，发生在奥地利王位继承战中的第二次西里西亚战争期间，以普鲁士的胜利作结。

[2] 译注：Carl von Clausewitz（1780—1831），德国军事理论家，军事历史学家，被誉为"西方兵圣"。他的《战争论》对后世产生了巨大影响。

[3] 译注：*Convention of Westminster*，因签订于威斯敏斯特教堂白厅内，故又称《白厅条约》。

[4] 译注：Kolin，位于今天的捷克境内。

[5] 译注：Parchwitz，位于今天的波兰西南部。

[6] 译注：Potsdamer Wachtparada。波茨坦，位于柏林西南，现为勃兰登堡州首府。腓特烈二世时期，波茨坦是普鲁士的重要兵营，也是普鲁士的军事和文化中心。

-26-
魁北克战役
QUEBEC

詹姆斯·沃尔夫将军
vs
蒙卡尔姆侯爵

General James Wolfe *v.* Marquis de Montcalm
1759年4月13日

詹姆斯·沃尔夫出身军人世家，曾祖父、祖父和父亲都在军中担任军官。沃尔夫14岁入伍，16岁作为副官参加了代廷根战役（Battle of Dettingen，该战役是奥地利王位继承战期间英国国王乔治二世与法国的一场战役，乔治二世以很小的代价取胜），首次经受炮火洗礼；18岁时，他又随"小王位觊觎者"（爱德华·斯图亚特）参加了"詹姆斯国王之战"（Jacobites）；22岁时，升任少校的沃尔夫参加了罗菲尔德战役并在战斗中负伤；第二年晋升为上校。

沃尔夫在"七年战争",尤其是北美战争(或称法国印第安人战争[1])中声名大噪。这场战争中,法、英两国为保护和扩大殖民统治权,展开了数次激烈交锋。1755年,法国丧失了加拿大新斯科舍省(Nova Scotia)大部分地区。那里的法国人,又称阿卡迪亚人(Acadian),遭到新殖民者的残酷驱逐[2]。没过多久,法国同其盟友休伦人[3]卷土重来,收复了部分失地。1757年,法军夺取了威廉·亨利要塞(Fort William Henry)。在第二年的泰孔德罗加要塞(Fort Ticonderoga)战役中,法军又以3800人的兵力击败4倍于己的英美联军,并在伊利湖(Lake Erie)南边的杜克斯尼要塞(Fort Duquesne)打退英军。

路易斯堡英雄

1757年9月,詹姆斯·沃尔夫参加了英军对法国大西洋港口罗什福尔(Rochefort)港的突袭。虽然突袭失败,但沃尔夫的声誉却丝毫没有受到影响。1758年,他又加入了更重要的路易斯堡(Louisbourg)远征军。路易斯堡是法国在新斯科舍省的最后据点,由于地理位置独特,易守难攻,被称为"北方的直布罗陀"(Gibraltar of the North)。事实上英军早在1745年就占领了路易斯堡,然而3年后,《亚琛和约》签订之时,英国为了换取印度的马德拉斯,被迫放弃该堡。

沃尔夫在路易斯堡的战斗中对"突击战术"进行了初步探索,这种任务在当今的战斗中多由突击队员执行。他率精兵1220人夺取了莱特豪斯(Lighthouse Point),并继续夺取其他要塞,取得了辉煌战果。同时英军还摧毁了加斯佩湾(Gaspé)的法国捕鱼点,驱逐了阿卡迪亚人。不久,沃尔夫升任准将。加拿大的局势逐渐向英国倾斜。在首相老威廉·皮特(William Pitt the Elder)提拔下,沃尔夫一路升至少将。1759

年，他又受命指挥英国远征军，抗击魁北克的法军。

5月，沃尔夫再次从路易斯堡登陆，但这次他的部队不足8000人，另加海军中将查尔斯·桑德斯（Charles Saunders）指挥的49艘船。法军在人数上远远胜于英军，而船只几乎没有发挥任何作用。英军逆圣劳伦斯河而上，6月28日抵达奥尔良岛（Ile d'Orléan）。法军见英军来袭，派火攻船顺流而下。英国水军用大艇将其撞翻，扫除了阻碍。这样，沃尔夫得以在莱维[4]架设排炮，用加农炮将下城区夷为平地。

沃尔夫军在魁北克城外海域停留了数月之久。英国探险家詹姆斯·库克（James Cook）探测了地形，选择了几处可以进攻的地点。有趣的是，18世纪最著名的法国探险家路易斯-安托万·德·布干维尔（Louis-Antoine de Bougainville）同样发挥了重要作用。

路易-约瑟夫·德·蒙卡尔姆侯爵率1.2万法军驻守圣查尔斯河（St. Charles River）与蒙特默伦西瀑布（Montmorency Falls）之间的各处要塞，战线长5.6英里（9公里）。沃尔夫率5000人进攻博波尔（Beauport），在法国火枪手攻击下遭到重创。幸亏一场雷雨相助，沃尔夫才得以重新集结残部。这次交锋中，英军伤亡450人，而蒙卡尔姆的法军仅损失了60人。

大胆突袭

沃尔夫准备采取"焦土政策"（Scorched-Earth），烧掉村庄，清除当地居民，引蒙卡尔姆出战。他计划从圣劳伦斯河上游登陆，切断魁北克驻军同蒙特利尔（Montreal）的联系。起初一些准将提议在远离城市及排炮的地点登陆，但是沃尔夫没有采纳。他说："我选定了地点，可以充分调动我军兵力，取胜的概率很大。"他选择的是一处十分适合两栖登陆的小海湾，计划派少量兵力设法登上沿岸险峻的峭壁，先控制公路，然后在海岸高地展开部署，奇袭亚伯拉罕平原（Plains of Abraham）的法军。9月12日，英军乘登陆艇抵达魁北克西南的弗伦湾[5]，这里的海岸峭壁高达52米。

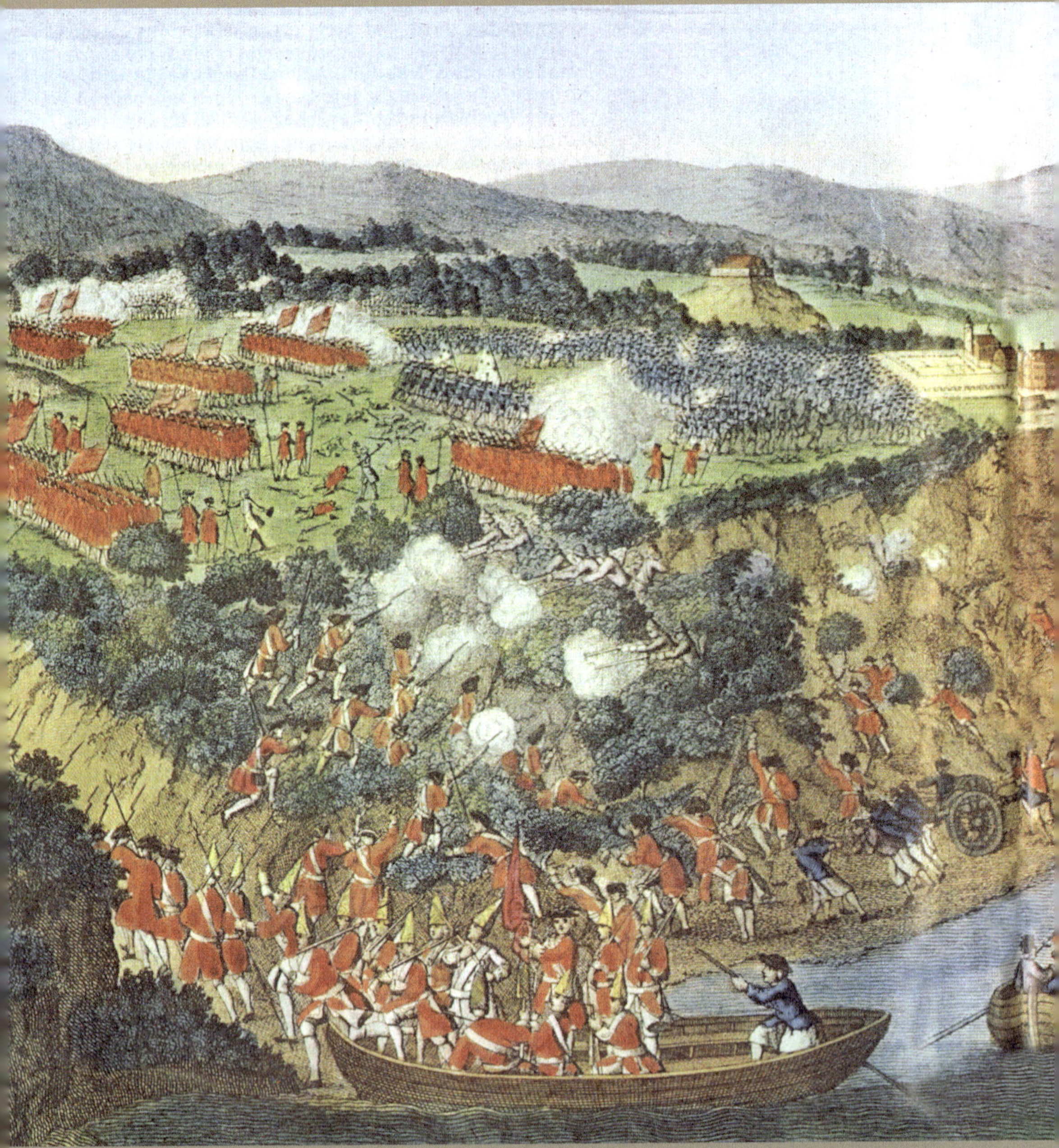

描绘魁北克战役各个阶段的绘画作品：沃尔夫大军登岸、登上亚伯拉罕高地，最终实现"对法国正规军、加拿大军和印第安人的伟大胜利"，迫使魁北克守军投降。

地图标注

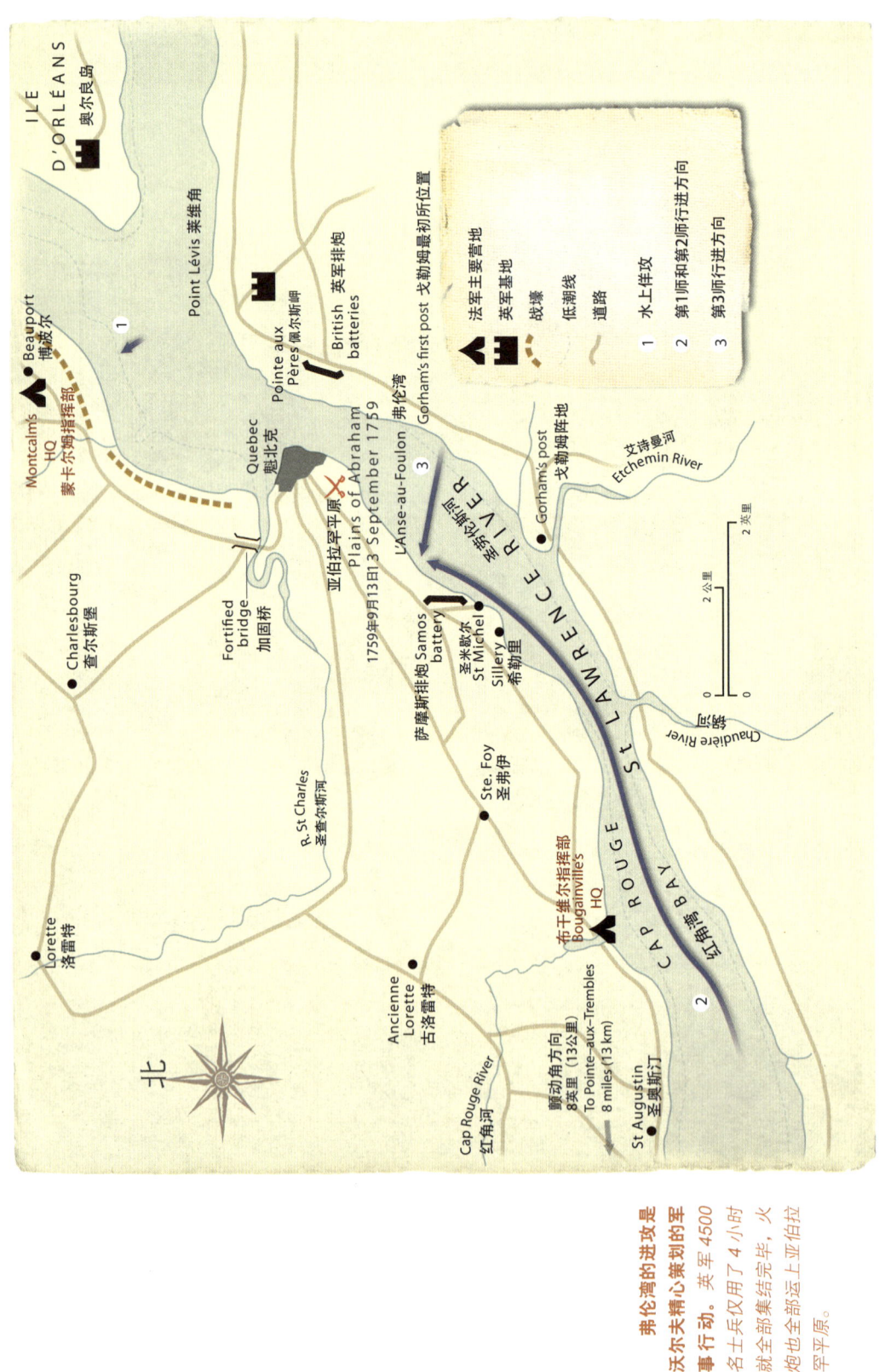

ILE D'ORLÉANS 奥尔良岛
Beauport 博波尔
Montcalm's HQ 蒙卡尔姆指挥部
Point Lévis 莱维角
Pointe aux Pères 佩尔斯岬
British batteries 英军排炮
Quebec 魁北克
Plains of Abraham 亚伯拉罕平原 1759年9月13日 13 September 1759
L'Anse-au-Foulon 弗伦湾
Gorham's first post 戈勒姆最初所在位置
Fortified bridge 加固桥
Charlesbourg 查尔斯堡
R. St Charles 圣查尔斯河
Samos battery 萨摩斯排炮
St Michel 圣米歇尔
Sillery 希勒里
Gorham's post 戈勒姆阵地
Etchemin River 艾诗曼河
Lorette 洛雷特
Ste. Foy 圣弗伊
Ancienne Lorette 古洛雷特
Chaudière River 肖迪耶河
Bougainville's HQ 布干维尔指挥部
CAP ROUGE BAY 红角湾
Cap Rouge River 红角河
St Augustin 圣奥斯汀
To Pointe-aux-Trembles 8 miles (13 km) 颤动角方向 8英里 (13公里)
St LAWRENCE RIVER 圣劳伦斯河

图例

- 法军主营地
- 英军基地
- 故垒
- 低潮线
- 道路
- 1 水上佯攻
- 2 第1师和第2师行进方向
- 3 第3师行进方向

北

2英里
2公里

弗伦湾的进攻是沃尔夫精心策划的军事行动。英军4500名士兵仅用了4小时就全部集结完毕，火炮也全部运上亚伯拉罕平原。

下午 2：00 起，英军开始分批将士兵运过圣劳伦斯河，截至 4：00，已将两个师的兵力连同炮火和军需物资全部运至对岸。上校威廉·豪威（William Howe）率领部队攀登峭壁，不久就登上亚伯拉罕平原。上校站在平原上观察该城。由于法军排除了在弗伦湾作战的可能性，因此仅留下少量卫兵在此驻守。卫兵询问口令时，一名英国军官突然用流利的法语高呼："国王万岁！"豪威趁机率 124 名志愿兵将法国守军制伏，俘虏了路易斯·杜邦·杜尚邦·德·维戈尔上尉（Captain Louis Du Pont Duchambon de Vergor）整个营的兵力。一小时后，沃尔夫率军从公路抵达亚伯拉罕平原。拂晓时分，沃尔夫的英军部署完毕。

　　法军没注意到警报，他们还错误地将海军中将桑德斯的佯攻军当成了英军主力，导致参加亚伯拉罕平原战役的法军仅 1 万人。战役持续不到一小时就迅速结束了。蒙卡尔姆本应等布干维尔的援军到来，可惜他过于轻敌，很快就在英军引诱下放弃了坚固的城堡，同亚伯拉罕平原上的英军展开了对决。沃尔夫全部兵力不足 5000 人，而法军却有兵力 1.3 万人。沃尔夫将阵型部署成马蹄形，两个分支伸进右侧的磨坊，左翼清除灌木丛内的法国民兵。英军密集的火力造成阵阵浓烟，迷惑了法军。

　　沃尔夫令英军在草丛较高处隐蔽，法军的炮声不断回荡在英军周围。蒙卡尔姆下令立即进攻，法军阵型齐整，打头阵的是印第安和法裔加拿大神枪手，蒙卡尔姆亲自骑马在前线指挥。虽然法军从高处出击，但是平原中央轻微凸起的地形会对其进攻造成一定阻碍。沃尔夫指示士兵等待，等到法军距自己的战线仅 27 米时，沃尔夫才下令全面开火。英军仅进行了两轮射击：第一轮迫使法军后撤，第二轮便将其彻底击溃。

代价惨重

　　不幸的是，蒙卡尔姆和沃尔夫均在战役中阵亡。沃尔夫身中两弹，第一次射中腹部，第二次则射中胸膛，生命垂危。然而他并没有立即停止呼吸，命运让他坚持到了最后一刻，直到听见英军胜利的喜讯。蒙卡尔姆也被霰弹射中，第二天不幸身亡。

苏格兰高地军团（The Highlanders）乘胜追击，法军以剑抵抗，布干维尔的援军被击溃。这一战中，法军伤亡共计644人，英军658人。

1760年，威廉·豪威率领英军攻占了蒙特利尔，"新法兰西"[6]变成了英国在下加拿大[7]的殖民地。1763年，英法两国签署《巴黎和约》（Treaty of Paris），"七年战争"结束。英国从法国手中夺取了加拿大大片领土，几乎控制了北美全境，这种状态一直持续到美国独立战争爆发。

> "我可以安息了。"
> ——魁北克战役中，身负重伤的詹姆斯·沃尔夫将军听到英军胜利的消息时如此说道

注释

[1] 译注：1754—1763，指"七年战争"中法、英两国争夺北美殖民地的战争。

[2] 原注：有些人逃往法属路易斯安那州避难并在那里定居，他们的后裔被称为卡真人（Cajuns）。

[3] 译注：Huron，北美印第安人的一支，居住在圣劳伦斯河沿岸。

[4] 译注：Lévis，加拿大魁北克东部城市，位于圣劳伦斯河南岸，与河对岸的魁北克城隔河相望。

[5] 译注：L'Anse-au-Foulon，现今称沃尔夫湾。

[6] 译注：New France，16世纪末至1763年法国在北美的殖民地。

[7] 译注：Lower Canada，1791—1841年间英国的殖民地。范围包括圣劳伦斯河下游与圣劳伦斯湾两岸的区域，主要包括现在加拿大的魁北克省南部、纽芬兰与拉布拉多省拉布拉多地区。

-27-
奥斯特里茨战役
AUSTERLITZ

拿破仑·波拿巴
vs
俄国陆军元帅库图佐夫

Napoleon Bonaparte v. Field Marchal Kutuzov

1805年12月2日

  尽管拿破仑冒险选择了冬日作战，奥斯特里茨战役仍是他最伟大的一场胜利。根据历史经验，军事行动应选择合适的时机。由于冬季气候寒冷、战场条件恶劣，很少有将领会选择在此时作战，加之粮草运输困难，士气必定受到影响，导致战斗力下降。直到20世纪，碎石路面和装甲部队的出现才让人们敢在任何季节发动战争。但是，即使到了1941年，苏联的寒冬仍旧可以严重阻碍"巴巴罗萨行动"（Operation Barbarossa）实施，挫败希特勒的进攻。气候对战争的影响程度，由此可见一斑。

> 奥斯特里茨战役也称"三皇之战"（Battle of the Three Emperors）：法国皇帝拿破仑同奥地利皇帝弗朗茨二世（Francis II）和俄国沙皇亚历山大一世的战争。俄奥联军总指挥是一位久经沙场的老兵、60岁高龄的独眼陆军元帅米哈伊尔·伊拉里奥诺维奇·库图佐夫（Mikhail Illarionovich Kutuzov）。

发起挑战

拿破仑一听说沙皇俄国和奥地利结为联盟，便立刻放弃了入侵英国的计划[1]。他在法国北部城市布罗涅（Boulogne）集结了兵力，开赴德国，及时阻止了库图佐夫对被围困的奥地利将军麦克（Mack）的支援。10月20日，拿破仑及其巴伐利亚同盟军已将麦克的奥地利军围困在乌尔姆[2]，迫使2.7万奥军投降。库图佐夫为了避免激战，突然率军撤退，北上摩拉维亚（Moravia），放任拿破仑进攻维也纳[3]。1804年5月24日，第三次反法同盟形成，不过普鲁士拒绝加入同盟，只与沙皇俄国单独结成防御联盟。另一方面，普鲁士也拒绝同法国结盟。最后，沙皇亚历山大给普鲁士皇帝施压，限其12月15日前加入反法同盟。

拿破仑急于趁普鲁士入盟之前发动进攻，于是他率领7.3万人的法国大军团（Grande Armée）紧追库图佐夫，一直追到摩拉维亚南部、布尔诺[4]以东15英里（24公里）处的村庄奥斯特里茨。俄奥联军兵力约8.6万人。拿破仑的追击速度快得超乎想象，达武（Davout）率法军先锋在46小时内前进了70英里（113公里）。拿破仑十分善于选择作战地点，历史学家阿里斯戴尔·赫恩（Alistair Horne）称，拿破仑能够"充分利用地形条件，迅速判断敌人动向，而后果断采取行动"。

声东击西

拿破仑看好了桑托山（Santon Hill）这一天然堡垒及中间的普拉岑高地（Pratzen Height），高地南部还有两个浅水湖。就在联军到达之前，拿破仑果断放弃普拉岑高地，让敌人误以为法军寡不敌众，准备撤军。事实上，他在右翼做了精心部署，要严防联军的攻击。他将骑兵主力隐藏在左翼乌迪诺（Oudinot）的掷弹兵、皇家近卫军和贝尔纳多特（Bernadotte）的第一军的背后，让人不禁联想起恺撒在法萨卢斯战役采用的策略。拿破仑还观察到，摩拉维亚地区通常早上大雾浓重，正午时分便会散去。

此外，这天恰逢拿破仑皇帝加冕一周年纪念日，这一吉兆进一步增强了他的信心。果然，俄奥联军陷入拿破仑的圈套，他们派出5个纵队共5.9万人进攻拿破仑精心布置的右翼，企图切断法军同维也纳的联系。这就意味着联军必须放弃普拉岑高地，下到低处。同时，俄军将领彼得·巴格拉季昂亲王（Prince Pyotr Bagration）率军进攻法国元帅让·拉纳（Jean Lannes）和缪拉（Murat）指挥的法军左翼。联军计划在打乱法军防线后，派另一支部队插入其中心。遗憾的是，联军在执行时才发现了该计划的偏差。

拉纳和缪拉都曾参加过法国大革命，这场革命给了每个人平等的机会，二人都在革命中发迹。拉纳早年曾是染坊学徒，而缪拉则是小酒馆老板的儿子，本应进入教堂任职。

"奥斯特里茨的太阳"

由于路易·费里昂（Louis Friant）率一个师的法军不断增援，加之达武元帅随后也赶来增援，俄奥联军对法军右翼的进攻最先失败。联军放弃了普拉岑高地，开始猛攻法军中部。就在这一关键时刻，拿破仑命令中部和左翼同时出击。由于大雾尚未散去，联军完全看不出法军的计策。正如拿破仑所料，浓雾渐渐散去，他看到联军已经被截为两段，两

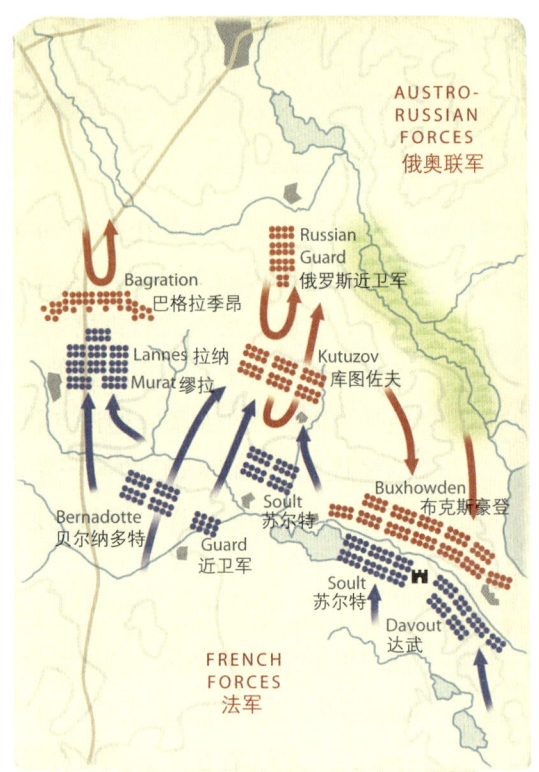

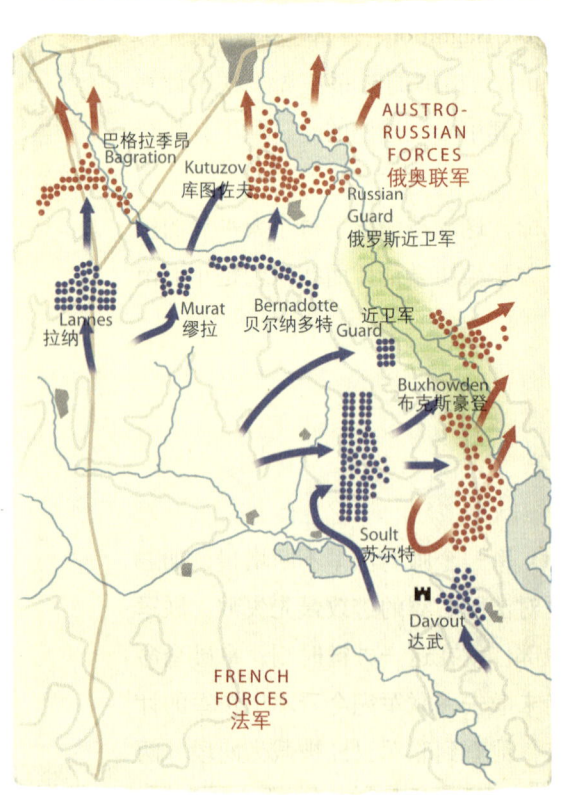

奥斯特里茨战役中，拿破仑以其天才的指挥才能进行了仔细观察和缜密推断。尽管敌强我弱，但援军不久即将到来，他决定冒险一战。本组图片展示了战斗的进行过程，完全实现了拿破仑的构想。拿破仑不愧为"欧洲的战略大师"。

翼无法相互照应。上午 9：00，他令元帅苏尔特（Soult）重新夺取普拉岑高地，法军如浓雾中升起的太阳一般，势不可当。11：00，法军占领高地，奥斯特里茨战役中决定性时刻来到了。

升起的太阳宣告了法军的胜利，拿破仑后来曾多次向"奥斯特里茨的明媚阳光"致敬。库图佐夫意识到形势危急，便派出俄国最精锐部队——俄罗斯近卫军，由康斯坦丁大公（Grand Duke Constantine）指挥。这支部队一度严重威胁了法军战线，直到拿破仑派出后备力量，才得以驱逐俄军。下午 3：30，法军完全控制了普拉岑高地，开始向低处

奥斯特里茨战役中，反法同盟战败，但是许多士兵作战非常英勇。
俄罗斯艺术家博格丹·维勒瓦尔德（Bogdan Willevalde）的这幅作品表现了俄罗斯近卫军的骑兵抢夺法国军团徽章的情形。

1910—1912年，人们在捷克布尔诺附近的普拉岑高地树立起和平纪念碑，共同纪念奥斯特里茨战役。碑座的四角为4位女性雕像，分别代表法国、奥地利、俄罗斯和摩拉维亚。

的敌人开炮。此时,奥斯特里茨战役变成了一场歼灭战,宛如坎尼战役情景再现。

法军突破了俄军战线,苏尔特开始进攻其侧翼,俄军纷纷溃逃。许多士兵企图从冰封的扎钱湖(Satschan Lake)上逃跑,然而法军不断炮轰冰面,打死打伤俄军1.6万人,2000余人溺水身亡,1.1万人被俘。库图佐夫受伤,却侥幸得以逃脱。

拿破仑成功击败第三次反法同盟。俄国一路败退,撤到东普鲁士。从9世纪存续至今的神圣罗马帝国也终于走到了尽头。1805年,《普莱斯堡和约》[5]签订后,奥地利帝国丧失了意大利和德国的大片领土,中欧的政治版图也被重新划定。然而,这并不是欧洲版图的最后一次改变:1806年普鲁士在耶拿战役中失败后,欧洲的面貌还将继续改变。

> "……这是历史上最辉煌的一次胜利,这场战役充分展现了拿破仑的战争天赋。"
> ——历史学家阿里斯戴尔·赫恩评价奥斯特里茨战役中法军的胜利

注 释

[1] 原注:拿破仑自1803年起就开始策划进攻英国。

[2] 译注:Ulm,位于今天德国南部的慕尼黑和斯图加特之间。

[3] 原注:如此巨大的诱惑让拿破仑无法抗拒。

[4] 原注:Brünn,也写作Brno。

[5] 译注:奥斯特里茨战役后,法国皇帝拿破仑同奥地利皇帝弗朗茨二世和俄国沙皇亚历山大一世签订《普莱斯堡和约》(The Treaty of Pressburg)。这一合约的签订标志着第三次反法同盟瓦解。

-28-
耶拿-奥尔施塔特战役
AUERSTÄDT AND JENA

拿破仑·波拿巴
vs
不伦瑞克公爵

Napoleon Bonaparte *v.* Duke of Brunswick

1806年10月14日

  拿破仑的军事成就在19世纪初达到了辉煌的顶点。1806年,普鲁士同样不敌法军,惨遭战败。普鲁士的民族英雄、战略大师腓特烈大帝逝世仅20年之后,国家就沦落到如此境地,实在令人痛心。

奥斯特里茨战役后，拿破仑对待普鲁士国王腓特烈·威廉三世（King Frederick William III）的态度更加专横。眼下，拿破仑最大的目的就是迫使普鲁士签订条约，以汉诺威（Hanover）等地换取普鲁士的领土。汉诺威原是英国领地，此举必然引发普鲁士同英国的冲突。然而怯懦的腓特烈·威廉接受了该条约，一场灾难由此而发。

普鲁士被迫与曾经的盟友英国开战后，损失了大量商船。普鲁士秘密向沙皇俄国求援，双方达成秘密协定。随后，普鲁士要求法军于8月6日前撤走；而拿破仑却要求普鲁士停止军事动员。战争一触即发。

截至1806年10月，拿破仑在德国的军队规模壮大了一倍，达到16万人。之所以形成这样的局面，是因为普鲁士战术陈旧，并且将领严重不足。法国大革命（1792—1802）后，拿破仑掌握了大权，战术有了新的发展，而普鲁士却没能及时跟上变化。在这个时代，火炮的作用更加关键，伟大的普鲁士将领、时任不伦瑞克公爵参谋长的格哈德·冯·沙恩霍斯特（Gerhard von Scharnhorst）在耶拿－奥尔施塔特战役爆发前写道："我们的一切行动都过于迟缓……我们必须拥抱命运，坚决不能放弃。"

事实上，拿破仑面对的是一支普鲁士－萨克森联军。在联军内部，不伦瑞克公爵与弗雷德里希·路德维希·冯·霍恩洛赫－英格尔芬根亲王（Prince Friedrich Ludwig von Hohenlohe-Ingelfingen）两位主要指挥官之间矛盾重重。

机遇来临

拿破仑从德国南部推进，穿过图林根森林（Thuringian Forest），抵达莱比锡和德累斯顿（Dresden）之间的地区，等待时机包围普鲁士侧

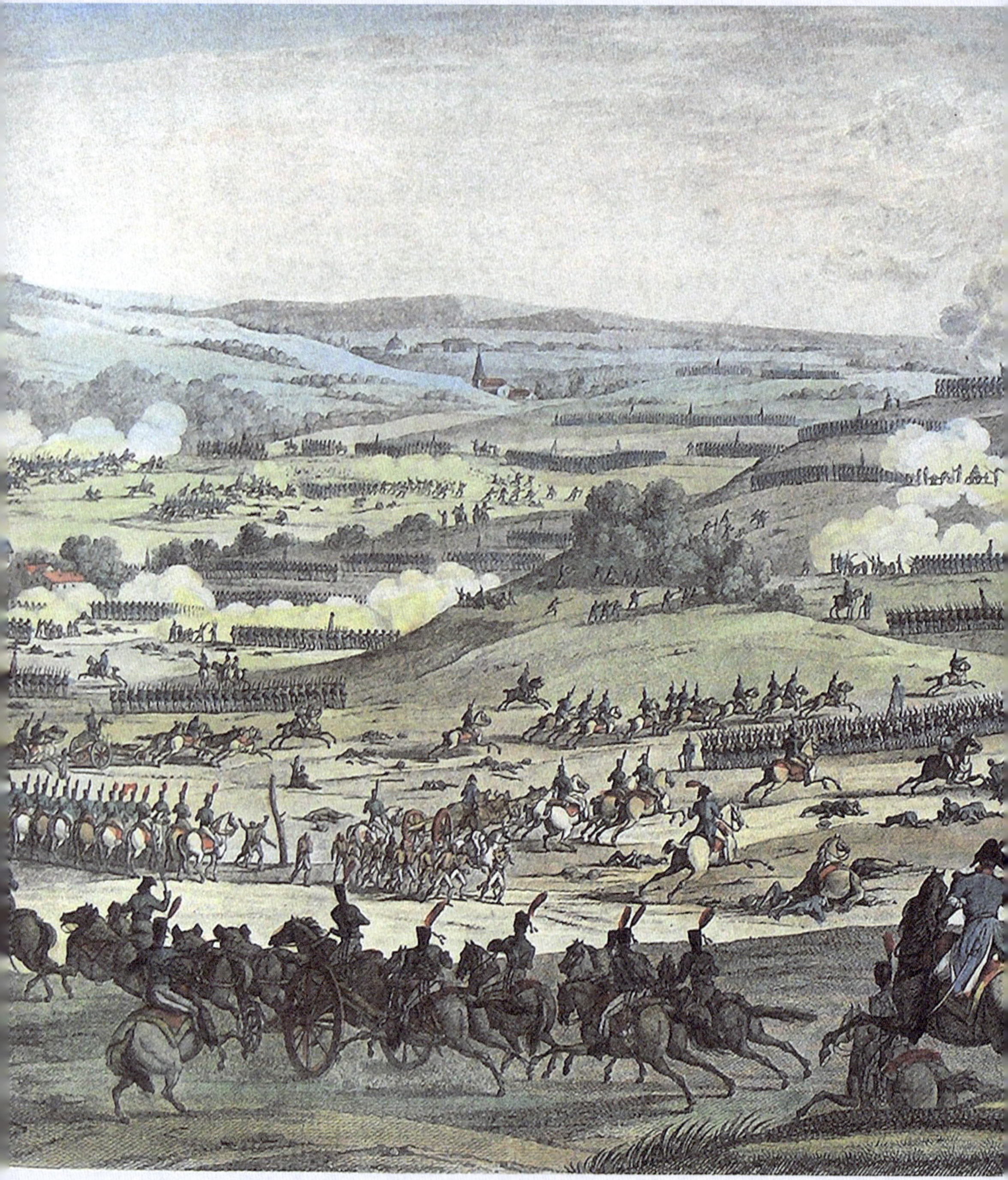

1806 年 10 月 14 日，耶拿战役场景图。截取自法国艺术家夏尔·奥拉斯·维尔内（Charles Horace Vernet）和雅克·弗朗索瓦·斯威巴赫（Jacques François Swebach）的版画。法国军队给落后的普鲁士军队以毁灭性打击，并占领了普鲁士。普鲁士王国立即缩小了一半。

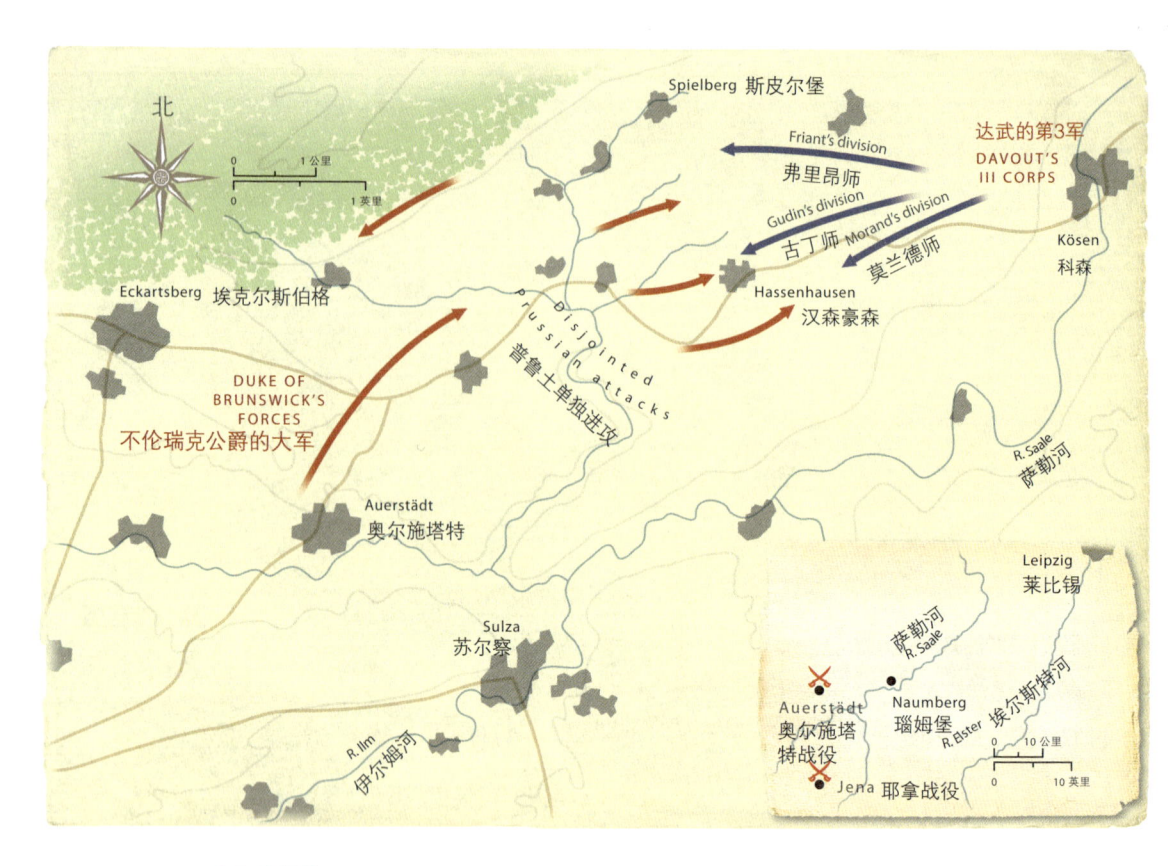

奥尔施塔特战役态势图。这是一场"遭遇战",双方几乎都没有组织严密的阵型就展开了战斗。10月25日,胜利的拿破仑率领法国大军团进驻柏林。

翼或将普鲁士打到河对岸。普鲁士军队开始撤退。10月8日,法国皇帝率18万人跨入萨克森境内。10日,在萨尔费尔德[1]的一场小冲突中,法军俘虏并处死了普鲁士当时最有学问、最有教养的路易·斐迪南(Louis Ferdinand)亲王。

10月13日,法军抵达图林根的耶拿(Jena)。拿破仑军中最骁勇善战的将军拉纳元帅报告,普鲁士全军驻扎在兰德格拉芬堡(Landgrafenberg)守卫萨尔费尔德河与图林根森林之间的地带。当时大雾浓重,拉纳自信能击败德军,便准备进攻兰德格拉芬堡的制高点风团高地(Windknollen)。14日,拿破仑也率兵发起进攻。他们充分利用了普鲁士指挥官霍恩洛赫的一系列失误,因此,当普鲁士两万大军进入维森海里根村(Vierzehnheiligen)时,他们遭到了法军的猛烈打击,只得被迫撤退。

此时，拿破仑并未意识到，不伦瑞克公爵仍有 6.35 万人驻扎在法军以北 12 英里（19 公里）处的奥尔施塔特（Auerstädt）。10 月 14 日，大雾弥漫，达武元帅和贝尔纳多特元帅指挥的两支法军从霍恩洛赫背后赶到奥尔施塔特，恰巧遭遇不伦瑞克的部队。贝尔纳多特拒绝支援达武元帅，差一点受到军事法庭的审判。达武的法军仅有 2.6 万人，远远不敌普军。从早上 7 : 00—10 : 30，达武派自己指挥的 3 个师轮番上阵，终于取得了辉煌的战果。普军士兵也十分顽强，只是苦于指挥不利：71 岁高龄的不伦瑞克元帅遭到致命一击，而国王仍犹豫不决，不知如何行动。达武趁势发起全面进攻，终于彻底击垮了溃退的普鲁士大军。

达武此战损失了将近四分之一的兵力，贝尔纳多特将功补过，一路追击普鲁士，一直追至波罗的海沿岸。11 月初，他在拉特考（Ratekau）俘虏了骑兵指挥官格布哈德·冯·布吕歇尔将军（Gebhard von Blücher）。布吕歇尔是普鲁士在此次战役中作战英勇的少数高级将领之一。在后来的莱比锡战役和滑铁卢战役中，布吕歇尔还将给拿破仑以沉重打击。

打击自尊

在耶拿和奥尔施塔特两场战役中，普鲁士共有 2.5 万人被俘，火炮损失 200 余门。拿破仑的全面胜利很大程度上归功于达武将军的杰出表现。

霍恩洛赫率军后撤，渡过奥得河（Oder）后还是被迫投降。战败后，柏林总督弗雷德里希·威廉·冯·舒伦堡将军（Friedrich Wilhelm von der Schulenburg）在城内贴出告示："国王战败，维护和平、保持平静是每个市民的首要职责。"这次战败严重打击了普鲁士人的自尊心。拿破仑像往常一样，分割被占领土，剥夺了普鲁士侵占的土地。连续的失败推动了普鲁士内部的改革，全面提升了普鲁士王国的社会和军事实力。1871 年后，普鲁士并入德国。这次改革后，普鲁士

> "先生们，如果腓特烈大帝在世，我们必败无疑。"
>
> ——耶拿—奥尔施塔特战役后，拿破仑在腓特烈大帝墓碑前向其致敬

耶拿战役遗址。这里仅有一块简朴肃穆的石碑，指示此地与拿破仑战争中其他地点（石碑上标出的地点自上而下分别为巴黎、马伦戈 [Marengo]、开罗、奥斯特里茨、马德里、博罗迪诺 [Borodino]、莱比锡、滑铁卢和朗伍德）之间的距离。碑上的最后一个地点——朗伍德（Longwood）是拿破仑在圣赫勒拿（St. Helena）岛上最后的居所。滑铁卢战败后，拿破仑被流放至朗伍德，最终于 1821 年 5 月在这里逝世。

享受了独立王国时代的最后荣耀。然而此时，就连拿破仑也不禁感叹，这支"北方的斯巴达人"[2]竟完全没有了往日的辉煌。在波茨坦的驻军教堂内，当拿破仑瞻仰腓特烈大帝的墓碑时，他不禁感叹道："先生们，如果腓特烈大帝在世，我们必败无疑。"

注释

[1] 译注：Saalfeld，位于今天德国中部的图林根州。

[2] 译注：斯巴达是古希腊最强大的两个城邦之一，以作战勇猛而著称。普鲁士军队也以纪律严明、骁勇善战而闻名于世。

-29-
博罗迪诺战役
BORODINO

拿破仑·波拿巴
vs
俄国陆军元帅库图佐夫

Napoleon Bonaparte v. Field Marchal Kutuzov

1812年9月7日

截至1812年，拿破仑几乎占领了整个欧洲大陆，只有俄罗斯例外。只要它还"活着"，它就总能集结力量，对抗法国。1812年6月23—24日，50多万法军同大量的波兰、普鲁士、奥地利、荷兰、瑞士以及意大利军队跟随拿破仑逼近俄国边境。在这些外籍士兵中，许多人甚至从未到过法国，就为它战死在俄国。起初，法国大军团很少遭遇抵抗；然而一入秋，沙皇亚历山大一世就命令俄国将军开始阻止拿破仑继续进攻。陆军元帅米哈伊尔·库图佐夫下定决心，要在莫斯科以西77英里（124公里）处的博罗迪诺村为奥斯特里茨的战败复仇。

战役中库图佐夫骑在马上的形象让人难以置信：他已67岁高龄，身体欠佳，肥胖过度，还患有风湿，走路一瘸一拐。尽管如此，大家还是一致赞成由他担任总司令，只有沙皇例外。库图佐夫的总兵力多达12万人，火炮640门，而拿破仑的兵力为13万—15万人，火炮587门。俄国作曲家柴可夫斯基（Tchaikovsky）用音乐对双方的隆隆炮声加以演绎，创作了著名的《1812序曲》（*1812 Overture*）。

9月3日，库图佐夫在通往莫斯科的新、老斯摩棱斯克[1]两条道路上修建了5英里（8公里）的战线并挖掘了战壕。俄军将右翼部署在莫斯科河（Moskva）支流科洛洽河（Kolocha）沿岸，左翼深入茂密的尤蒂卡（Utitsa）森林。这条战线上共有4个村庄：科洛洽河左岸的博罗迪诺村、右岸的高尔基村（Gorki），以及西蒙诺夫（Semenovskoye）和尤蒂卡村。后备力量隐蔽在瑟梅诺夫卡（Semenovka）和树林中间，战线中央有库尔干山（Kurgan Hill），山上建有拉耶夫斯基堡（Raevsky Redoubt）；俄军还挖掘了多条战壕，并布置了由10门火炮组成的排炮。

俄军右翼由米哈伊尔·米罗拉多维奇（Mikhail Miloradovich）指挥，左翼由彼得·巴格拉季昂亲王指挥。而战争部长、苏格兰移民后代巴克利·德·托利（Barclay de Tolly）将军在高尔基村陡峭的科洛洽河南岸修筑起防御工事。他负责俄军中部，将大部分火炮集中于此。俄军还加固了瑟梅诺夫卡河（Semenovka）两个支流之间的战地凸角堡防御工事。由于战线两侧分别为河流和森林，敌人无法从侧翼包抄；加之此处地形复杂，灌木及丛林密布，拿破仑的骑兵优势很难发挥。

自寻死路

只有丧失理智的人才敢如此布阵。然而库图佐夫相信，拿破仑早就迫不及待地想同俄军决战。法军一路长途跋涉、疲惫不堪，又不断遭受疾病、酷暑的困扰，一些士兵还中途逃跑，参战的士兵死伤惨重。在撤退过程中，俄军采取焦土政策，切断了法军补给线，逼其四处寻找粮草。法国所有高级将领，例如脾气暴躁的红发元帅内伊（Ney）和缪拉、达武、朱诺（Junot）、欧仁·德·博阿尔内（Eugène de Beauharnais）等人，还有皇帝的新、老近卫军都聚集在皇帝身边。

拿破仑计划派欧仁进攻博罗迪诺村，引诱俄军相信法军的主力在其右翼。与此同时，他准备猛攻俄军中部和左翼。他派达武出击巴格拉季昂，而波兰骑兵统帅波尼亚托夫斯基（Poniatowski）亲王从侧翼迂回至俄军背后。9月5日，法军4万人在舍瓦尔金诺（Shevardino）遭遇俄军1.2万人，被俄军击退。

库图佐夫识破了拿破仑的策略，从而进一步巩固了自己的防线，增援了巴格拉季昂。的确，9月7日凌晨5：00，拿破仑将从此处发起进攻。眼下，法军派出100门加农炮轰击俄军中部，按照计划，欧仁须攻下博罗迪诺，而波尼亚托夫斯基应从南部攻下尤蒂卡森林。在接下来的3小时里，法军7次打退俄军；然而俄军不断增援，第八次终于摧毁了法军的进攻，用300门加农炮挡住了法军进攻西蒙诺夫的步伐。缪拉继续进攻俄军阵线南部的凸角堡。达武的坐骑被霰弹射中，他被掀下马，腹部中弹，陷入昏迷。瑞普（Rapp）和德萨耶（Desaix）先后接替达武指挥法军，结果均被炮弹击中。

攻陷堡垒

内伊元帅成功控制了俄军最南端的火炮，俄军3次进行反击，均未成功。拿破仑也派出缪拉为其解围。另一方面，欧仁终于攻下了博罗迪诺，准备架设火炮，炮轰城堡。

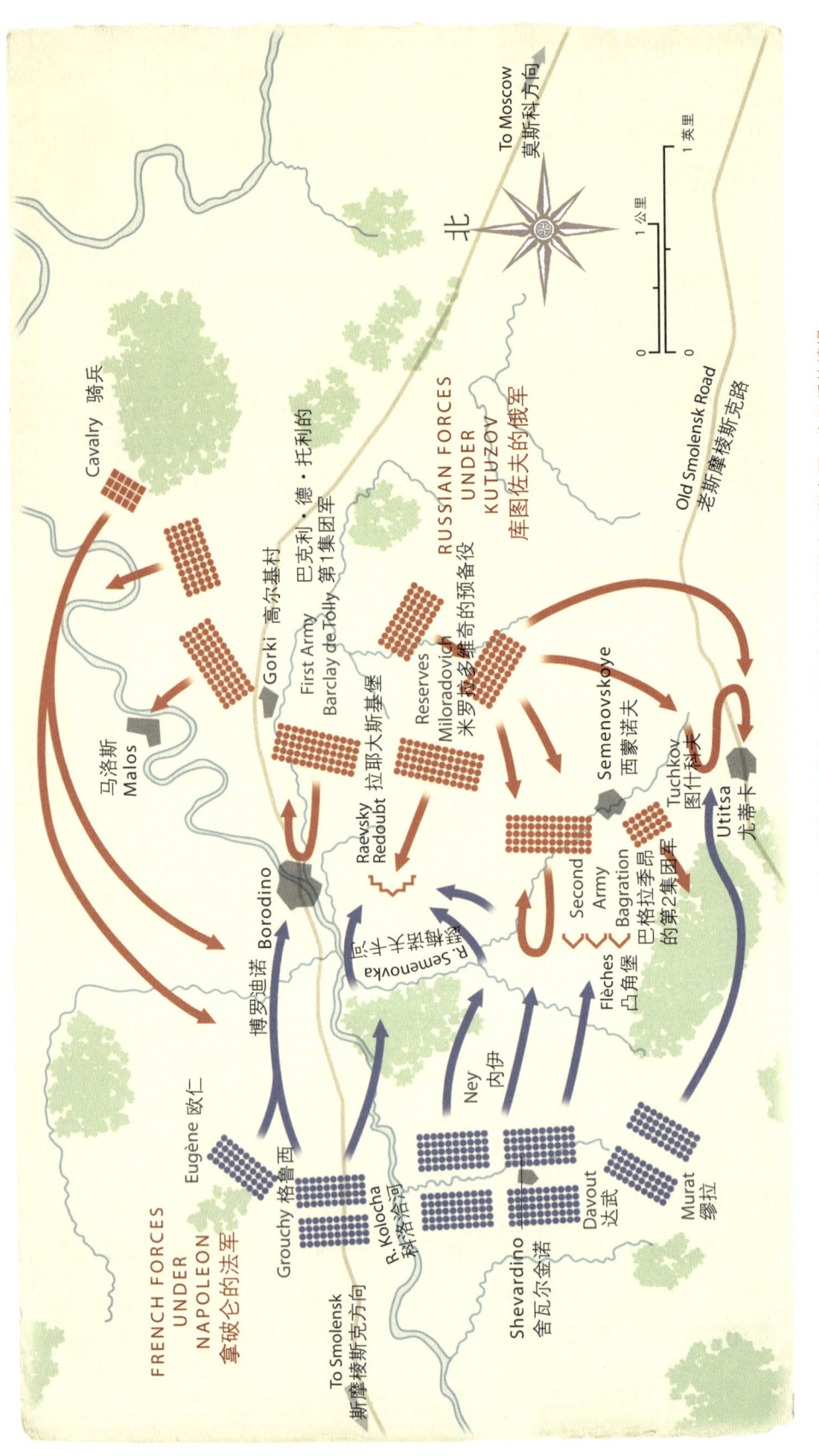

法国军虽取得了博罗迪诺战役的胜利，却损失了三分之一兵力，代价十分惨痛。大军团在注年的征战中日渐衰弱，为日后的溃退埋下了伏笔。返回法国的路程异常艰难，俄国"冬将军"（General Winter，指俄国冬季异常寒冷的气候）致使数十万法军因饥寒交迫而亡。

俄罗斯艺术家弗朗茨·鲁博（Franz Roubaud）1913 年的绘画作品《博罗迪诺战役》（*The Battle of Borodino*）。作品展现了这场大规模定位战中的血腥屠杀和混乱场面。双方参战的士兵多达 25 万人。

  俄军方面，彼得·巴格拉季昂身负致命重伤，大大降低了俄军士气。内伊希望拿破仑趁机立即派近卫军进攻凸角堡。博阿尔内已经投入 3 个师攻打拉耶夫斯基堡，但是，拿破仑不敢贸然派近卫军出战，只派出 400 门崭新的加农炮进行增援。

  列夫·托尔斯泰在长篇历史小说《战争与和平》（1869）中，将拿破仑描写成冷酷无情之人。托尔斯泰描写了拿破仑在犹豫，是否要将后备力量投入猛烈的炮火中："拿破仑陷入了抑郁。这个赌徒一直十分幸运，他总是放心大胆地下注，并且从未失手。然而当他精心计算取胜的概率时，却突然发现，越是算得仔细，就越是容易赌输。"

  下午 6:00 左右，疲惫不堪的法军开始退缩。战火已经轰鸣了 10 小时，而俄军仍在东边驻守，第二天仍能继续战斗。拉耶夫斯基堡周围堆起了大量尸体。法军用 27 门加农炮不断轰击，终于攻破了斜面墙，与俄国炮兵展开了激烈的肉搏战。当天傍晚，在欧仁、内伊和缪拉的联合进攻下，城堡终于被法军攻破。

长途撤退

在这场战役中，双方各损失了约三分之一的兵力。虽然传统上认为法国夺取了最后的胜利，但他们付出的代价却十分惨重。俄军起初也宣布自己获胜，因为他们的顽强抵抗给法国大军团造成了致命一击，从这个意义上说，俄军确实取得了辉煌的战果。战斗结束后，为保留有生力量，库图佐夫决定放弃莫斯科。他在城内燃起大火，然后率军撤退。这场战争也大大削弱了法军的实力，造成 5 万余人受伤或死亡，损失之惨重，仅次于下一年爆发的莱比锡战役——拿破仑发动的一系列战役中损失最严重的一次。

冬天日益临近，拿破仑的法军踏上了艰辛的回国之路。库图佐夫凭借天时地利不断侵扰撤退中的法军。这场磨难后，法国大军团元气大伤，而奥地利和普鲁士则又重新活跃起来，摩拳擦掌准备反抗法国。

> "拿破仑陷入了抑郁。这个赌徒一直十分幸运，他总是放心大胆地下注，并且从未失手。然而当他精心计算取胜的概率时，却突然发现，越是算得仔细，就越是容易赌输。"
> ——列夫·托尔斯泰在《战争与和平》中对拿破仑的评价

注释

[1] 译注：Smolensk，位于俄罗斯西部第聂伯河畔，是斯摩棱斯克州首府。

-30-

滑铁卢战役
WATERLOO

拿破仑·波拿巴
vs
威灵顿公爵

Napoleon Bonaparte v. Duke of Wellington
1815年6月18日

从莱比锡战败至皇帝退位，即1813年10月16—19日到1814年4月6日，拿破仑如猛虎一般保卫着他的帝国，取得了多次辉煌的胜利。但是，他最终不敌普鲁士元帅布吕歇尔和奥地利亲王施瓦岑贝格（Schwarzenberg）。1815年3月9日，拿破仑遭到重大打击，不久后又在巴黎郊外的奥布河畔阿尔西战役（Arcis-sur-Aube）和菲尔－香槟战役中受挫。眼看昔日的将领一一弃他而去，拿破仑终于同意签署退位诏书，被流放到意大利的厄尔巴岛（Elba），只保留了"皇帝"称号。

一年之后，1815年3月1日，波拿巴逃离厄尔巴岛，重返法国，建立了"百日王朝"（Hundred Days）。回到法国的拿破仑如鱼得水，而正在维也纳会议（Congress of Vienna）上重新划分领土的欧洲各国再次感受到了威胁，纷纷回国。3月19日，路易十八听说拿破仑北上途中受到了旧部和群众的热烈欢迎，惊恐万状，仓皇逃往"低地国家"[1]。欧洲各国再次组成反法同盟，决心彻底消灭拿破仑·波拿巴。

3月，大批反法同盟军队在尼德兰集结，开赴巴黎。奥地利、沙皇俄国和普鲁士分别派出20万、15万和10万多人的大军，荷兰和英国也各派部队参战，同盟军兵力远远超过拿破仑。因此，拿破仑唯一的策略就是将敌人分化瓦解，各个击破。由于同盟军来自四面八方，所以一旦兵败，撤军方向必然各不相同：英荷联军将向海边撤退，而普鲁士则将退回莱茵兰。

6月12日，拿破仑离开巴黎，向两线同时发起进攻。16日，普鲁士指挥官格布哈德·冯·布吕歇尔将军首先在林尼（Ligny，位于现比利时境内）迎战12万法军。布吕歇尔的兵力仅有拿破仑的三分之二，因此只得撤退。他本人一度落马，所幸没有被法军俘虏。然而布吕歇尔并不准备撤回德国，他准备冒险在瓦夫尔（Wavre）和滑铁卢（Waterloo）附近发起侧面进攻。

不过，拿破仑没能乘胜扩大战果。大部分历史学家把这一点归咎于参谋长苏尔特（Nicolas Jean-de-Dieu Soult）。同样在16日，威灵顿公爵阿瑟·韦尔斯利（Arthur Wellesley）与元帅米歇尔·内伊（Michel Ney）的北部军团（Armée du Nord）相遇。内伊犹豫不决，直到下午才发起进攻。可惜到那时，威灵顿的增援部队已经抵达。

集结兵力

直到 6 月 18 日滑铁卢战役爆发，威灵顿公爵才见到了拿破仑的全部兵力。滑铁卢是布鲁塞尔以南几英里处的小村庄。战前，英军有充足的时间选择作战地点。

几个月后，英国诗人拜伦勋爵曾来战场凭吊，写下诗歌《恰尔德·哈罗尔德游记》[2]。诗中，他想象了威灵顿公爵的兵力部署：

到处是急匆匆的战马：上马，
集合的部队，炮车震响个不停，
纷纷都火急飞快地向战地出发，
顷刻间一排排都列成作战的队形；
远处是一阵又一阵深沉的雷鸣；
近处报警的铜鼓一齐敲响了，
不等到启明星隐退就催起了所有的士兵……
(《恰尔德·哈罗尔德游记》第三章第二十五节，滑铁卢前夜）

拿破仑以为普鲁士军队早已弃英军而去，因而觉得这场战斗对法国而言轻而易举。不料，布吕歇尔不仅没有撤退，反而同威灵顿密切配合，杀了个回马枪，出乎意料地封锁了法国。事实上，拿破仑自己也常采用这一战术。尽管弟弟热罗姆（Jerôme）也曾提醒过他，但是拿破仑根本没有将敌人放在眼里。威灵顿公爵的英德荷联军共计 6.8 万人，拥有火炮 156 门，其中英军的比例稍多。拿破仑共有兵力 7.2 万人，火炮 346 门。

威灵顿沿着圣让山（Mont St Jean Ridge）将部队排成"反坡阵型"(Reverse Slope)，后方是浓密的苏瓦涅森林（Forest of Soignes）。这是威灵顿最擅长的阵型。而且，他同拿破仑一样，眼光敏锐，善于判断地形；他还加固了乌古蒙（Hougoumont）和圣拉海（La Haie Sainte）两处战线。

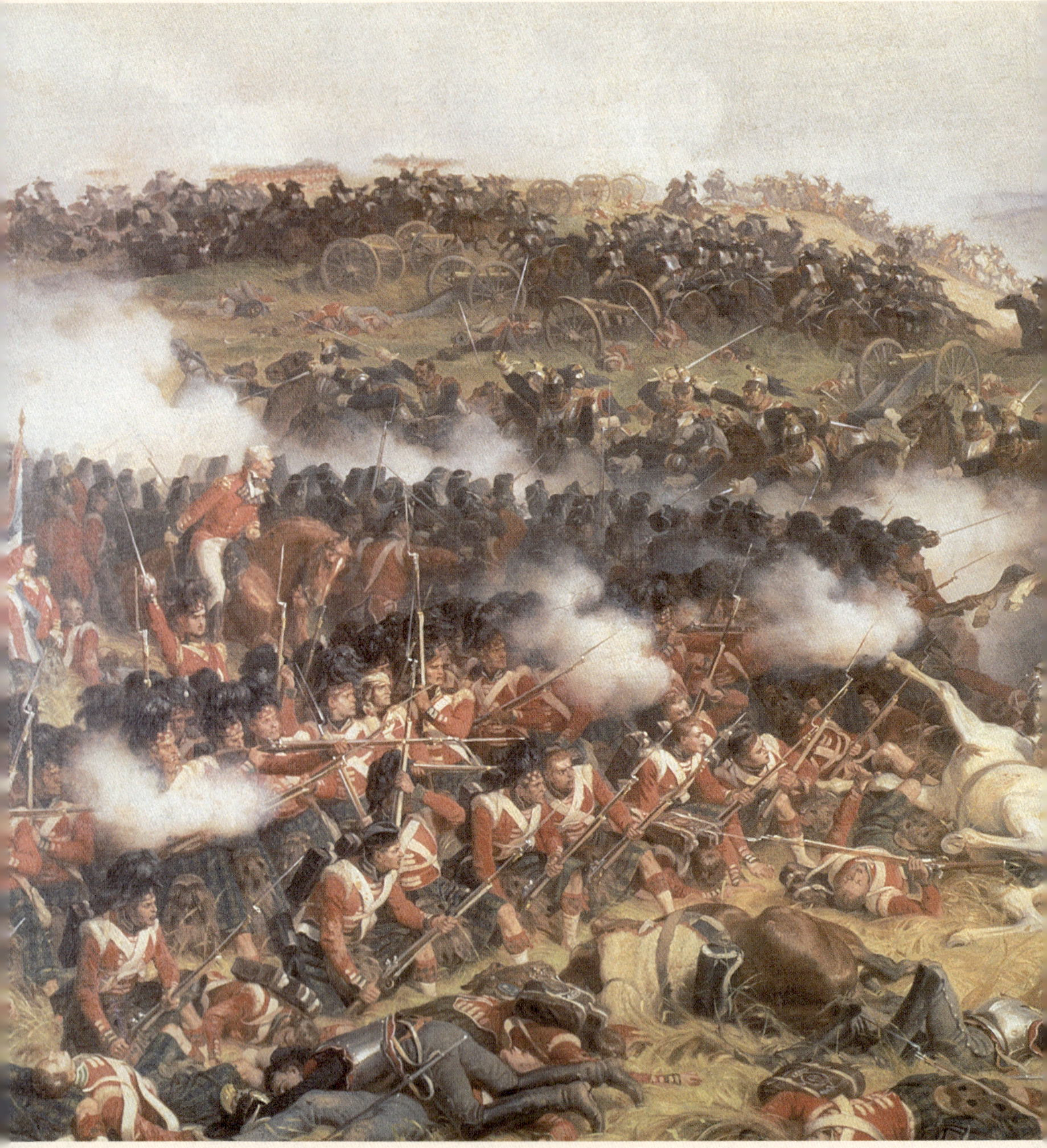

滑铁卢战役。 法国艺术家费利克斯·菲利波托（Félix Philippoteaux）绘。这场战役持续了整整14小时，意义十分重大。最终，威灵顿摧毁了拿破仑的法军。威灵顿对此作出了著名论断，称滑铁卢战役是他"一生中见过的最势均力敌的战役"。

艰苦作战

法军中有大批老兵,他们崇拜拿破仑,士气非常高涨。拿破仑把指挥大营设在了勒卡右(Le Caillou),旁边有一个名字十分响亮的农舍,叫"美好的联盟"(La Belle Alliance)。他让内伊指挥左翼。内伊勇猛,但是组织纪律性不强,也缺乏明确的作战计划。战斗持续了14小时之久。后来,拿破仑的痔疮和膀胱炎发作,便将战事交给了内伊。而对手威灵顿则状态极佳,一直坚持到最后。

大雨下了一夜,严重影响了法国骑兵的进攻和火炮的移动。直到上午11:30左右,泥泞的路面逐渐变硬,他才得以将84门火炮排开。拿破仑决定将战线拉长,震慑敌人。两军之间是一道山谷,很长但不深。临近中午时,热罗姆·波拿巴才开始进攻乌古蒙农舍附近的英军右翼,其中包括步兵卫队。但是,威灵顿知道,乌古蒙恰好可以挡住拿破仑对其侧翼的进攻。战斗进行了整整一天,共有9000多人卷入其中。英军的防守兵力共计约3000人,他们的抵抗十分顽强,但是仍然很快被法军攻破。

拿破仑推测威灵顿将调中部的预备役支援乌古蒙,于是他决定从中路发起猛攻,从上午11:30到晚上7:30,法军连续发动了7次进攻,都被威灵顿打退。拿破仑近乎绝望,只得调用后备力量进攻农场。

下午1:00,拿破仑集中火力主攻英军中部。但是,威灵顿的联军处于斜坡上,根本不受威胁。戴尔隆侯爵(Comte d'Erlon)指挥的两路法军纵队共1.6万人沿布鲁塞尔-沙勒罗瓦(Brussels-Charleroi)公路东进,途中受到第九十五来复枪团(95th Rifles)和德国军团来自高处的袭击。法军计划在威灵顿防线中间偏左处撕开缺口,然后席卷两侧,并成功占领了联军左翼的帕普洛特(Papelotte)和沙皮特(Sandpit)两个重要据点。

徒劳之举

尽管英奥联军直接出击,一时止住了法军的进攻,但是在此期间,联军战线中部的压力一直很大,部分荷兰天主教徒半路逃跑,托马斯·皮克顿爵士(Sir Thomas Picton)在四臂村(Quatre Bras)受重伤后

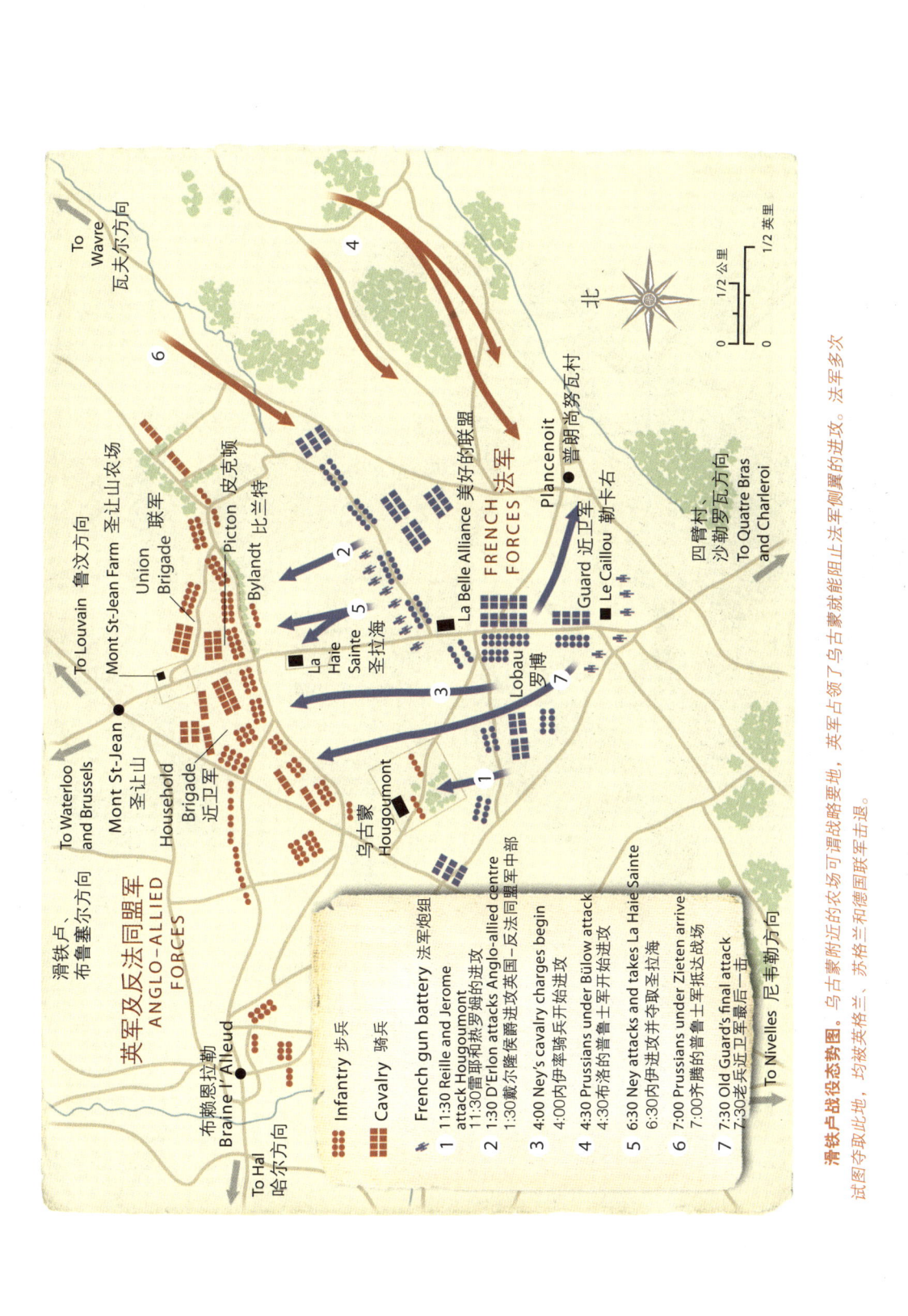

滑铁卢战役态势图

英军及反法同盟军 ANGLO-ALLIED FORCES

法军 FRENCH FORCES

To Waterloo and Brussels 滑铁卢、布鲁塞尔方向
To Hal 哈尔方向
Braine l'Alleud 布赖恩拉勒
To Louvain 鲁汶方向
Mont St-Jean Farm 圣让山农场
Mont St-Jean 圣让山
Household Brigade 近卫军
Union Brigade 联军
Picton 皮克顿
Bylandt 比兰特
Hougoumont 乌古蒙
La Haie Sainte 圣拉海
La Belle Alliance 美好的联盟
Lobau 罗博
Plancenoit 普朗尚努瓦村
Guard 近卫军
Le Caillou 勒卡右
To Wavre 瓦夫尔方向
To Quatre Bras and Charleroi 四臂村、沙勒罗瓦方向
To Nivelles 尼韦勒方向

北

0 1/2 公里
0 1/2 英里

图例

- Infantry 步兵
- Cavalry 骑兵
- French gun battery 法军炮组

1. 11:30 Reille and Jerome attack Hougoumont
   11:30 雷耶和热罗姆对乌古蒙的进攻
2. 1:30 D'Erlon attacks Anglo-allied centre
   1:30 戴尔隆侯爵进攻英国—反法同盟军中部
3. 4:00 Ney's cavalry charges begin
   4:00 内伊元帅骑兵开始进攻
4. 4:30 Prussians under Bülow attack
   4:30 布洛的普鲁士军开始进攻
5. 6:30 Ney attacks and takes La Haie Sainte
   6:30 内伊进攻并夺取圣拉海
6. 7:00 Prussians under Zieten arrive
   7:00 齐腾的普鲁士军抵达战场
7. 7:30 Old Guard's final attack
   7:30 老兵近卫军最后一击

滑铁卢战役态势图。乌古蒙附近的农场可谓战略要地，英军占领了乌古蒙就能阻止法军侧翼的进攻。法军多次试图夺取此地，均被英格兰、苏格兰和德国联军击退。

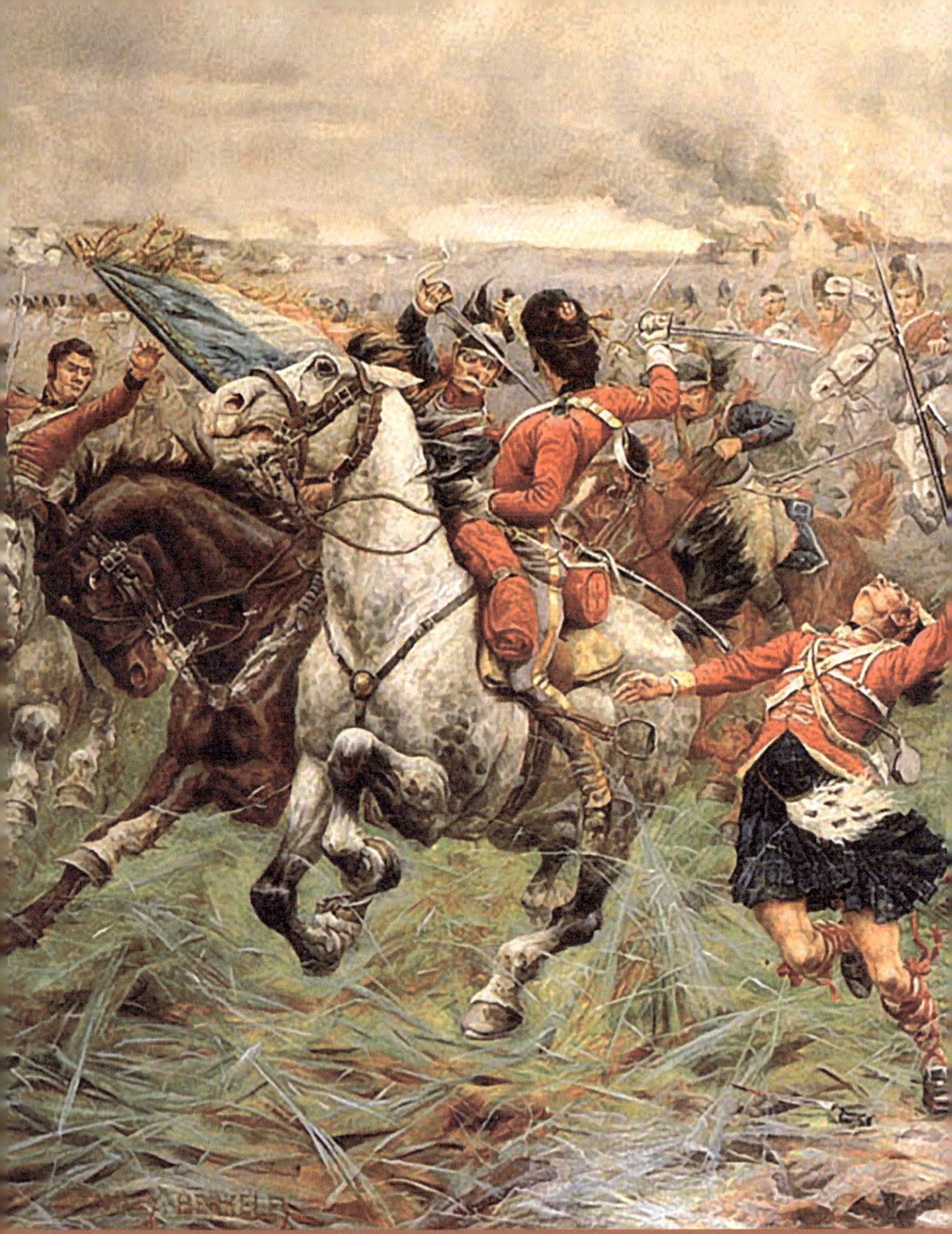

滑铁卢战役中，苏格兰骑兵团在进攻。 他们所向披靡，高呼着"苏格兰万岁"向法军勇猛进攻，但是，由于过度深入，孤立无援，大批苏格兰骑兵被法国胸甲骑兵和枪骑兵所灭。

不幸身亡。但是，乌克斯布里奇勋爵（Lord Uxbridge）的英国骑兵部队和重装步兵旅[3]在弗雷德里克·庞森比爵士（Sir Frederick Ponsonby）和爱德华·萨默赛特（Edward Somerset）指挥下摧毁了戴尔隆的几个师，打退了法军进攻，夺取了两面军旗，使法国的进攻变成了溃退。苏格兰骑兵团继续追击，孤军来到山谷对面，结果遭到内伊的胸甲骑兵和枪骑兵的袭击。英军拼死作战，夺取法军火炮。法军的反击也很激烈，俘虏并当场击毙庞森比爵士。英国骑兵无力再战，只得撤退。乌克斯布里奇因此受到了威灵顿的指责。拿破仑也损失了5000余人，这样的胜利很难让他高兴。此时法军的战线推进到了"美好的联盟"。

内伊又瞄准了英荷联军中部的另一个方向。内伊看到联军的火药运输车正在后撤，便认为联军准备撤退。然而，他错误地判断了英军的动向，因此直到下午4：00才派骑兵出击。内伊认为法军可以趁联军"撤退"彻底将其击溃，但是法军没有派炮兵或步兵，否则也许会战胜对手。联军的准备非常充分，威灵顿令其步兵组成13个方阵。法军骑兵围绕方阵多次企图进攻，但迎面四处都是刺刀。

内伊发现英军毫发无损，便继续猛攻。然而他依旧缺少火炮的支援，也无法打乱敌人进攻的计划。内伊胯下的战马接连4次被射中，当他请求拿破仑派步兵支援时，却遭到了拿破仑的拒绝。

布吕歇尔重拳出击

拿破仑面临着另一个重大威胁。他本期待元帅格鲁西（Grouchy）赶来增援——格鲁西早已被派去尾随布吕歇尔手下的冯·布洛（von Bülow）将军。然而下午4：30，拿破仑非但没有等来援军，反而遭遇了布洛指挥的普鲁士军。法国的乔治·罗博（Georges Lobau）和青年近卫军消灭了普朗尚努瓦村（Plancenoit）的普鲁士军，使威灵顿与布吕歇尔直到晚上7：30才得以会合。同时，法军包围了圣拉海，守军弹药几乎已经用尽。奥兰治亲王（Prince of Orange）派国王的德国军团前去解围，不料中途被法国骑兵截断。下午6：30，法军占领了整个农

"百日王朝"的终结。6月16日，拿破仑的法军在林尼取得了最后一场胜利；两天之后，法军在滑铁卢遭到致命惨败。此图展示了双方在这两场战役中的攻守态势。

场，弹尽粮绝的守军最终投降。然而拿破仑却没有抓住时机向威灵顿阵线中部施压，结果联军又重新夺取了农场。

布吕歇尔的进攻严重消耗了拿破仑的后备力量，迫使拿破仑两线作战。晚上7:00左右，两线作战的拿破仑率老兵近卫军和中年近卫军[4]步兵团从内伊的骑兵残部中间穿过，发动了3次凶猛进攻，距威灵顿的防线仅一步之遥。威灵顿将士兵隐藏在成熟的玉米田中间，喊道："近卫军，准备！"他命令百富勤·梅特兰爵士（Sir Peregrine Maitland）的旅近距离朝法军平射，法国近卫军半路被拦截。加之约翰·科尔伯恩爵士（Sir John Colborne）的轻步兵漂亮地从侧面袭击，法军在毁灭性炮火袭击下彻底被击溃。

威灵顿一听说普鲁士大批援军赶来增援，便推了推帽檐，命令道："前进，孩子们！巩固你们的胜利！"轻骑兵随后出击，彻底攻破了拿破仑的大军。追击法军的任务落到了布吕歇尔身上，他率部队毫不留情地打击了法军的残余势力。当晚9:30，威灵顿与布吕歇尔终于在"美好的联盟"农舍会合。因此，在德国，滑铁卢战役也被称为"美好的联盟"战役。

拿破仑的法军在这场战役中损失了2.56万人，另有1.6万人沦为俘虏。而威灵顿和布吕歇尔各自的损失仅为1.5万人和7000人。

> "当风吹过燃烧的干草，大军团的声音再难听到。"
> ——雨果《惩罚集》
> （ *Les Châtiments*, 1853 ）

注释

[1] 译注：Low Countries，指荷兰、比利时和卢森堡。

[2] 译注：浪漫主义诗人拜伦勋爵的长诗《恰尔德·哈罗尔德游记》（*Childe Harold's Pilgrimage*）包括4个篇章，讲述了贵族青年恰尔德·哈罗尔德在欧洲的经历。从侧面反映了18世纪末至19世纪初欧洲的社会。

[3] 原注：Heavy Brigades，该旅包括著名的苏格兰骑兵团（Scots Greys）。

[4] 译注：近卫军是拿破仑军队的精华，由老年近卫军（Old Guard）、中年近卫军（Middle Guard）和青年近卫军（Young Guard）组成。

-31-
卡拉塔菲米战役
CALATAFIMI

朱塞佩·加里波第
vs
波旁王朝军

Giuseppe Garibaldi v. Bourbon Forces

1860年5月15日

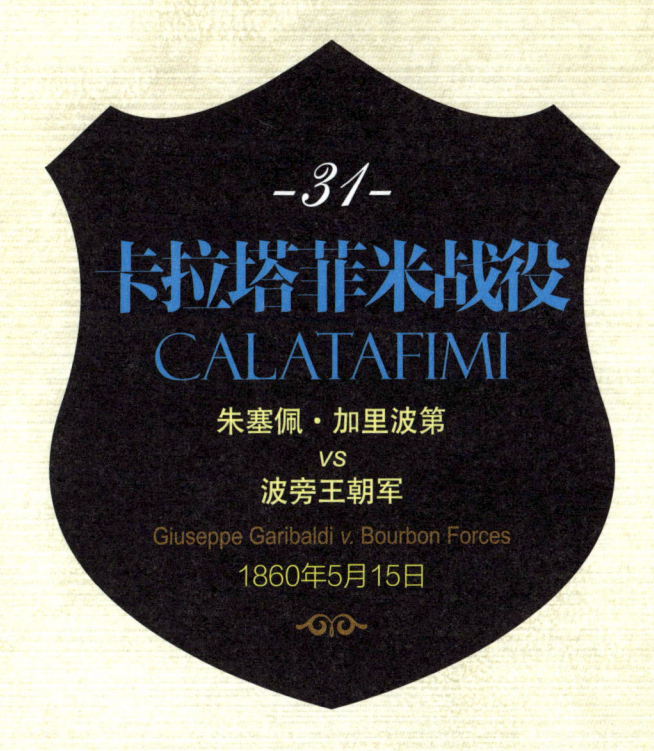

尽管被判处死刑，但是1848年欧洲革命时，被流放的意大利民族主义领袖朱塞佩·加里波第却毅然回到意大利。加里波第曾参与领导了新兴南美国家的革命，在游击战中学到了不少新战术。回国后，他本想效力于皮埃蒙特国王查理·阿尔贝特（Charles Albert），将17世纪以来一直占领意大利东南部的奥地利统治者驱逐出境，但遭到了国王的拒绝。

> 1820年以来，意大利统一问题日益引起关注，成了欧洲，尤其是英国上流社会热议的话题。1849年4月，加里波第不顾查理·阿尔贝特的冷落，率领3000人的志愿军开赴罗马，保卫新建立的罗马共和国（Roman Republic）。他几次率军战胜支持教皇的法国部队，取得了辉煌战果。不久，加里波第再次被流放，但从另一个方面说，他领导的运动为意大利的独立运动树立了榜样。加里波第又一次去了南美洲，直到1854年才重新踏上意大利的土地。

战斗不息

1859年加里波第参加了皮埃蒙特[1]与奥地利的战争，新即位的皮埃蒙特国王维托里奥·埃马努埃莱二世[2]任命他为山地部队（Alpine Troops）指挥。他在卡萨利[3]击败奥地利军，但是第二年，奥地利夺取了胜利，继续控制威尼西亚[4]。这一举动大大激怒了意大利民族主义者。此外，法国还要求皮埃蒙特割让萨伏依（Savoy）和尼斯。由于尼斯是加里波第的故乡，此举让他大为愤怒。

1860年4月，那不勒斯（Naples）和西西里接连爆发反对波旁王朝统治的起义，加里波第的民族主义革命又有了新的焦点。当时，波旁王朝国王是年仅23岁且生性怯懦的弗朗索瓦二世（Francis II）。加里波第率1000名志愿兵开赴西西里，为表示对法国大革命的敬意，他们身着红袍，因此得名"红衫军"。

1860年5月5日，远征军登上"伦巴第"号（*Lombardo*）和较小的"皮埃蒙特"号（*Piemonte*），从热那亚（Genoa）附近的夸尔托（Quarto）起航。加里波第乘坐的是"皮埃蒙特"号，他随身携带了一套皮埃蒙特将军制服，几支埃菲尔德（Enfield）步枪、几门加农炮以及

卡拉塔菲米战役中，加里波第的红衫军在皮安托·罗马诺山(Pianto dei Romani)奋力进攻法国的波旁王朝军。这场英勇的战斗结束后还不到5个月，西西里王国就被推翻，加里波第率军胜利进入那不勒斯。

从塔拉莫内城堡（Talamone）征用的一些旧式武器。他决定轻装上阵，迅速出击，奇袭敌人。他将士兵分成7个连，另派一支由尼诺·比克修（Nino Bixio）指挥的各兵种部队，以及少量兵力入侵教皇国。

加里波第没有地图，不知应从何处登陆，只得在海上四处搜寻。6天后，他发现两艘英国战舰停在西西里岛最西端的马尔萨拉（Marsala）。他断定，英军可以阻止波旁王朝前来干涉。果然，红衫军在马尔萨拉港没有遇到任何抵抗，岛上的法国驻军已经逃往特拉帕尼省首府特拉帕尼（Trapani）。红衫军迅速登陆，虽然有一艘法国战舰准备抵抗，却遭到了英军的火炮袭击。不过据说只命中了一只狗，还射中了一名士兵的肩部。

加里波第军切断了特拉帕尼的电报线，并要求市长和镇议会脱离波旁王朝，任命自己为西西里独裁者。皮埃蒙特位于北部，方言与意大利语完全不同，因此他们对北皮埃蒙特人始终心存疑虑。但是，市长和议会仍勉强答应了加里波第。双方对此都没有过于激动，这与常见的绘画作品（例如悬挂在马尔萨拉港的著名匾额）中描绘的场面有所不同。

5月13日，红衫军抵达萨莱米（Salemi），遭遇了部分农民军（picciotti）的反抗。红衫军除了刺刀外几乎没有任何武器。新任独裁者加里波第命令所有17—50岁之间的男子全部入伍，迅速将自己的势力扩大了一倍。不久，他听说法国波旁王朝派兰迪（Landi）将军率领3000人来袭，并且已经在卡拉塔菲米（Calatafimi）设卡，封锁了通往巴勒莫[5]的公路。

英勇无畏

5月15日，加里波第在卡拉塔菲米同波旁王朝的军队交锋。法军不仅在数量上超过加里波第，而且占据了城外的皮安托·罗马诺山，地形十分有利。法军拥有两门加农炮和充足的枪支弹药，而加里波第只有一门加农炮和为数不多的步枪。加里波第身先士卒，挥剑命令士兵逐层向梯田顶部进攻，并在台阶侧面躲避敌人的炮火。一名远征军队员写道："我军数千人发起进攻，领袖身先士卒，所有部队都被派上阵，毫无保留，因为那天的战斗将决定远征军的命运。"面对敌人的炮火，加里波第丝毫不顾个人安危。一些部下担心他的安全，甚至帮他遮挡子弹。终于，再有一次冲击，他们便可以到达梯田顶部。当时，据说加里波第大喊道："意大利同胞们，我们必须牺牲！"他们用刺刀勇猛地冲锋[6]，终于冲上梯田顶部。意大利人克服重重阻力，打得法军四散奔逃。

这次战斗中，红衫军约有 30 人死亡，100 多人受伤。但通往巴勒莫的公路终于被打通了。加里波第凭借这次战役中的英勇无畏而声名大噪，继续制造着百战百胜的神话。人们纷纷加入他的志愿军，以争取民族独立。

猛攻巴勒莫

加里波第行经西西里北部的阿尔卡莫[7]后继续向前推进，前往巴勒莫。他在海拔较高的伦达平原（Plain of Renda）扎下营盘，从这里可以俯视整个巴勒莫。他和几个中尉制订了作战计划，决定声东击西：一边佯装撤退，将伤员沿科莱昂（Corleone）公路送往南方，而加里波第的主力军翻过山岭，在米西尔梅里（Misilmeri）与朱塞佩·拉马萨（Giuseppe La Masa）的部队会合。拉马萨、罗索利诺·皮洛（Rosolino Pilo）和乔瓦尼·克拉奥（Giovanni Corrao）一起领导了西西里起义，并组织游击队切断了波旁王朝军队的补给线和电报线，密切配合了加里波第。他们希望出其不意地袭击波旁王朝的法军，从东南方向攻入巴勒莫。

5 月 25 日，精疲力竭的加里波第军同拉马萨会合，决定从吉比尔罗萨（Gibilrossa）处沿山间小路下山到巴勒莫。27 日成功奇袭了巴勒莫驻军。双方在上将桥（Ponte dell' Ammiraglio）发生冲突。加里波第骑在马上命令部队前进，打穿了临时搭建的特米尼城门（Porta Termini）。凌晨 4∶00，意军蜂拥而入，来到菲尔拉夫奇亚广场（Piazza

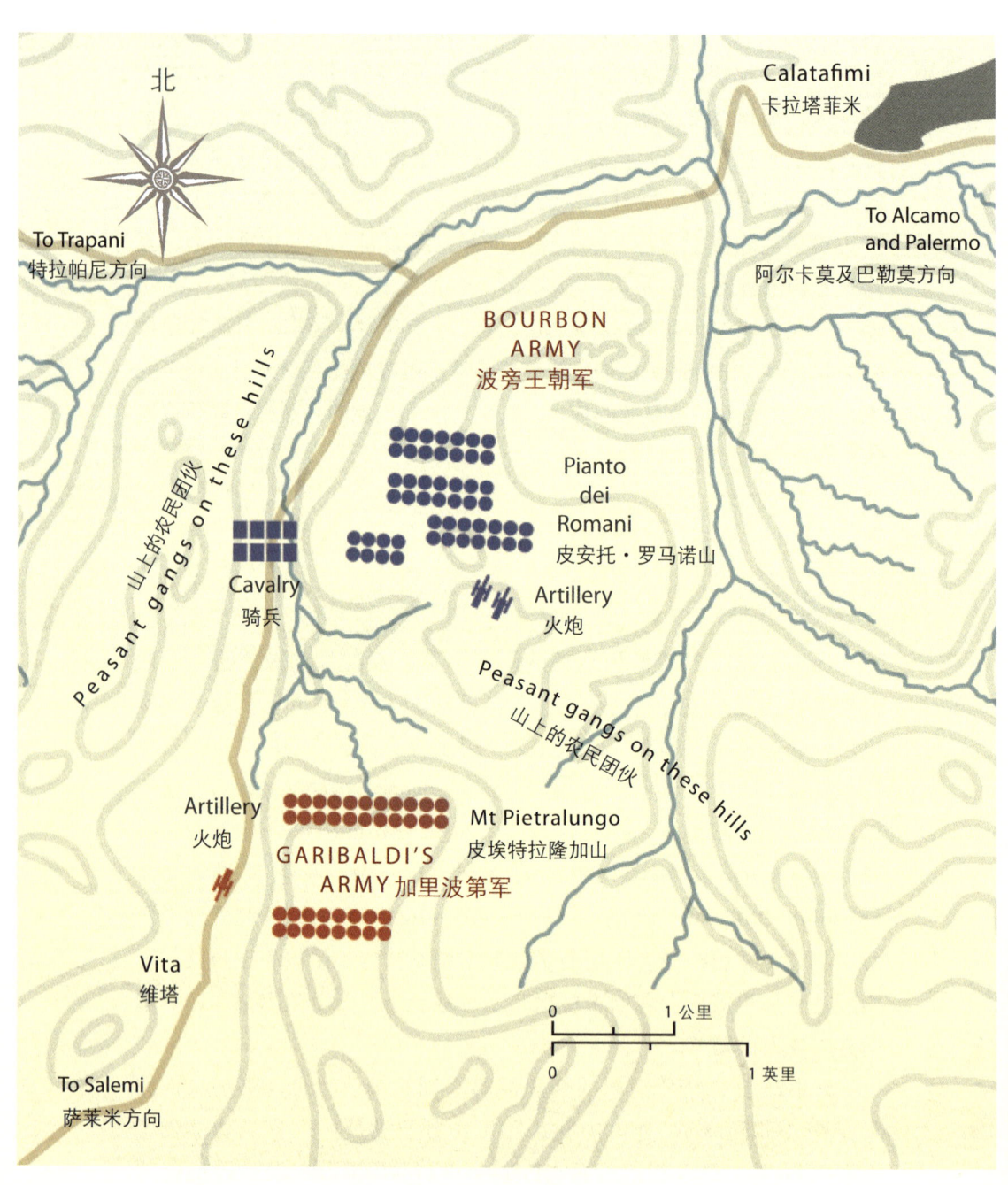

卡拉塔菲米战役中，双方兵力部署图（1860年5月15日）。尽管法军占据有利地形，居高临下，但是，他们的斗志远不及加里波第的志愿军。

Fieravecchia)上的市场。他们知道，市场的商贩通常同情革命者。加里波第的部队从市场钻入狭窄的小巷，占领了菲尔拉夫奇亚广场、博洛尼（Bologni）及市政厅。巷战进行了 3 天，到处一片混乱，炮弹横飞，港口的战舰也不断向城内开火，而加里波第却勇猛无畏。这一战斗场面在导演卢奇诺·维斯康提（Luchino Visconti）的电影中得到了完美复现。这部电影是根据朱塞佩·兰佩杜萨（Giuseppe Lampedusa）1958 年的小说《豹》(Il Gattopardo)改编而成。

5 月 30 日，波旁王朝要求停战，加里波第穿上皮埃蒙特将军制服，登上英国战舰"汉尼拔"号（HMS Hannibal）。6 月 6 日，兰扎（Lanza）将军将其 2 万人部队撤出巴勒莫城——两军人数相差之悬殊，令人震惊。意大利人仍然对波旁王朝十分不满：就在 4 月份，巴勒莫城又爆发了一场起义。历史学家露西·里亚尔（Lucy Riall）评价道："当时，政府软弱、孤立、不得人心。"

加里波第在马尔萨拉的登陆直接引起了阿格里真托[8]、墨西拿（Messina）和卡塔尼亚（Catania）三地的起义。墨西拿和卡塔尼亚政府官员仓皇出逃，政治上出现了真空。

国家统一

随后，加里波第在雷焦（Reggio）和沃尔图诺[9]的战斗中大败西西里军，控制了整个西西里岛。8 月 22 日，他在英国皇家海军的监控下渡过墨西拿海峡，意大利的统一只是时间问题了。9 月，加里波第进入那不勒斯，结束了波旁王朝在意大利南部的统治。11 月，国王维托里奥·埃马努埃莱二世与加里波第会合。

1866 年是意大利统一史上不平凡的一年。奥地利陷入对意大利和普鲁士两线作战的泥潭。[10]在第二次库斯托扎战役（The Second Battle of Custozza）和克罗地亚附近的亚得里亚海上的利萨

> "我军数千人发起进攻，领袖身先士卒，所有部队都被派上阵，毫无保留，因为那天的战斗将决定远征军的命运。"
>
> ——参加了卡拉塔菲米战役的红衫军战士如是说

海战（The Naval Battle of Lissa）中，奥地利两次战胜意大利。但是在克尼格雷茨（Königgrätz）战役中却不敌普鲁士，被迫把威尼斯割让给意大利。意大利虽然统一，但是罗马仍徘徊在意大利之外，直到1870年教皇庇护九世（Pius IX），即萨伏依的最后一个对手从梵蒂冈撤军，意大利才算完全统一。

注释

[1] 原注：当时，皮埃蒙特得到了法国的支持。

[2] 原注：Victor Emmanuel II，1849年继承父位。

[3] 译注：Casale，位于意大利博洛尼亚大区。

[4] 译注：Venetia，古代意大利东北部一地区，后为古罗马的省。

[5] 译注：Palermo，现为西西里首府。

[6] 原注：这是加里波第最喜爱的战术。

[7] 译注：Alcamo，它和下文出现的科莱昂、米西尔梅里、吉比尔罗萨均为西西里岛北部城市。

[8] 译注：Agrigento，它和墨西拿、卡塔尼亚及下文出现的雷焦均为西西里岛上的城市。

[9] 译注：Volturno，意大利南部城市。

[10] 译注：1866年意大利和普鲁士联合向奥地利发起了战争，史称意奥战争或"七周战争"。意大利的目的是收复威尼斯，普鲁士则想统一德意志联邦。然而意大利在库斯托扎战役和利萨海战中都败给了奥地利。

-32-
杉安道河谷战役
SHENANDOAH VALLEY CAMPAIGN

南部联盟"石墙"将军托马斯·杰克逊
vs
联邦军

General Thomas "Stonewall" Jackson v. Union Forces
1862年3—6月

美国内战是一场耗时长久、伤亡惨重的战争。1860年，共和党人亚伯拉罕·林肯当选美国总统，成为共和党第一位总统。林肯主张废除奴隶制度，结果导致南部蓄奴各州没有一个选举人给他投票。南北方在奴隶制存废问题上的矛盾日益突出。1859年，约翰·布朗（John Brown）领导奴隶起义，起义失败后被处死。为防止事态扩大，"石墙"杰克逊将军指挥炮兵部队参与了镇压。

1860年12月到1861年2月间，美国南部已有7个州[1]宣布脱离联邦。他们招募民兵，组成了"南部联盟"（Confederacy），并推举杰斐逊·戴维斯（Jefferson Davis）为总统。最初，南部联盟将首都定在了亚拉巴马州蒙哥马利（Montgomery）。他们不仅攻占了该州的联邦机构，还轰炸了查尔斯顿港[2]的萨姆特堡（Fort Sumter）。

　　林肯调集军队镇压叛乱诸州，不料却导致北卡罗来纳、弗吉尼亚、田纳西和阿肯色等4州倒戈加入了南部联盟。南军的军事实力远远弱于北方，兵力仅100万人，而联邦军却有400万。此外，北方的工业也几乎处于垄断地位：仅马萨诸塞与宾夕法尼亚两州出产的工业品就相当于南方各州的总和。而且南部联盟交通也较为落后，铁路发展远不及北方。

　　南北战争还是史上第一次全面的机械化作战：连发枪、手榴弹、地雷、装甲舰甚至潜艇等军事新技术首次大规模应用于战争。这样只能使战争更加惨烈。尽管部分将士参加了1846—1849年的墨西哥战争（The Mexican War），但美国的战争远不及欧洲频繁，作战经验也不及欧洲人丰富。

　　截至1861年7月1日，林肯已召集了30万兵力，而南部联盟总统戴维斯直到8月1日才召集了20万人，且南方"公民军"大多缺乏组织纪律观念。战争之初，北方政府的计划是打一场消耗战，拖垮南方军，迫使其投降。同时，南部联盟将首都从蒙哥马利迁至弗吉尼亚州首府里士满（Richmond）。里士满位于华盛顿西南，距华盛顿仅110英里（178公里），如此近的距离让南方将领不禁担忧：一旦首都被联邦军攻破，士气必将受到严重打击，南军的战斗力必然下降。

战略走廊

杉安道山脉（Shenandoah Range）是阿巴拉契亚山边缘的支脉，它曾经是英裔美国人和法国殖民地的界限，几乎是一道不可逾越的天然屏障。华盛顿和里士满都可以利用山上自西向东的水道进行防御。这些河道中，詹姆斯河（James）、拉帕汉诺河（Rappahannock）、波托马克河（Potomac）以及切萨皮克湾（Chesapeake Bay）的意义最重大。

杉安道河谷可以说是一条战略走廊，位置十分关键。它北通华盛顿和波托马克河，东至蓝脊山脉（Blue Ridge Mountains），西靠杉安道山脉，中间为杉安道河的两条支流。

1861年6月21日，第一次布尔伦河战役[3]爆发，美国内战正式打响。正是在这场战役中，托马斯·乔纳森·杰克逊（Thomas J. Jackson）将军赢得了"石墙"（Stonewall）的美誉。当时，南军将领巴纳德·毕（Bernard E. Bee）将军不敌北军进攻，退到亨利豪斯山（Henry House Hill）山顶。他在山顶看到了杰克逊的出色表现，称赞道："杰克逊像石墙一样屹立在那里！"布尔伦河战役后，杰克逊晋升为少将，并从此得名"石墙"将军，而他的弗吉尼亚第一步兵旅则被称为"石墙旅"。

杰克逊于1864年从西点军校毕业，随后任教于弗吉尼亚军事学院。与他同年的毕业生中至少有24名军官参加了这场内战，例如联邦波托马克军团司令乔治·麦克莱伦（George McClellan），以及在葛底斯堡战役中声名远播的联邦将领乔治·皮克特（Gorge Pickett）。正因如此，南北战争引起了不少家族矛盾。杰克逊的名言是："迷惑敌人，误导敌人，奇袭敌人。"在这场战役中，他出色地利用了杉安道的地形条件。

联邦军自1862年3月起就开始备战，麦克莱伦率波托马克军团进军马纳萨斯，纳撒尼尔·班克斯（Nathaniel P. Banks）和约翰·查理·弗里蒙特（John C. Frémont）率6个师沿杉安道河谷而上。南军将领约瑟夫·约翰斯顿（Joseph E. Johnston）、杰克逊和爱德华·约翰逊（Edward Johnson）敌不过北军的猛攻，只得后撤。然而麦克莱伦却没

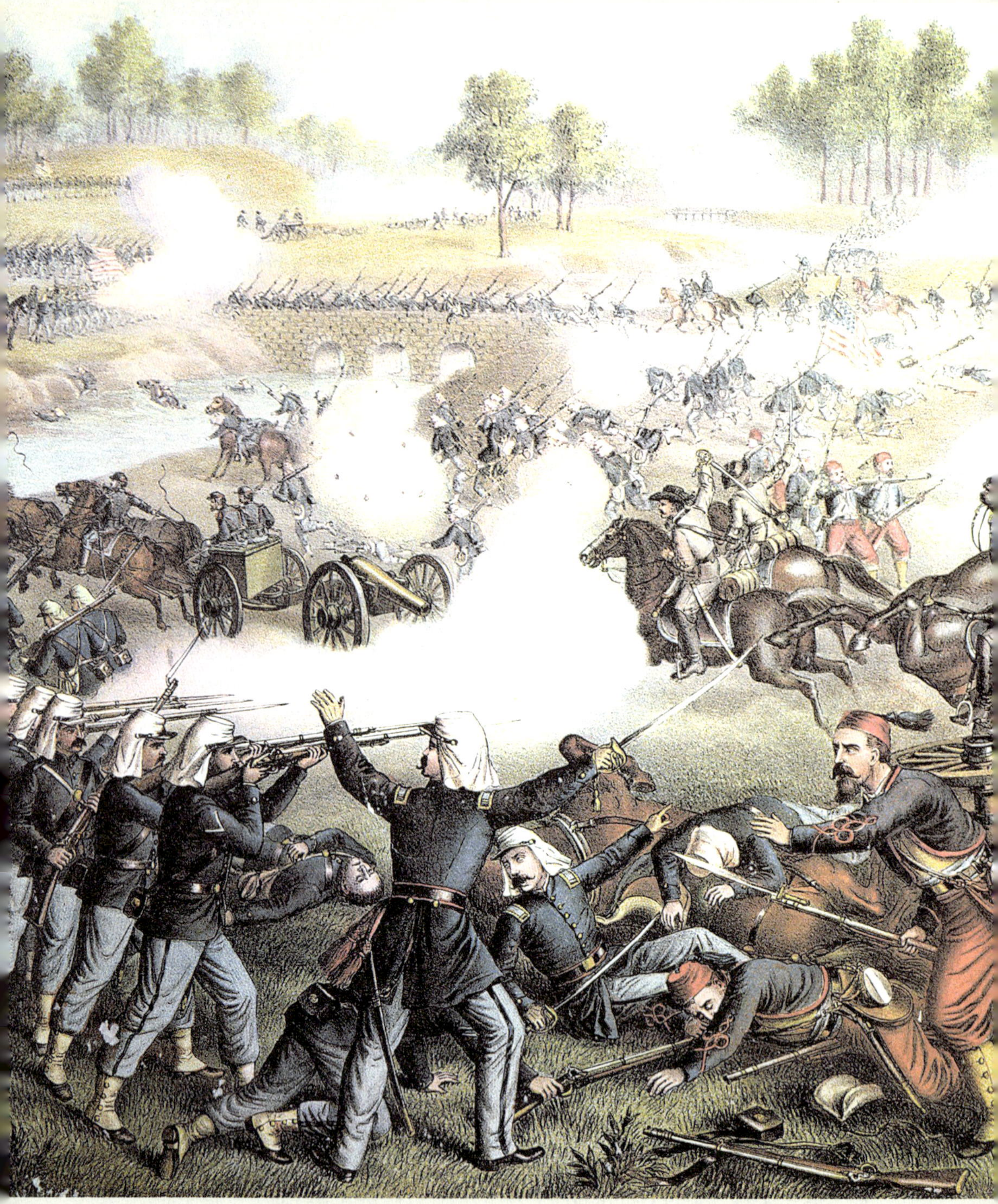

表现第一次布尔伦河战役的石版画。1861年7月21日，南部联盟骑兵大败联邦军。这次战役期间，南部联盟军纪严整，而联邦军则大多为没有受过正规训练的新兵。

有继续追击，而是增援了弗里蒙特，并从班克斯军队中抽调了一个师并入自己麾下，准备进攻里士满。麦克莱伦曾以观察员身份参加克里米亚战争（War of Crimean），也许他在这次战役中的布局正是吸取了这一战争的经验教训。他计划让部队乘船顺波托马克河而下，抵达拉帕汉诺河（Rappahannock）河口，而后陆上行军至里士满。最终，北军决定在弗吉尼亚半岛南端登陆，绕过马纳萨斯的南军。南军方面，约翰斯顿也率军南下弗吉尼亚半岛，保卫里士满。同时，杰克逊要负责牵制住杉安道河谷的联邦军，使其无法接应麦克莱伦。

杰克逊仅有一个师的兵力，根本无法抵御河谷内的联邦大军。因此，他决定放弃北部的温彻斯特（Winchester）。3月23日，他向驻守在肯斯顿（Kernstown）的谢尔兹（Shields）发起进攻。但是，杰克逊低估了对手的力量，致使自己遭到重创。联邦军取得了战斗的胜利，但是杰克逊的出击也给华盛顿方面敲响了警钟：驻守在杉安道河

"石墙"将军托马斯·杰克逊画像。杰克逊是战术大师，他是南军最伟大的将军之一。1863年5月，他被部下误伤致死，给南部联盟造成了重大损失。

谷北端哈普斯渡口（Harper's Ferry）的班克斯的两个师必须转移。于是，班克斯率军离开了由麦克道尔指挥的驻守皮特蒙德（Piedmont）的北军主力部队。

杰克逊一路撤到蓝脊山脉的斯韦福特溪山口（Swift Run Gap）；同时，他令埃韦尔（Ewell）同自己一道阻止"北方佬"占领山谷，并派自己的"石墙师"前往拉帕汉诺河同约翰逊会师。此时，南部联盟仅留下了1.1万人保卫首都里士满，麦克莱伦完全有实力将其包围。

战果辉煌

在杰克逊指挥下，南军在弗兰特罗亚尔（Front Royal）、温彻斯特、十字钥匙镇（Cross Key）和联邦港（Port Republic）等地取得了一系列胜利。这些战斗后来成了英美军事院校指战员们的研究热点。这里山峦起伏，杰克逊的骑兵不得不长时间下马步行，甚至赤脚行走。

5月8日，杰克逊打败了麦克道尔的前锋弗里蒙特，北军主力部队被迫向北撤退。5月23日，杰克逊派10个旅出击弗兰特罗亚尔的联邦军，胜利俘虏了一个军团。在两天后的第一次温彻斯特战役中，他又击溃了班克斯的3个旅。联邦部队慌乱撤退，而南部联盟一路追击到上波托马克（Upper Potomac），逼近哈普斯渡口。

麦克莱伦这时发现，以自己现有的兵力很难保卫华盛顿。这一消息令联邦政府上下顿时陷入恐慌。杰克逊的胜利北上令林肯十分焦虑，他便从麦克道尔手中调回进攻里士满的部分兵力。南军方面，杰克逊留下约瑟夫·约翰斯顿驻守里士满，自己则率军来到河谷迎战北军。

猫鼠之战

联邦军队集结了纽约的民兵。这些民兵尚未经过训练就被派往哈普斯渡口。弗里蒙特将军率6个师进入杉安道河谷，准备截断杰克逊的后

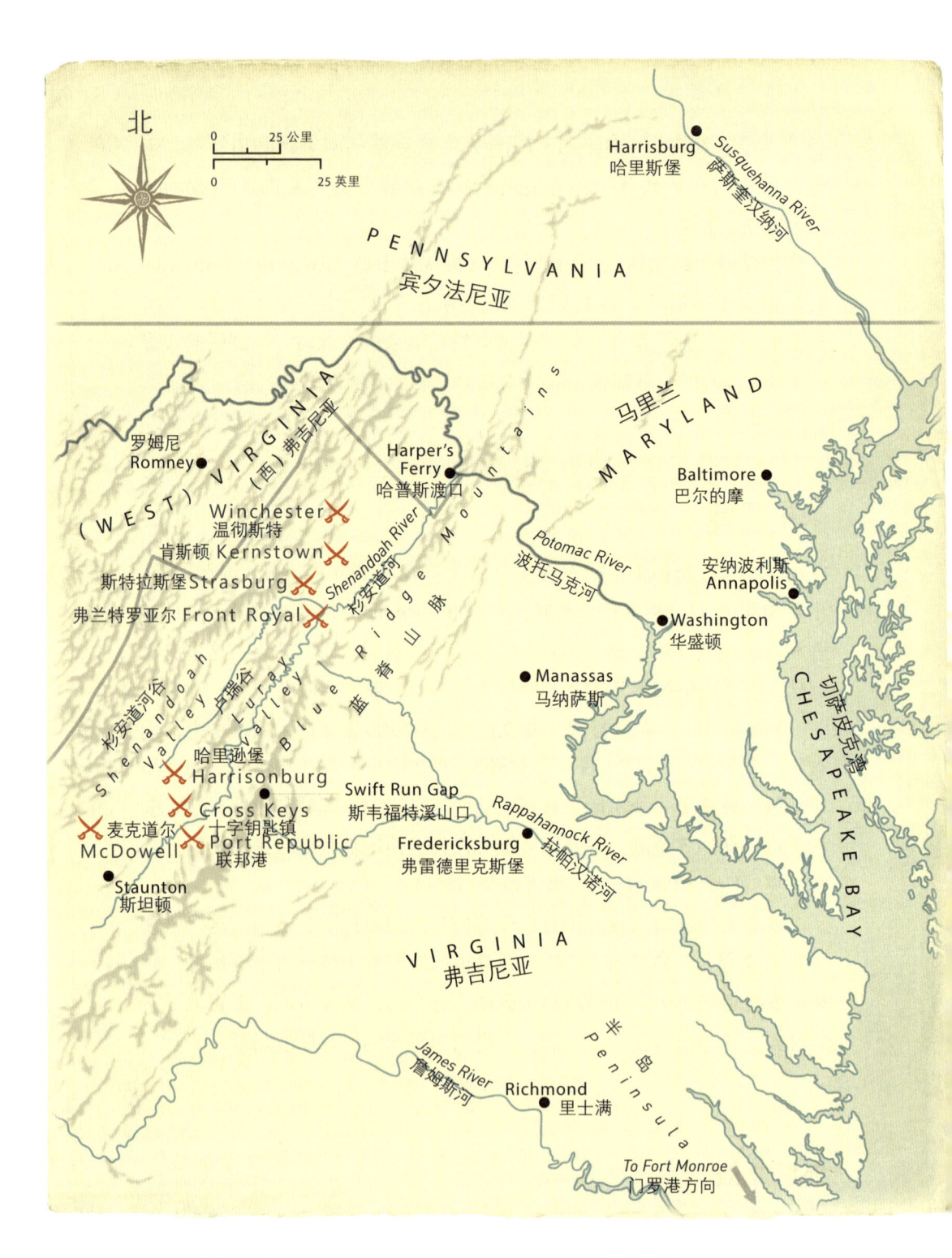

杉安道河谷战役地图。 此图展现了 1862 年 3—6 月间爆发的 8 次战役，在这 8 次战役中，只有第一次战役，即肯斯顿战役以南军胜利告终。

路。围攻里士满的计划被迫取消，麦克道尔奉命率两个师开赴弗兰特罗亚尔，抵抗杰克逊。因此，杰克逊的后方很可能遭到麦克道尔和弗里蒙特的联合袭击。由于天气恶劣，山区路面湿滑，事情的进展并不像联邦军队计划的那样顺利。幸亏杰克逊的士兵训练有素，不仅巧妙地躲过了联邦军，而且于6月1日在斯特拉斯堡（Strasburg）大败弗里蒙特。随后，杰克逊向河谷上游撤退，弗里蒙特则紧追不舍。

杰克逊把指挥大营建在了斯特拉斯堡，又一次以少胜多，战胜了班克斯。联邦军南北夹击，却始终未能俘获杰克逊。

6月6日，杰克逊在哈里逊堡（Harrisonburg）又一次战胜弗里蒙特，然而特纳·阿什比（Turner Ashby）——杰克逊最得力的骑兵指挥官却不幸阵亡，令杰克逊心痛不已。仅过了两天，埃韦尔就在十字钥匙镇大败弗里蒙特，再次振奋了南军的士气。更加令人振奋的是，杰克逊也在联邦港重创谢尔兹的两个旅，弗里蒙特和谢尔兹被迫撤退。

为了继续扩大战果，杰克逊决定率军直插宾夕法尼亚州，但上级命令他撤回里士满解围，因此进军宾夕法尼亚的计划没能实现。

班克斯沿河谷南下，追击杰克逊，随后返回斯特拉斯堡。谢尔兹则奉命东进弗雷德里克斯堡（Fredericksburg）增援麦克道尔，两军将同东边的麦克莱伦相互配合，夹击里士满。

杰克逊大军战果累累，但此时已经疲惫不堪，因此在"七日战争"[4]中，杰克逊的部队表现欠佳。"七日战争"结束后，进攻里士满的"半岛战役"（Peninsula Campaign）也随之结束。

两个月后，1862年8月29—30日，在马纳萨斯会战，即第二次布尔伦河战役（The Second Battle of Bull Run）中，杰克逊重新找回了状态，又一次战胜联邦军。

沉痛损失

第二年春，杰克逊与南部同盟司令罗伯特·李将军（Robert E. Lee）默契配合，在钱瑟勒斯维尔（Chancellorsville）打了一场大胜仗。然而，杰克逊却在一次侦察途中被自己的士兵误伤，仅仅8天之后，他便感染

急性肺炎逝世。这一巨将的陨落给南部联盟造成了沉重的损失，李将军更是为"失去了右臂"[5]而哀叹不已。

杉安道河谷战役有着巨大的战略意义。杰克逊仅调用了4—10个旅的兵力，而为了夺取杉安道河谷以及弗吉尼亚中部，联邦军出动了30个旅。

杰克逊的出色表现可以同腓特烈大帝1760年的胜利相提并论。他以佯动和消耗战术拖垮了敌人，赢得了当时一位军事权威的高度评价。并且这位军事权威的地位丝毫不亚于腓特烈时期的克劳塞维茨。杰克逊牵制着联邦8个师的兵力，导致麦克莱伦始终没有执行进攻里士满的计划，华盛顿政府为此大为愤怒。杰克逊生前为南部联盟创造了不可战胜的神话。

> "迷惑敌人，误导敌人，奇袭敌人。"
> ——托马斯·杰克逊

联邦将军乔治·麦克莱伦。他是"石墙"将军的主要对手,他们是西点军校的同窗,均于1846年毕业。图为1862年9月,麦克莱伦骑马穿过马里兰州弗雷德里克(Frederick)。

注 释

[1] 译注:7个相继脱离联邦的州为:南卡罗来纳、密西西比、亚拉巴马、佛罗里达、佐治亚、路易斯安那和得克萨斯州。

[2] 译注:Charleston Harbour,位于美国南卡罗来纳州。

[3] 原注:The First Battle of Bull Run,又称马纳萨斯(Manassas)战役。

[4] 译注:1862年6月25日—7月1日的7天内,南北双方在里士满附近爆发了一系列战役,史称"七日战争"(Seven Days' Battles)。

[5] 译注:原文为"losing my right arm"。杰克逊因受弹伤截去了左臂,李将军闻讯低声哀叹:"杰克逊失去了左臂,而我失去了右臂。"

-33-
钱瑟勒斯维尔战役
CHANCELLORSVILLE

罗伯特·E·李将军
vs
约瑟夫·胡克将军

General Robert E. Lee v. General Joseph Hooker

1863年5月1—4日

"史上最有将军风范的将军"——南部联盟北弗吉尼亚军团司令罗伯特·李将军以少胜多，大败联邦军。同时，他也为此付出了沉痛的代价。李将军是名将之后，其父曾在美国独立战争时期担任华盛顿的轻骑兵指挥。

> 1863年，联邦军取得了密西西比战役的胜利，但东海岸的弗吉尼亚、马里兰及宾夕法尼亚却形势危急。而且联邦海军也没能夺取查尔斯顿，一时也很难攻占田纳西。
>
> 此时，联邦军队最大的威胁就是弗雷德里克斯堡的南军，因为他们可能随时从这里进攻马里兰或宾夕法尼亚州。联邦派出一批又一批的军队不断突击李将军的防线，似乎为第一次世界大战的堑壕战做了一次预演，代价十分惨重。

"给我们胜利"

李将军的主要职责是阻止联邦军进攻里士满，因此3年来，联邦军队始终没能夺下里士满。北军方面，约瑟夫·胡克接替了安布鲁斯·伯恩赛德（Ambrose Burnside），负责夺取弗雷德里克斯堡。胡克绰号"好斗的乔"（Fightin' Joe）。起初，他仅负责指挥一个师，后来，林肯任命他为联邦主力波托马克军团司令。但是，总统林肯仅仅给他下达了一道模糊的指示："给我们胜利。"

胡克曾立下赫赫战功。但正如军事历史学家约翰·吉根（John Keegan）所言："同李将军这位战争艺术大师展开较量，只能说是他的不幸，因为李将军堪称整个西方世界的军事权威。"

南部联盟的初步行动是清理医院，准备粮草和弹药补给，保证马蹄铁等各种物资充足。因此，胡克必须切断敌人的补给线，逼迫弗雷德里克斯堡的南军投降。为此，他派骑兵逆铁路运输线而上，截获南军的补给。然而拉帕汉诺河水势汹涌，骑兵无法渡河，破坏了整个作战计划。

联邦军共有兵力12.5万人，李将军仅有6万人，这些人多数衣衫褴褛，赤脚作战。胡克将大军分成几路：其中3个军跨过拉帕汉诺河，另外4个军西进钱瑟勒斯维尔。钱瑟勒斯维尔是一个小村庄，村

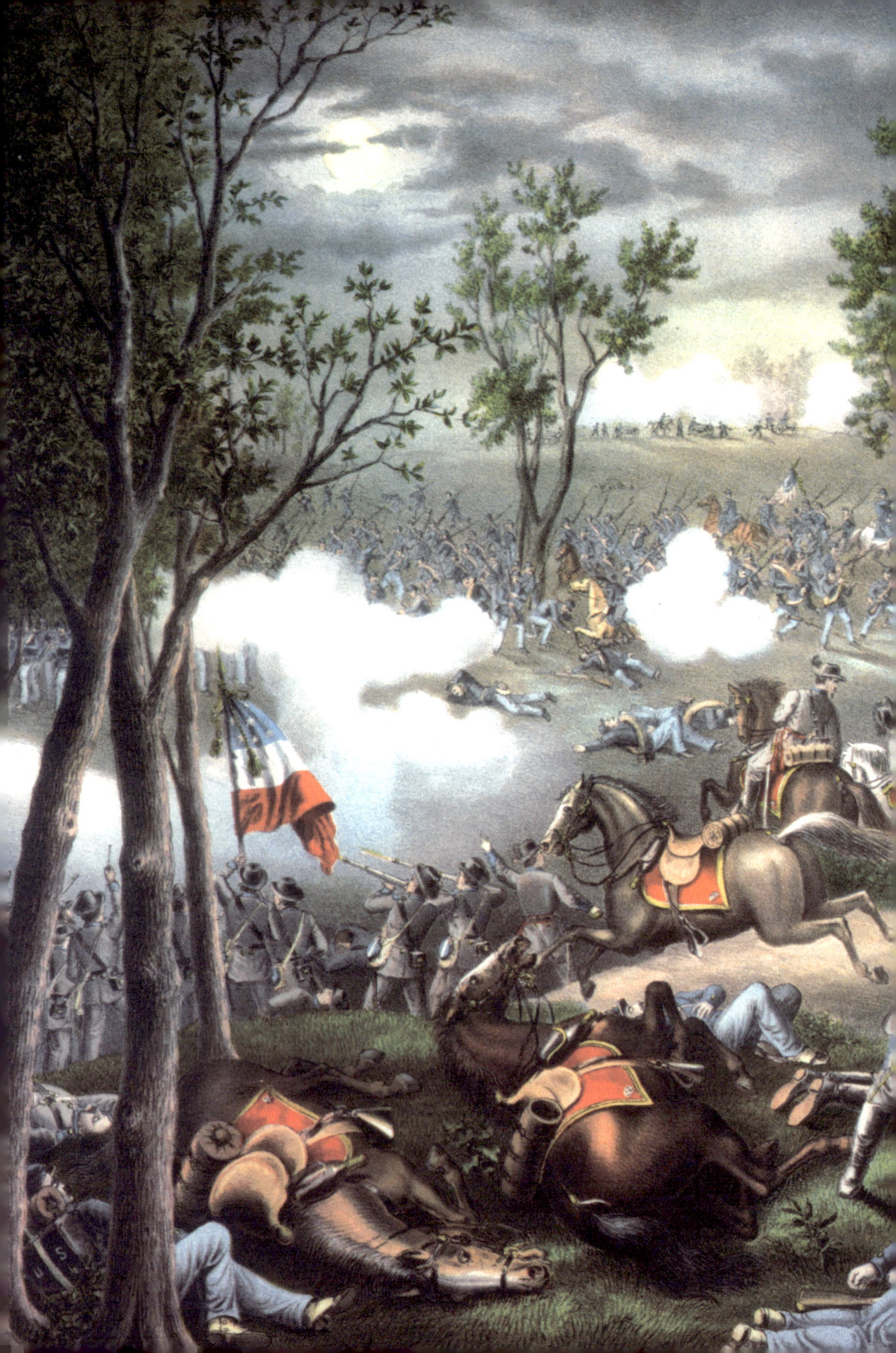

南北战争的关键时刻。 钱瑟勒斯维尔战役时，托马斯·杰克逊将军遭自己部下误伤，后因感染急性肺炎不幸身亡。李将军虽取得了这场战役的辉煌的胜利，却因失去了得力战将而痛苦万分。

庄中心有一幢很大的房子。李将军的军团夹在胡克的两股力量之间。从双方位置看来，胡克本可以轻松取胜，但是，李将军布阵在胡克的部队中间，实力实在不可小觑。然而，不知出于何种原因，胡克没有派乔治·斯通曼（George Stoneman）的骑兵切断李将军通往里士满的退路，错失了一次绝佳的战机。尽管手下将领都主张进攻，胡克却令大军撤回钱瑟勒斯维尔。胡克过于相信自己的判断，然而事情并不如他所料。

丧失主动

更糟糕的是，胡克没有主动出击，让李将军占了上风。战争中本有两大忌讳：一忌在敌人阵前行军；二忌在敌人阵前分兵。然而面对眼前的形势，李将军决定冒险打破常规，结果有惊无险，令人难以置信。由于李将军和杰克逊都摸不清胡克究竟要采用何种战术，便毅然决定放手一搏。胡克至少选取了有利地形，唯一的不足之处是战线右翼从荒野的掩护中凸显了出来，成为整条战线上最脆弱的部位。李将军派杰克逊从后方进攻胡克的右翼。

5月2日清晨7：30，杰克逊向敌人出发，可惜后方却遭到了来自丹尼尔·西克尔斯（Daniel Sickles）两个师的进攻。由于西克尔斯完全不清楚杰克逊的意图，因此杰克逊决定声东击西，引西克尔斯率兵追击。傍晚，杰克逊来到了霍华德（Howard）指挥的第十一军阵前。第十一军大部分士兵为德国移民，他们被一群突然出现的野鹿和兔子扰乱了阵脚，随后便听到北军令人震颤的吼叫。紧接着，杰克逊率南军发起了密集进攻。

联邦军队终于列好了阵型，而外出侦察的南军侦察兵却同自己的部队发生了交火。南部联盟军最终仍成功包围了联邦部队。直到这时胡克才发现，原来杰克逊比自己技高一筹。

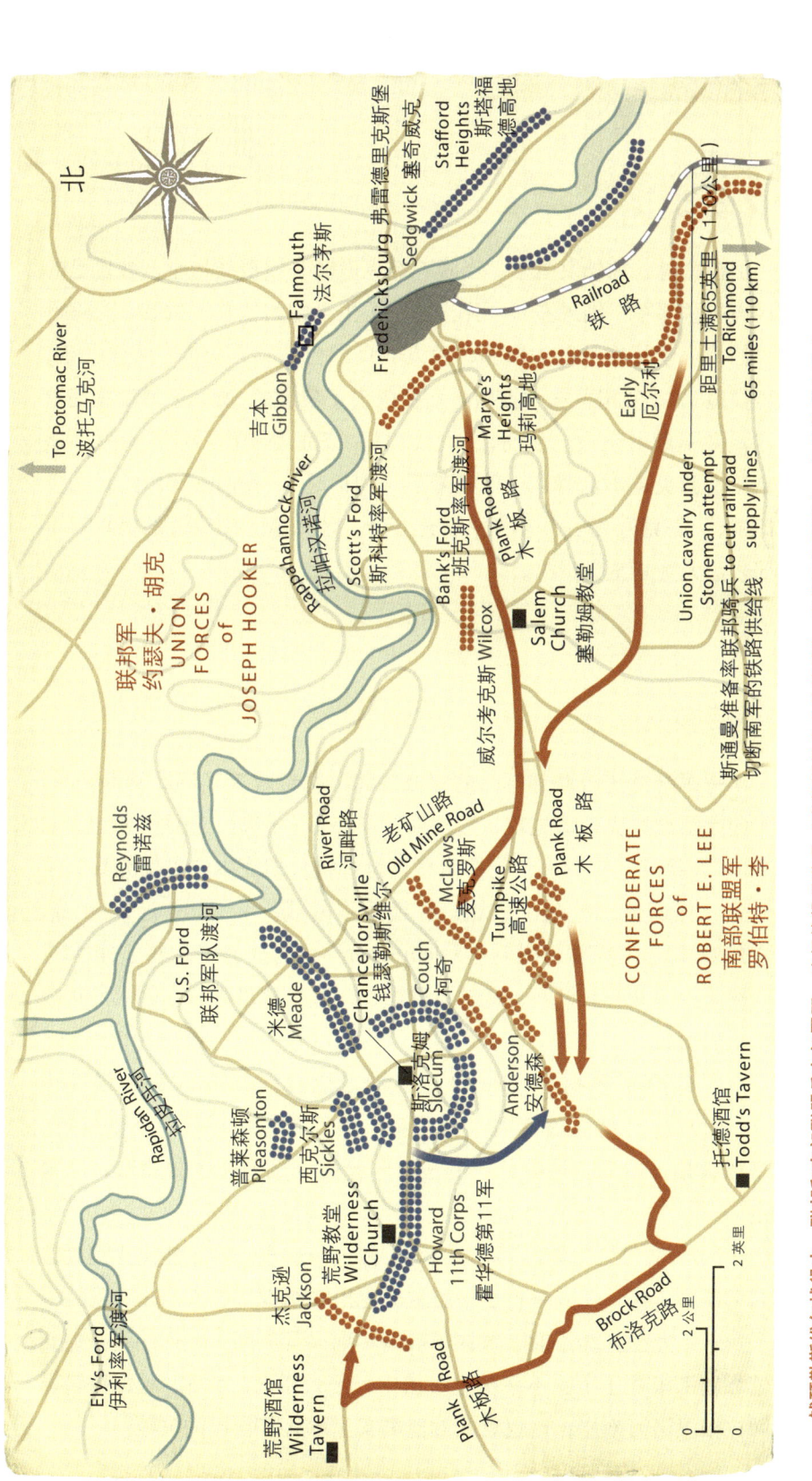

钱瑟勒斯维尔战役中，联邦和南部联盟兵力部署图。这场战役号称是"李将军最出色的战役"。李将军表现出色，但是从很大程度上讲，这场战役的胜利要归因于对手约瑟夫·胡克的失误。胡克手下多位将军曾对他的命令提出公开质疑，甚至拒绝继续在他的军中任职。

良将陨落

正在此时，意外发生了。当晚，杰克逊骑马侦察战场时，被自己的士兵当成联邦军，结果左臂中弹。随军医生当即为他做了截肢。杰克逊是罗伯特·李将军的得力将领，两人一直配合默契。李将军听闻此事，低声叹道："杰克逊失去了左臂，而我失去了右臂。"所幸子弹没有伤及脏器，并不危及生命。然而，5月10日，杰克逊受伤后仅8天就不幸感染急性肺炎，不治身亡。他的最后一句话是："我们去对岸的树荫下乘凉吧。"杰克逊死后，李将军痛苦万分，他知道，杰克逊的牺牲对于南部联盟无疑是重大损失。

痛心疾首

李将军继续进攻联邦军。胡克派约翰·塞奇威克（John Sedgwick）率军向弗雷德里克斯堡进攻。詹姆斯·埃韦尔·布朗·斯图亚特（J. E. B. Stuart）接替了杰克逊，指挥南军进行抵抗。胡克本应以优势兵力主动出击，然而他却挖起了战壕，并缩短了战线。另外，5月3—4日，塞奇威克本已在塞勒姆教堂（Salem Church）的战斗中取得了重大进展，然而胡克却将其调回，掩护自己撤退。整场战役中只有骑兵的进攻获得了成功。

南军放弃了榛树林（Hazel Grove），继续向前夺取费尔维尤山（Fair View）。作战条件有时十分恶劣，到处是橡树以及茂密的冷杉、雪松和刺柏，地面上还有低矮的丛林和野生葡萄藤，盘根错节，十分难走。

在这场激烈的战役中，双方的伤亡都十分惨重。南军搬出火炮猛击钱瑟勒斯维尔村，尤其是村子中心被胡克用作指挥部的大房子，最后夺取了费尔维尤山。房子的一根柱子被南军炮火打成两半，而胡克当时正好依靠在那根柱子上，不幸被炮火击中，陷入昏迷。5日，他命令部队退回拉帕汉诺河南岸，这也意味着他事实上承认了自己的失败。

伤亡惨重。钱瑟勒斯维尔战役中,在弗雷德里克斯堡郊外的玛莉高地(Marye's Heights),南部联盟牺牲将士的尸体在防御石墙后面高高堆起。南军虽然取得了战役的胜利,却承受不起如此沉痛的损失。

塞奇威克和胡克控制了弗雷德里克斯高地，威胁了李将军的后方，迫使其分兵救援，但是此时的北军也已疲惫不堪，无力再战。联邦军队在这场战役中共损失了1.7万人，南部联盟损失1.35万。然而，杰克逊的牺牲给南军带来的损失却是无法估量的。联邦将军乔治·米德（George Meade）指挥的左翼几乎没有遇上南军，因此仅损失了700人。

5月6日，当林肯收到钱瑟勒斯维尔战败的消息时，他忍不住在白宫里来回踱步，大叫："上帝啊，上帝，国人听到消息会怎么说啊！"后来，他召集高级指挥官会议，却没有指责胡克的失败，这令在场的军官大为不满。他们希望撤掉胡克，任命乔治·米德为波托马克军团司令。

钱瑟勒斯维尔战役是南军取得的一场辉煌胜利，尽管在很大程度上这要归功于胡克的失误。联邦军在这场战役中的失败险些导致林肯政府垮台。

> "上帝啊，上帝，国人听到消息会怎么说啊！"
> ——联邦总统亚伯拉罕·林肯闻知钱瑟勒斯维尔战役失败后高声感慨

-34-
葛底斯堡战役
GETTYSBURG

罗伯特·李将军
vs
乔治·米德将军

General Robert E.Lee v. Major General George Meade

1863年7月1—3日

罗伯特·李将军失去了"石墙"将军杰克逊，可他一直未放弃进攻宾夕法尼亚的计划。上一次他尝试北上时，本来已经攻入了马里兰州，然而1862年9月17日,李将军在安提耶坦之战（Battle of Antietam）中受阻，交战双方的损失都非常惨重。李将军的目标一直不甚明确，也许他认为，只要攻入北方，就可以说服欧洲各国承认南部联盟的独立，甚至可以逼迫联邦进行和谈。

> 李将军在杉安道河谷的胜利进军引起了华盛顿的警觉。联邦司令约瑟夫·胡克始终畏缩不前，甚至直到南军打到波托马克河谷的哈普斯渡口，胡克都没有出击，他因此被免职。1863年6月28日，林肯任命乔治·米德为波托马克军团司令。对李将军而言，米德是更强劲的对手。米德并不情愿接受这一任命，但是他仍然迅速采取了行动，进入宾夕法尼亚，这对南军的计划构成了极大的威胁。

阻止南军

李将军本来已将北弗吉尼亚军团分成几路，而当他得知波托马克军团正在向他进攻并阻止南军跨过自东向西穿过宾夕法尼亚的萨斯奎汉纳河（Susquehanna River）时，他又将军队重新合并。令他没有料到的是，南军必须守卫葛底斯堡（Gettysburg）。不幸的是，北军已经占领了该城。葛底斯堡储备着大量的军靴，这正是南军所必需的，而且此地城防十分坚固，四周丛林密布。城南有两座山峰，正南方是公墓岭（Cemetery Ridge），山岭尽头是公墓山，东侧有一片高地兀自突起，名为卡尔普山（Culp's Hill）。西南方向还有一座学堂岭（Seminary Ridge），分成圆岭（Round Top）和小圆岭（Little Round Top）两个支脉；大小圆岭前是一片戈壁，分别是魔鬼岭（Devil's Den）、麦田（Wheatfield）和桃园（Peach Orchard）。

李将军的骑兵在骁勇的杰伯·斯图尔特（Jeb Stuart）指挥下出战未归，这支骑兵不久前曾在布兰迪车站战役（Battle of Brandy Station）——南北战争中规模最大的一次骑兵交锋中遭到重创。李将军的部队从北方的钱伯斯堡（Chambersburg）赶来，在葛底斯堡郊外遭遇了米德的部队。

起初，战场形势对南军十分有利，而北军在南军进攻下形成了一条以公墓岭为中心的半月形战线，右侧深入卡尔普山和公墓岭。

错失良机

战斗持续了3天。联邦军已退守城南高地，李将军因病状态不佳。鉴于形势尚不明朗，李将军本打算当日（7月1日）不再发起进攻。但是，他一听说米德的主力部队即将抵达，就决定放手一搏，趁北军的战壕尚未建成，将其赶出公墓岭，迫使其向南撤退。此时，李将军的兵力约7.2万人，联邦军约为9.3万人。

南军司令命令理查德·埃韦尔"适时"夺取公墓岭，但是，第二军混乱不堪，埃韦尔并未向山岭发起进攻。同时，联邦军趁机深挖战壕，巩固防御。第二天（7月2日）一早，两军在两座平行的山岭上各自列阵，中间隔着一道大约1.1公里的山谷。

在前一天进攻中，南军没能乘胜夺取制高点，错失了一次绝佳战机。他命令（自己的老部下）詹姆斯·朗斯特里特（James Longstreet）从正面向公墓岭发起全面进攻。这时，朗斯特里特却提出了不同意见：他主张率军南下进攻农村，抑或仿照弗雷德里克斯战役模式，坐等联邦军队来攻。归根到底，朗斯特里特反对此时进攻，因为米德早有准备，此时进攻必然受阻。但是，李将军却坚持主张出击，他认为："敌人已经准备就绪，不主动消灭敌人必会被敌人所灭。"

事实上，朗斯特里特没有按照李将军的指令从南面袭击北军，而是在圆岭和魔鬼岭发起了猛烈的进攻。小圆岭是战场制高点，如果能将火炮运送上来，必然能在这场战役中占据主动。负责此地防御的是著名的北军将领约书亚·张伯伦上校（Colonel Joshua Chamberlain）及386名北军士兵。正是由于他的严防死守，北军才保住了小圆岭。战斗过程中，北军已有125名战士阵亡，且弹药用尽，张伯伦便令士兵拿起刺刀，同敌人展开一场白刃战，结果竟然俘获南军300余人。

丹尼尔·西克尔斯少将冒险违抗上级命令，率领他的第三军撤离公

美国画家亨利·亚历山大·奥格登（Henry Alexander Ogden，1856—1936）的作品：葛底斯堡战役。这场战役标志着美国南北战争的转折点，意义十分重大。然而双方伤亡非常惨重，可谓是一场不折不扣的屠杀。

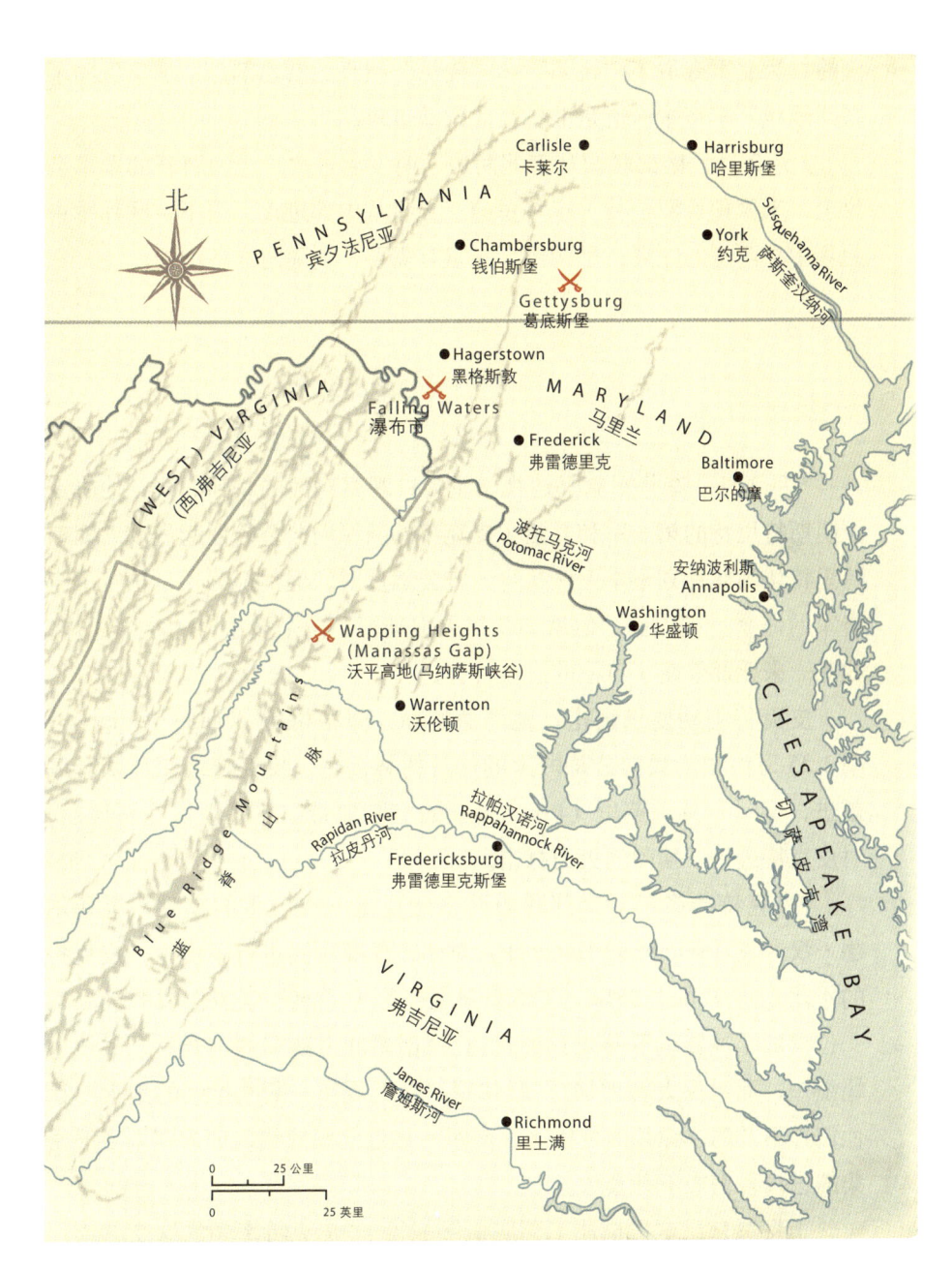

葛底斯堡战役后，李将军在撤退途中打了两场保卫战：一场于7月14日发生在波托马克河沿岸马里兰州的瀑布市（Falling Waters）；9天后，另一场战斗在沃平高地（Wapping Heights）爆发。北军的拖延让南军的北弗吉尼亚军团主力得以成功逃脱。

墓岭，为北军夺取了"桃园"和"麦田"附近的凸出部分，加倍巩固了联邦战线。李将军恰恰是准备在此发动进攻。

7月2日，南部联盟从南北两边同时发起进攻。当晚召开的军事会议上，米德预计罗伯特·李将军第二天将从中部进攻。眼下，联邦军主力集中在西侧的左翼，呈钩形，一旦有需要，就随时准备增援。

皮克特冲锋

7月3日，李将军骑马巡视学堂岭，观察对面的联邦战线。他决定派朗斯特里特的第一军和乔治·皮克特的新军向公墓岭发起进攻。朗斯特里特认为此计划根本无法执行，曾公然反对，但他最终还是执行了李将军的命令。进攻前，他用260门火炮进行了两个多小时的猛烈轰炸。如此一来无疑暴露了自己的进攻目标。

皮克特主动要求出击，他同詹姆斯·佩蒂格鲁（James Pettigrew）率1.25万南军士兵向公墓岭上的一片树林前进。皮克特组织部队有序前进，穿过一片1英里（1.6公里）的空旷地带；北军埋伏在石墙后，对皮克特进行了猛烈的火力打击。

"皮克特冲锋"对南部联盟而言无疑是一次沉重的灾难。温菲尔德·汉考克（Windfield Hancock）对弗吉尼亚军团进行了反击，皮克特的军团伤亡率高达85%。这场悲剧也被称为"南部联盟作战的极限"。一位参加了冲锋的联邦老兵回忆道："南军冲上狭窄的山脊后，战线大幅缩短，而纵深大幅增加。"联邦军"毫无规律、断断续续的炮火"让他们猝不及防，弹片四处横飞。南军一靠近北军战线，便遭到雨点般密集的进攻，伤亡不计其数。

李将军自己这样描述了葛底斯堡战役："皮克特率领的这支弗吉尼亚师是我见过的作战最英勇顽强的部队，他们今天的出色表现任何军队都难以超越。"

战后余波

7月4—5日，李将军率领北弗吉尼亚军团冒着大雨向南撤退。米德赢得了此战的胜利，之后，他仅派了两个师继续追击溃退的南军，而联邦主力则转入马里兰，准备切断敌人的退路。南军撤退途中遭遇波托马克军团的拦截，然而米德认为对手太过强劲，便没有进攻，李将军因此侥幸逃脱。

双方将领在这场战役中均有失误之处，并各自为此付出了惨重的代价。南军士兵伤亡近三分之一，米德也损失了2.3万人左右。联邦军未能乘胜追击，丧失了全歼南军的有利时机。南军损失惨重，却并未被彻底摧毁，只是从此以后，南军再也没能占据主动。

葛底斯堡战役的同一天，尤里西斯·格兰特将军夺取了维克斯堡（Vicksburg）。现代历史学家已经不像一百多年前那样追捧李将军了。事实上，李将军遭遇的对手通常并不十分强劲。自从杰克逊去世后，南部联盟再也没有取得过真正的胜利。

联邦军的12磅加农炮。该炮现收藏于葛底斯堡国家军事公园。美国为了保护战争遗址，特在此地建了国家公园。

-35-
维克斯堡战役
VICKSBURG

尤里西斯·辛普森·格兰特将军
vs
南部联盟军

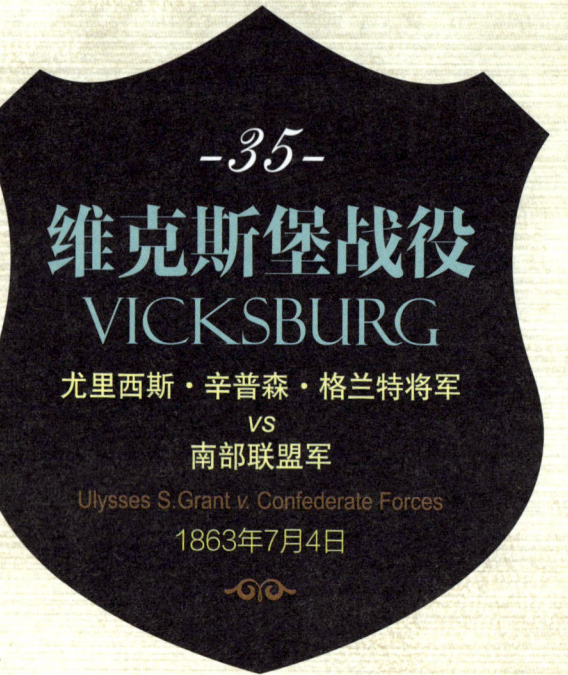

Ulysses S. Grant v. Confederate Forces

1863年7月4日

  1863年，南北战争的形势日益不利于南部联盟。葛底斯堡遭到惨痛打击仅一天之后，南军又败给联邦将军尤里西斯·辛普森·格兰特，丢掉了密西西比河畔重镇维克斯堡。这时的南部联盟分裂成两支，东西两线均遭到北军的沉痛打击，南军从此一蹶不振。

> 尤里西斯·辛普森·格兰特并不是一个天生的将才。他在西点军校就读时，成绩并不出众，后来还因醉酒险些被送上军事法庭。然而内战期间，格兰特却一跃成为联邦最伟大的将军，内战结束后又当选美国总统（1869—1877）。格兰特不仅在战场上有杰出的表现，而且对现代战争有着深刻的见解。他深知，摧毁敌人经济资源的重要性丝毫不亚于摧毁敌人的有生力量。

"维克斯堡是关键"

一段时间以来，南军多个关键要塞接连失守。1862年2月，格兰特在夺取密西西比河支流的亨利要塞（Fort Henry）和唐纳尔逊要塞（Fort Donelson）战斗中崭露头角，引起了南北两军的注意。同年，北军占领了新奥尔良。截至1863年夏，联邦军队攻克了密西西比流域除维克斯堡和哈德逊要塞（Fort Hudson）之外的全部要塞。

然而，单凭海军作战很难夺取维克斯堡，必须有一支强大的陆军从密西西比河东岸给予配合。此外，维克斯堡位于密西西比河中部，地处南部联盟中心地带，因此必须先打进城内才能实施包围。这一战对北方而言意义重大：维克斯堡一日不取，联邦与新奥尔良之间的贸易就一日不能恢复。正如林肯总统所言："维克斯堡是关键。"

易守难攻

问题的关键在于，维克斯堡建在密西西比河转弯处的峭壁之上，河流在此开始分岔。要塞的左侧朝向米利肯湾（Milliken's Bend），右侧是溪流密布的亚祖河谷（Yazoo），易守难攻，因此得名"西部的直布罗

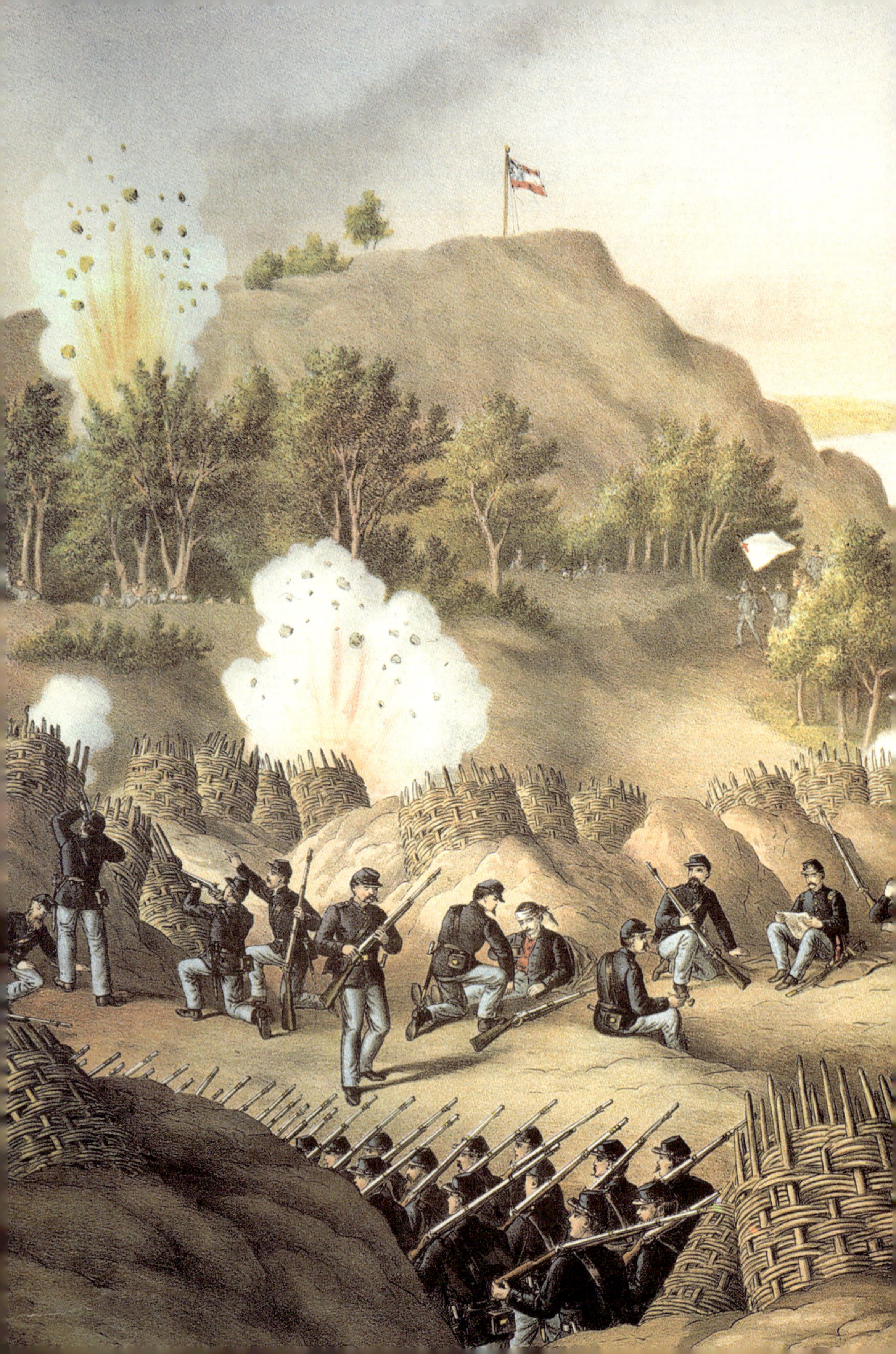

维克斯堡战役中，尤里西斯·格兰特将军及部下视察地道挖掘工作。 此图出自库尔茨－阿里森出版社（Kurz and Allison）1888 年出版的一套纪念美国内战的版画。

陀"（Gibraltar of the West）。南军在此修筑了巨大的防御工事，维克斯堡位于高耸的胡桃山（Walnut Hills）上，周围森林密布，有多条山脊。山脊底部是一片荒野，生长着12—15米高的参天大树。由于密西西比河河道在此形成急转弯，因此地面上到处是"U"形湖泊，夏季水分蒸发时，地面干燥；而春季湿润，成为沼泽。如此复杂的地貌特征使得部队根本无法通行。而且夏季潮湿，蚊虫肆虐，更加剧了行军难度。

维克斯堡是按照沃邦[1]模式修筑的，多面堡、凸角堡、眼镜堡[2]及炮台一应俱全，南军将领约翰·彭伯顿（John C. Pemberton）负责守卫。此前，北军曾多次尝试夺取维克斯堡；1862年后期，格兰特将军部下威廉·特库姆塞·谢尔曼（William T. Sherman）将军也曾进行了尝试。但是，所有行动均以失败告终。格兰特甚至试图挖一条运河将炮艇运过要塞，进入密西西比河主航道，但当他们挖至米利肯湾时，恰逢春洪，挖掘工兵全部被洪水淹死。另外，运河的修建不断遇到巨树的阻碍，历经几个月的艰辛和失败后，格兰特被迫放弃了这项计划。

水陆夹击

北军屡次遭受打击，但是他们仍坚持进攻维克斯堡。1863年4月，格兰特制订了一份新的作战计划，从南军防守较薄弱的东部和南部入手夺取要塞。联邦军队的炮台位于密西西比河右岸14英里（23公里）处，为了将他的部队不动声色地从维克斯堡北部转移，格兰特决定从西岸行军，经过维克斯堡后，再将部队运送至密西西比河东岸。根据北军的情报，格兰特此行最佳的渡河地点为格兰德湾（Grand Gulf）南侧的布鲁茵斯堡（Bruinsburg）。4月16—17日夜，联邦舰队司令大卫·波特（David Porter）在炮艇上堆起厚厚的棉花，冒着南军的炮火穿过维克斯堡，一艘被南军击沉，三艘冒险通过。至4月30日，通过维克斯堡的联邦船只已足以将陆军从田纳西州运至对岸的布鲁茵斯堡。

同时，本杰明·格里尔森（Benjamin Grierson）上校率一支骑兵开赴600英里（966公里）外突袭密西西比州。这一行动不仅分散了南军注意力，也给密西西比州中部造成了致命打击。

联邦军一渡过密西西比河，格兰特就立即派麦克弗森（McPherson）和麦克勒南（McClernand）率两个军进攻约瑟夫·约翰斯顿。约翰斯顿此刻正忙着从密西西比州首府杰克逊集结兵力，总共召集了2万名新兵。麦克弗森和麦克勒南轻装上阵，迅速奇袭了南军。5月14日，他们攻占了杰克逊，并将该城付之一炬。两天后，南北两军在维克斯堡以东20英里（32公里）处的冠军山（Champion Hill）相遇。南军司令彭伯顿没有采纳总统戴维斯的意见，执意率军在城外空旷地带迎战格兰特，结果遭到大败。17日，双方在大黑河桥（Big Black River Bridge）交锋，南军败退维克斯堡。

北军现在已经切断了维克斯堡同其腹地之间的联系。5月19日，格兰特开始围攻维克斯堡，他原本计划速战速决，便派大批兵力进行猛攻。然而4天过去了，北军损失了3000余人，而维克斯堡要塞却仍未攻克，格兰特只得收兵。

维克斯堡的驻军希望约翰斯顿能率军前来解围，然而约翰斯顿始终没有出现。格兰特从水上和陆上用加农炮猛烈轰炸，要塞内的面包、面粉、肉类和蔬菜等各种供给均出现短缺，城内居民只得以骡子、花生和老鼠为食。5月25日，彭伯顿提出休战，埋葬阵亡将士。事实上，双方士兵曾表现出了一定的友善，有时还有少量的咖啡和烟草交易。

> "维克斯堡一旦陷落，南部联盟必将瓦解。"
> ——尤里西斯·格兰特

炸毁要塞

北军派工兵开始挖掘地道，并同时挖掘平行战壕，将加农炮每日向前推进一些。6月7日，火炮与维克斯堡要塞的最近距离仅70米。南军不断向其开火，为了躲避敌人的袭击，工兵全部裹上棉包。6月22日，联邦工兵几乎已经到达希尔堡（Fort Hill）胸墙脚下，上校安德鲁·希肯洛珀（Andrew Hickenloper）设计了一条穿过南军阵地的地道，

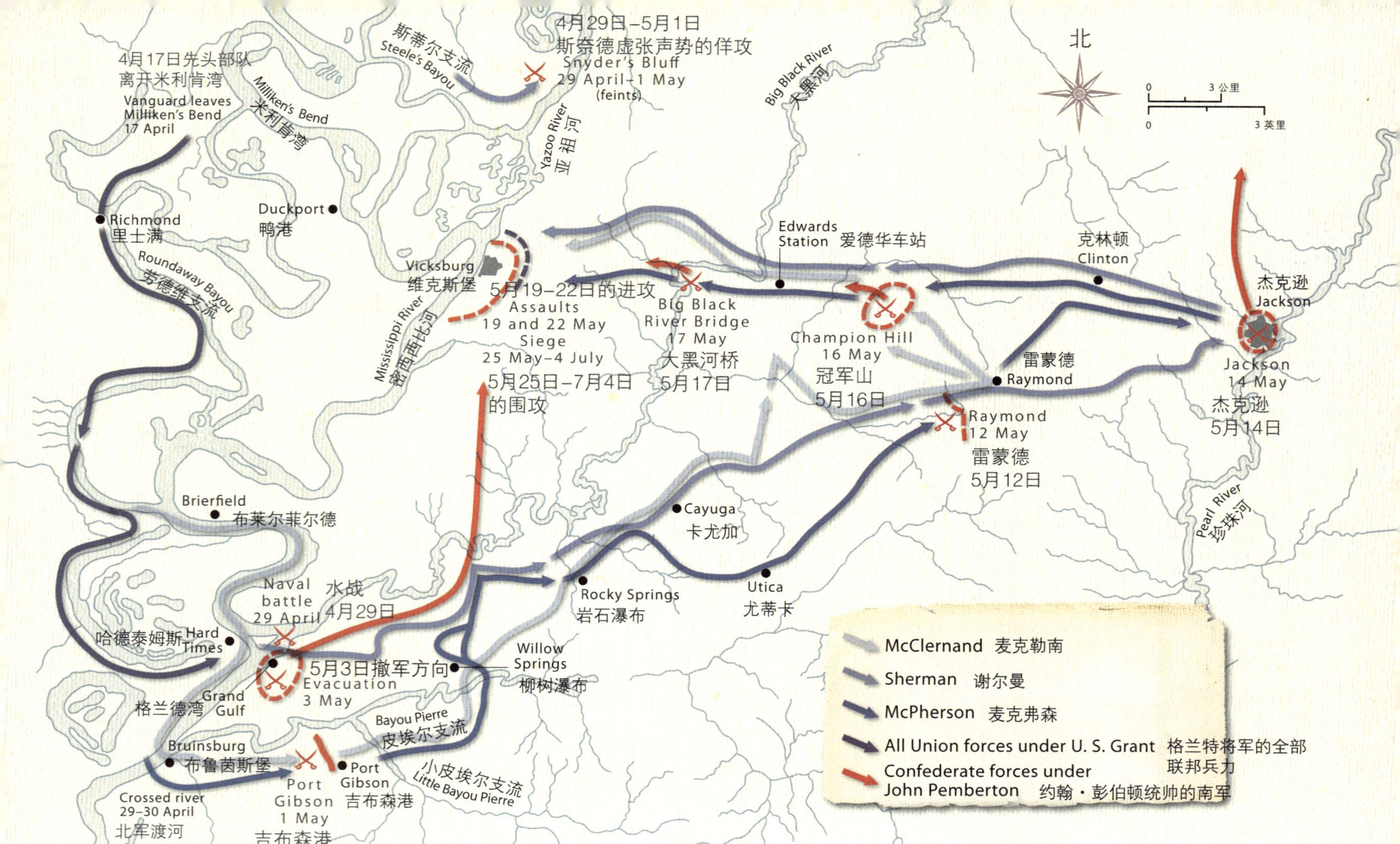

1863 年 4–7 月，格兰特将军占领了防御坚固的维克斯堡，而联邦军占领了密西西比州，并将阿肯色、路易斯安那和得克萨斯州从其余分裂各州中分离出来；这样一来，他就将南部联盟一分为二了。

并安置900千克（2000磅）炸药。25日，北军引爆了炸药，几乎彻底摧毁了希尔堡。但是，南军提前预知了危险，并早已建造了另一座防护墙，继续向围城部队开火，北军只得放弃。

事实上，挖掘地道的工作仍在进行。7月1日，北军重新挖掘了一条地道并再次安置了炸药。随着路易斯安那州上空的一声巨响，不仅要塞被炸毁，挖掘地道的工兵也几乎全部牺牲；仅有一名工兵在爆炸后被抛到空中，落在北军防线后，得以死里逃生。

彭伯顿开始建造船只，准备弃城逃跑。南军的粮草早已用尽，士兵濒临暴动。格兰特料定南军即将投降：即使约翰斯顿赶来救援，以他的微弱兵力也不可能战胜自己的北军。7月3日，两名南部联盟军官举着白旗走出防御墙。他们称彭伯顿请求停火，以"避免流血"。起初，格兰特要求南军无条件投降；后来，他还是放宽了条件，没有收缴武器。3.16万名南军将士写下投降书后获得了食物。7月8日，维克斯堡战败的消息传来，弗兰克·加德纳将军（General Frank Gardner）在哈德逊港投降。

注释

[1] 译注：Vauban，17世纪法国元帅、著名军事工程师，擅长修筑要塞。
[2] 译注：指沃邦侧面的凸出工事。

-36-
克尼格雷茨战役
KÖNIGGRÄTZ

普鲁士赫尔穆特·冯·毛奇
vs
奥地利元帅路德维希·冯·贝内德克

Helmuth von Moltke v. Ludwig von Benedek

1866年7月3日

在1866年的"七周战争"（Seven Weeks' War），即普奥战争期间，普鲁士军队总指挥名义上是国王威廉一世（William I），而在他背后却有一位杰出的总参谋长——赫尔穆特·冯·毛奇。1857年，毛奇升任普鲁士总参谋长，他一上任便着手进行了全面改革，将总参谋部变成了普鲁士军队的精英智囊团。他继承了德国军事理论家克劳塞维茨的思想，主张全歼敌人；而"铁血首相"（Iron Chancellor）奥托·冯·俾斯麦（Otto Von Bismarck）视战争为外交的附属，这就为毛奇创造了良好的政治环境。

> 拿破仑时代结束后，战争艺术和军事科技又有了新的发展。毛奇充分抓住了铁路大发展的机遇，利用铁路源源不断地输送兵力；他还给部队配备了先进的德莱赛（Dreyse）后装式针发枪，发射速度提高了两倍。他的战略是在战斗开始时把部队分成几个部分，"分路行军，同时打击"。也就是说，他用一支部队牵制住敌人，另外两支力量对两侧翼进行打击。毛奇同许多战争策划者一样，也希望打一场"坎尼战役"，包围并全歼敌人。然而，克尼格雷茨战役并没有满足他的夙愿。

灾难临近

在德语各邦国的争霸战中，普鲁士最大的对手——奥地利就缺少一位能与毛奇相匹敌的军事指挥；陈旧落后的奥地利军队保卫着毫无生气的政治体制，指挥系统分工不明，上层思想僵化，装备陈旧落后。总之，奥地利军队完全无法与普鲁士的战争机器抗衡。

普鲁士迅速赶走了奥地利在汉诺威和黑森选侯国（Electoral Hessen）的盟友。普鲁士各路兵力共计24.5万人，他们在波希米亚的克尼格雷茨要塞迎战规模稍小的奥地利-萨克森联军[1]。奥地利的优势在于其精良的加农炮，而且加农炮的数量超过了普鲁士。但是，奥地利元帅路德维希·冯·贝内德克却信心不足。6月30日，他通过电报建议皇帝弗朗茨·约瑟夫（Francis Joseph）同普鲁士议和。他在电报中说："（开战）将引发一场不可避免的军事灾难。"

普鲁士大军分为3个部分，元帅赫尔沃特·冯·比滕费尔德（Herwath von Bittenfeld）的易北军团从托尔高（Torgau）出发；腓特烈·卡尔亲王（Prince Frederick Charles）的第一军团从劳西茨（Lausitz）出发；而普鲁士王储腓特烈（Prince Frederick）的第二军团则从西里西亚的奈塞[2]

克尼格雷茨战役中的普鲁士步兵。该图出自卡尔·勒希林（Carl Röchling）的水彩画。德莱赛后装式针发枪在这场战役中起了决定性作用，这种枪的射击速度远远超出奥地利的前装式武器（muzzle-loading weapons）。

出发。

6月29日，赫尔沃特迅速在德累斯顿郊外的吉特钦（Gitschin）解决了萨克森军。7月1日，几支军团之间的距离已经很近，行军一天即可会合。7月2日，毛奇本想发电报通知王储加入另外两个军团，却发现电报机出了故障。不得已，他只得派骑兵前往20英里（32公里）外传达消息。

当时天降大雨，毛奇的部队冒雨继续前进；7月3日，他们抵达克尼格雷茨。但是，有1个军团因下雨而延误。普鲁士此时总兵力为13.5万人，贝内德克本应趁此机会迅速出击，然而，这位元帅没能抓住时机。冯·莫利纳里（von Mollinary）提出趁普鲁士第三个军团到来之前从侧翼包围普鲁士军，但是贝内德克驳回了他的建议，仍旧按兵不动。

火炮与针发枪

普鲁士在比斯特里茨河（River Bistritz）西岸刚刚布阵完毕，奥地利便首先开火，牵制住普鲁士右翼。腓特烈·卡尔亲王率先发力，派步兵7.5万人同奥地利的18万人展开对决。普鲁士大军穿过森林时，中部遭奥地利击退。奥地利火炮发挥了重要作用，实际上，如果奥地利组织骑兵进攻，普鲁士很可能没有招架之力。只可惜路德维希·冯·贝内德克始终不同意进攻。

奥地利的斯柯达加农炮（Skoda Cannon）比普鲁士火炮射程更远。然而，一旦普鲁士军来到奥地利阵前，针发枪的优势就开始显现出来。

上午11：00，普鲁士的中部被奥地利打退，而奥地利的右翼却暴露在了普鲁士军炮火下。下午2：00，第二军团终于抵达。一个半小时后，普鲁士重新开始进军。下午2：30，普鲁士王储令10万大军部署就位，使炮兵尽量前移以打击奥军的中部力量，并向奥军侧翼推进。混乱中，腓特烈·卡尔亲王请求王储指挥第二军团给予援助。

毛奇总参谋长决定派腓特烈王储的第二军团进攻奥地利侧翼，他同首

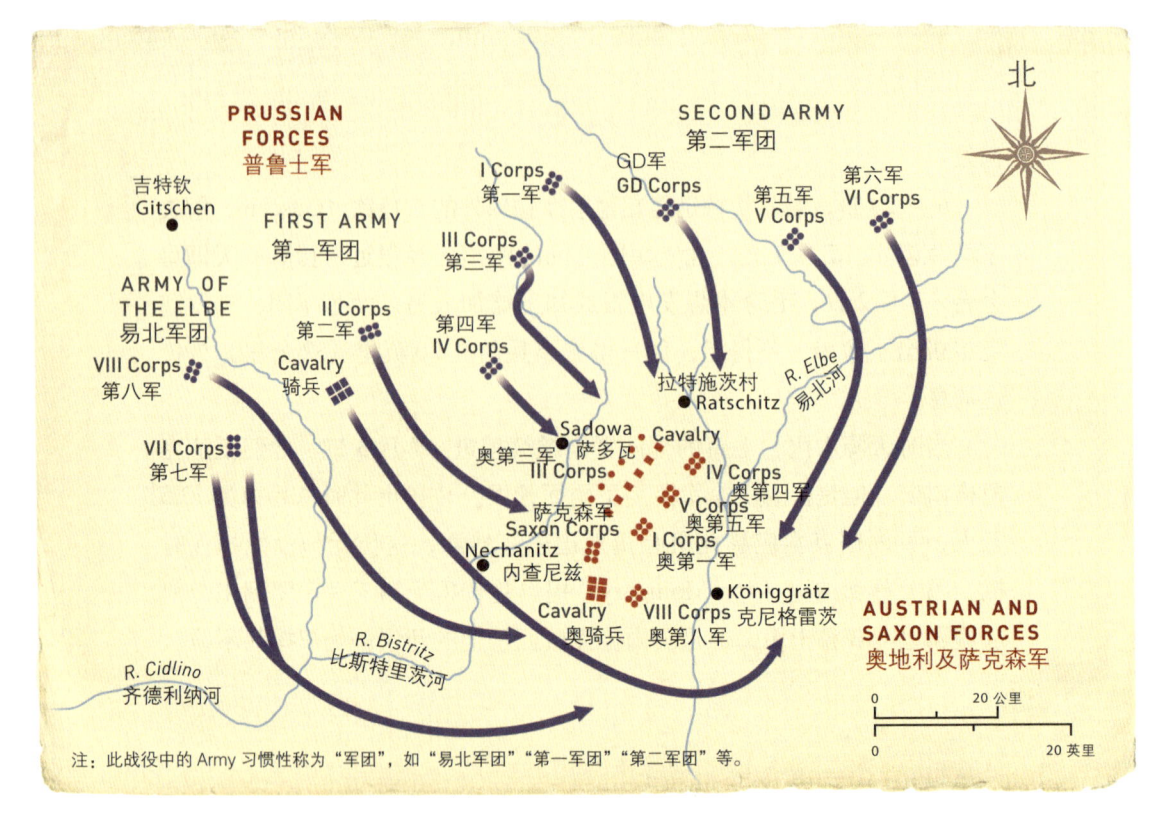

毛奇冒险将战场上的 3 支军团合并。 铁路运输的发展大大增强了军队的移动能力，这使毛奇的计划成为可能。由于 1 个军团迟到，行动计划险些被破坏。

相俾斯麦和国王威廉从山上观察了战斗形势——3 人同时出现代表了普鲁士国王同德国军、政领袖的密切配合。奥地利炮兵和骑兵也集结起来。尽管毛奇富有军事天才，但是奥地利元帅贝内德克指挥不力，这也衬托了普鲁士的优势。

此时，奥地利北部军团四面受敌。他们火炮精良，作战的骑兵也十分英勇，却已无法扭转颓势。将军席勒·冯·盖尔特林根（Hiller von Gärtringen）和第一近卫师逼近奥地利炮兵时，守军纷纷溃逃。奥地利的高地及炮台相继失守，战线中部也被普军包围。普鲁士的第二军团突破奥地利防线，随着拉特施茨村（Ratschitz）的陷落，易北军团突破了奥地利左翼的萨克森军。下午 3：00，奥地利骑兵全线撤退。

普鲁士称霸

面对身后的易北军团，贝内德克已经无路可退。战斗发展到这一阶段很可能又是一场"坎尼战役"。毛奇自信地向国王保证，"陛下不仅可以赢得今天的战斗，而且将赢得整场战役的胜利"。然而，普鲁士军队并未乘胜追击。一方面是因为他们陷入泥沼，另一方面，军队也疲惫不堪，而且大规模感染霍乱。

普鲁士之所以没有追击奥地利，背后还有一点政治原因：俾斯麦急于将奥地利置于德国控制下，但是，普鲁士很可能是德国潜在的盟友，毛奇希望给普鲁士保留一丝尊严。

下午6：00，普鲁士已经胜利在望，国王静静地拥抱了王储，将一枚德意志"功勋勋章"（Pour le mérite order）戴在了他脖子上。

奥地利退到易北河对岸。在这场战斗中，奥军伤亡人数共计4.4万人，另有约2.2万人被俘。普鲁士伤亡约9000人，其中大部分为伤员，而死者相对较少。[3]

普鲁士为纪念（萨多瓦）克尼格雷茨战役胜利而制作的纪念章。 奥地利和普鲁士在法国皇帝拿破仑三世的斡旋下进行了和谈。然而4年后，法国遭到了同奥地利一样的命运，受到了军事强国普鲁士的打击。

俾斯麦提出有条件的和平，将奥地利赶出了普鲁士控制的"小德意志"（Kleindeutschland）。这对奥地利及其盟友而言并不是严厉的惩罚。正如俾斯麦写给妻子的信中所言，他努力说服参谋部里的"鹰派"："我必须冷酷地给他们泼些冷水，欧洲并非只有我们一个国家，现在仍有3个欧洲强国憎恨并嫉妒德意志。"

> "我必须冷酷地给他们泼些冷水，欧洲并非只有我们一个国家，现在仍有3个欧洲强国憎恨并嫉妒德意志。"
> ——"七周战争"后，奥托·冯·俾斯麦采取的微妙外交政策

7月22日，奥地利皇帝同意休战。他在布拉格宣布，奥地利放弃石勒苏益格-荷尔斯泰因（Schleswig-Holstein）。此外，普鲁士还占领了汉诺威和黑森州部分领土，使疆域进一步扩大。政治上，普奥战争的影响甚至可以波及整个世界：此后，奥地利不仅被迫退出德国，还会与匈牙利共同建立奥匈帝国，而哈布斯堡的帝国却行将就木。4年后，即1870年，毛奇又在色当战胜法军；1871年1月18日，德意志第二帝国建立。

注 释

[1] 原注：这场战役也称萨多瓦战役（Battle of Sadowa）。

[2] 译注：Neisse，西里西亚地名，位于今波兰弗劳兹拉夫南面。

[3] 原注：普鲁士仅有99名军官和1830名士兵死亡。

-37-
泰尔-阿尔-克比尔战役
TEL-EL-KEBIR

加内特·沃尔斯利爵士

vs

阿拉比帕夏

Sir Garnet Wolseley v. Arabi Pasha

1882年9月13日

1853—1856 年的克里米亚战争暴露了英国军队在组织和规章上的重大缺陷：无论能力大小，只要出钱就能买到军衔，这种制度造就了大批无能的贵族指挥官。此外，军队的装备也已十分陈旧。英军迫切需要进行一场改革。然而谁也没有想到，拯救英国的竟然是出身卑微的加内特·沃尔斯利。沃尔斯利生于爱尔兰都柏林茵奇考尔（Inchicore）的黄金桥，父亲只是信仰新教的杂货店老板。

沃尔斯利的父亲曾在军中获得少校军衔，后来弃军从商。沃尔斯利能以这样卑微的出身迅速升任陆军元帅和大英帝国总司令，不要说在19世纪晚期，就是在当今社会也令人感到十分不可思议。他的晋升很大程度上要归功于爱德华·卡德威尔（Edward Cardwell）的信任。卡德威尔曾于1868—1874年在格莱斯顿[1]的自由政府中担任战争部长，主张进行军事改革。他的部分改革措施甚至延续到了20世纪初，直到1906—1910年，霍尔丹勋爵（Lord Haldane）才进行了进一步改革。

当时，大英帝国每年的新增领土多达10万平方英里（26万平方公里）。因此，卡德威尔改革中的一项重要举措就是在世界范围内建立多个英军基地，以保证英军可以随时应对各地的战争和起义。1852年，沃尔斯利成为步兵团军官，并在各殖民地的战争中名扬四海。他先后在缅甸（Burma）和中国服役，参加了克里米亚战争、印度的起义以及侵华战争。1861年之后的9年时间里，沃尔斯利在加拿大服役，在那里获得了他最宝贵的经验。1869—1870年，在镇压加拿大曼尼托巴的瑞尔叛乱[2]中，沃尔斯利声名大噪，被誉为"有效率，有前瞻性"的指挥官。1862年美国内战期间，他访问了"南部联盟"，给罗伯特·李将军和杰克逊留下了深刻印象。

1873年，沃尔斯利指挥英军在现在的尼日利亚打败阿散蒂（Ashanti）国王科菲（Koffee）。正是在这次战争期间，沃尔斯利和一小群有共同兴趣的军官组成了一个封闭排外且饱受外人诟病的"沃尔斯利团体"（Wolseley Ring）。

威廉·施文克·吉尔伯特[3]在其作品《班战斯的海盗》（*Pirates of Penzance*）中讽刺了沃尔斯利，说他是"现代少校的典型代表"。但是在祖鲁战争[4]中，正是沃尔斯利为英军挽回了损失。由于英国切姆斯福德子爵（Viscount Chelmsford）的失误，大批英军在伊散德尔瓦纳的袭击[5]中被祖鲁勇士屠杀。沃尔斯利俘虏了祖鲁国王塞奇瓦约（Cetshwayo），并击败了瑟库库尼

（Sekukuni）首领。1884 年，格莱斯顿派沃尔斯利到苏丹救援戈登将军，然而救援没能成功；1885 年，就在沃尔斯利抵达的前两天，戈登在喀土穆（Khartoum）被杀。

埃及动乱

1879 年，穆罕默德·陶菲格（Muhammad Tawfiq）帕夏[6]成为埃及名义上的赫迪夫，即奥斯曼土耳其帝国的埃及总督。他向来采取亲西方政策，这一点在苏伊士运河问题上表现得尤为突出。苏伊士运河由法国工程师费迪南·德·雷赛布（Ferdinand de Lesseps）主持设计，于 1869 年正式开工。这条运河开辟了欧亚航运的捷径，修好之后，从欧洲到亚洲就不必绕行非洲南端的好望角。考虑到运河对保卫印度殖民地的重大意义，英国凭借其雄厚的财力于 1875 年买下了时任埃及赫迪夫伊斯梅尔（Ismail）帕夏的股份。英法两国明确表示不会干预埃及事务，除非埃及陷入无政府状态。

埃及人抵制西方的情绪日渐高涨，而伊斯梅尔却没有采取强硬的行动。英美两国游说奥斯曼帝国解除伊斯梅尔帕夏的职务，奥斯曼只得应允。然而，伊斯梅尔之子陶菲格继位后，埃及对英法的债务继续增加。同时，由于粮食歉收，埃及穷人陷入了更加悲惨的境地。所有这些因素，加上赫迪夫对英法的暧昧态度，终于酿成苦果。1881 年 1 月，艾哈迈德·阿拉比上校发动起义，要求废除英国、法国和土耳其 – 切尔克斯（Turko-Circassian）在埃及享有的特权，并停止向苏伊士运河的外国持股人付款。英法两国联合发表声明，支持赫迪夫镇压起义。他们在伊斯坦布尔召开危机会议，英法派海军中队在埃及海岸盘旋。

紧张局势日渐升级。同时，埃及祖国党组成内阁，阿拉比担任战争

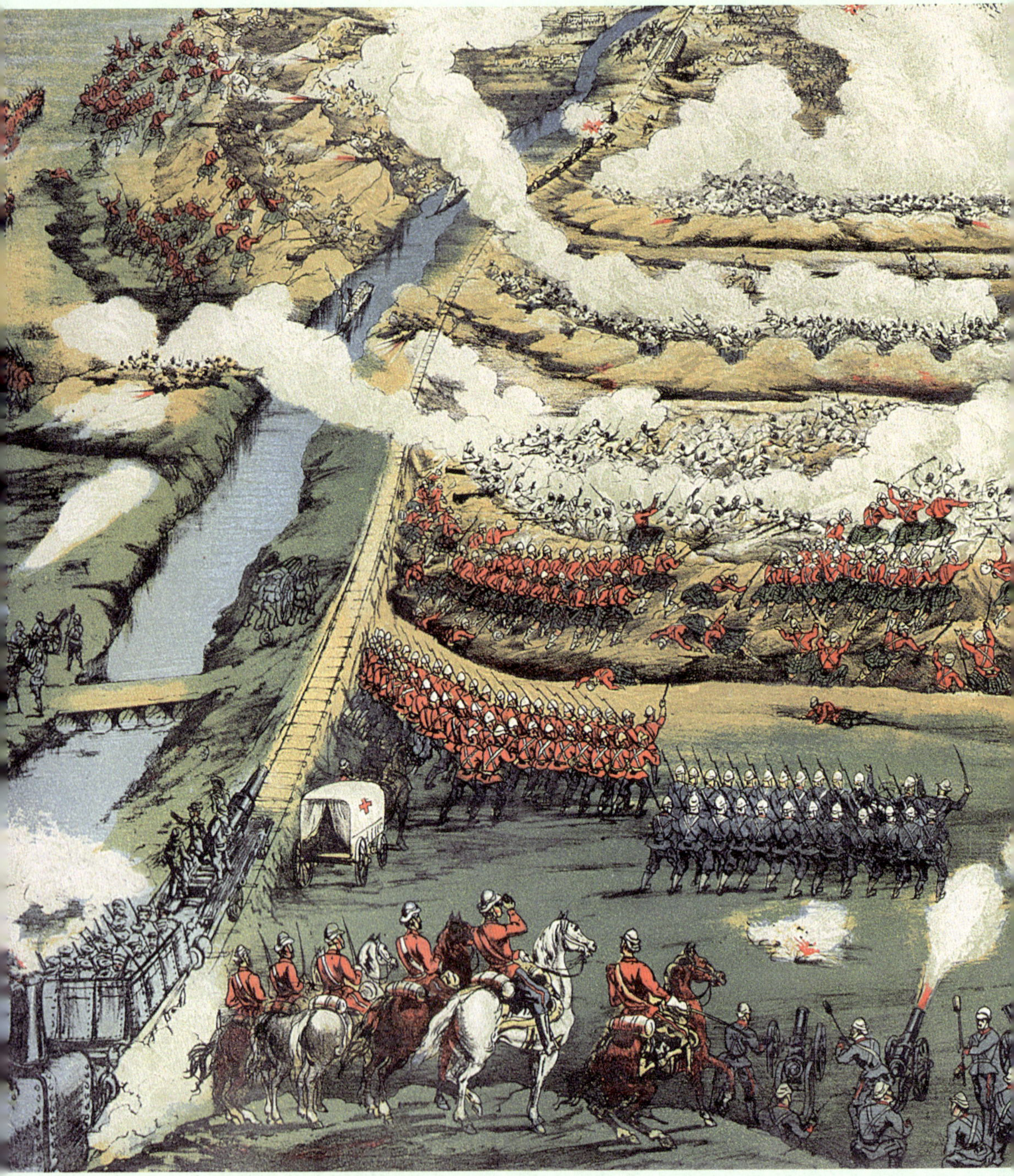

泰尔－阿尔－克比尔战役俯视图。图片左侧可以看到甜水运河及从开罗到伊斯梅利亚的铁路。这两条交通线是战前沃尔斯利运送战略物资的重要通道。

部长，坚持主张埃及独立。奥斯曼苏丹看到英法两国处于被动，便想趁机收复失地。与此同时，赫迪夫企图要求阿拉比辞职，引起了国内的不满。6月11日，埃及港口城市亚历山大发生暴动，矛头直指西方殖民者。暴动的民众杀死了包括一名法国水手在内的50名欧洲士兵，而且英国总督伤势严重。在其他城市，叛乱分子还袭击了希腊人和犹太人。两名内阁部长以辞职相威胁，迫使英国首相威廉·格莱斯顿下令轰炸亚历山大港。然而，格莱斯顿并不情愿，因为这样一来挑起战争的罪名就落在了自己身上。

埃及人开始加固港口。7月3日，英国政府令海军上将西摩尔（Seymour）向亚历山大开火，摧毁港口的排炮。因此，11日上午7：30，"亚历山大"号航空母舰（HMS *Alexandra*）炮轰并摧毁了港口的排炮。暴乱愈演愈烈，亚历山大被烧毁，造成了更多平民的死伤。赫迪夫躲到西摩尔的军舰上避难，阿拉比夺取了政权。7月13日，英国海军占领了亚历山大。

单独行动

法国是苏伊士运河最大的股东，法国人却拒不参与轰炸亚历山大港，而且还撤走了舰队。格莱斯顿原本坚决反对殖民扩张，然而一场全面的军事行动似乎不可避免，其结果必然是对埃及实施军事占领，使埃及成为英国附属国。维多利亚女王也向首相[7]施压，女王长子"伯蒂"（Bertie），即后来的英国国王爱德华七世（Edward VII）自愿参战。

英国对埃及的全面进攻一触即发。本来法国总理莱昂·甘必大（Léon Gambetta）决定同英军密切配合，然而1882年1月，甘必大内阁倒台，英国游说新政府参战未果。消息一出，埃及股票市场立即上涨35%。7月，加内特·沃尔斯利按既定计划率领英国远征军出兵埃及。

沃尔斯利的兵力共计3.5万人，这是自克里米亚战争以来英国派出的最大规模的部队。大部分士兵从英国本土出发，乘船抵达马耳他和塞浦路斯，另有一支 7000 人的印度部队抵达亚丁（Aden）。威尔士亲王的弟弟康诺特公爵阿瑟亲王[8]代表英国皇室指挥一支近卫旅。

躲避与猛击

英军试图直接进军开罗，不料却在道瓦尔[9]滞留了 5 周之久。道瓦尔四处布置了德国克虏伯公司[10]制造的现代火炮，防御十分坚固。英军企图误导阿拉比，让他们认为苏伊士运河并非英军的主要目标。突破防线后，40 艘英国战舰立即驶入运河，占领了防御据点。沃尔斯利开始部署军队。

沃尔斯利数次声东击西，让阿拉比误以为英军将从西侧进攻。他的主要目标是防止埃及人封锁运河。阿拉比果然上钩，以为沃尔斯利将从阿布基尔（Aboukir）登陆，而事实上英国的海军和水手来到了运河北端的塞得港（Port Said），夺取了塞得城内的要塞。同时，英军顺流而下，于 8 月 20 日抵达了运河中部的伊斯梅利亚（Ismailia）。这里临近铁路，可以确保英军在最后进攻前，能够源源不断地得到补给。9 月 6 日，沃尔斯利完全控制了运河。

8 月 24 日，英军继续向卡萨辛[11]行军，从那里进攻泰尔 – 阿尔 – 克比尔的坚固战线。双方在卡萨辛发生意外交火，导致英军部分士兵死亡。埃及原计划于 8 月 28 日夜间突围，不料皇家骑兵团还是借助月光将其击溃。9 月 8 日，英军又打退了埃及的另一次突围。

英埃两军于 9 月 13 日破晓发生交火。9 月 12 日夜，沃尔斯利率领英军穿过一片平坦且坚硬的沙漠。经过沃尔斯利的计算，他们在凌晨 5 点之前即可到达作战地点。凌晨 1:30，英军搭建了密集的营地后，靠星光指引悄悄地朝目的地行军。埃及瞭望员监测到苏格兰高地人（Highlander）的抵达，随即与之展开激战，前锋部队进行了艰苦的白刃战。阿拉比的兵力共 2 万人，火炮 75 门，而沃尔斯利火炮数量多达 1.6 万门。结果不难推测，阿拉比的军队不堪一击，2000 名埃及军被杀。

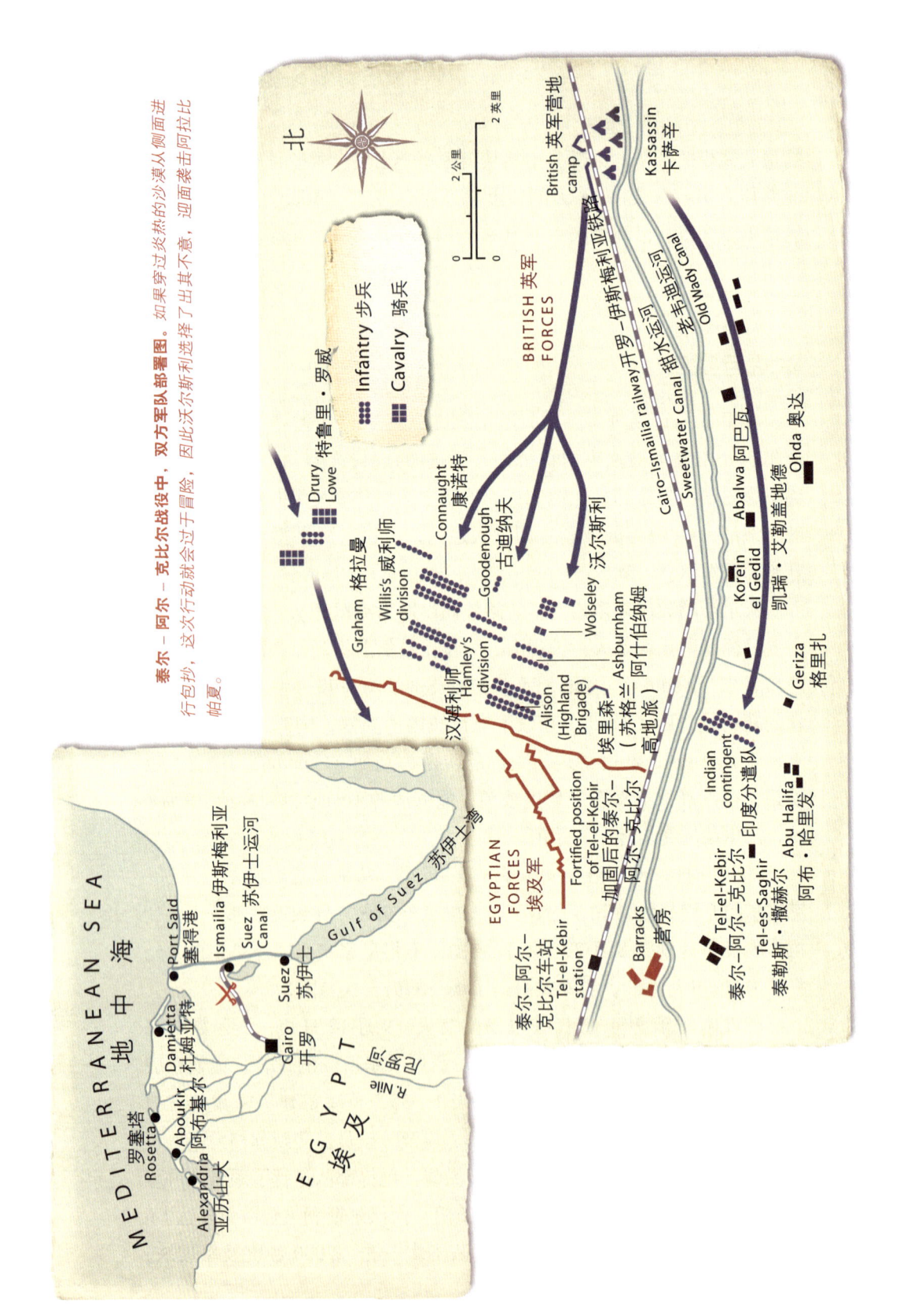

泰尔－阿尔－克比尔战役中，双方军队部署图。 如果穿过炎热的沙漠从侧面进行包抄，这次行动就会过于冒险，因此沃尔斯利选择了出其不意，迎面袭击阿拉比帕夏。

相比之下，英军仅损失 57 人，其中 45 人来自埃里森少将（Alison）率领的苏格兰高地旅。

英国殖民地

第二天，英军进入开罗，占领了整个城市并重新扶植陶菲格上台。10 月中旬，阿拉比被捕并被流放到锡兰（Ceylon）。1901 年，他才获得赦免。

战后，沃尔斯利升任上将，加封开罗的沃尔斯利男爵。康诺特的阿瑟亲王获得了"巴斯勋章"。泰尔－阿尔－克比尔战役后，维多利亚女王总共颁发了 330 枚勋章，其中一些颁发给了 3 名马耳他人和部分印度人。英军将阿拉比帐中的土耳其地毯献给了维多利亚女王作为纪念。事实上，战役期间阿瑟亲王就曾睡在这条地毯上。

英国议会保守党领袖索尔兹伯里勋爵（Lord Salisbury）嘲讽格莱斯顿："您没有废除埃及总督，只是挑选了总督人选。这位赫迪夫是埃及唯一的正义所在，我们必须支持他，因为他代表了大英帝国。"

这次战争后，英国将埃及纳入了大英帝国的殖民地，这一点可谓英国最直接的收益。更重要的是，英国船只仍旧可以继续通过苏伊士运河。

> "您没有废除埃及总督，只是挑选了总督人选。这位赫迪夫是埃及唯一的正义所在，我们必须支持他，因为他代表了大英帝国。"
> ——保守党领袖索尔兹伯里勋爵讽刺格莱斯顿对埃及的入侵

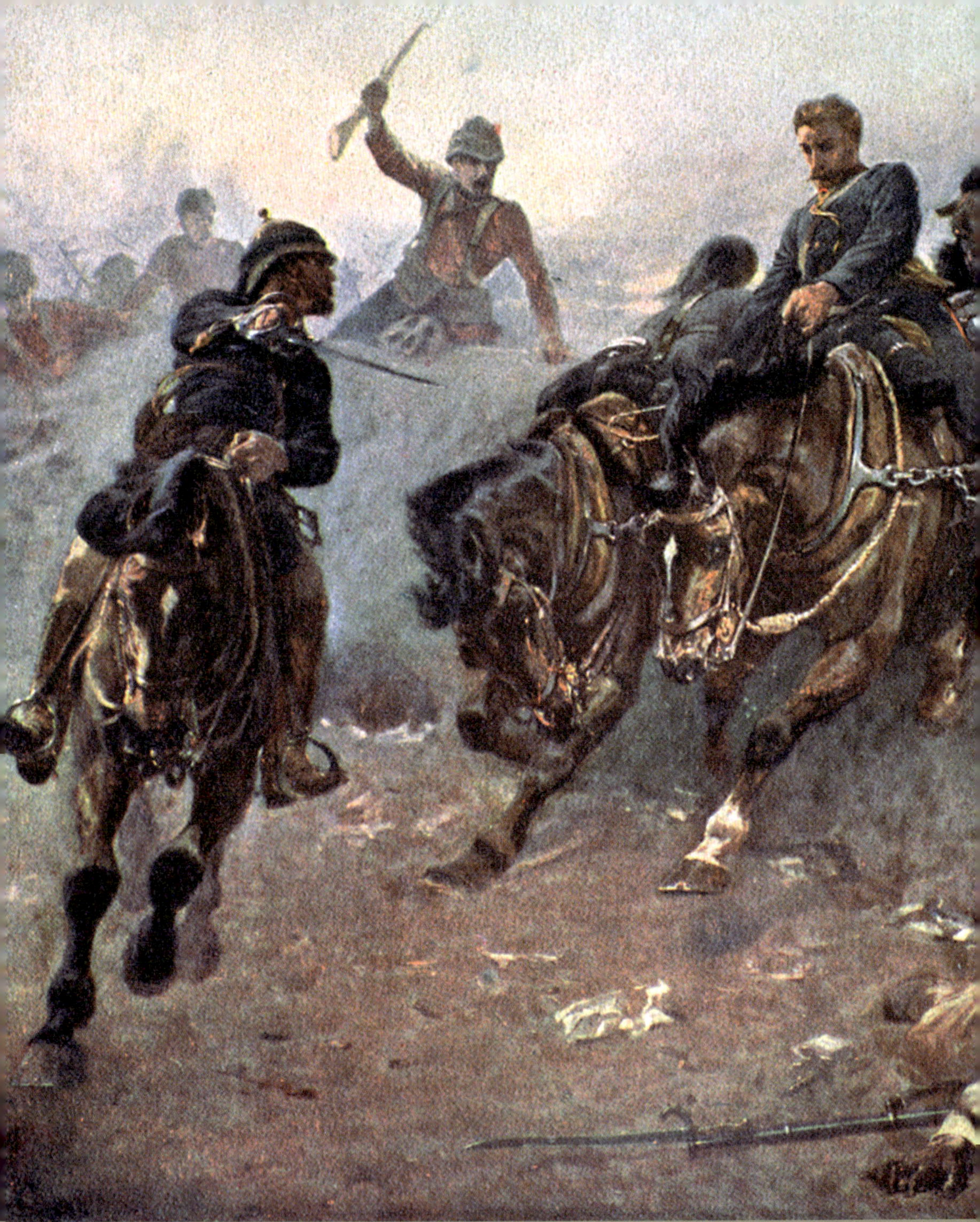

泰尔 – 阿尔 – 克比尔战役中，英国炮兵攻入敌人的防线。该图出自 1923 年的《哈钦森英国国家故事》（*Hutchinson's Story of the British Nation*）一书。这场战争仅用了不到一小时就迅速结束，阿拉比的部队四散奔逃，而英军则穷追不舍。

注释

[1] 译注：Gladstone，英国政治家，曾作为自由党人四度出任英国首相。

[2] 译注：Riel's Rebellion，先后发生过两次，分别是红河暴动和西北叛乱。

[3] 译注：William Schwenck Gilbert（1836年11月18日—1911年5月29日），英国剧作家、文学家、诗人。

[4] 译注：Zulu War，发生于1879年，是大英帝国与南非祖鲁王国之间的战争，使得祖鲁成了英国的殖民地。战争一开始就因几次大规模流血冲突引起了人们的注意。

[5] 译注：Battle of Isandlwana，发生于1879年1月，是祖鲁军对英国殖民者发动的一场袭击，堪称欧洲军队300多年以来在南非遭遇的最大败仗。

[6] 译注：Pasha，是奥斯曼帝国行政系统里的高级官员，通常指总督、将军及高官。后文出现的赫迪夫（Khedive）是波斯语的勋爵，相当于总督。

[7] 原注：女王对首相丝毫没有好感。

[8] 原注：Prince Arthur, duke of Connaught，是威灵顿公爵的教子。

[9] 译注：Kafr-el-Dawwer，是埃及尼罗河三角洲上重要的工业城市。

[10] 译注：Krupp，19—20世纪德国最大的重工业公司，二战以前是全世界最大的军火生产商之一。

[11] 译注：Kassassin，苏伊士运河畔的一座小村庄，位于伊斯梅利亚以西。

-38-
坦能堡战役
TANNENBERG

埃里希·鲁登道夫
vs
亚历山大·萨姆索诺夫
Erich Ludendorff v. Alexander Samsonov
1914年8月23日—9月2日

  1410年的坦能堡战役中，条顿骑士团在波兰、俄罗斯和立陶宛的联合打击下大败，因此德国民族主义者将第二次坦能堡战役看作为条顿骑士团复仇的行动，并将这场战役神化。事实上，第二次坦能堡战役的地点位于坦能堡20英里（32公里）外的弗鲁格诺（Frögenau）。抛开这次战役的政治目的，单就军事层面而言，普鲁士将领保罗·冯·兴登堡（Paul von Hindenburg）和埃里希·鲁登道夫使用的武器装备就足以令世人瞩目。

> 坦能堡战役虽然爆发于第一次世界大战期间，但第二次世界大战前后发生的几件事让坦能堡战役迷雾重重：1934年，兴登堡（即后来的魏玛共和国总统）逝世时，被安葬在了他获胜过的战场上。然而1945年春，纳粹军队从东普鲁士撤退时，又故意炸掉了纪念碑并把他的遗体运回柏林，以避免遭受苏联红军打击报复，毁坏兴登堡的遗骨或纪念碑。而苏联用残存的碑石修建了一座"礼物"——华沙文化宫，赠予波兰。

关键人物

自19世纪50年代后期老毛奇的改革以来，普鲁士参谋部成了普鲁士军队的精英智囊团。兴登堡也是参谋部成员之一。他出身普鲁士贵族"容克"（Junker）阶层，这一阶层曾是普鲁士军官的主力。而兴登堡的部下——年轻的埃里希·鲁登道夫却是当时德国的典型代表。他出身于中产阶级家庭，其争强好胜的性格和泛德主义情结在德皇威廉二世（Wilhelmine II）在位时期就得到了充分体现。第一次世界大战爆发时，虽然某些兵团仍有大量的"容克"贵族，但这一阶层在整体上仅占普鲁士军官的13%[1]。

鲁登道夫于1865年生于波森大公国（Grand Duchy of Posen），早年曾在利希特费尔德（Lichterfelde）的少年军官学校和高级军官学校学习，毕业后被派到韦塞尔（Wesel）的步兵团服役。凭借过人的军事天赋和出色的表现，鲁登道夫进入柏林陆军军事学院，并在那里得到了颇有名望的两位军事将领——小赫尔穆特·冯·毛奇（Helmuth von Moltke）（即小毛奇）和阿尔弗雷德·冯·施里芬伯爵（Graf Alfred von Schlieffen）的高度评价。1905年，鲁登道夫被总参谋长施里芬调入参谋部动员处担任

坦能堡战役中的俄罗斯机枪。一战爆发时,俄德两军使用的均是本国生产的马克西姆(Maxim)机枪。但是事实证明,这种机枪更适合西线的战壕战,而不适用于东线的机动作战。

要职；这期间，他仔细研究了应对两线作战的"施里芬计划"。

第一次世界大战前夕，各国之间同盟关系很不稳定。俄国与英法结为同盟后，德国两线作战的危险愈发难以避免。施里芬计划，简而言之就是先集中力量迅速结束一条战线的战斗，再将兵力大规模运往另一战线。这一战略的核心就是迅速调动、迅速部署。

改变计划

一战之初，鲁登道夫沉着冷静地指挥部下夺取了比利时列日（Liège）地区的要塞，出色地完成了任务。然而，德军没有料到的是，还没等德军摧毁西线的英法联军，俄国就已经派出重兵，进攻德国东部。

德军在西线的进攻非常顺利，然而东线的普鲁士军队却在俄国的打击下仓皇西逃。德国人普遍认为，如果再不抵抗，俄军将很快攻入柏林。

1914年8月，俄国两个集团军共80万兵力、1700门火炮渡过涅曼河（River Niemen），计划在柯尼斯堡（Königsberg）切断德军后进军波兰中部的维斯瓦河（Vistula）。正如前任总参谋施里芬所料，俄军兵分两路，从绵延50英里（80公里）的马祖里湖区（Masurian Lakes）南北两侧分别向西进军。施里芬的战略计划是，先剿灭力量相对较弱的一路俄军，再以最快的速度打击另一路。

施里芬计划看似完美，但是它在执行过程中出现了一系列差错。德国在此防御的第八集团军仅有21万人和600门火炮，实力远远不及俄国，可以说胜算非常渺茫。因此，德军决定绕过俄国将领保罗·冯·连年坎普夫（Paul von Rennenkampf）的第一集团军，从东北方向进攻，再转向进攻俄军左翼。左翼是亚历山大·萨姆索诺夫指挥的第二集团军，共辖35个师，力量十分强大。这就意味着德军需用火车将部队转移到100英里（160公里）之外。此时正赶上德国难民大举向西逃离，运输工作阻力重重。

密切配合

8月20日,德军在斯塔鲁佩南(Stallüponen)有力地打击了俄军。不久后,他们却在东普鲁士最东端的贡宾南(Gumbinnen)失利。然而,俄军的胜利不过是昙花一现,德国第八集团军司令马克西米连·冯·普里特维茨(Maximilian von Prittwitz)从马祖里湖北岸抽调部分兵力对南岸进行了增援,他已准备放弃整个东普鲁士,退到维斯瓦河对岸。科布伦次(Koblenz)的德军指挥部闻讯大为震惊,他们决定召回已经退役的普法战争老将保罗·冯·兴登堡取代普里特维茨,同时任命鲁登道夫为参谋长,令他们赶走在东普鲁士肆意妄为的俄国侵略者。

8月23日,兴登堡和鲁登道夫来到德国东部的指挥部——由条顿骑士团建造的马林堡[2]要塞内。毛奇坚持从西线调3个军和1个骑兵师巩固东部战线,而鲁登道夫却另有打算。

8月24日,兴登堡和鲁登道夫与第二十军军长弗雷德里希·冯·舒尔茨(Friedrich von Scholtz)进行了磋商,舒尔茨对抵御萨姆索诺夫缺乏信心。德军再次使用老毛奇的手段,利用铁路网迅速调动军队。但是,由于炮兵迟迟未到,进攻只得推迟。鲁登道夫设下了圈套,计划先全歼萨姆索诺夫,再集中全部兵力消除马祖里湖北部由连年坎普夫指挥的第一集团军。而萨姆索诺夫果然不出所料,一步步进入德军的陷阱。

8月22日,萨姆索诺夫的进攻部队与德军发生了冲突。23日,德军撤退,俄军总参谋长雅科夫·日林斯基(Yakov Zhilinski)命令萨姆索诺夫继续进攻。俄军穿过马铃薯田时,遭到了德军的猛烈打击,某团的16名连级指挥官中竟有9人被击毙。

鲁登道夫命令赫尔曼·冯·弗朗索瓦(Hermann von François)的第一军于25日进攻俄军左翼,而赫尔曼却推说炮兵不足,拒绝进攻。26日,被激怒的鲁登道夫亲自前往赫尔曼的阵地。同时,萨姆索诺夫见德军没有行动的迹象,便向德军中心发起进攻。奥托·冯·贝洛(Otto von Below)和奥古斯特·冯·麦肯森(August von Mackensen)与俄军右翼展开激战,弗朗索瓦也终于开始出击。德军中心的兵力逐渐变得薄弱,两翼力量却得到了巩固。当天,兴登堡从截获的情报中得知,连年坎普

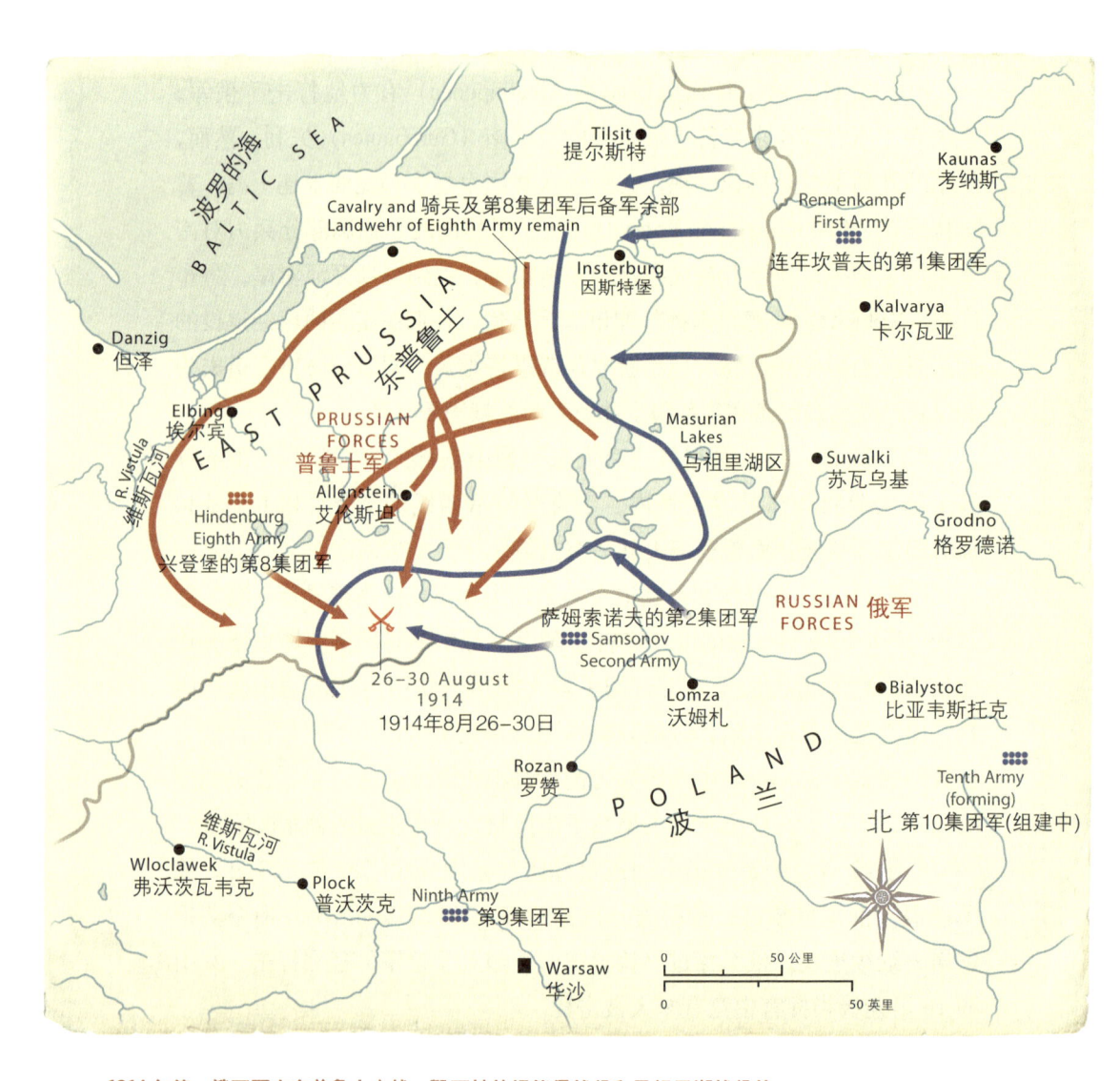

战役图文史
THE GREAT BATTLES

地图标注：
- BALTIC SEA 波罗的海
- Tilsit 提尔斯特
- Kaunas 考纳斯
- Rennenkampf First Army 连年坎普夫的第1集团军
- Cavalry and Landwehr of Eighth Army remain 骑兵及第8集团军后备军余部
- Insterburg 因斯特堡
- Kalvarya 卡尔瓦亚
- Danzig 但泽
- EAST PRUSSIA 东普鲁士
- Masurian Lakes 马祖里湖区
- Suwalki 苏瓦乌基
- Elbing 埃尔宾
- R. Vistula 维斯瓦河
- PRUSSIAN FORCES 普鲁士军
- Hindenburg Eighth Army 兴登堡的第8集团军
- Allenstein 艾伦斯坦
- Grodno 格罗德诺
- Samsonov Second Army 萨姆索诺夫的第2集团军
- RUSSIAN FORCES 俄军
- 26–30 August 1914 1914年8月26–30日
- Lomza 沃姆扎
- Bialystoc 比亚韦斯托克
- Rozan 罗赞
- Tenth Army (forming) 第10集团军(组建中)
- POLAND 波兰
- R. Vistula 维斯瓦河
- Wloclawek 弗沃茨瓦韦克
- Plock 普沃茨克
- Ninth Army 第9集团军
- Warsaw 华沙
- 50 公里 / 50 英里

1914 年德、俄两军在东普鲁士交战，毁灭性的坦能堡战役和马祖里湖战役使战争达到高潮。鲁登道夫的参谋官马克思·霍夫曼（Max Hoffmann）故意提议把弗鲁格诺的战斗命名为"坦能堡战役"，让人联想到历史上斯拉夫人曾给"条顿信念"（Teutonic' Values）带来过重大打击。

1914 年 9 月 27 日，战败被俘并饱受摧残的俄国士兵聚集在东普鲁士的提尔斯特（Tilsit）火车站，等待被运往西线。一战中沙皇俄国的指挥实在糟糕透顶。

战略大师鲁登道夫（右）和保罗·冯·兴登堡商议行动部署。此插图由雨果·沃戈尔（Hugo Vogel）绘，选自 1928 年德国出版的《一战战役录》(Battles of the Great War)。

夫并不准备增援萨姆索诺夫,而是打算继续前进,围攻柯尼斯堡。

包围,歼灭

8月27日,德国第一军摧毁了俄国第二集团军左翼,另有两个军在乌斯道(Usdau)打击了阿尔塔莫诺夫(Artamonov)的第一军右翼,俄军被迫溃逃。晚上,弗朗索瓦抵达了俄军左翼后方的佐尔道(Soldau)。俄军中部并未遭到打击,便向前进攻舒尔茨的第二十军。如此一来,俄军的两个侧翼就分别暴露在了南部弗朗索瓦和北侧麦肯森与舒尔茨的进攻之下。28日,这支苏军已被德军包围。

鲁登道夫认为包围俄军的时机已经成熟,便命令弗朗索瓦和麦肯森分别进攻俄军两翼,其中弗朗索瓦进攻威伦堡(Willenberg)一侧。至此,俄德两军已经沿沼泽、树林及湖泊拉开了一条长达60英里(100公里)的战线。尽管没有一条像样的道路,麦肯森和弗朗索瓦却依然成功地在苏军后方的中间地带会和,再次违背了鲁登道夫的指令。萨姆索诺夫被团团围困,同时,兴登堡率军从正面打击了俄军,惊慌失措的俄军纷纷丢盔弃甲准备逃跑,直到这时他们才发现自己已经陷入了德军的圈套。俄军此战共损失5万余人,另有9万人被俘,仅有1万人侥幸逃脱。后来,人们找到了自杀身亡的萨姆索诺夫的遗体。

名声扫地

坦能堡战役中,德军仅5000人死亡,7000人负伤。一个月后,俄国第一军大败于马祖里湖。尽管战斗过程中意外频发,但鲁登道夫仍然宣称这两次战斗完美地执行了参谋部的作战计划,并称其为新"坎尼战役"(某种程度上的确可以这么说)。然而同坎尼战役一样,坦能堡战役也没能扭转一战的战局。

东线的机动作战还将继续,而西线却很快陷入了战壕战泥潭。在德

1914年秋，德国步兵团穿过一战中被摧毁的东普鲁士城镇。按照施里芬计划，德国本应先迅速击垮西线的法国，再调转兵力压倒东线的俄军。而事实上，德军却被迫两线同时作战。

国，兴登堡和鲁登道夫的胜利让人们松了口气。他们再次创造了德军战无不胜的神话。

鲁登道夫后期的所作所为极令人不齿：他先将德皇手中的大权转移至最高统帅部，最终又集中于自己的控制之下；他企图罢免德国总理贝特曼－霍尔维格（Bethmann-Hollweg），仅仅因为霍尔维格反对毫无节制的潜艇战争；他在"退位危机"中极力推卸自己对德国战败所应承担的责任；他还同希特勒和纳粹分子相互勾结。所有这些举动让他这位陆军司令名誉扫地。1937年，鲁登道夫逝世，希特勒的第三帝国为他举行了国葬。

注 释

[1] 原注：这一比例同英国贵族在骑兵和卫队中的情况非常类似。

[2] 原注：Marienburg，即现在的马尔堡（Malbork）。

-39-
安扎克湾登陆战
ANZAC COVE

协约国远征军
vs
土耳其军

Allied Expeditionary Forces v. Turkish Forces

1915年4月25日—1916年1月9日

1915年，在历史上第一次大规模水陆两栖进攻中，英法战舰试图夺取欧亚大陆之间的达达尼尔海峡（Dardanelles Straits），通过海峡援助东部的俄罗斯，彻底击垮德国的盟友土耳其；如此一来，他们就可以有效地干预西线战事。这场战争充分展现了现代战争的面貌：飞机（在加利波利战役中还出现了航空母舰的雏形）、航空拍摄、特制登陆艇、无线电通信、人工港口以及潜水艇纷纷亮相。这次战役中，土耳其的顽强抵抗大大出乎英法联军的意料，这次登陆损失惨重，英法两国威严扫地。然而从另一个角度来说，英法的此次失败为1944年6月诺曼底登陆提供了宝贵的经验教训，甚至对1982年马尔维纳斯群岛战争中的圣卡洛斯湾（San Carlos Bay）登陆也有重要的借鉴意义。

> 达达尼尔海峡总长不及 30 英里（48 公里），最狭窄的地方不足 1 英里（1.6 公里），路程虽短，但是海岸上的排炮对过往的船只构成了巨大威胁。开辟新战场最先由法国提出，而最终将该提议发展成海上攻击计划的却是英国海军部长温斯顿·丘吉尔。这一计划得到了英国战争部长基奇纳勋爵（Lord Kitchener）和第一海务大臣约翰·费舍尔（John Fisher）的积极支持。费舍尔爵士希望该计划能于 1914 年 11 月之前实施，使用最老式船只进行登陆。鉴于此时土耳其还没来得及巩固达达尼尔海峡的防御，协约国成功的概率很大。

大胆行动

第二年，达达尼尔海峡行动计划终于获得通过。费舍尔更倾向于在波罗的海登陆，他让丘吉尔担任几艘老式战船和"伊丽莎白女王"号新战船的指挥。"伊丽莎白女王"号上配有 15 英寸口径的火炮，火力极强。此外，丘吉尔还负责统领身经百战的第二十九师老兵、皇家海军师以及澳新军团[1]。法国也派出东方远征军参战。2 月 19 日，行动开始后，土耳其的宿敌希腊和比利时也加入进来。

英国的轰炸几乎没有给土耳其造成任何影响，登陆也没有达到预期效果。3 月 18 日，协约国准备以 12 艘英国战船和 4 艘法国战船强渡海峡。正如《战争史》的作者约翰·基根（John Keegan）所言，"达达尼尔海峡漫长的海战史上还从未出现过如此大规模的舰队"。舰队前进了 1 英里（1.6 公里）左右，炸毁了沿岸的一些排炮；但不久，一艘法国战船和两艘英国战船被水雷击沉，舰队只得撤退。海上进攻失败后，英军决定转向陆上进攻，夺取达达尼尔海峡位于欧洲一侧的加利波利半岛，摧毁其重型火炮。

这场由伊恩·汉密尔顿爵士（Sir Ian Hamilton）策划的战役距离成

石版画：枪林弹雨中抢占狭窄的海滩。它展现了加利波利战役中的安扎克湾登陆战。该图由塞洛斯·库尼奥（Cyrus Cuneo）所绘，截取自1916年出版的基督教青年会赠书。

功仅有一步之遥。可惜他们在后勤方面遇到了困难，兵力和弹药补给也不充足。土耳其人已进入高度戒备，因此很难出其不意；汉密尔顿决定声东击西，他从利姆诺斯岛（Lemnos）上的穆德洛斯（Mudros）军事基地骗过土耳其指挥官、第五集团军陆军元帅奥托·利曼·冯·桑德斯（Otto Liman von Sanders）帕夏。4月25日，汉密尔顿进行了几次佯攻，鉴于土耳其的火炮几乎全部指向海峡，汉密尔顿就让真正的主力——两个英国师在防守相对较弱的半岛西侧登陆。

协约国用200艘商船把部队运往登陆海滩。土耳其从清晨5点就开始进行火力阻击，英军艾尔默·亨特－韦斯顿（Aylmer Hunter-Weston）少将指挥第二十九师进行了两次登陆，均未遭抵抗；昆卡雷（Kum Kale）的法军负责收尾，俘获上百名土耳其军。其他地点的登陆却没那么幸运：协约国在塞德埃尔巴赫尔堡垒（Sedd-el-Bahr）和山坡顶端的"V"形海滩都遭到了土耳其守军的打击。

英国中将威廉·伯德伍德爵士（Sir William Birdwood）指挥的澳新军团负责从更靠北的地点登陆。他们分乘3艘战舰从利姆诺斯岛出发，再乘12艘划艇上岸。伯德伍德决定趁夜登陆，避开炮火袭击。但他却选择了一个三面被峭壁环绕的小海湾，这样的地形十分不利于登陆。所幸的是，英军几乎没有遇到任何抵抗就深入了内陆，还趁土耳其主力抵达之前占领了制高点，这对日后的战斗非常关键。

登陆部队很快就明白了为何土耳其军不在此地设防：这里层峦叠嶂、沟壑密布，到处是岔路，中间密布着荆棘般的灌木丛。土耳其人认为协约国根本不可能从此地登陆。入侵者必须前行2.5英里（4公里）才能抵达971英尺（296米）高的萨里拜尔山（Sari Bair Ridge），俯视达达尼尔海峡。直到第二天下午，他们仅前进了1.5英里（2.4公里），就遭遇了土耳其军的火力攻击，澳新军团死伤2000余人。

凯末尔开道

现代土耳其缔造者，后来的"土耳其国父"穆斯塔法·凯末尔中校[2]抓住了这一天赐良机。他早已制订了针对加利波利的防御计划。当他发现协约国即将大规模入侵时，便立即请求上级指示，但是3小时过去了，他竟没有收到任何指示，于是凯末尔决定擅自采取行动。尽管缺乏弹药，他仍然派出第五十七步兵团的全部兵力抵御入侵，并告诉他们："我的要求不是进攻，而是战死沙场！"协约国几乎被土耳其人一直逼到绝路。截至5月4日，澳新军团已有1万人阵亡，凯末尔的部队也损失了1.4万人，土耳其人纷纷躲进掩体。伯德伍德请求撤退，汉密尔顿坚决反对。当时，澳新军团的控制区域已经非常狭窄。

雄兵劣将

英法联军有些部队的登陆非常顺利，但是在"W"形海滩和"V"形海滩，协约国试图在半岛顶端的海丽丝岬（Cape Helles）附近建立滩头堡时，大批兰开夏燧发枪兵（Lancashire Fusiliers）、都柏林、曼斯特（Munster）和汉普郡（Hampshire）的士兵不幸阵亡。指挥这场战斗的艾尔默·亨特-韦斯顿爵士从此"被称为一战期间最野蛮、最无能的军官之一"[3]。大批将士在"W"形海滩英勇奋战，鲜血染红了大海。在当天上午的战斗中，6名兰开夏燧发枪兵荣获维多利亚十字勋章（VC，即Victoria Cross）。

当年5—7月，暑热、蚊虫、痢疾和伤寒不断折磨着协约国，他们丝毫没有退却。然而政府却迟迟不肯派兵增援。5月19日，土耳其军对安扎克湾发动进攻，以摧毁协约国的桥头堡。澳新军团通过空中侦察掌握了土

> "我的要求不是进攻，而是战死沙场！"
> ——土耳其国父在安扎克湾的讲话

耳其军的动向，事先做好了准备。其中一场战斗中，3个连的澳新军团官兵仅以11亡、70伤的代价，驱逐了整整1个师的敌军。土耳其军的损失约占总兵力的四分之一至三分之一。战场上的尸体开始腐烂；5月24日，双方宣布休战，以掩埋阵亡将士。

5月，丘吉尔被免职。8月，英国派出2万名由英国人和廓尔喀人[4]组成的部队增援澳新军团。8月6—7日，澳大利亚第一师在英国将军哈

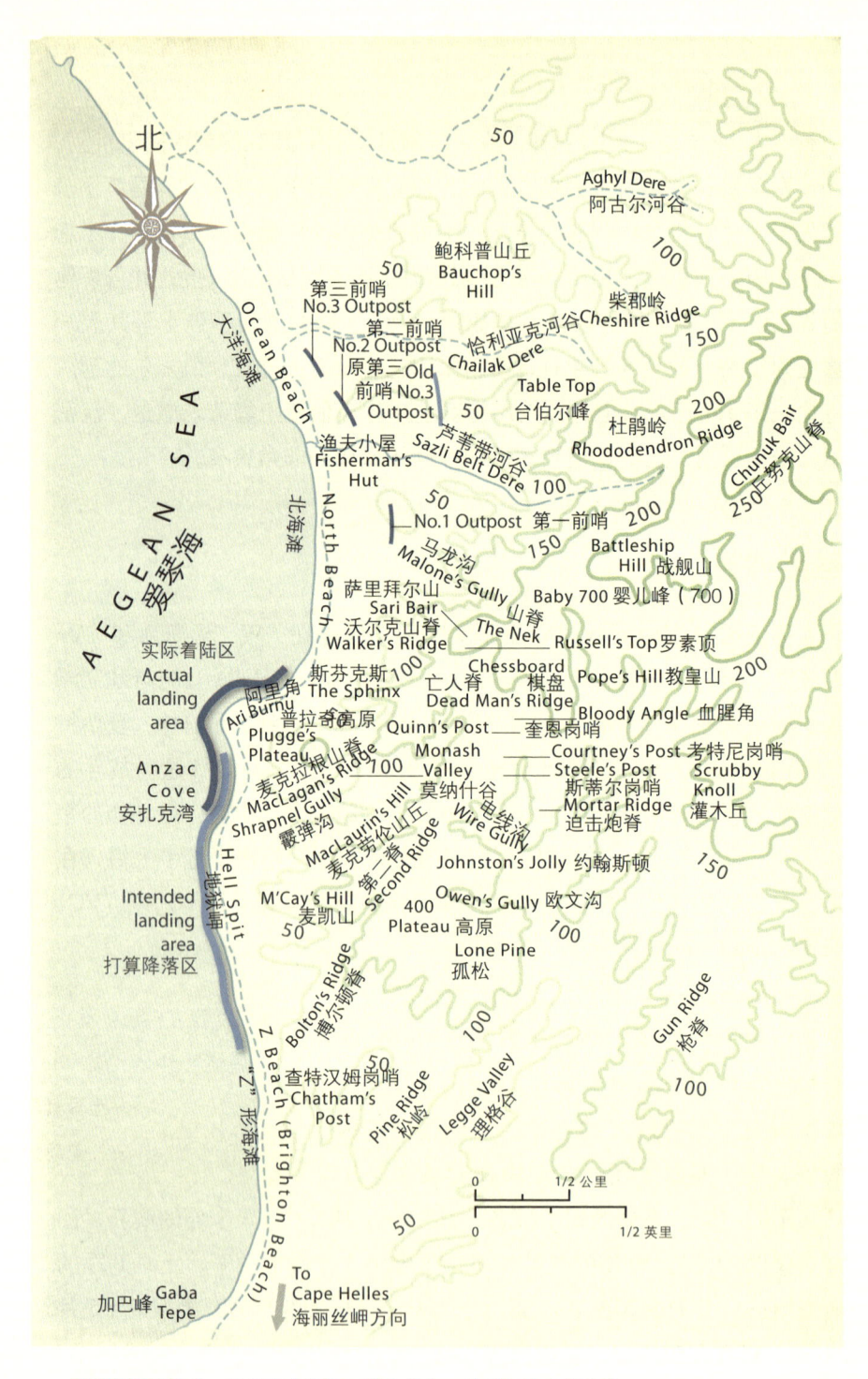

安扎克湾登陆点。 这里高山深壑、灌木丛生，地形条件十分恶劣，在此登陆无异于一场冒险，几乎不可能成功。一些地貌的名称（如"地狱岬""霰弹沟"）验证了士兵们的经历。

罗德·沃尔克（Harold Walker）指挥下向萨里拜尔山发起猛攻。该师凭借精良的武器装备夺取了坚不可摧的孤松（Lone Pine）阵地，只是他们在第一天的战斗中就损失了 2000 余人，第二天又损失了 1000 余人。协约国另派兵力夺取了丘努克山脊[5]，伤亡更加惨重。不幸的是，左翼部队的进攻受阻，没能按时抵达指定地点。8 日，廓尔喀部队占领了 Q 形山岭，随后却遭到己方炮火的轰炸。10 日，凯末尔率土耳其军进攻，将廓尔喀部队赶出了丘努克山脊，夺取萨里拜尔山的行动最终宣告失败。

8 月 6—7 日，英军在安扎克湾北部的苏夫拉海湾（Suvla Bay）展开登陆行动。然而，土耳其军的防守非常严密，英军的行动从一开始就注定要失败。8 月 21 日，英军拼死血战，却没能前行半步。10 月，汉密尔顿的继任者查尔斯·门罗（Charles Monro）决定实施撤退。整个撤军行动从 1915 年 12 月持续到 1916 年 1 月 9 日，途中仅损失 3 人，也算是整场战役中值得欣慰的事情。

加利波利战役至今仍有许多令人不解之处，最令人费解的是为何澳新军团始终认为自己付出的代价最惨重。事实上，加利波利的法军多于澳军，牺牲人数也比澳新军团多。而且，在这次阵亡的 46006 人中，英国人占了一半以上。土耳其军队也至少有 20 万人阵亡。另一方面，澳大利亚和新西兰军的英雄主义和献身精神亦深深地增进了各自国家的认同感。直到今天，澳大利亚和新西兰仍会在每年 4 月 25 日纪念"澳新军团日"（ANZAC Day）。

注释

[1] 原注：ANZAC，即 Australian and New Zealand Army Corps 的缩写。

[2] 原注：1935 年，穆斯塔法·凯末尔被授予"土耳其国父"（Atatürk）称号。

[3] 原注：引自罗宾·普里尔（Robin Prior）话语。

[4] 译注：Gurkhans，是尼泊尔民族。19 世纪起英国开始招募廓尔喀雇佣兵。

[5] 译注：Chunuk Bair，是萨里拜尔山脉的次高峰。

-40-
凡尔登战役
VERDUN

普鲁士王储威廉
vs
法军

Crown Prince Wilhelm of Prussia v. French Forces

1916年2月21日—12月16日

　　凡尔登战役也许是有史以来最野蛮的一场战役，它给法国人留下了巨大的心理阴影。许多人甚至认为，若不是凡尔登战役的惨痛经历，法国也未必会在1940年德国入侵之初就迅速投降。

凡尔登要塞位于马斯河沿岸，地处古代法国的中心香槟区以南。该要塞始建于古罗马时代，沃邦和拿破仑三世先后对其进行了重建。1870—1871年的普法战争后，法国丧失了阿尔萨斯和洛林部分地区，凡尔登成为法德边界城市，战略地位日益凸显。

1885年，法国用铁和混凝土在凡尔登外围新建了一圈要塞，进一步加固了凡尔登的防御。第一次世界大战爆发仅几周后，比利时列日省的一些要塞就相继沦陷，这让人不禁开始怀疑此类要塞的防御能力。因此，凡尔登要塞的作用逐渐淡化，守军力量变得非常薄弱，炮台也被移往战场。

施里芬计划在法国失败后，小毛奇被免职，由德皇最偏爱的元帅埃里希·冯·法金汉（Erich von Falkenhayn）接任参谋长。他主张大举进攻凡尔登，将战略重点放在西线。选择凡尔登是有其深刻原因的：法金汉认为，只有进攻贝尔福（Belfort）或凡尔登这样的重要要塞，才能迫使法国将英国盟友的安危置之度外，投入全部兵力"死战到底"。法金汉还准备抢先进攻索姆河畔的英法联军，英国-比利时联军在此部署了45个师，而德国仅有30个师。

凡尔登的防御状况不仅困扰着总督埃尔将军（Colonel F. G. Herr），也引起了军官兼政客埃米尔·德里昂（Emile Driant）中校的担忧，他率两个猎兵营驻扎于附近的考勒斯丛林（Bois des Caures）。但法军总指挥约瑟夫·霞飞将军（Joseph Joffre）制订对德作战的"17号计划"（Plan XVII）中排除了德国从比利时进军的可能性。

法国画报《小新闻报》（*Le Petit Journal*）1916 年 3 月刊登的彩色图片《凡尔登战役的白刃战》。

人间地狱

德国皇帝任命其长子，即普鲁士王储威廉（"小威利"）为第五集团军总指挥，德军拥有兵力 40 万，配有 1400 门火炮、168 架飞机和威力强劲的新式武器——喷火器。德军的部分火炮是曾经摧毁比利时要塞的大口径火炮，配备了 250 多万枚炮弹。而法军只有埃尔上校的第三十军和预备役各两个师，武器装备也难与德军抗衡。多数加农炮陈旧落后，而新造的火炮才刚刚从圣莎尔蒙

> "德军的轰炸如狂风暴雨，卷着钢铁、榴霰弹和毒气向我方的树林、山涧、战壕和掩体中袭来，一切都被摧毁了，阵地成了屠宰场，空气中弥漫着恶臭，战火逼近城镇中心……"
> ——菲利普·贝当将军这样回忆德军当时对凡尔登残酷的炮火袭击

1916 年 2—12 月凡尔登前线变化图。 虽然凡尔登要塞的象征意义大过其军事意义，但法军依然拼死保卫着这里。

图例：
- French line 21 February 1916 1916年2月21日法军战线
- French line 24 February 1916 1916年2月24日法军战线
- French line 15 December 1916 1916年12月15日法军战线
- Furthest German advance, June 1916 1916年6月德军进攻最远处

(Saint Charmand)和勒克勒佐（Le Creusot）的铸造厂运出。

由于天气条件恶劣，德军原定于2月10日的战斗被迫推迟到了21日。战斗一开始，德军就出动步兵和火炮，对法军施以空前密集的炮火打击。法金汉命令道："要轰炸法军防线的各个角落，切断他们的补给，让敌人在任何地点都不得安宁。"法国第二集团军总司令菲利普·贝当（Philippe Pétain）后来写道："德军的轰炸如狂风暴雨，卷着钢铁、榴霰弹和毒气向我方的树林、山涧、战壕和掩体中袭来，一切都被摧毁了，阵地成了屠宰场，空气中弥漫着恶臭，战火逼近城镇中心……"

形势危急

德军本以为此番轰炸的巨大威力定会令法军不战自退，从而让步兵轻而易举地向前推进。然而第二天，打先锋的步兵却在废墟中遭遇了法军的顽强抵抗。德里昂在考勒斯丛林与德军猛烈交火，不幸在战斗中牺牲。2月23日，第七十二师一名中尉报告："指挥官德里昂和各连连长全部战死，我营只剩不到180人，弹药粮草都已耗尽，下一步如何行动？"

都奥蒙（Douaumont）是凡尔登要塞最坚固之处，德军在靠近这里时受到了暂时的阻碍。25日，德国一个军士指挥勃兰登堡掷弹兵分遣队虚张声势，法军统帅部没能及时增援，结果都奥蒙的守军坚持不住，最终向德军投降。德军占领了都奥蒙要塞后，便可以从高处对凡尔登要塞进行猛攻。

恐慌笼罩着凡尔登法国守军。粮仓遭到抢劫，谣言称德军要炸毁马斯河上的桥梁。霞飞将军终于指示第二集团军增援凡尔登，但是为时已晚。副指挥诺埃尔·德·卡斯特诺将军[1]前往前线视察阵地，决定不惜一切代价保住凡尔登。于是他派老将菲利普·贝当担任指挥，守住马斯河两岸。

"他们不会通过！"
——凡尔登战役中，
罗伯特·内维尔将军
（General Robert Nivelle）
公然蔑视德军

1916年早期，德军夺取都奥蒙要塞前对该要塞的侦察照片。

"圣路"

第一次世界大战结束十多年以后，贝当对当年的行动做出了评价："凡尔登战役的胜利不仅将东线入侵者挡在法国门外，也大大提升了法军士气。"2月25日，他把指挥部建在凡尔登－巴勒迪克（Bar-le-Duc）公路上的苏伊（Souilly），然而他却在这时感染了肺炎。所幸他已将供给线部署完毕，并下令停止反攻，仅用火炮加强各要塞的防守。很快，法军新生力量抵达前线，接替了疲惫不堪的守军，而德国援军却始终没有抵达。法军开始居高临下地猛攻德军阵地，逐渐占据了上风。总司令贝当被法国舆论誉为"凡尔登的救星"（Saviour of Verdun）。

凡尔登－巴勒迪克公路北通香槟，凡尔登战役期间，这条公路成了被困法军的生命线，故得名"圣路"。自2月28日起，法军用一周时间将19万人输往前线，并每天安排3500辆运输卡车往来其间，以满足前线守军每日2000吨的物资补给要求。后来，卡车数一度增加到每天1.2万辆。

消耗之战

3月6日，德军又一次发起猛攻，而且这次的杀伤力丝毫不亚于第一次狂风暴雨般的袭击。虽然如此，他们的既定目标仍然没有实现。法军巩固了战线右侧，德军就开始猛击左侧。4月，德军同时在两侧发动进攻，4天之内把战线向前推进了9英里（15公里），成功夺取了号称"死人"（Mort Homme）的区域及304高地（Hill 304）。但"死人"一战的代价极其惨重，德军损失10万余人。而且德军也没能及时发现法军隐藏在高地上的火炮。双方在沃克斯村（Vaux）发生多次冲突，致使该村13次易主。不过，德军终未能攻下此处要塞。与此同时，法军取得了空中优势，掌握了德军地面部队的动向。

5月8日，德军控制下的都奥蒙要塞发生爆炸，法军遂决定趁乱夺取要塞。22日，法军趁德军不备，夺取了外垒；6月1—7日，德军再次进攻要塞，他们将沃克斯包围，一步步将其炸毁。法军指挥官少校雷纳尔（Raynal）英勇抵抗，最终却因缺水而被迫投降。德军司令，即威廉王储后来见到了这位军官，当他听说雷纳尔少校在战斗中损失了一把剑时，立即送他一把新剑作为补偿。

随着战斗的进行，德军损失日益惨重，引起了上层的担忧。王太子也做好了停战准备。法国的新星、炮兵将军罗伯特·内维尔率炮兵抵达前线，增援了贝当。德军打败了苏伊和塔瓦讷（Tavannes）的法军，勉强守住了苏伊要塞周围区域，并可以在此观测凡尔登。6月23日，德军使用了含氯气和光气的"绿十字"毒气弹对付法国炮兵。7月11日，德军的最后一次进攻遭到了苏伊要塞法军的顽强反击。

7月1日，协约国在索姆河发起总攻，以转移德军在凡尔登的注意力。8月23日，法金汉被免职，法国开始收复失地。24日，内维尔派将军曼金（Mangin）用步兵和炮兵的新组合强行夺下都奥蒙。贝当非常清楚：德军排炮的炮弹几乎耗尽。

第一次世界大战结束已经百余年，然而凡尔登地区被炸过的地表仍旧凹凸不平，这些坑坑洼洼证明了1916年的炮火是多么猛烈。

至此，法金汉已经彻底颜面扫地。他在谋略上不敌总理特奥巴登·冯·贝特曼-霍尔维格（Theobald von Bethmann-Hollweg），军事上又被兴登堡取代，鲁登道夫则担任总军需官。

凡尔登战役用一系列数字为后人讲述了一次骇人听闻的大屠杀：双方在这场战役中总共投射了至少 2000 万发炮弹，双方各损失总计 30 余万人。

注释

[1] 原注：General Noel de Castelnau，他被称为"穿靴子的托钵僧"，因为他是一名非神职布道人员。

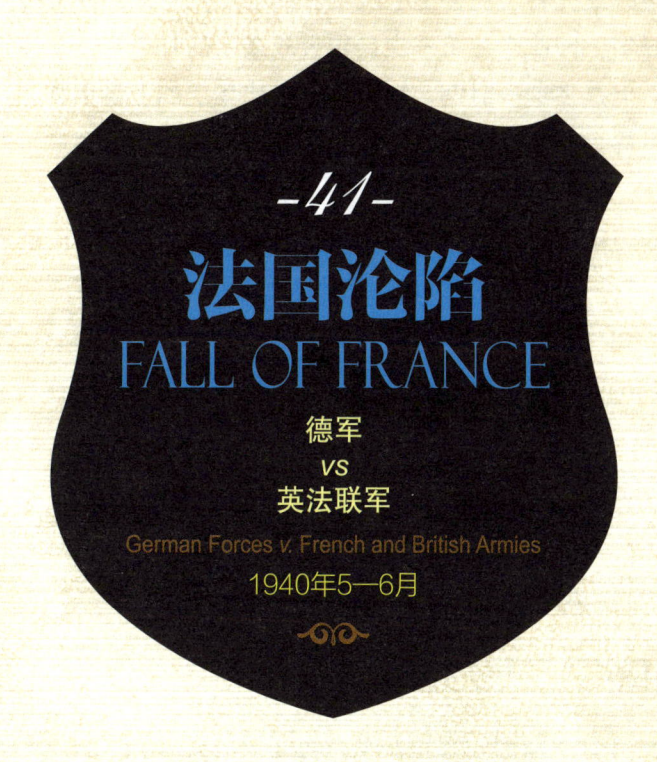

-41-
法国沦陷
FALL OF FRANCE

德军
vs
英法联军

German Forces v. French and British Armies
1940年5—6月

1940年5月,德军入侵法国的消息震惊了全世界。第一次世界大战中那些熟悉的名字又一次出现在报纸和广播里,令退伍老兵惊恐不已。与一战不同的是,堑壕战时代已经一去不复返,坦克和飞机登上了历史舞台,纳粹德国采用闪电战,几周内就攻陷了法国。

> 在 1917 年 11—12 月的康布雷战役（Battle of Cambrai）中，英军最先将坦克搬上了战场。由于坦克可以迅速突破敌军战壕的封锁，因此它在第一次世界大战最后的几个月里发挥了重大作用。但是在这一时期，坦克还不是战场上的主导因素。直到第二次世界大战爆发，坦克才取代骑兵，成为决定战争胜负的关键武器。
>
> 德国从 3 个集团军中抽调出 3 个装甲军，其中 2 个装甲军打先锋，1 个机械军随后。这几支部队就在莱茵河以东集结，纵深列队长达 50 英里（80 公里），然而盟军情报部门完全忽视了它们的存在。

闪电出击

5 月 10 日，德军准将埃尔温·隆美尔（Erwin Rommel）从比利时列日以南进入法国，拉开了入侵法国的战幕。13 日，他率军强行渡过马斯河，两天后占领了荷兰并击溃了沿岸的法国守军。事实上，1916 年德国也曾试图在此歼灭法军，但是没能得逞，最终抱憾而归。这一次，隆美尔渡过马斯河后，又于 17 日渡过桑布尔河（Sambre）。他率德国装甲师仅用两天时间就以 59 伤、35 亡的微弱代价迅速俘虏了法军 1 万余人。

表面上看，德军此次入侵行动与施里芬计划[1]并无二致，但不同的是，通过德国外交部长约希姆·冯·里宾特洛普（Joachim von Ribbentrop）的努力，苏联没有进行干涉。经过 8 周的迅速行动，德军已经占领了波兰，消除了后方的威胁，随时准备开赴西线。

德国无意分兵占领法国全境，他们的主要目标是夺取加莱海峡沿岸各港。行动主要由 A 集团军群参谋长埃里希·冯·曼施坦因（Erich von Manstein）指挥。由于最初的作战计划不幸落入比利时人手中，曼施坦因又提交了一套新的作战方案：从参与行动的 10 个装甲师中抽调 7 个师加入 A 集团军群，穿过广袤的阿登森林（Ardennes Forest），奇袭法军。马斯河的色当－迪南（Sedan-Dinant）段是法军最薄弱部分。与此同时，B 集团军群负责牵制住比利时的盟军。

德军用了一天时间将 136 个师运入法国，其中只有 10 个装甲师。而盟军是 126 个法国师、22 个比利时师以及 10 个师的英国远征军（BEF）。法军虽只有 6 个装甲师，但是坦克比德军多（法军 3254 辆，德军 2574 辆）。从技术上说，德军更胜一筹。

1940 年 5 月，德军装甲师横扫法国北部，希特勒的闪电战全面展开；然而路上挤满了难民，阻碍了盟军撤退的步伐。

战败的痛苦神情。 1940 年 6 月 14，德军进入巴黎。一位市民见到此景，流下了眼泪。更让法国人痛苦的是，希特勒坚持将受降地点定在贡比涅森林（Forest of Compiègne）里的福煕车厢，即 1918 年德国战败后与法国签订停火协议的车厢。

盟军的空中力量也无法与德军相抗衡。德军共有3226架飞机，而法英两国总共仅有1470架。德军大部分飞机为现代化战机，尤其值得一提的是342架容克"Ju-87"斯图卡俯冲轰炸机，这种轰炸机专门用于低空飞行，配合地面部队打击敌人。

截至5月12日，德国将军海因茨·古德里安（Heinz Guderian）和隆美尔分别攻占了法国北部的色当和比利时迪南，从两处突破了马斯河防线。色当是法国的历史重镇，1870年普法战争结束时，拿破仑三世便是在此签字投降。5月13日，德军加紧向前推进，击退了顽强抵抗的法军，建立了4个桥头堡。其中斯图卡俯冲轰炸机功不可没。

随后，德军将进攻目标直指法国的第二和第九集团军，这两支部队多为预备役，士兵大多未经过严格的训练。安德烈·克拉普（André Corap）将军令第九集团军撤退，结果溃不成军；查尔斯·亨辛格（Charles Huntzinger）的第二军也同样如此。英军企图从空中摧毁德军的桥头堡，结果半数（85架）战机被击落。

5月15日，德国3个装甲军均已渡过马斯河，他们不费一枪一弹就深入第九集团军后方。古德里安和隆美尔继续向海边推进。20日，第二装甲师在海边受阻。指挥部担心古德里安和隆美尔孤军深入，事实证明，这种担心是多余的。比利时部队及英国远征军已经被截断。5月19日，马克西姆·魏刚（Maxime Weygand）接替了莫里斯·甘末林[2]组织反攻，以切断德国坦克部队同增援步兵之间的联系。同时，英国准备于21日在阿拉斯[3]对德发起猛攻。

元首命令：停止追击

在阿拉斯，隆美尔遭到两个坦克纵队——法国第一集团军坦克旅和第一装甲师的攻击，并在阿西库尔（Achicourt）和阿涅（Agny）附近被英国达勒姆轻步兵团的两个营进攻。隆美尔认为敌人有5个师，便派出德军第四十二反坦克营。可惜反坦克武器根本无法打穿英军的"玛蒂尔达"（Matilda）坦克。战斗持续了 12 小时。最后，在德国 88 毫米野战炮和斯图卡轰炸机的狂轰滥炸下，英军被迫撤退。隆美尔一路追到阿克（Acq），战斗继续进行。英军共损失 7 辆坦克，而德军的"马克-3"型（Mark III）和"马克-4"型（Mark IV）坦克共损失了 9 辆。阿拉斯一战让德国将军们有些担忧。突然，不知出于何种原因，希特勒下令停止前进。

单就军事层面而言，埃瓦尔德·冯·克莱斯特（Ewald von Kleist）的装甲集团军原本可以轻取敦刻尔克，但是 5 月 24 日，希特勒亲自下令：停止前进。从文件上来看，希特勒此令旨在等待落后的步兵，使德军做好充分准备，在敦刻尔克对英国远征军发动"最后一击"。然而古德里安接到命令后大怒，甚至以辞职相威胁。当然，他的辞职没有获得批准，希特勒指示他继续进行"强力侦察"。

希特勒否决了陆军总司令瓦尔特·冯·布劳希奇（Walther von Brauchitsch）和参谋长弗朗茨·哈尔德（Franz Halder）的建议。至 25 日，总司令部的争议已经相当激烈。

敦刻尔克奇迹

A 集团军群司令格尔德·冯·龙德施泰特（Gerd von Rundstedt）和克莱斯特意见一致。克莱斯特迫切想发动坦克进攻，但是希特勒固执己见，他认定，只要港口在大炮射程内即可，不许再向前推进。德国空军元帅赫尔曼·戈林（Hermann Göring）取笑英军说，但愿那些英国兵"会游泳"，因为按计划，空军会将入港船只全部击沉。事实上，这一计划后来并未得到充分执行。英军需要撤离的人数多达 33.8 万人（其中包括 12 万法国人），这些部队已经被德军堵截，无路可退。大撤退的总指挥为英国陆军元帅戈特勋爵（Lord Gort）和海军中将伯特伦·拉姆齐爵士（Sir Bertram Ramsay）。5 月 25 日，戈特决定不进行反攻，而是进行大撤退，行动代号为"发电机行动"（DYNAMO）。26 日，大撤退开始。

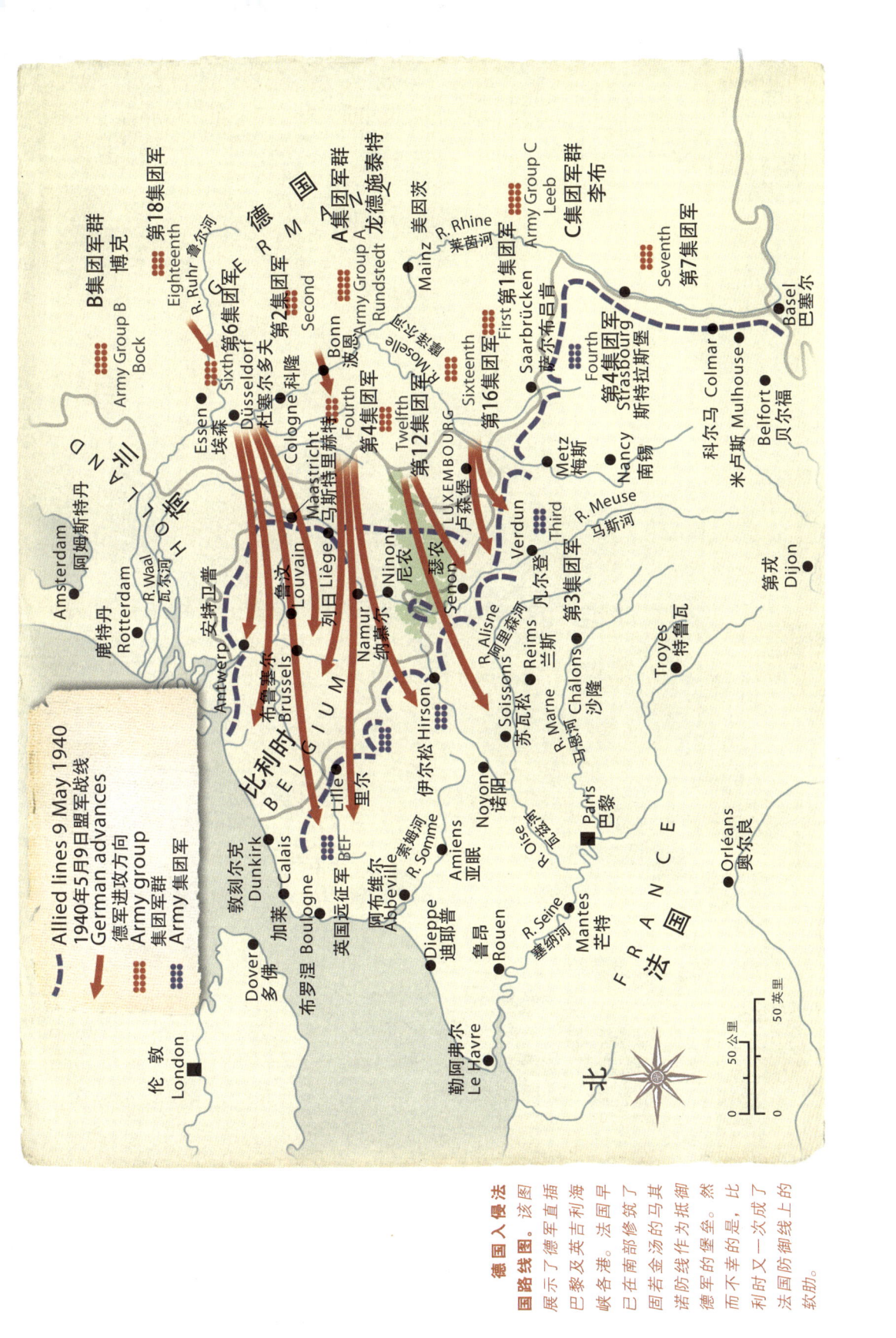

德国入侵法国路线图。 该图展示了德军直捣巴黎及英吉利海峡各港。法国早已在南部修筑了固若金汤的马其诺防线作为抵御德军的堡垒。然而不幸的是，比利时又一次成了法国防御线上的软肋。

失败中的胜利：战争艺术家查尔斯·甘达（Charles Cundall）1940年的作品《敦刻尔克大撤退》(*Retreat from Dunkirk*)。作品展现了当时令人惊骇的场景。在敦刻尔克海滩大撤退中，盟军共33.8万人获救。英国首相温斯顿·丘吉尔称此次行动为"敦刻尔克奇迹"，这一说法得到了广泛的认同。

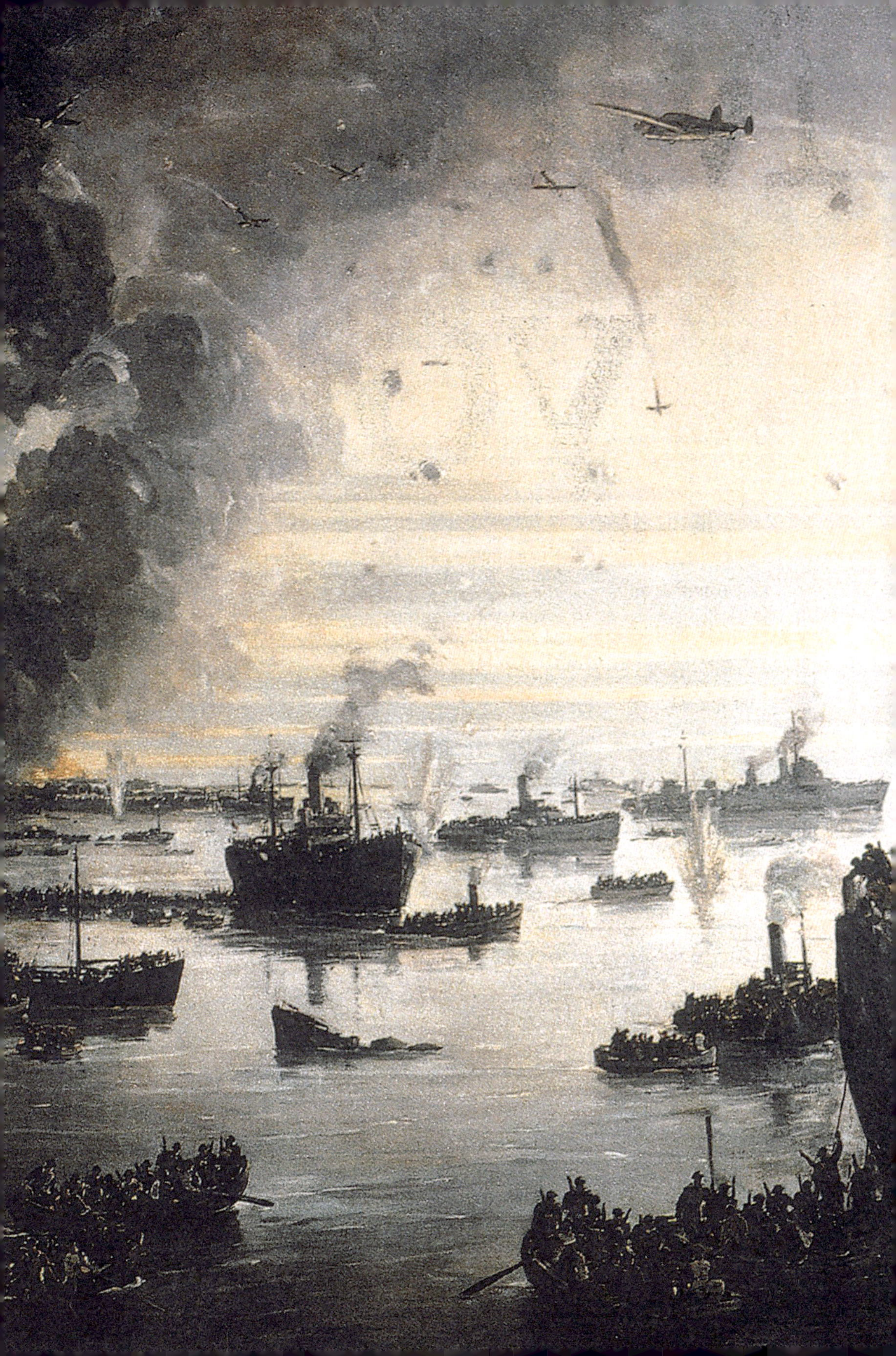

> "但愿那些英国兵'会游泳'……"
> ——赫尔曼·戈林

参与大撤退的 693 艘船只中既有军舰又有私人船只，它们顶着德国空军的猛击往返运送盟军，200 艘船被击沉。皇家空军战机司令部也损失了 106 架战机。尽管英国远征军损失了所有装备，而且只有训练有素的部队得以成功撤离，但是这次撤退为英军保存了有生力量，具有重大的军事意义。同时，大撤退的成功也大大振奋了士气。

法国崩溃

德军仅以伤亡 6 万人的代价，其中大部分只是受伤，就俘虏了 100 万人并夺取了巴黎。比利时和荷兰军队遭全歼，而法国损失了 30 个师，相当于总兵力的三分之一，装甲部队几乎全军覆没。

魏刚此时只剩下了孤立无援的 66 个师。6 月 5 日，德军行动进入第二阶段[4]。古德里安负责指挥 A 集团军群中自己的装甲师。B 集团军群方面，隆美尔的第七装甲师抢先渡过索姆河。5 月底的几天里，他们在亚眠[5]和阿布维尔（Abbeville）遭遇了英法两军的顽强抵抗。6 月 5 日，隆美尔截断了准备前往费康（Fécamp）和圣瓦勒利（St. Valery）登船的第五十一高地师。在费康，登船行动已经开始；福图将军（General Fortune）也在圣瓦勒利的指挥部负责指挥。6 月 10—11 日夜，隆美尔占领了西部高地，从高处对城内发起猛烈轰击，12 日，福图将军及 1.2 万名法军投降。英军试图增援瑟堡，但是未能成功，被迫于 13 日撤回。14 日，德军进入巴黎。6 月 16 日，年迈的贝当元帅接管法军。6 天后，这位昔日的"凡尔登的救星"发出指示，命令法国同胞放下武器。

惊人的胜利

希特勒率曼施坦因等众将仅用了短短 6 周，就完成了德国在一战 4

年时间里未能实现的目标。法国战败出局；英军严重受挫，跌跌撞撞地撤回海峡对岸；比利时和荷兰的军队则被撇到一边，而这两国最终被德军占领。希特勒终于可以投入全部力量策划进攻东线的主要目标——斯大林领导的苏联了。

注释

[1]　译注：指普法战争期间德国参谋长阿尔弗雷德·冯·施里芬制订的从广阔的比利时平原入侵法国的作战计划。

[2]　译注：Maurice Gamelin，法国将军，时任法国陆军总司令。

[3]　译注：Arras，位于法国北部–加莱海峡大区的加莱海峡省，是加莱海峡省省会。

[4]　原注：第二阶段代号为"红色方案"（Fall Rot）。

[5]　译注：Amiens，它和下文出现的阿布维尔、费康、圣瓦勒利均为法国北部城市。

-42-
莫斯科战役
MOSCOW

海因茨·古德里安将军
vs
苏军

General Heinz Guderian v. Russian Forces

1941年12月

　　海因茨·古德里安堪称希特勒的"内伊元帅"（Michel Ney，法国大革命和拿破仑战争期间的著名指挥官）。他同这位拿破仑军中最著名的陆军中尉一样，丢掉了一场至关重要的战役：莫斯科战役。这次失败让希特勒永远无法原谅古德里安。古德里安出身普鲁士中产阶级，本想成为一名骑兵指挥官。就在第一次世界大战爆发前不久，刚从军校毕业的古德里安就进入总参谋部任职。德国战败后，他开始潜心研究机械化战争，后来，他成为坦克部队的主要倡导者。

古德里安的思想同纳粹分子一拍即合，因此迅速得到提拔。1941年6月22日，入侵苏联的"巴巴罗萨行动"一开始，他就组建了自己的装甲部队——"古德里安装甲集团军"。"巴巴罗萨行动"的规模空前巨大：行动开始仅6周，古德里安就夺取了一系列胜利，俘虏数十万苏军，距离莫斯科不到200英里（320公里）。

正在这一关头，希特勒却命令古德里安的坦克部队停止进攻莫斯科，转向南下，支援南方集团军攻打基辅（Kiev）。古德里安坚决反对。事实上，古德里安已经不止一次与元首意见不合，他认为希特勒的想法大错特错，可是他无法说服元首。结果，德军占领了基辅，却丢掉了莫斯科。直到9月下旬，希特勒才准许古德里安继续朝莫斯科进发。为此，古德里安一度被撤职，不过不久后又重新获得任用，进入总参谋部任总参谋长，但希特勒照旧置他的意见于不顾。

迅速前进

"巴巴罗萨行动"第一阶段的目标是在3个月之内推进至伏尔加河（Volga）—阿尔汉格尔（Archangel）一线。当时正值寒冬，然而德军的补给却严重不足。德军总兵力超过300万人，编为152个师，其中包括30个装甲师和摩托化师。武器装备上，德军有3350辆坦克、7106门火炮和1950架飞机。除此之外，还有14个芬兰师和14个罗马尼亚师分别从北方和南方支援德军。这支德国部队同130年前进军莫斯科的拿破仑大军团一样，是一支多国联合部队。不久，匈牙利、意大利、西班牙、克罗地亚、斯洛伐克以及其他德国控制区的军队也加入其中。德军将整个部队编为A、B、C三个集团军群。

德军再次采取了进攻法国的战术。当时，曼施坦因、古德里安、隆

"巴巴罗萨行动"第一周,德军如入无人之境,迅速深入苏联领土,俘获大批苏军。此图是进军途中,"党卫军骷髅师"(SS Totenkopf)的一个摩托化部队正在休息。

美尔和克莱斯特等德军将领集中装甲部队，冲破法军防线，深入后方，包围法军，随后以步兵打击被困法军，以此大胜法军。

德军进入苏联后，迅速俘获了大批战俘：在明斯克（Minsk）、斯摩棱斯克和基辅的战斗中分别俘虏苏军40万、30万和50万人；随后又在布良斯克[1]和维亚济马[2]俘获50万人。到1942年2月，300万苏军战俘中有三分之二被德军虐待致死。

基辅陷落

7月6日，苏联红军在西线和中线对第聂伯河（The Dnepr）沿岸的德国中央集团军群进行了一系列反攻：铁木辛哥[3]在索日河（River Sozh）沿岸反攻了古德里安的装甲集群。尽管苏军在斯摩棱斯克和基辅的进攻没有给德国造成实质性威胁，但是这些行动使希特勒决定放弃一路深入莫斯科的计划，转攻基辅地区。这让古德里安大为不满。

8月下旬，苏军统帅部令西线方面军、预备方面军和布良斯克方面军在斯摩棱斯克一带大举进攻，摧毁德国中央集团军群，进而阻止德军攻占莫斯科和基辅。18日，斯大林直接下达指示：必须守住基辅。基辅位于战线上向外伸长的凸出地带，防御十分薄弱。希特勒命令古德里安停止前进，率第二装甲集团军掉头从西南方向进攻苏联后方。

斯大林派兵增援了叶廖缅科（Yeremenko）的布良斯克方面军，并指示他"一定要把古德里安这个恶棍……和他的集团军群炸成碎片"。然而天不遂人愿：9月17日，基辅陷落，苏联整整4个军被包围，牺牲将士超过60万人。这一战堪称德军最辉煌的胜利，苏军最惨烈的灾难。

莫斯科告急

德军攻陷基辅等地后乘胜追击，展开了"台风行动"（Operation Typhoon），企图攻占莫斯科。苏军接连失败，代价惨重，但他们的每一

东线：1941年6月22日—8月25日，古德里安的第二装甲集团军比其他轴心国部队推进得更远。抵达斯摩棱斯克后，他们被调往南边，以支援南方集团军群。

图中注释：

[1] 第四装甲师霍普纳；[2] 第三装甲师霍斯；[3] 第三集团军库兹涅佐夫；[4] 第一装甲师克莱斯特。

次反击都阻碍了德军进攻的步伐，使其迅速占领莫斯科的目标一直无法实现。随着战事的拖延，德军愈发可能陷入冬季作战的泥潭。

德军继续快速推进。截至 10 月初，苏联至少有 7 个军的 100 多万人被困在维亚济马和布良斯克。与此相比，6 月、8 月和 9 月的损失似乎微不足道。至 10 月 18 日，德国坦克已抵达博罗迪诺。10 月底，德军开始猛攻莫斯科。苏军最初负责防御的是上将伊万·科涅夫（Ivan Konev），11 月 10 日由格奥尔基·朱可夫（Georgi Zhukov）接任。德军统帅部共派出 70 个师 100 万人参战，配火炮 14000 门，坦克 1700 辆以及飞机 1000 架。截至 11 月中旬，德军前锋距莫斯科仅 40 英里（64 公里），苏军充分利用了"T-34"型坦克并进行了顽强抵抗。为了包围莫斯科，德军先进攻了首都北部的加里宁（Kalinin）和南部的图拉（Tula）。

保卫俄罗斯母亲

随着冬天临近，俄罗斯气温骤降，严寒的天气冻结了德军的润滑油，地上也根本无法挖掘战壕。斯大林在莫斯科东部集结了 10 个预备役集团军[4]。据苏联情报部门的消息，日本既不打算进攻中国满洲里，也不准备配合其德国盟友，因此斯大林便从中苏边界调回部分兵力以解燃眉之急。

10 月 15 日，部分苏联人民开始逃离首都，仿佛 1812 年的情境再现。外国使节、外国记者及部分苏联政府部门迁往莫斯科以东 500 英里（800 公里）处的古比雪夫（Kuibyshev），而参谋部则迁往莫斯科与古比雪夫之间的阿尔扎马斯（Arzamas）。秘密警察头目拉夫连季·贝利亚（Lavrentiy Beria）奉命在莫斯科布设雷区，以防万一。政府的这些行动引起了莫斯科居民的恐慌，大批市民开始逃亡。10 月 17 日，莫斯科市长谢尔巴科夫（A. A. Shcherbakov）通过电台发表讲话，称斯大林依然住在克里姆林宫。两天后，莫斯科戒严，贝利亚接管保卫工作。他组织了 5 个师的志愿军修筑防御工事，有的也被派往前线，导致多人丧生。

苏军最初的防线建在莫斯科以西 75 英里（120 公里）处。朱可夫

被摧毁的苏联"T-34"型坦克。 苏联的装甲师在摧毁纳粹德国进攻中发挥了巨大作用。1941年夏秋季节,当德国迅速向苏联境内推进时,苏军匆忙将"T-34"型坦克的生产地从乌克兰东迁至乌拉尔山另一侧。

将防线向东迁移。10月底,德军突破了最初的那道防线,从西北和西南两个方向逼近莫斯科。至11月初,德军距莫斯科仅50英里(80公里)。

斯大林临危不惧。11月6日,他依然同莫斯科市民共同庆祝了俄国革命纪念日,虽然庆祝活动只能在马雅科夫斯基(Mayakovsky)地铁站内举行。他发表了振奋士气的演说,着重强调希特勒绝不可能取胜:因为他没有得到英美联盟的支持;因为德军在苏联的冒险不过是出于国内的政治压力,而且,德军低估了苏军的实力和勇气。但是,他故意不提拿破仑,他不想让莫斯科人想起,1812年法国皇帝曾一度占领了莫斯科。

第二天,阅兵式照例在红场举行。斯大林指出,苏联历史上还经历过更加危难的时刻。他想以此激起人们的爱国热情。他比较了1918年的情况,当时14个国家联合入侵襁褓中的苏维埃共和国,情势远比此时危急。他还提到了亚历山大·内夫斯基(Alexander Nevsky)和库图佐夫等俄国历代英雄，祈求得到英雄们的荫蔽。仪式结束后，斯大林的讲话被印成宣传单分发给士兵。

末日将近

11月30日，德军已经打到谢列梅捷沃（Sheremetevo）机场。苏联红军遭到严重打击，不过并未被攻破，德军没能占领图拉，进攻速度也慢了下来。据希特勒的管家海因茨·林格（Heinz Linge）后来回忆，当时身在"狼穴"[5]的希特勒闻讯暴怒，当天召开日常军事会议时，他严厉斥责了各军司令。12月初，林格听见元首在会议室里对着电话高声指示装甲集团军司令："古德里安！稳住！要不惜一切代价坚守战线！我调集一切力量给你增援！不管你用什么办法，坚持到底！"

希特勒的情绪一天比一天糟，而斯大林的士气却与日俱增。古德里安的第二装甲集团军最终在进攻图拉时受阻。12月4日，苏联开始反攻，两天后，苏军兵力又得到加强：苏联第一突击集团军和第二十突击集团军反攻了莫斯科北部的德军，第十突击集团军则在图拉进行反击。苏军的优势在于早已习惯了冬天作战，而衣衫单薄的德军则疲惫不堪，装备不良，补给也严重不足。苏军的兵力补给似乎源源不断，大批游击队员在德军后方活跃起来，第一次行动就迫使德军后退50英里（80公里）。莫斯科战役结束时，德军在苏军的紧逼下后撤248英里（400公里），损失兵力50余万人，坦克1500辆，火炮2500门。但是，苏联自己也为此付出了沉重的代价：共有92.6万名苏联红军阵亡。

12月16日，德军中央集团军群司令费多尔·冯·博克（Fedor von Bock）请示实施防御性撤退。古德里安成了战败的替罪羊，一纸撤职令算是元首送给他的圣诞礼物。莫斯科一战打破了德国国防军战无不胜的神话，战争结束的曙光似乎依稀可见。

"古德里安！稳住！要不惜一切代价坚守战线！我调集一切力量给你增援！不管你用什么办法，坚持到底！"

——1941年12月希特勒给海因茨·古德里安的指示

"冬将军"是俄罗斯极佳的防御资源。 德军没能攻入莫斯科，很大程度上是因为缺少抵御严寒的装备。130 年前，拿破仑进攻沙皇俄国时也有过同样的遭遇。

注 释

[1] 译注：Briansk，苏联欧洲部分中部城市，位于莫斯科西南部。

[2] 译注：Viazma，俄罗斯斯摩棱克州东部城市。

[3] 译注：Timoshenko，苏联军事家、元帅，苏德战争时苏联红军的高级指挥官。

[4] 原注：这次战役中，近 100 个师被调往中央战区。

[5] 原注：Wolf's Lair，希特勒东线作战的大本营，位于普鲁士东部。

-43-
新加坡沦陷
THE FALL OF SINGAPORE

日本皇家卫队
vs
英联邦部队

Japanese Imperial Guards v. British and Commonwealth Forces

1942年2月15日

从积极的角度而言，盟军的敦刻尔克大撤退可以算作后勤上的胜利，然而新加坡的沦陷却几乎没有任何正面意义。丘吉尔称这次失败为"英国军事史上最沉痛的浩劫和规模最大的投降"。日军在南下泰国和马来半岛途中，从"后门"进入新加坡，而英军却错误地将防御火炮部署在了海岸，没有发挥任何作用。

> 英国非常清楚日本在远东构成的威胁。正因如此，他们才率先设立了新加坡海军基地，在周围部署了重型火炮并修建了机场。然而新港却没能迎来长驻军。

防御不足

泰国是日本在亚洲唯一的盟友，因此英国也考虑过日本可能从泰国进入马来半岛。早在1936年，少将威廉·杜比（William Dobbie）就曾强调过这一危险。而最终率英军投降日本的亚瑟·白思华（Arthur Percival）当时正是杜比将军的参谋。1940年9月，日本加入轴心国后，局势更加危急，日本在亚洲的扩张无人能敌，而处在英美太平洋势力中心地带的新加坡和菲律宾更是首当其冲。然而，按照当时的战略部署，新加坡仅有的一点战略物资也已被英军转移到其他战场。1940年10月，英国空军元帅罗伯特·布鲁克-波帕姆爵士（Sir Robert Brooke-Popham）结束了自己的退休生活，赴任远东总司令。波帕姆原本计划加强新加坡的防御，但是，当他要求增派飞机时，却被告知没有多余的飞机。1941年5月，白思华中将被任命为马来半岛英军总司令。他的兵力十分薄弱，只有第九师、第十一师和印度第三军。

白思华曾因参与镇压20世纪20年代的"北爱尔兰动乱"获得勋章，他在同爱尔兰共和军（IRA）作战的过程中留下了冷酷无情的名声。他被派到新加坡后，曾敏锐地指出日本可能"从后门攻入马来半岛"；后来的事实证明，他的预测非常准确。他还批准了巩固柔佛（Johore）的计划。柔佛位于新加坡北部，正对着新加坡岛。

与白思华配合作战的是少将弗兰克·西蒙斯（Frank Simmons），他的澳大利亚第八师由亨利·戈登·贝内特少将（Henry Gordon Bennett）指挥。盟军共有158架战机，但多数陈旧落后，送至新加坡的坦克又被调往苏联,支持斯大林反击德军。

1941年12月8日,日本将军山下奉文(General Tomoyuki Yamashita)率日本第二十五军在半岛哥打峇鲁(Khota Bharu)登陆。第二十五军是一支受过两栖登陆训练的精锐部队,十分擅长骑自行车长途跋涉。这支部队只是分散盟军注意力的诱饵,日军主力早已在泰国东南的宋卡(Singora)和北大年(Patani)登陆。

联合作战

日军迅速夺取了空中优势,并精心设计了登陆时间:上述三处的登陆仅比偷袭珍珠港早一个小时,只是由于受国际日期变更线的影响,日期的记录不尽相同。12月10日,白思华发表了如下公告:"在此危急关头,总司令要求一切部队付出坚决、持久的努力,保卫马来半岛,保卫与之相邻的英国领土。帝国的眼睛在注视着我们,整个远东的局势危如累卵。这或许将是一场耗时长久的艰苦战斗,但是无论遇到什么困

日军在坦克保护下攻入新加坡。由于岛内陆上防御不利、缺乏装甲部队,英军的防守必然以失败告终。

难，我们都要坚强不屈，证明我们没有辜负人们对我们的巨大信任。"

日军在一个坦克旅保护下经大路向南推进至吉隆坡（Kuala Lumpur）。他们一路横扫英军，每战必胜：12月11日攻下日得拉（Jitra）、15日攻下牛仑（Gurun）；1942年1月2日打下金宝（Kampar），1月7日打败印军夺取了仕林河（Slim River），11日又攻下吉隆坡。一部分日军乘小船向南进军。仕林河之战当天，西南太平洋地区英军总司令阿奇博尔德·韦弗尔爵士（Sir Archibald Wavell）还登陆视察了部队。眼前看到的景象令他大吃一惊，他下令立即撤回至马来半岛最南端的柔佛省。了解到新加坡根本没有一套抵御日军的作战计划，韦弗尔马上给丘吉尔发去电报，表达了他的担忧。

在此之前，英国还经历了一场更沉重的浩劫：1941年10月，英国计划派旧式巡洋舰"反击"号（HMS *Repulse*）护送崭新的"威尔士亲王"号（*Prince of Wales*）军舰和"不屈"号（*Indomitable*）航空母舰支援新加坡，然而航母却在试航中受损，其余两艘则被编入"Z"舰队，在海军上将汤姆·菲利普斯爵士（Sir Tom Phillips）率领下开赴印度洋。更加不幸的是，12月10日，两艘军舰均被中南半岛的日本轰炸机击沉，造成包括菲利普斯在内的800余名英军死亡。

这对丘吉尔而言无疑是晴天霹雳，他命令白思华坚守阵地："必须不惜一切代价保卫新加坡，全岛部队必须誓死抵抗，直到最后一支部队、最后一个据点被摧毁为止……不得投降。"

猛攻新加坡

白思华的处境十分艰难：岛上遍地是难民，淡水和弹药都将耗尽。新加坡的淡水40%来自陆地，通过管道引入岛内。只是他有所不知，日军更加缺乏补给，而且兵力只有英军的一半。

马来半岛的英军继续后撤。1月21日午夜，几乎全部英军已穿过堤道进入新加坡。一支阿盖尔（Argyll）营负责殿后，炸掉了堤道，但此处海水落潮时的深度仅有1.2米。

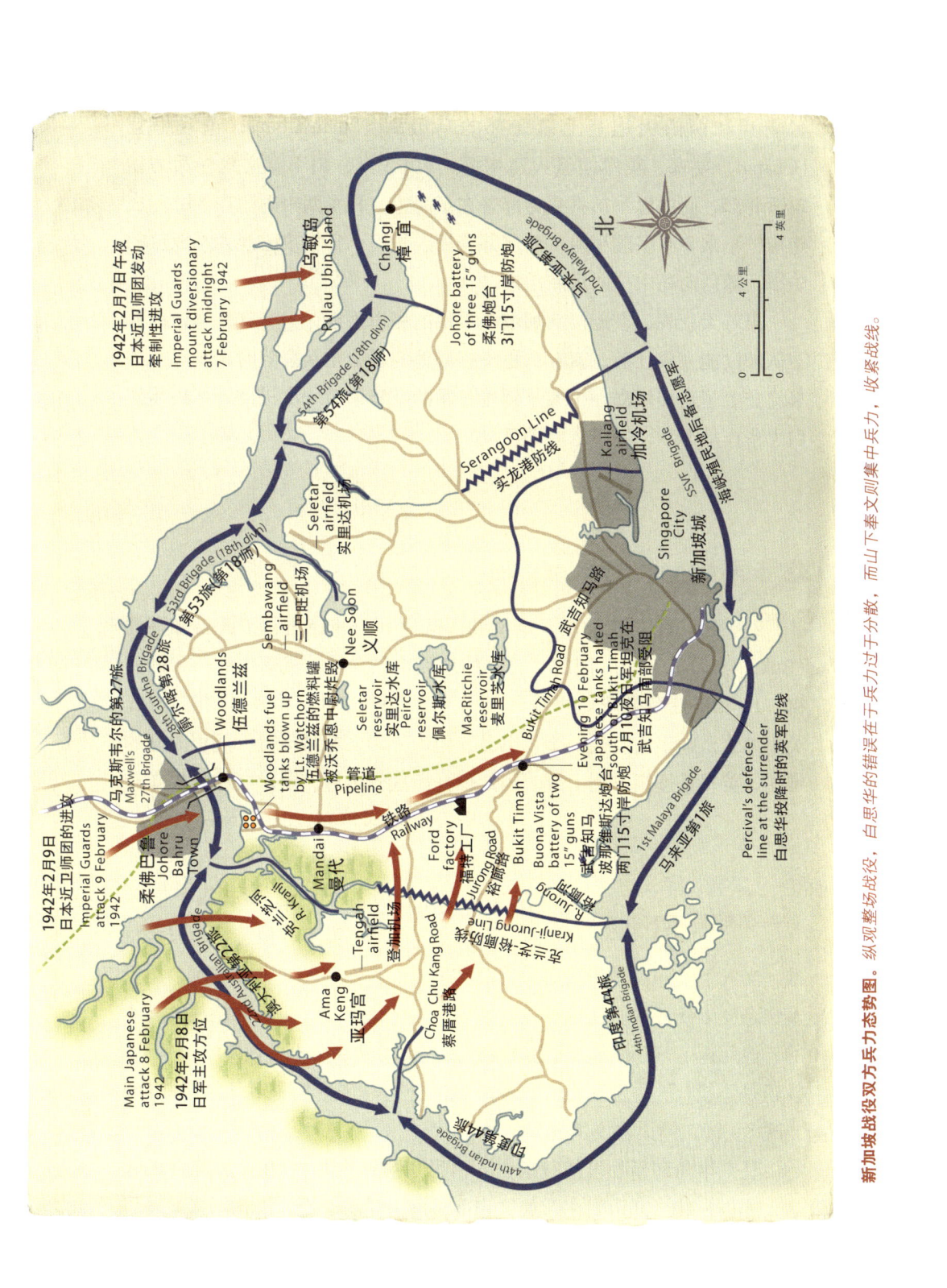

新加坡战役战役双方兵力态势图。纵观整场战役，白思华的错误在于兵力过于分散，而山下奉文则集中兵力，收紧战线。

日军以佯动迷惑了白思华。2月7日午夜,日本近卫师团以400名士兵和两门火炮登上东北部的乌敏岛(Pulau Ubin),进攻樟宜(Changi)要塞。英军闻讯火速增援。2月8日,山下奉文集中兵力猛攻西北部,而白思华却将兵力部署在了海边。日军两个师团在440门火炮掩护下乘300多艘小船从西北部登岛。是夜,日军攻破澳大利亚旅的防御,随后向岛中央的水库前进。

第二天夜晚,在连接新加坡和柔佛的堤道附近,另一支日本帝国警卫队却没能完成任务。就在白思华担心他们还会重新登陆时,日军主力早已登上了新加坡岛。韦弗尔冒着日军的空袭最后一次进岛,严厉斥责白思华作战不利,并下令立即反攻。

虚张声势

2月10—11日夜,山下奉文的部队靠刺刀冲锋占领了武吉知马岛(Bukit Timah)高地。同时,日本的坦克也已登陆,巩固水库一带的防御。12日,日军弹药即将耗尽,山下奉文便鼓动士兵多用刺刀作战。英军第十八师多为新兵,难以御敌。但山下奉文非常清楚,随着时间的推移,英军将逐渐占据上风。因此他开始虚张声势,要求白思华投降。

> "……不惜一切代价保卫新加坡……不得投降。"
> ——温斯顿·丘吉尔

白思华没有立即答复。2月15日上午9:00,他在福康宁(Fort Canning)召开最后一次会议,指出英军已经无力抵抗,他提议下午4:00向日军投降。韦弗尔没有其他选择,只得批准。当天下午,白思华亲自举着白旗来到武吉知马岛同日军谈判,山下奉文态度十分蛮横。他也知道,如果英军坚持战斗,是有可能战胜日本的。他问道:"夜间进攻马上就要开始,英军到底要不要投降?一句话,投还是不投!"白思华态度软弱,试图拖延时间,但是最终被迫投降。当晚8:30,停火协议生效。

马来半岛和新加坡战役前夕,白思华共有兵力14万人,其中9000余人阵亡,其余部队则在新加坡陷落时沦为俘虏,受到了日军极端残忍的虐待。只有戈登·贝内特少将和个别盟军部队得以逃脱。而日军的规模还不及英军的一半，只有 5.5 万人，其中 3500 人死亡。山下奉文的上级限他 100 天之内攻克新加坡，他却只用了 70 天，从此得名"马来之虎"。

二战结束后，白思华因新加坡防御的失败饱受诟病，没能获得骑士爵位。然而山下奉文的结局更加悲惨：他被美国军事法庭判为战犯并于 1946 年被判处绞刑，其中最重要的原因之一就是他残忍虐待盟军战俘。

-44-
阿拉曼战役
EL ALAMEIN

伯纳德·蒙哥马利中将
vs
德国陆军元帅埃尔温·隆美尔

Lt-Gen.Bernard Montgomery v. Field Marshal Erwin Rommel

1942年10月23日—11月4日

  传统观点认为，改革并增强英国第八集团军实力的是一位颇具争议的人物——伯纳德·蒙哥马利中将。有一些军事史学家对此提出了质疑，但是毫无疑问，蒙哥马利非常具有人格魅力，他能以自己的信仰影响部下，这在当时英国的高级将领中并不常见。

> 截至 1942 年夏，第八集团军的表现一直非常糟糕。在一次作战中，他们仅摧毁敌人 3 辆坦克，而自己却损失了 118 辆。历史学家认为，在蒙哥马利上任之前，有人就整顿过这支部队。前任指挥官克劳德·奥金莱克（Claud Auchinleck）曾为驻守埃及的英军制订了强大的防御计划：他铺开了一条 40 英里（64 公里）长的防线，只需以两个师进行防守，并配备充足的装甲装备，便可抵御敌人的进攻。防线左右两侧正好分别处于盖塔拉洼地（Qattara Depression）和地中海的保护之下。

"沙漠之狐"陷入困境

德国的非洲军团在陆军元帅埃尔温·隆美尔（号称"沙漠之狐"）指挥下横扫北非，英军被迫撤退 1000 多英里（1600 多公里），从格兹拉（Gazala）撤到距苏伊士运河附近仅 100 英里（160 公里）之处。这里距亚历山大港仅 60 英里（100 公里）。英军销毁了开罗的文件，军舰也驶离亚历山大港。但是，德军补给线过长，后方许诺的燃料补给迟迟未到，让隆美尔十分焦虑。1941 年 7 月，英军在"第一次阿拉曼战役"中阻止了隆美尔的进攻，俘获德军 7000 人。随后奥金莱克对前线加以巩固，建立了坚固的防线。他还提议，等到 9 月之后再发动进攻。

温斯顿·丘吉尔一向反对按兵不动，遂罢免了奥金莱克，任命"扫射机"（Strafer）威廉·戈特（William Gott）为第八集团军司令。不幸的是，戈特不久就在从前线飞回英国时殉职。总参谋长阿兰·布鲁克（Alan Brooke）提议派哈罗德·亚历山大（Harold Alexander）全权指挥中东战区，并任命蒙哥马利为第八集团军司令。期间，该军接到了 300 辆崭新的美国谢尔曼坦克（Sherman Tanks），这种坦克上配备了 75 毫米火炮。经过奥金莱克的改革，第八集团军在 1942 年 8—9 月的阿拉姆哈勒法战役（Battle of Alam Halfa）中的表现有所改观。奥金莱克从截获的德

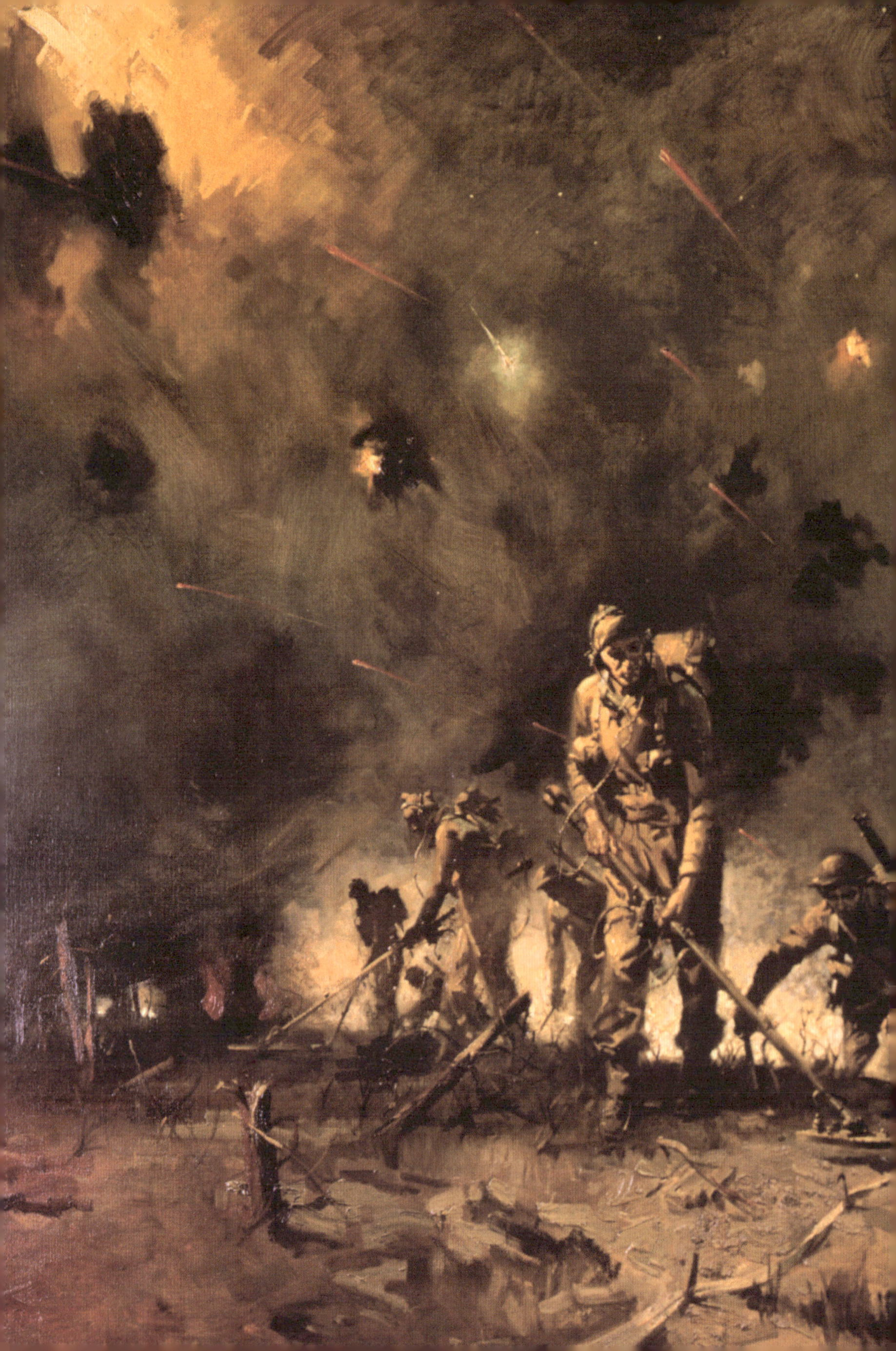

阿拉曼战役中扫雷的工兵。 这幅图为英国艺术家特伦斯·库内奥（Terence Cuneo）所绘。尽管这项工作可以使用扫雷坦克来完成，但是大多数情况下，这一危险的工作仍由人工完成。

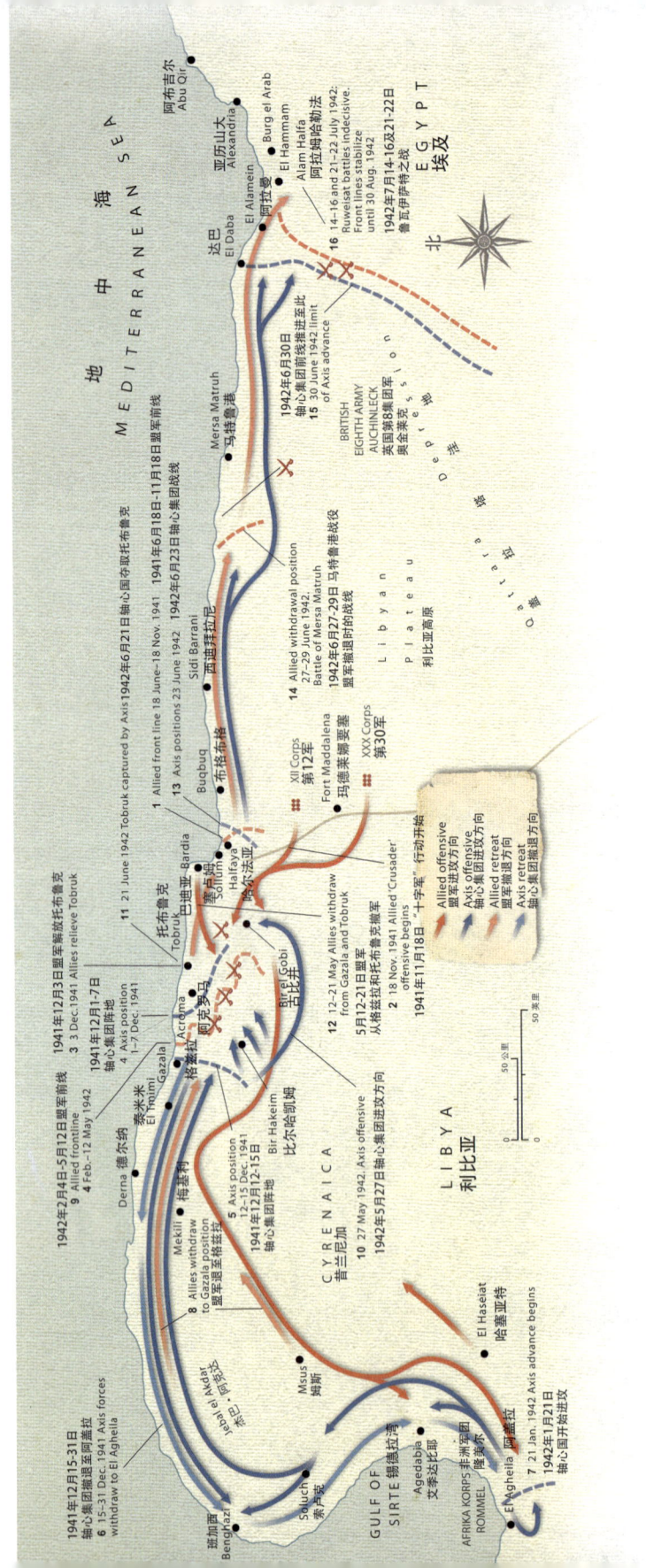

1941年6月—1942年8月轴心国进攻路线图。隆美尔的非洲军团到来之前，英军击败了墨索里尼的意大利军，在北非取得了重大胜利。但是，非洲军团同意大利军队的联合令英军十分头痛。

军电文中得知，隆美尔正准备发动进攻，他便利用阿拉姆哈勒法山脊上的火炮，在米泰亚山脊（Miteirya Ridge）阻止了德军的进攻。隆美尔人数上稍占优势，但其中有 6 个师是意大利军。由于第八集团军装备充分，并占据了空中优势，隆美尔的非洲军团被迫撤退，重新整编。奥金莱克下令追击，然而轴心国部队撤退时谨慎地布设了大片雷区，阻挡了英军。9 月 23 日，隆美尔因肝部肿胀回国，蒙哥马利准备趁机发起进攻。

在英美两国的战略计划中，阿拉曼战役是战争远期目标的一部分。他们要先扫除德国，然后打败日本。要想实现这一计划，就要大举进攻纳粹德国的非洲军团，而后登陆非洲，使维希政权驻摩洛哥和阿尔及利亚的法军保持中立。

声东击西

10 月 23 日，第八集团军展开"捷足行动"（Operation Lightfoot）。蒙哥马利命令部队深挖战壕。他共有兵力 22 万人，坦克 1348 辆。而德意联军共有 11.2 万人，坦克 500 辆，全部由隆美尔的继任者施图姆将军指挥。

轴心国部队的坦克中包括 340 辆性能较差的意大利坦克，而德国的"Mk-4"型坦克仅有 38 辆。"Mk-4"型坦克配有 75 毫米火炮，进攻力极强。蒙哥马利不仅兵力是德军的两倍，而且各种装备都比德军充足。他们拥有 531 辆谢尔曼坦克和格兰特坦克（此坦克也配有 75 毫米火炮），同英军并肩作战的还有澳大利亚、新西兰军，以及自由法国运动和希腊部队的部分力量。而轴心国部队唯一充足的武器就是地雷。他们在已有地雷的基础上又埋了 50 万颗。

阿拉曼战役爆发前，英军进行了巧妙伪装，诱导敌人相信蒙哥马利准备从南边发起进攻。一位目击者报告，英军在集合地点布置了几百辆坦克模型；在火炮的位置停放了假卡车，以便趁夜晚将真火炮藏在假卡车下面；真坦克和火炮从待命区开出后，随即将假装备按原样停好；英军还装模作样地在南边建造假的弹药库，但是建造的进度非常缓慢，11 月之前不能完工；此外，他们还专设了发送虚假情报的无线电台；在反方向上建造了假的输油管道、加油站、蓄水池,而且故意拖延时间,迟迟不肯完工。为防止计划外泄,英军对每辆车的动向实施了严密监控。

阿拉曼战役可以分为三个阶段,在此之前,双方发生了激烈交火。不久后,施图姆因心脏病突发去世,轴心国部队暂时交由威廉·里特·冯·托马少将(Wilhelm Ritter von Thoma)指挥。

战役的第一阶段为"闯入"阶段,英军中将奥利弗·里斯爵士(Sir Oliver Leese)率第三十军沿一条10英里(16公里)的雷区向轴心国部队中心发起进攻;同时,陆军中将布赖恩·霍罗克斯(Brain Horrocks)率第十三军从南侧进攻敌人。只是这两支部队都没能深入德军后方。10月26—31日,战役进入第二阶段,蒙哥马利指挥英军同德意联军在战线上空进行了"空中决战",他们凭借强大的空中优势和猛烈的炮火大败德意联军。

隆美尔归来

10月26日,隆美尔重回北非指挥非洲军团。此时隆美尔的身体仍然没有痊愈,同滑铁卢战役时的拿破仑一样,都是在关键时刻抱病在身。他对部下弗里茨·拜尔莱因(Fritz Bayerlein)将军坦言,这场战役的胜败已经非常明显。虽然如此,隆美尔仍付出了不懈的努力。接下来的几小时里,他下令反攻英军右翼,无奈被英军的炮火和空袭击溃。第二天,隆美尔又企图攻击第二步兵旅和澳大利亚军。

突破阶段

11月1—4日,战役进入第三阶段,即"突破"阶段,新西兰军和第九装甲旅在"增压行动"(Operation Supercharge)中担任先锋,冲破了轴心集团在基德尼山脊(Kidney Ridge)北侧的防线。发起进攻之前,他们先以玛蒂尔达"蝎"型坦克扫过雷区,引爆地雷。虽然坦克前部安装了转筒,仍有87辆被炸毁。扫雷坦克为英军开辟了道路,第十军攻入了德军后方。尽管非洲军团组织了反攻,却没能对蒙哥马利进行有效的打击。机动部队迅速撤退，步兵只得投降。11月2日，病中的隆美尔下令撤军。第二天，希特勒直接下达指令，令隆美尔坚守阵地。由于英军已攻破德军南边的防线，俘虏了冯·托马将军，元首的命令让隆美尔十分为难。11月4日，非洲军团全线溃退。

隆美尔很快重新集结，组织德军撤退。德军此时仅剩下一个师的兵力和8辆坦克，而英军却有600辆坦克。幸而天降大雨，沙漠变成沼泽，阻止了英军的追击。1943年1月23日，继将轴心国部队赶出埃及和苏伊士运河之后，英国第八集团军又推进至的黎波里。德军在斯大林格勒战败的当天，英军抵达了突尼斯。

1943年3月10日，痊愈后的隆美尔立即赶往德军在乌克兰的指挥部，面见希特勒。尽管他违令撤退，希特勒仍旧热情接待并称赞了他。由于希特勒把准备增援非洲的力量调往东线，隆美尔只得撤退。他直截了当地告诉希特勒，假如当时有足够的兵力，他完全可以占领亚历山大，他还说意大利人并不可靠。希特勒告诉隆美尔，他当时正尽全力稳住斯大林格勒。

战后，蒙哥马利大度地肯定了老对手的论断："假如德军把用在苏联的部分兵力和装备，尤其是装甲部队调往非洲，德军很有可能占领埃及和苏伊士运河，甚至有能力在中东设立大本营。"

阿拉曼战役的重大意义在于，它标志着第二次世界大战进入第二阶段：盟军逐渐占据上风。丘吉尔对此有一句著名的评价："战争并没有结束，甚至不是结束阶段的开始，这也许只是开始阶段的结束。"英军获胜几天后，盟军登陆法属北非，展开了"火炬行动"（Operation Torch）。11月19日，苏联在斯大林格勒的反攻也拉开了序幕。

沙漠中的蒙哥马利。蒙哥马利精力充沛，有时却也专横傲慢。丘吉尔对他的评价："战败时坚强不屈，得胜时令人厌烦。"

-45-
斯大林格勒战役
STALINGRAD

德国陆军元帅弗里德里希·保卢斯
vs
苏军

Field Marchal Friedrich Paulus v. Russian Forces

1942年7月17日—1943年2月2日

    1941年后期，德军攻占莫斯科的计划失败，"巴巴罗萨行动"受挫。随着战斗的进行，德军的兵力和物资日益匮乏，而苏军的补给却日益充足。为了同苏联抢夺燃料，希特勒令德军重新整编，挺进高加索南侧，夺取巴库油田。为实现这一目标，德军必须首先占领顿河（River Don）西岸。

斯大林格勒位于伏尔加河河道的转弯处，距顿河最东端不过50英里（80公里）。德军想在两河之间修建一座陆桥，通往南部更远处的油田。为此，德军于1942年6月28日发动代号为"蓝色行动"的作战计划，并于7月底占领了顿河附近大部分区域，抵达了迈科普（Maikop）油田。8月21日，德军占领了高加索山最高峰厄尔布鲁士山（Elbrus）。

8月底，弗里德里希·保卢斯将军的第六集团军逼近斯大林格勒郊外。在此之前，苏联最高统帅部已经意识到了局势的危急，并于7月12日组建了由铁木辛哥将军担任司令的斯大林格勒方面军。7月17日，保卢斯的第六集团军继续向前开进，与苏联第六十二集团军和第六十四集团军在齐尔河（River Chir）展开交锋，这标志着斯大林格勒战役正式拉开序幕。7月底，罗斯托夫（Rostov）陷落。紧接着，斯大林发布著名的227号命令："不准后退一步！"

8月23日，德军发动空袭，并包围了斯大林格勒。斯大林格勒沿伏尔加河绵延伸展30—40英里（48—64公里），整个城市由南部的老城区、中心的新城区和北部工业区三部分组成。皇后河（River Tsaritsa）从城中穿过，将斯大林格勒一分为二。最高之处是91米高的马马耶夫岗（Mamayev Kurgan）。

联合作战

德国空军两天之内出动飞机2000架次，致使2.5万人丧生。第二天，保卢斯抵达伏尔加河，切断了第六十二集团军和第六十四集团军的联系。苏军此时的兵力仅为德军的一半，但是指挥部已经派出50个师、33个旅以及海军部队10万人赶来增援。9月9日，苏军任命瓦西

崔可夫元帅的第六十二集团军成功保卫伏尔加河左岸的 4 个桥头堡。伏尔加河左岸在此逐渐变窄，仅能容下一排建筑。这幅画是苏联艺术家 V. K. 季米特洛夫斯基（Dmitrievskii）1958 年的作品，描绘了正准备渡河的苏联红军。

里·崔可夫（Vasilii Chuikov）为第六十二集团军司令，在敌众我寡情况下成功击退保卢斯的进攻。崔可夫必须控制伏尔加河沿岸，以保证苏军的供给。

9 月 26 日，德军已占领了斯大林格勒中部和南部，但是马马耶夫岗仍处在苏军掌控下。27 日起，德军开始向马马耶夫岗和北部工业区发起冲击。10 月 14 日，德军在城内工厂集中的区域发起了一轮新的攻势。11 月 11 日，保卢斯发动了最后一次大规模进攻，并于 11 月中旬占领了城内 90% 以上的地区。崔可夫率苏军寸土必争，大大消耗了保卢斯的德军，但是苏军同时也遭受了严重的损失：第十三近卫师投入了 1 万人参加战斗，然而战争结束时，仅 320 人幸存。

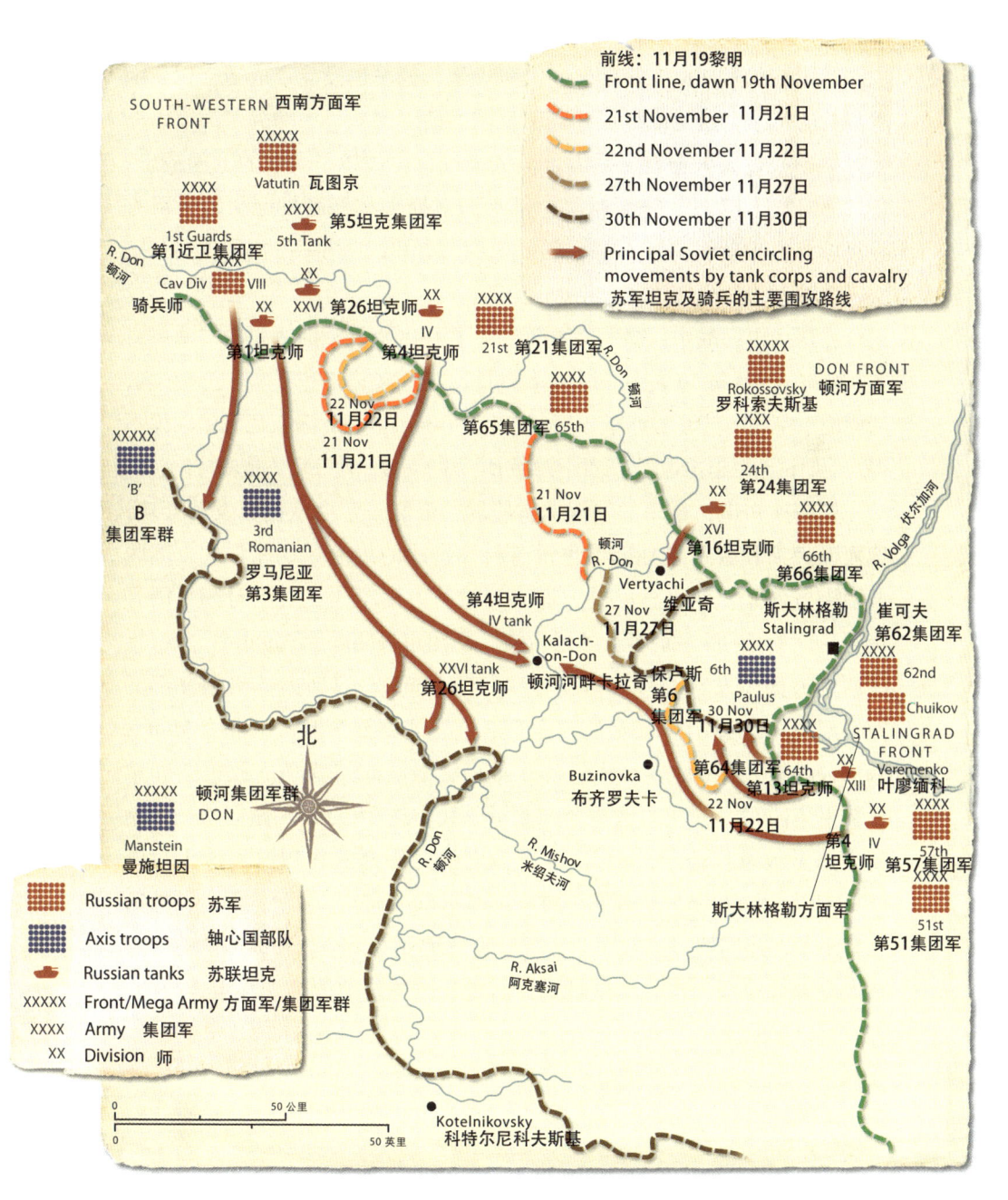

斯大林战役中苏军反攻路线图。 苏联红军通过一系列战斗，逐步包围由德国陆军元帅弗里德里希·保卢斯率领的第六集团军。

艰苦巷战

苏军在伏尔加河右岸部署了大量火炮，德军也没能夺取制空权。随着战斗的持续，这场战役成了苏联反法西斯卫国战争中的著名战役。斯大林格勒战役大大振奋了后方部队的士气，也鼓舞了勇敢的卫国战士。1942年11月17日，德军倾尽全部兵力对斯大林格勒发起猛攻，双方在废墟上展开激烈交锋。在争夺一座工厂过程中，德军占领了顶层和底层，而苏军仍然死守中间一层，毫不示弱。

在这场白刃战中，德军又重新拾起了1918年一战时采用的"暴风突击"策略：士兵每10人为一组，背着机枪、轻型迫击炮和喷火器进入楼内，清剿地下室内的苏军。苏军方面，许多"T-34"型坦克陷入瓦砾中动弹不得。他们试图以迫击炮阻止德国步兵对坦克的支援，使二者不能呼应。

保卢斯知道，德军的侧翼非常脆弱，苏联一定会从侧翼发动猛攻，然而保卢斯和德军统帅部谁也没有料到进攻的规模竟如此强大。苏联派西南方面军、斯大林格勒方面军和顿河方面军3支力量对德军展开包围。11月19日，军事天才尼古拉·瓦图京（Nikolai Vatutin）上将指挥西南方面军发动"乌拉诺斯行动"（Uranus），对斯大林格勒北部的罗马尼亚第三集团军实施反攻。第二天，安德烈·叶廖缅科（Andrey Yeremenko）上将率斯大林格勒方面军反击城南的罗马尼亚第四和第五装甲集团军。苏联的这两个方面军总兵力达75万人，他们从一开始就占据了数量优势。11月23日，他们的先头部队在顿河河畔卡拉奇（Kalach-on-the-Don）南部的苏维埃斯基（Sovetsky）会师。保卢斯的第六集团军，连同罗马尼亚军队、部分克罗地亚军及苏联辅助部队的5万余人全部被包围。这些苏联辅助部队中，有些是被德国人强迫作战的，有些是自愿的。

陷入绝境

保卢斯所辖的20个师已经无力突围，然而希特勒却不允许他们撤退。第六集团军缺少燃油、弹药和交通工具，只能依靠空投提供补给。德国统帅部估计，保卢斯所部每天需要约 700 吨物资。11 月 24 日，空军元帅戈林向希特勒保证每天可给保卢斯空投物资 500 吨，而空军指挥部估计，每天最多只可能提供 350 吨。12 月 19 日，保卢斯只接到了 295 吨空投物资。从平均数量来看，德军每天的空投量不过 100 吨左右。再加上天空阴沉，飞行员很难确定德军所在地。此外，飞机还须穿过密集的炮火网，导致多架飞机被击落。

此时，在苏军和亚述海（Sea of Azov）之间，德军只剩下了霍斯（Hoth）的第四装甲集团军，但该军只有一个师未受损失。德军计划增援霍斯，令霍利德（Hollidt）率军从北面进行攻击。然而苏联的进攻持续不断，这一计划只得流产，南北两端的意大利和罗马尼亚部分部队趁机退出战斗。德军部队想要增援，却被苏军拦截。12 月 12 日，

德国第六集团军为夺取斯大林格勒北部的工业区，同苏军展开了激烈交锋。此图表现的是，一支苏联守军从一座废弃工厂的废墟上朝德军开火。

曼施坦因指挥顿河集团军群（下辖保卢斯的第六集团军）发动"冬季风暴行动"（Operation Wintergewitter）。与此同时，苏联也发动了"小土星行动"，派西南方面军深入德国顿河集团军群后方。曼施坦因使尽浑身解数，霍斯将军也一度与第六集团军仅相隔30英里（48公里）。可惜第六集团军已经消耗殆尽，无力突围。12月底，德军意识到，投降已在所难免。

1943年1月10日，顿河方面军司令、波兰上将康斯坦丁·罗科索夫斯基（Konstantin Rokossovsky）执行了"环形行动"（Operation Ring），苏军的包围圈进一步缩小，导致德军的阵地减半，但保卢斯仍拒绝缴械投降。

元首暴怒

1月13日，总参谋长库尔特·蔡茨勒（Kurt Zeitzler）请求希特勒批准部队突围，撤出斯大林格勒。希特勒听后勃然大怒，喝道："保卢斯怎敢向我提这种要求！不准撤退！我不批准！"希特勒之所以不惜一切代价想夺取斯大林格勒，也许正是因为"斯大林"这个名字——它是斯大林的城市，占领斯大林格勒，就是对苏联领导人最大的羞辱。

1月22日，保卢斯请求允许部队投降，遭到希特勒回绝。同样，第五十一军指挥官冯·赛德利茨-库尔茨巴赫（von Seydlitz-Kurzbach）将军通过无线电告诉希特勒他已经无法继续指挥时，希特勒说："不尽职责，就是懦夫！我不会轻易放弃斯大林格勒，就算第六集团军全军覆没，也绝不能放弃！"

截至26日，保卢斯仅占领了两小块区域，第二百九十七步兵师的部分士兵已经投

> "昨夜，我预感保卢斯已经成了苏军的俘虏，我要收回他的元帅任命。德国人民决不能知道苏军抓获了我们的陆军元帅。我们要让德国人民知道第六集团军抵抗到底的事迹，让他们知道将军曾与士兵并肩作战，最终一起牺牲在战壕里。而且，我还需要100万名新兵。"
> ——阿道夫·希特勒听到第六集团军在斯大林格勒战役中溃败的消息时怒不可遏

降。1月31日，希特勒将保卢斯升为陆军元帅，并发表公报，称普鲁士或德国从没有一位元帅被俘虏过。这显然是在暗示保卢斯，让他自杀，然而保卢斯第二天就投降了苏军。面对自杀的指示，保卢斯轻蔑地写道："我才不会为这个波希米亚下士[1]了结自己。"希特勒得到这个消息后怒不可遏，一把掀翻了铺在桌子上的"斯大林格勒作战图"。城北的德军一直坚持到2月2日，阵亡将士多达6万余人。

2月2日，希特勒对自己的贴身助手说："昨夜，我预感保卢斯已经成了苏军俘虏，我要收回他的元帅任命。德国人民决不能知道苏军抓获了我们的陆军元帅。我们要让德国人民知道第六集团军抵抗到底的事迹，让他们知道将军曾与士兵并肩作战，最终一起牺牲在战壕里。而且，我还需要100万名新兵。"

进军柏林

这次战斗中，为维持生命，双方战俘都出现过同类相食的情况。至此，德军多达11万人沦为战俘。1956年，最后一批德国战俘获释回国，这中间参加过斯大林格勒战役的老兵仅有不足5000人幸存，其中包括弗雷德里希·保卢斯。他于1957年在德国德累斯顿逝世。

无论是德军的野蛮残杀，还是苏军的顽强抵抗，斯大林格勒战役都让人不禁联想到凡尔登战役。第六集团军的毁灭还带有几分坎尼战役的色彩，然而希特勒却没有费边·马克西姆斯这样的将领帮助他毁灭苏联。斯大林格勒战役后，希特勒扩张领土的梦想破灭了，苏联红军开始无情地朝柏林进发，德国被迫转入防御。

注释

[1] 译注：指希特勒，他在第一次世界大战时只是一名普通下士。

-46-
科尔逊-舍甫琴科夫斯基战役
KORSUN-SHEVCHENKOVSKY POCKET

苏联上将伊万·科涅夫
vs
德军

Colonel-General Ivan Konev v. German Forces

1944年1月24日—2月16日

1944年的头几个月，东线战事使希特勒疲惫不堪。德军总参谋长库尔特·蔡茨勒只得坦白告诉希特勒，为了巩固防线，德军须从尼科波尔（Nikopol）撤军。希特勒听闻后猛地站起身来，跳过办公桌，撕下左手边的地图，厉声喝道："这些将军怎么就不明白！我为何坚持夺取此地？因为我们急需尼科波尔的锰矿！他们就是不明白我的用意，稍微少几辆坦克就跑到无线电台，说什么没有坦克就不能抵抗，还要我准许他们撤退！"

待希特勒的愤怒平息，蔡茨勒又向他汇报了德军在其他地方遭到的挫折：第八集团军在科尔逊－舍甫琴科夫斯基被包围。由于苏军的抵抗十分顽强，救援行动阻力重重。

最希望看到德军收缩战线的莫过于陆军元帅埃里希·冯·曼施坦因。1月4日，他面见元首，力主从第聂伯河弯道，即科尔逊－舍甫琴科夫斯基被包围处撤军。德军此处的战线长约60英里（100公里），并开始在契尔卡塞（Cherkassy）以西的科尔逊（Korsun）形成突出部。

希特勒当然不会同意，而且他甚至怀疑曼施坦因企图挑战自己的最高指挥权。伊万·科涅夫将军指挥的乌克兰第二方面军已经将德军打退至第聂伯罗彼得罗夫斯克（Dnepropetrovsk）附近的第聂伯河河畔。在科尔逊附近冰封的河面上，德军坚守着突出部，而科涅夫试图将其包围。陆军元帅朱可夫建议苏军组成内外两个包围圈，以"掐掉"德军突出部：内圈可歼灭被包围的德军，外圈则可切断敌人的一切增援力量。

这一战略同斯大林格勒战役的策略非常类似。科涅夫的乌克兰第二方面军向东北进发，瓦图京的乌克兰第一方面军则奔向东南。两军一旦包围德军，就立即以空袭和炮火对其进行狂轰。

科涅夫以佯攻引诱德军，但是德军没有上钩。此时俄国正值寒冬，气候条件十分恶劣。1月28日，经过长达10天的激烈交锋，科涅夫和瓦图京终于在兹韦尼戈德罗卡村（Zvenigorodka）会师。科涅夫电告苏联领袖："斯大林同志，不要担心，被包围的德军现已插翅难飞。"

驻扎在契尔卡塞的德军包括威廉·施特默尔曼（Wilhelm Stemmermann）中将的第十一军、泽奥巴尔德·李布（Theobald Lieb）中将的第四十二军，以及党卫军第五维京装甲师（SS Wiking Division）。这支装甲师由"瓦罗尼恩"（Wallonien）突击旅的比利时人、纳瓦营（SS Battalion Narwa）的爱沙尼亚人以及俄罗斯辅助部队的数千人组成。然而上述各部，包括5.4万士兵、30辆坦克和47门火炮此时已经全部被苏军包围。同时，冯·塞德利茨·库尔茨巴赫（von Seydlitz-Kurzbach）及其在苏联成立的"自由德国"委员会通过广播呼吁德军投降。如此一来，德军的士气进一步被瓦解了。

> "斯大林同志，不要担心，被包围的德军现已插翅难飞。"
> ——伊万·科涅夫将军

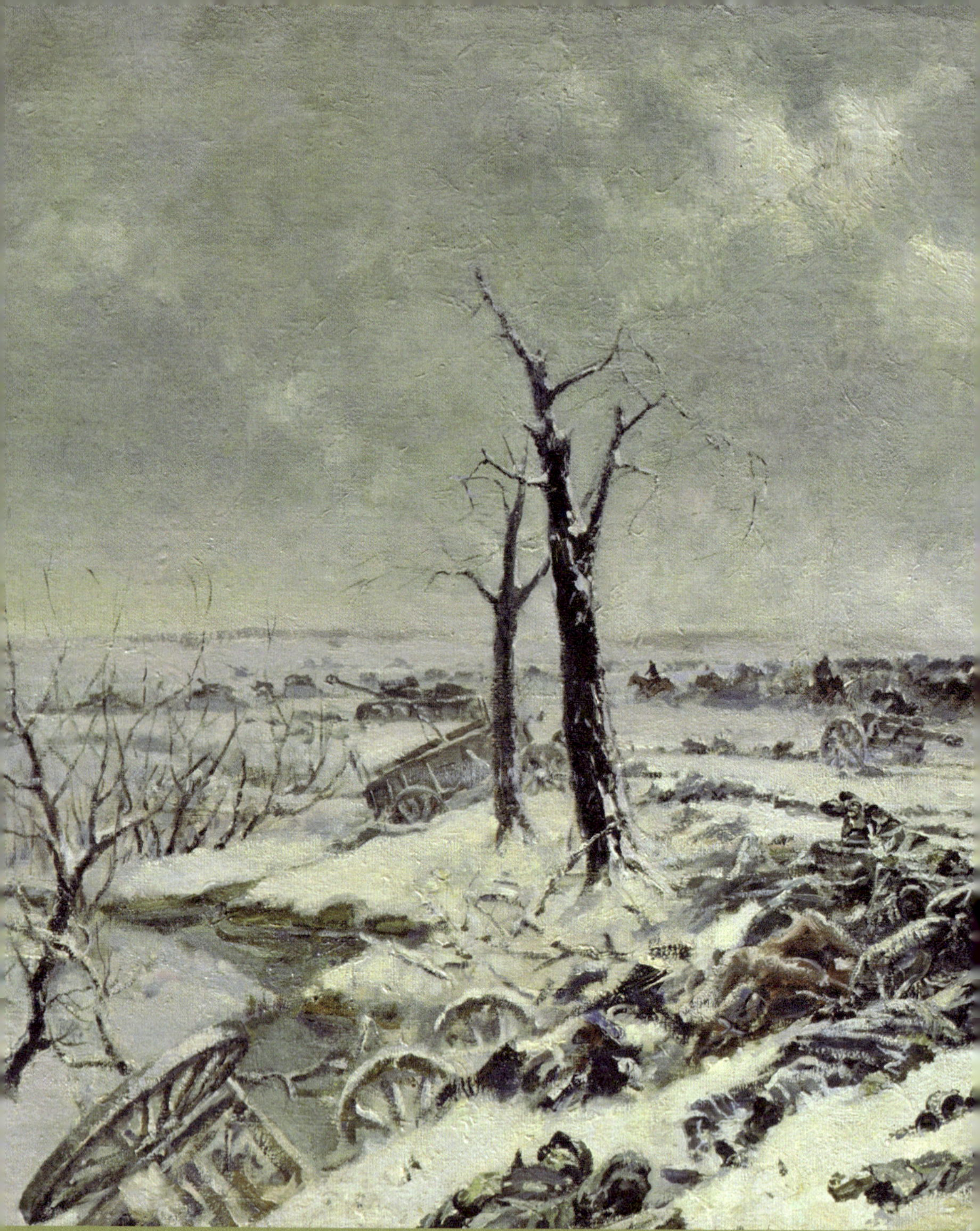

科尔逊－舍甫琴科夫斯基战役时，冬日的严寒笼罩着大地，冻死者不计其数。苏联艺术家彼得·克里沃诺戈夫（Petr Krivonogov）的这幅绘画表现了这样一幅惨景：德军进军路途中，到处堆满了其士兵冻僵的尸体。

救援行动

支援被困德军的任务又一次落在了陆军元帅曼施坦因身上，但是曼施坦因装备严重不足，尤其缺少飞机和坦克。其中第三装甲师仅有27辆坦克和34门火炮。由于天气恶劣，车辆常常陷入沼泽。曼施坦因本想集中兵力于一处，可是希特勒却下令分散兵力，袭击整个苏军战线。

苏军想在包围圈内分割德军，然而这一计策被施特默尔曼识破，遂令唯一配有装甲车的第五维京师守住通往科尔逊的道路。科涅夫本来能够击退曼施坦因，但2月8日，他派了一名中校和一名翻译官持白旗去同施特默尔曼谈判，要求其放下武器，可被后者拒绝了。面对德军的举动，斯大林害怕他们再次进行突围。

科尔逊–舍甫琴科夫斯基战役与斯大林格勒战役最主要的区别就在于德国空军的行动效率。这一次，"Ju-52"型运输机运来82948加仑燃料、868吨弹药以及4吨医药用品。此外，他们还将4161名德国伤员转移到安全地带。

2月11日，德军第三装甲军在格涅洛伊蒂基什河（River Gniloy Tikich）河边受阻。第二天，苏军的行动由科涅夫全权负责。曼施坦因再次从苏军包围圈南侧突击，距被困德军最近时仅6英里（10公里），然而救援最终仍以失败告终。施特默尔曼试图误导苏军，让一部分部队北撤，同时在包围圈西南部的几个村庄发动攻势。2月11日的一次夜间突围中，第一百零五装甲掷弹兵团指挥官罗伯特·卡斯特纳少校（Major Robert Kästner）夺取了新布达村（Nova Buda）。第二天，德军又先后占领了科马洛夫卡（Komarovka）和希尔基（Khilki），而香德诺夫卡村（Shanderovka）多次易主。德军第三装甲军得知德军占领了上述村庄后，立即赶往支援。

2月15日，施特默尔曼收到如下信息："因天气和补给原因，德军第三装甲军能力有限，施特默尔曼集团所部须自行突围至239号高地，与德军第三装甲军会合。"

死亡之河

接到全力突围的命令后，施特默尔曼及负责断后的6500名士兵仍留在包围圈的北部，而李布则试图从南部突围。两军最近处仅相距4英里（6.4公里）。在苏军密集的炮火和斯图莫维克（Sturmovik）对地攻击机低空扫射之下，香德诺夫卡成了"地狱之门"。2月16日，曼施坦因再次给施特默尔曼发送电报，报文为："口令'自由'，目标列斯扬卡（Lysyanka），晚11：00。"因此，除了1450名行走困难的伤员留在香德诺夫卡由医生照料之外，其余部队分3批突围。

突围的士兵端起带刺刀的步枪，火炮和装备紧随其后。他们本以为很快就能与第2装甲军会合，然而等待他们的却是严阵以待的苏联红军。尽管如此，这些德军依然设法突破了苏军的第一道和第二道防线以及数个营团的阻拦。凌晨4：10，他们靠近了"十月市"（Oktyabr）附近的德军战线。

卡斯特纳少校成功将伤兵和重型武器运出包围圈。6：30，第一百零五装甲掷弹兵团进入了列斯扬卡。德军成功的一条重要原因在于施特默尔曼留在包围圈北部，误导了苏军。

德军左翼负责进攻239号高地，然而他们运气不佳。239号高地早已被苏军的"T-34"型坦克群攻占，德军只得抛弃重型装备，向西进攻。当他们发现西边已经被封锁时，便逃向南边的格涅洛伊蒂基什河。途中，德军又丢弃了小型武器，而苏联"T-34"型坦克则向援军和红十字车队的伤员发起攻击。

正在解冻的河水不断上涨。德军尝试了一切办法渡河：将卡车、坦克和马车开入水中，同时匆忙砍树、造桥，并用背带和腰带制成救生索，但是仍有数百人溺水身亡。李布将军带着马游过河去。党卫军司令赫伯特·奥托·吉勒（Herbert Otto Gille）让会水者和不会水者手挽手，交叉组成人链。不幸的是，其中有人脱手，致使多人被冲散。即便如此，仍有3.5万人逃出了苏军封锁。

这场战役引人注目之处并不在于苏联大获全胜，而在于德军竟有三分之二的部队成功逃出包围圈。

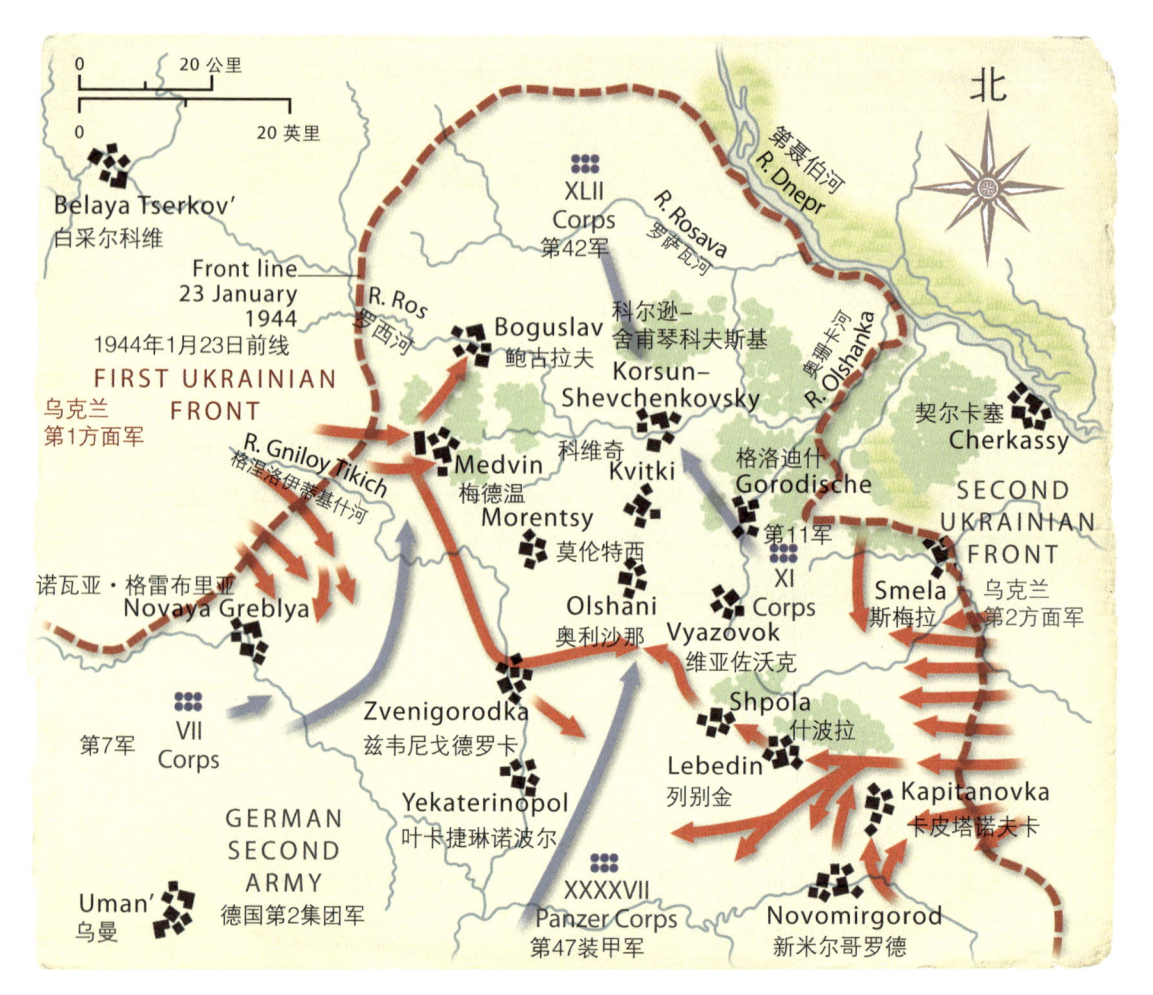

苏德两军在乌克兰境内第聂伯河弯道处的契尔卡塞包围圈附近的部署。 令人吃惊的是,德军约三分之二兵力成功逃出了苏军的严密包围。

战役之后,科涅夫对德军负责掩护撤退的部队进行了大肆屠杀,连施特默尔曼也未能幸免,人们最后在战场上找到了他的遗体。根据苏联的记录,苏军在此战中歼灭德军7.7万人;实际上,德军的死亡人数大约为1.9万,包括曼施坦因的援军。战役结束后,科涅夫晋升为苏联元帅,苏军打通了通往乌克兰南方的大道。

-47-

D日行动——登陆诺曼底
D-DAY

盟军
vs
德军

Allied Invasion Troops *v.* German Forces

1944年6月6日

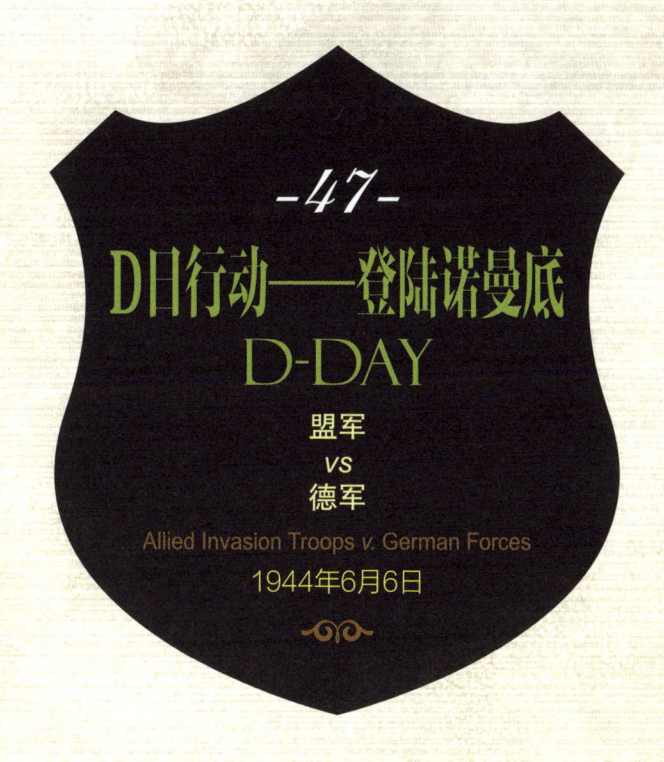

第二次世界大战中，面对德国的扩张，苏联一再要求美英两国开辟对德作战的第二战场。西方盟国在英国南部海岸进行了数月的准备后，终于在 1944 年 6 月 6 日大规模登陆诺曼底。按照最初的计划，海军的"海王行动"（Operation Neptune）和陆军的"霸王行动"（Operation Overlord）最晚应于 6 月 5 日之前实施。但是由于天气恶劣，登陆行动被迫推迟。盟军之所以选择诺曼底，而非更为狭窄的加莱海峡进行登陆，就是因为加莱海峡的位置过于明显，德军早已在那里部署了坚固的防御工事。为了误导德军，盟军制订并实施了庞大的佯攻计划，代号"坚毅行动"（Operation Fortitude）。他们在英国东南海岸集结了假的集团军群，配备了充气坦克及登陆艇，交由乔治·巴顿（George Patton）指挥。

1942年的迪耶普突袭[1]可谓英军的一场灾难,血的教训让英军意识到,他们绝对不能以正面登陆来夺取港口。英军吸取这次教训,修建了"桑树"(Mulberry)浮动码头,有了这样一个人造港,登陆部队就无须占领港口。6月6日,盟军分了几次把浮堤拖到海峡对岸。

盟军先对占领法国的德军,尤其是加莱海峡一带的德军进行了猛烈的空袭,并摧毁了60%左右的铁路网,使德军无法迅速输送兵力。

西方盟军[2]总司令为德怀特·艾森豪威尔将军(General Dwight Eisenhower),而伯纳德·蒙哥马利负责指挥第二十一集团军群的地面部队。为了防止盟军登陆,德军专门构筑了"大西洋壁垒"(Atlantic Wall)。虽然这一壁垒在德军西线总司令、陆军元帅格尔德·冯·龙德施泰特眼中不过是一面"宣传墙",然而蒙哥马利必须充分考虑到它的作用。

登陆开始

6月6日,一支由5000艘船只(其中包括1213艘战舰)组成的舰队驶离英国海岸。这次行动中,盟军共3200架飞机和300万人随时待命,可惜最终只有一小部分,约8.3万名英军和不足1万名美军参与了进攻。滑翔机部队和2.3万名伞兵同时登上了飞机。6日零时刚过,"汤加行动"(Operation Tonga)拉开了序幕,约翰·霍华德(Jonh Howard)率牛津郡和白金汉郡轻型步兵团第二营D连夺取了卡昂运河(Caen Canal)及奥恩河(River Orne)上的桥梁。

霍华德率领包括几支皇家工兵部队和滑翔机团在内的181人从"霍莎"滑翔机上降落,夺取了海滩东侧,使随后抵达利剑海滩的英军第三步兵师不受德国装甲部队的袭击。

凌晨 0∶16，牛津郡和白金汉郡步兵团在既定地点不远处登陆。这是盟军在法国登陆的第一支部队，完全出乎德军意料，因此仅用了不足 10 分钟就夺取了附近桥梁。蒙哥马利已下令在登陆之前先行摧毁"水上障碍"，否则海上进攻部队将受到致命损失。不久，空降部队也相继登陆；但是，连日的降雨导致河流和海水泛滥，且部分伞兵被空投到水上，导致许多美国空降兵溺水而亡。即便如此，空中进攻还是基本实现了迷惑德军的目标。登陆当天，陆军元帅隆美尔恰巧休假回国，为妻子庆祝生日。

命运未卜

"霸王行动"进行时，希特勒正忙于东线战事，令他尤其担心的是近乎被毁灭的 C 集团军群。"C 集团军群守卫着直通德国的道路！决不能撤离一步！"希特勒坚信西线总司令龙德施泰特必能阻止盟军登陆。龙德施泰特在法国和低地国家共有 59 个师，其中包括 6 个装甲师。除此之外，德国在西线的兵力还有隆美尔指挥的 A 集团军群、布拉斯科维茨（Blaskowitz）上将指挥的 G 集团军群，以及盖尔·冯·施韦朋堡（Geyr von Schweppenburg）将军指挥的西线装甲集群和空军上将库尔特·斯图登特（Kurt Student）指挥的伞兵部队。龙德施泰特的计划是，待盟军脱离海军火力保护后，一举将其消灭。然而，隆美尔根据他在北非作战的经验判断，情况不容乐观，盟军的空中优势将严重阻碍装甲部队的行动。

英军在黄金海滩和利剑海滩顺利执行了登陆计划。盟军在这次登陆中首次使用了"谢尔曼"两栖坦克，它在水中依靠防水漂浮围挡和尾部螺旋桨推进器行进，登陆后收起围挡即可迅速开火，越过德军在海滩上的铁丝网等防御工事。加拿大部队在朱诺海滩登陆时遭到了德军的猛烈抵抗，有三分之一的登陆艇被击沉或损坏。

1944年6月6日，美军第一步兵师下了登陆艇，在奥马哈海滩登陆。美军完全没有料到德军会设下坚固的防御，因此伤亡十分惨重。一天的激烈争夺后，美军只建成了两个面积狭小的立足点。

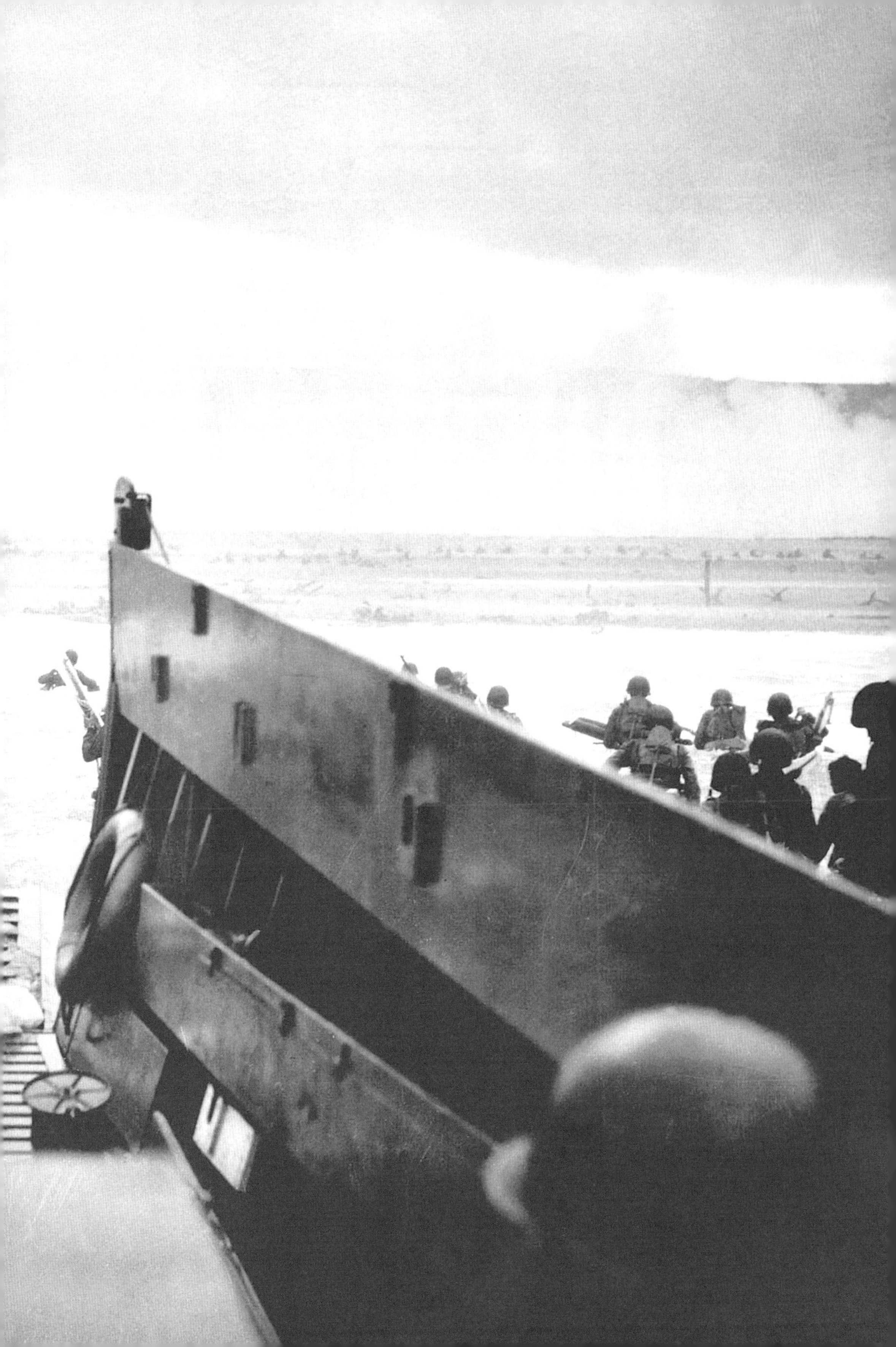

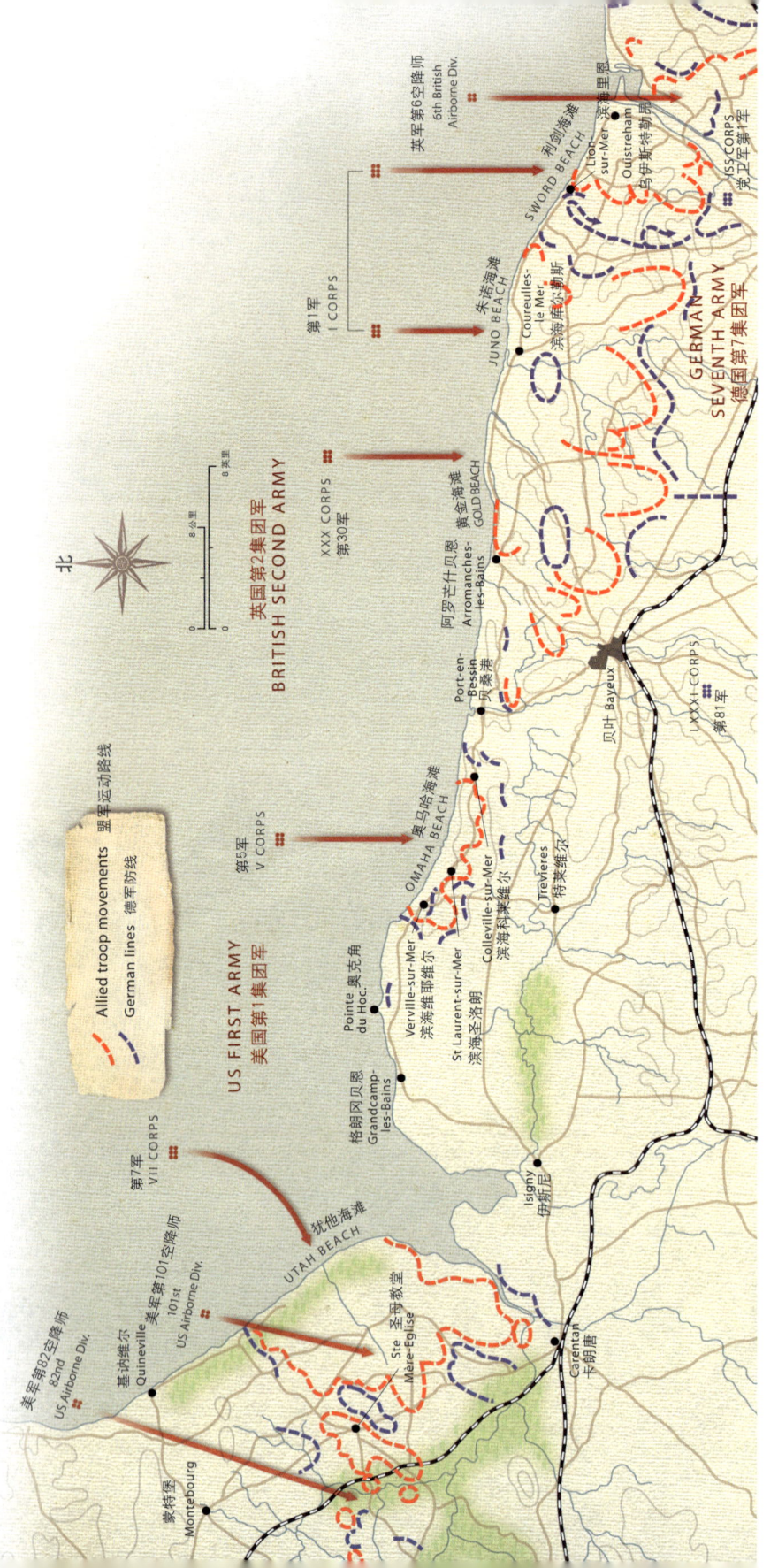

1944年6月6日，"D日行动"——诺曼底登陆态势图，展示了双方的滩头阵地，以及盟军的空降目标地点。

灌丛之战

英国和加拿大部队在朱诺海滩建造了滩头阵地，然而他们的前进速度依然非常缓慢。6月7日，德国党卫军第十二装甲师在旗队长（党卫军军衔，与国防军上校相当。编者）库尔特·梅耶（Kurt Meyer）率领下对英加部队发动了猛烈攻击。其他几处的登陆也不顺利，诺曼底西部农村气候潮湿，灌木丛生，加之到处是小块的田地和较高的篱墙，能见度极低。英军遭遇了由多尔曼（Dollmann）上将指挥的德国第七集团军，该军下属的12个步兵师占领着奥恩河沿岸、科唐坦半岛（Peninsula Cotentin）和布列塔尼地区。英国第三师试图夺取9英里（14公里）外的卡昂，但行动未能成功。接下来几周的轰炸几乎将整个卡昂夷为平地。

另一方面，美军在犹他海滩的登陆比较顺利；但是在奥马哈海滩却遭遇了德军的激烈抵抗。那里海滩长，峭壁多，地形易守难攻。盟军原本以为驻守此地的多是波兰和苏联人，不会遭遇激烈的抵抗。殊不知，德军的精锐部队第三百五十二师已于不久前抵达诺曼底。结果，美军大量的登陆艇和两栖坦克被击沉，600余名士兵死亡，占盟军首日（6月6日）阵亡总数的四分之一。不久，美国的"桑树"浮动码头也在暴风雨中被摧毁。

6月6日，登陆的盟军士兵超过15万人，达到了出其不意之效。德军反击不利，就连利剑海滩附近的第二十一装甲师也未能及时出击。

盟军建立了坚固的桥头堡，随后美英两路出击。右路，美军进攻科唐坦半岛，以夺取重要港口城市瑟堡，最终于6月底攻陷。左路，蒙哥马利在夺取卡昂过程中，遭遇德军的顽强抵抗。6月24—30日，盟军发起新一轮进攻，代号"埃普索姆（Epsom）行动"。6月12—14日，英军在"波卡基村（Villers-Bocage）之战"中受挫。党卫军二级中队长（相当于国防军中尉。编者）米歇尔·魏特曼（Michael Wittmann）指挥党卫军第一百零一重型坦克营的5辆"虎"式坦克重创了英军第7装甲师，摧毁了20辆"克伦威尔"坦克，其中10辆毁于魏特曼一人之手。历史学家戈登·科里根（Gordon Corrigan）将这次战斗称为"英军无能

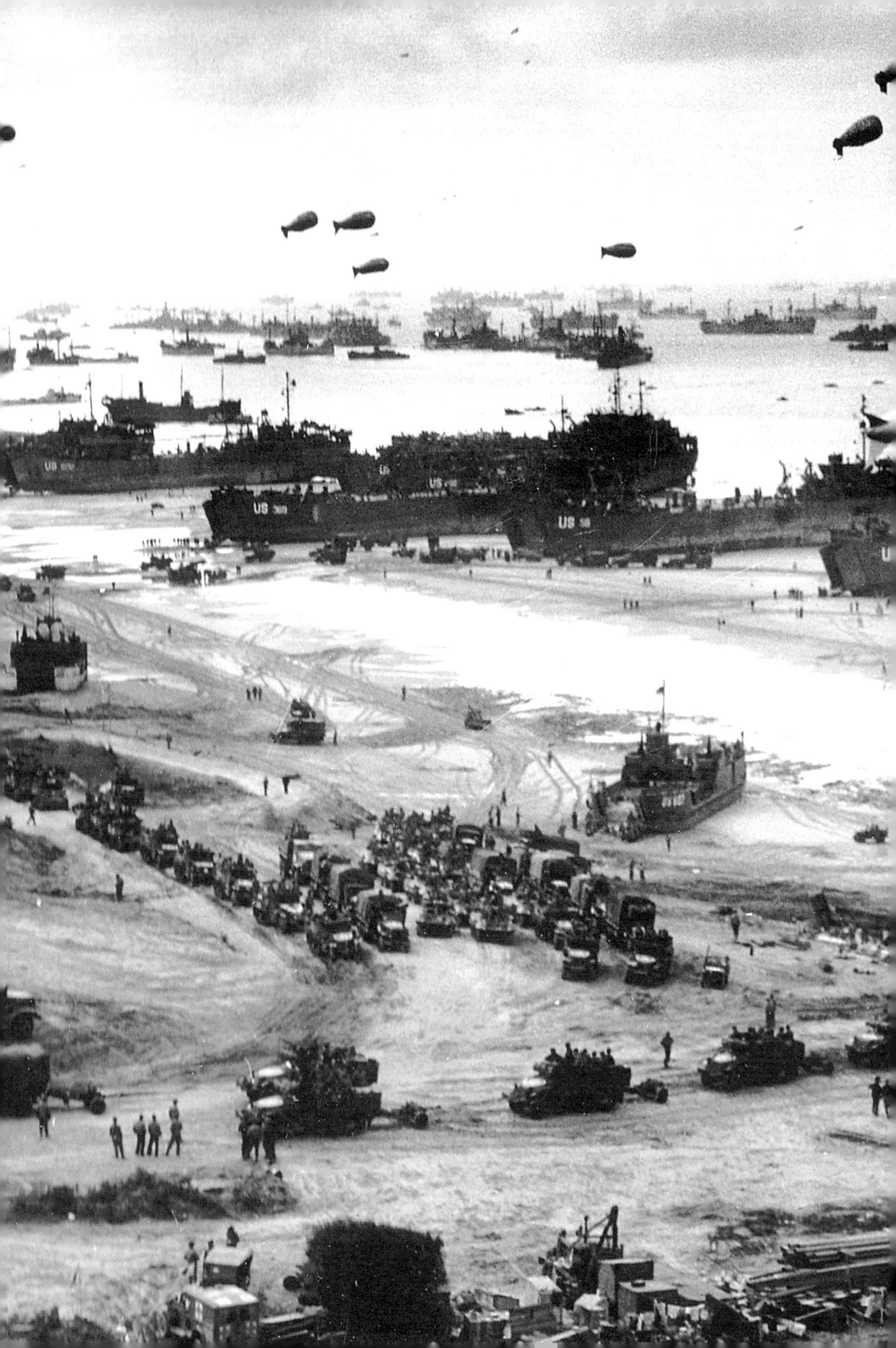

1944年6月中旬，登陆行动全面展开。奥马哈海滩的立足点已经变成了滩头阵地。在防空气球保护下，成千上万士兵、吉普、卡车、坦克和半履带车已经登陆。

的顶点"。直到 8 月 4 日，英军才重新攻下波卡基村。

这场灌丛大战与第一次世界大战的堑壕战非常相似。两者相比，最主要的区别在于，盟军在诺曼底战役中始终具有空中优势。截至 6 月 17 日，盟军已有 50 万名士兵和 8.1 万辆车辆成功登陆。18 日，人们担心进攻将陷入停滞，幸而蒙哥马利随即下令夺取卡昂和瑟堡。至此，盟军已有 6.17 万人在登陆战中伤亡，而德军同期的损失也已达 8 万人。

举步维艰

此时，德军士气陷入低谷。6 月 28 日，多尔曼上将自杀。当格尔德·冯·龙德施泰特提出和谈是唯一出路时，希特勒立即将他罢免，

奥马哈海滩西侧奥克角（Pointe du Hoc）的德军掩体遗址。D 日行动中，美军突击队员在此处用绳梯爬上峭壁，摧毁德军的重型炮台。时至今日，德军"大西洋壁垒"的多处遗址依然保留在诺曼底海岸。

任命京特·冯·克鲁格（Gunther von Kluge）为西线总司令。不久之后，克鲁格被怀疑参与了 7 月 20 日谋杀希特勒事件。还有人说，他试图与盟军进行停火谈判，只是没能找到盟军司令部所在地。克鲁格没有回应，而是选择了自杀。总司令一职由陆军元帅瓦尔特·莫德尔（Walther Model）继任。

7 月初，按计划盟军本应占领阿朗松（Alençon）、雷恩（Renne）和圣马洛（St. Malo），事实上他们只向内陆推进了 15 英里（24 公里）。7 月 17 日，隆美尔在指挥车内遭到盟军战机扫射；不久，7 月 20 日密谋事件败露后，他也受到牵连，被迫服毒自尽。德军许多将士早已受够了战争之苦，因而纷纷支持同西方盟军进行和谈。随着战场形势愈发不利于德国，德国此时最大的担心就是来自苏联的威胁。

盟军历尽艰难险阻，终于成功夺取了卡昂，代价巨大。在"查恩伍德行动"（Operation Charnwood）中，空军上将特拉福德·利－马洛里（Trafford Leigh-Mallory）提出对卡昂进行地毯式轰炸。此前，也就是 1944 年 2 月，盟军正是以这种手段踏平了意大利城市蒙特卡西诺（Monte Cassino）要塞。双方在卡昂市内发生了激烈交火，截至 7 月 10 日，盟军才基本控制了卡昂市区。

蒙哥马利的任务是牵制住东侧的德军，使美军能够突破西侧防线。7 月 18 日，蒙哥马利在卡昂以东发动了"古德伍德行动"（Operation Goodwood），集中 3 个装甲师将德军赶出布尔热布斯山脊（Bourgébus Ridge）。然而英军仅前行了 7 英里（11 公里），每英里需 1000 吨炸弹。如此迟缓的前进，蒙哥马利险些丢掉地面部队总司令一职。英军这次行动共伤亡 6000 余人，损失坦克 400 辆，可谓损失惨重，然而效果甚微。

7 月 19 日，盟军终于攻下圣洛（St. Lô），虽然比原计划晚了一个月，但这为盟军朝夺取阿弗朗什（Avranches）的胜利迈出了一大步。一周后，美军与圣洛城西的德军相持不下，因此奥马尔·布莱德雷（Omar Bradley）将军于 25 日发动了"眼镜蛇行动"（Operation Cobra），至此，战争的机动性才有所增加。巴顿来到第 3 集团军担任司令，积极行动起来。美军调头向南，朝巴黎进发，而英、加部队则继续留在法国北部，同德军一决雌雄。

注 释

[1] 译注：Dieppe Raid，1942年8月19日，英军为夺取德国控制下的法国北部港口迪耶普而采取的登陆行动。

[2] 译注：The Western Allies，指二战中同盟国的一些国家，包括英联邦、美国、法国、个别拉丁美洲国家，不包括苏联、中国等。

诺曼底登陆行动中，法国的交通枢纽、横跨奥恩河和河港运河的卡昂市是盟军的重要目标。争夺卡昂的战斗异常艰难，盟军直到8月才最终将其攻克。此图为7月10日加拿大部队穿过卡昂郊区。

-48-
菲律宾战役
THE PHILIPPINES

美国陆军元帅道格拉斯·麦克阿瑟
vs
日军

Field Marchal Douglas MacArthur v. Japanes Forces

1944年10月20—27日

　　日本人一直准备伺机猛扑。1940年法国沦陷后，日军趁机进攻中南丰岛（Indochina），同法军拉开一场血战，很快维希政府就投降了。美国以石油禁运和其他经济制裁作为回应。日本为保证其燃料供给，早就盯上了马来半岛及荷属东印度群岛。截至1941年12月，日本已经做好充分准备将这些地方的大部分区域纳入"大东亚共荣圈"。遗憾的是，英国早已预料到日本的行动，却始终没有加强东南亚的防御。

跳岛战术（island-hopping，亦称跳岛作战）：1944年10月20日，美军第7骑兵团向菲律宾莱特岛的圣何塞（San José）进发。

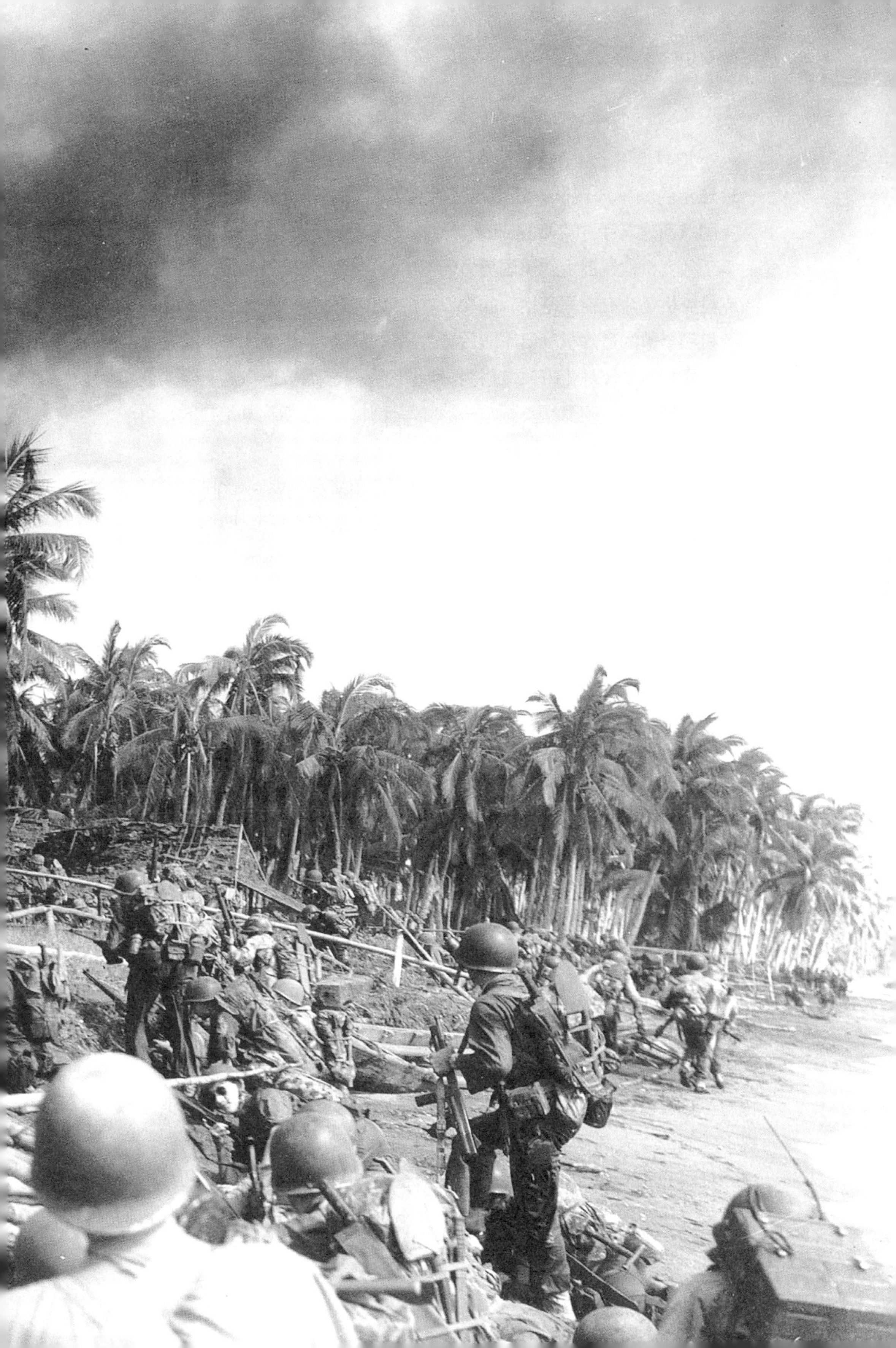

1941年12月7日，日本不仅卑劣地偷袭了美国海军在夏威夷珍珠港的太平洋舰队，还袭击了菲律宾群岛和马来半岛。1898年，美国从西班牙手中夺取了菲律宾。1935年后，菲律宾虽然名义上获得了独立，但是岛上的美国势力仍然十分强大。美军在马尼拉附近的克拉克机场建有空军基地，此次日本的袭击摧毁了该基地三分之一的战机和半数的轰炸机。日军随后登上吕宋岛（Island of Luzon），马尼拉驻军撤离。3月11日，道格拉斯·麦克阿瑟也被迫撤离，险些被日军俘获。麦克阿瑟是美国唯一的陆军元帅，他在撤离马尼拉时，留下一句著名的誓言："我还会回来！"

麦克阿瑟走后，乔纳森·温赖特（Jonathan Wainwright）中将留守菲律宾继续抵抗；直到5月7日，日本最终占领菲律宾。随后，日本制造了臭名昭彰的"巴丹死亡行军"（Bataan Death March）事件，残忍地虐待战俘，致使成千上万的美国和菲律宾战俘惨死。

元帅归来

麦克阿瑟被任命为西南太平洋战区的盟军总司令后，将司令部设在了澳大利亚。他在那里阐述了"跳岛作战"的战略思想：先夺取敌军力量薄弱的小岛，再逐步逼死防御坚固的大岛。1944年10月20日，麦克阿瑟兑现了他的誓言，登上莱特岛（Island of Leyte），回到菲律宾。

重夺菲律宾在战略上显得无关紧要，却有着重大的象征意义。因此，1944年10月，太平洋战场上有史以来规模最大的舰队在海军上将威廉·弗雷德里克·哈尔西（William Frederick Halsey）指挥下开赴莱特岛。这支舰队中包括了澳大利亚皇家海军，共有船只701艘，其中战舰127艘。澳大利亚皇家空军也参与了此次行动。

日军在山下奉文（绰号"马来之虎"）指挥下制订了一套巧妙的作战计划守卫菲律宾群岛，只可惜兵力不足，计划难以执行。而且他们

菲律宾战役 | THE PHILIPPINES

1944 年 10 月 20—27 日，菲律宾战役态势图。

图中注释：

[1]10 月 20 日：克鲁格将军所率部队抢占了莱特岛东岸滩头；[2]10 月 23 日：美国潜艇击沉 2 艘、损坏 1 艘日本巡洋舰，1 艘美国潜艇触礁后沉没；[3]10 月 24 日：日本南方编队第二队进入苏尔高海峡，遭到美国海军的袭击；[4]10 月 24 日：日本南方编队第一队撤退，未能进入苏尔高海峡；[5]10 月 25 日：栗田疑有埋伏，遂从圣贝纳迪诺海峡撤退。

错误判断了盟军的进攻力量。10 月 17 日，第一批抵达菲律宾的美军在莱特湾河口苏卢安（Suluan）登陆。美国战俘闻讯，一语双关地开玩笑说："到莱特岛总比不到强！"[1]

第二天，美军在莱特岛附近的霍蒙洪岛（Homonhon）登陆，守住了莱特岛大门。10 月 20 日，美国士兵登上菲律宾群岛东海岸以及萨玛岛（Samar）西北部。麦克阿瑟在"纳什维尔"（Nashville）号巡洋舰舰桥上观察登陆情况。午餐过后，他换了一身干净的卡其制服，戴上太阳镜和元帅帽，乘驳船前往海滩。记者团的几名成员也随船同往，拍下了麦克阿瑟涉水登上海滩的照片。他一上岸就立即宣布："菲律宾人民，我回来了！全能的上帝保佑，我们的部队又踏上了这片土地。"麦克阿瑟的讲话好似圣女贞德的圣言吸引了众多记者，他还提到了圣杯，希望美国取得一场正义战的胜利。

> "到莱特岛总比不到强！"
> ——美国战俘听说美军在莱特岛登陆后开玩笑道

日军顽强地坚守着莱特岛上的奥尔莫克市（Ormoc）。美军在空中占据了优势，因此日军根本无法打退美军。美军搭建了临时机场，然而他们没能阻止日军将 1.3 万援军从吕宋运至莱特。不久之后，当日本再次试图调 1 万人增援时，美军击沉了他们的护航舰，日军成功登陆的人数微乎其微。

> "菲律宾人民，我回来了！全能的上帝保佑，我们的部队又踏上了这片土地。"
> ——陆军元帅麦克阿瑟登陆菲律宾后宣布

日军在一种形似圣诞袜的防空洞和其他隐蔽的掩体内顽强抵抗，美军的进攻非常艰难。有时日军会突然出现，引爆坦克底下的炸药或背后偷袭美国士兵。11 月，美军在卡里加拉湾（Carigara Bay）向日军发起进攻。此前，美军炮兵曾在进攻奥尔莫克市[2]时受阻。防御工事内的日军全力作战，仍然阻挡不了美军的攻势。11 月 23 日，在西伯特（Sibert）将军指挥下，美军终于突破了日军防线。

长期以来，美军不断受到日本"神风"飞机自杀式袭击的侵扰。而且，日军被扫出平原地区后，就在山区继续抵抗。12 月 10 日，美军夺取了奥尔莫克市，并于圣诞节当天占领了帕隆蓬（Palompon）港口。日军即使早已无力补给，却依然十分狂热，致使莱特岛上的战斗前后延续了数月之久。

莱特湾海战

在这期间，日本始终拒不退出菲律宾。美日之间这场争夺菲律宾的战斗可谓整个二战中规模最大的海战。10月25日，日本海军大将丰田副武[3]派大规模舰队前往莱特湾对抗美军，企图打退美国"入侵者"，这无异于自寻死路。日军仅有116架舰载机，马尼拉还有180架战机，但他们的战舰却拥有世界最大的火炮。美日两军激战到深夜，曳光弹不时在空中发出刺眼的强光。最终，美军凭借强大的海上和空中优势占了上风。接下来的4天里，美军以损失6艘舰船的代价击毁了日本28艘。随后的战斗中，日本又派出"神风"飞机，装载250千克炸药袭击美国

菲律宾的解放者道格拉斯·麦克阿瑟在莱特湾附近的霍蒙洪岛登陆。此图是整个太平洋战争中最著名的图片之一。

航空母舰，击沉"圣洛"号（USS *St. Lo*）。然而战争进行到这一阶段，日本帝国海军早已备受打击，失去了往日的骄傲。

这种以"神风"飞机摧毁敌人的新战术，是日本海军中将大西泷治郎（Takijiro Onishi）的首创。当他抵达吕宋岛时，发现自己的部队只剩下不到100架飞机，为了最大限度地打击敌人，便提出了这一战术。"神风"原指13世纪的一次台风，那场台风恰恰吹散了当时入侵的两支蒙古舰队，为日本避免了一次外来入侵。

日本舰队被摧毁后，东京命令驻菲律宾的全部日军出动，在莱特岛做殊死一搏，打一场反登陆战。山下奉文曾试图请陆军元帅寺内寿一（Terauchi）说服总参谋部改变策略，因为增援部队很难突破美军舰队的封锁。而且山下奉文怀疑，莱特岛不过是美军设下的诱饵，美军真正的目标应为菲律宾的主岛吕宋岛。事实的确如他所料：12月15日清晨7：32，美军登陆了吕宋岛以南的民都洛岛（Mindoro），到当天下午已推进7英里（11公里）。

民都洛岛上仅有日军1000人，山下奉文认定日军已经不可能保住该岛。12月28日，美军夺回这座岛上的两个空军基地。虽然时任首相的小矶国昭（Kuniaki Koiso）已向内阁保证守住莱特岛，事实上，山下奉文已经悄然放弃了抵抗。山下奉文更倾向于坚守宿务岛（Cebu）和内格罗斯岛（Negros），那里"非常适合自给自足"。

攻向马尼拉

1945年1月9日，美军开始登陆菲律宾首都马尼拉所在地吕宋岛。这一行动堪称美军在二战中规模最大的战役，将近17.5万美军在沃尔特·克鲁格（Walter Krueger）将军指挥下登陆仁牙因湾（Lingayen Gulf）。在太平洋战场，为数众多的德裔美国人表现出色，克鲁格便是其中之一。美军的轰炸最初仅击中了几艘日本运输船，然而船上运送的却正是被运往日本的美军战俘，不幸造成百余人丧命。美军继续向南，开赴马尼拉，途中几乎没有遭遇任何抵抗。到黄昏时分，美军前行了8英里（13公里）。山下奉文发现了美军的动向，便下令在海湾附近的山丘上构筑坚固

在 1944 年 10 月 30 日莱特湾系列行动中，美军搭载格鲁曼"复仇者"鱼雷轰炸机的"贝劳伍德"号（Belleau Wood）轻型航空母舰遭到一架日军"神风"飞机撞击，随后立即起火。远处的"富兰克林"号航空母舰同样遭袭起火。

的防线。但是，他决定要在吕宋岛北部深山里与美军"一决高下"。

美军通过舰炮从海上重创了岸上的日军，然而己方的多艘船只被日军的"神风"飞机击沉。1月最后一周，美军终于重新踏上克拉克机场，雪洗了3年前的耻辱。

2月3日，第一骑兵师几支小分队进入菲律宾首都，但是科雷希多岛[4]上的日军坚守到了27日。直到3月3日，美军才将马尼拉的日军全部清除。至4月13日，为了彻底结束日军在马尼拉湾德拉姆要塞（Fort Drum）的顽强抵抗，美军向要塞内注入3000加仑柴油并将其点燃，所有日军全部死亡。

战役进入了收尾阶段。2月28日，第8集团军在公主港（Puerto Princesa）登陆，袭击了巴拉望岛（Palawan Island）。4月17日，美军夺取了最后一个岛屿棉兰老岛（Mindanao），并从那里夺回宿务及其海军基地，控制了班乃岛（Panay）和内格罗斯岛。日军残部分散后再次退入丛林，直到1945年9月2日才终于投降。令人意外的是，在卢邦岛（Lubang）上，日军的最后一位投降者小野田宽郎（Hiroo Onoda）少尉直到1974年才被人们发现。他说，自己一直在这里等待有人命令他放下武器！

菲律宾战役中死亡的日军超过了33.6万，美军也有1.4万人阵亡。在莱特岛上，7.5万名日军与25万名装备精良的美军展开激战，结果，每13名日军中仅有1人得以幸存。

注 释

[1] 译注：原文为"Better Leyte than never！"英语中原有 Better late than never（迟到总比不到强）一语，Leyte 和 late 同音。

[2] 原注：即1944年11月5—16日的"断头岭之战"。

[3] 译注：Admiral Soemu Toyoda，1944年5月被任命为日本联合舰队总司令。

[4] 译注：Corregidor，位于马尼拉湾入口处。

-49-
奠边府战役
DIEN BIEN PHU

越南将军武元甲
vs
法国殖民军

General Vo Nguyen Giap v. French Colonial Forces
1954年3月23日—5月7日

中南非岛地区曾经是法国的殖民地，1940年美国拒绝支援维希政府的军队，半岛被日本占领。1945年日本战败投降后，美国强烈反对法国重新控制印度支那，随之而来的是一段权力的真空期。这为越南共产党领导人胡志明（Ho Chi Minh）谋求国家完全独立创造了条件。他让教师和记者出身的武元甲组建越南人民军，定名"越盟"（即"越南独立同盟"），准备同法国殖民者算账。1946年，殖民军从东南部港口海防（Haiphong）登陆，准备占领中南非岛。

> 中南非岛的法军集结了大批空中部队，这支部队汇集了英国的"喷火"战机、德国的"Ju-52"型战机以及美国的"C-47"型达科他战机等各国先进装备。而武元甲的游击队在中国共产党援助下不断侵扰法军，占领了大片殖民者无法夺取的土地以及中越边境上的一系列要塞。历史学家伯纳德·富尔做出了如下评价："这是蒙卡尔姆在魁北克阵亡后，法国在其殖民地遭受到的最严重挫败。"

力挽狂澜

"越盟"很快发展成一支师团结构完备的正规军。1950年，越军逼近河内（Hanoi），法军开始疏散城内的妇女和儿童。为了尽可能扭转局势，法国派出让·德·拉特尔·德·塔西尼（Jean de Lattre de Tassigny）元帅对抗越军。拉特尔是第二次世界大战中法国最伟大的两位将军之一。1951年初的几周，他在红河三角洲的永安战役（Battle of Vinh Yen）中大败越军；同年5月，他的独子在夺取南定（Nam Dinh）的战役中阵亡。尽管如此，拉特尔将军依然坚持战斗并取得了一系列胜利，迫使武元甲改变作战策略。1951年后期，拉特尔因病回到巴黎，几个月后死于癌症。

1951年11月—1952年2月，和平战役（Battle of Hoa-Binh）见证了伯纳德·富尔所谓的"自美国内战以来最血腥的河战"。在这场旷日持久的战斗中，越南付出了比法国更惨重的代价，但是终于夺取了战役的胜利。武元甲拒绝同法军正面对峙，他决定等合适的进攻时机，逼迫法军撤退。为了对付法国的空中优势以及日益现代化的武器装备，越盟士兵头戴棕榈叶头盔，拴着铁丝网盘，还装饰着当地植物的枝叶，俨然成了伪装隐蔽专家。

"洛林行动"

在 1952 年 10—11 月的"洛林行动"（Operation Lorraine）中，法军被派往义路市（Nghia Lo）。这次行动的主要目的，在于摧毁越军在红河沿岸的补给线和交通线。法军希望，以此逼迫武元甲将大部分兵力撤出越南西北部。

法军制订了四步战略：先以部分兵力在红河岸边建设桥头堡，通往对岸的富寿市（Phu-Tho），同时派 1 个特遣队从越池（Viet Tri）北上，两军在府团（Phu-Doan）会合，第一空降集团军群和 1 个海军突击师也将随后抵达。到时，法军会向这一地区提供充足的补给。武元甲若要避免全军覆没，则必须撤退。

这支部队包括 4 个机动集团军群、1 个空降集团军群、3 个伞兵营、5 个突击队、2 个装甲次群，以及反坦克中队和侦察中队、2 个海军突击师、2 个炮兵营和各类工兵，总人数达 3 万多人，是法国有史以来在越南组织的规模最大的部队。这支部队要在此建立一系列要塞，并在中间建一条 0.6 英里（1 公里）长的临时飞机跑道。

由于执行任务的部队规模庞大，法军必须先修建道路、桥梁等一系列基础设施，这对工兵而言可谓任务繁重。1952 年 11 月 4 日，桥头堡修建完毕，法国部队进军顺利，至 7 日时已经前行 500 英里（800 公里）。14 日，法军顺利实现了既定目标，萨朗将军[1]便下令撤退。

在进攻过程中，法军发现"越盟"的力量远比他们预料的强大，他们背后不仅有中国支援，甚至还得到了苏联的支援。11 月 17 日，撤退中的法军发现道路被阻，他们在长芒峡谷（Chan-Muong gorge）遭到伏击。这场奇袭最终变成了一场大屠杀。而法军错误地估计了敌人的兵力，以为可以靠火炮从高处驱逐越军。

丛林要塞

1953 年 7 月 24 日，法军做出一项重大决定：占领奠边府山谷，以保护老挝北部。奠边府位于河内以西的高地上，靠近老挝边境。选择奠边府是因为其谷底宽阔（10 英里 ×6.5 英里，约 16 公里 ×9 公里），与最高的山头有一定距离（6.5—7.5 英里，约 10—12 公里），处于"越盟"的炮火打击范围之外。并且，奠边府还有一座小型临时机场。

新上任的法军驻中南半岛总司令亨利·纳瓦尔（Henri Navarre）开始派人在奠边府修筑防御工事。11 月 20 日开始的"卡斯特行动"（Operation Castor）中，9000 多名法国联合作战士兵在此降落。但是，这些要塞[2]的位置十分不利于作战，最南端的"伊莎贝尔"（Isabelle）内驻扎了法军 12 个步兵营中的 3 个，占用了三分之一的火炮和坦克，而该要塞距离主阵地南侧 4.4 英里（7 公里）远，这就严重分散了守军兵力。而且除"加布里埃尔"（Gabrielle，491 米）和"贝亚特丽丝"（Beatrice，509 米）之外，其他所有要塞的海拔均不足 380 米。

距离奠边府 2500 米范围内有两座山脊，高度分别为 1100 米和 550 米。"加布里埃尔"和"贝亚特丽丝"要塞一旦失守（事实上，这几个要塞第一天就被越军一一攻克），"越盟"就能占领多个制高点，俯视法军阵地。

"越盟"进攻奠边府前的 4 个月，法国和美国专家曾多次来到各个要塞，却没有一位专家提出过质疑。

法军进行"卡斯特行动"的同时，武元甲也忙得不可开交：他组织了 5 万名"越盟"士兵骑自行车包围了奠边府一带，并开始从山下挖掘地道。这一地下网络隐蔽得非常完美，保证了"越盟"各炮台的弹药补给。纳瓦尔称"山上的敌军阵地像蚁穴"。同时，"越盟"还采纳了中国顾问在炮位方面的意见，把单门炮置于地下防空洞内，以躲避法军的炮击或空袭。另外，由于气候过于潮湿，法军的凝固汽油弹[3]难以发挥效力。因此，随后不久，法军所剩的兵力和炮火都已不敌越军。

围攻开始

1954 年 3 月 13 日，越军开始包围奠边府的法军阵地。不久，他们就摧毁了法军的临时机场和火炮。负责空投的法国飞机只得远离地面，根本无法确保投递位置的精确性。

法军在莫边府的防御部署和遗迹图。 约 8000 名法军在这场战役中伤亡或失踪，而"越盟"伤亡人数估计超过 2.5 万人。

沮丧的情绪在法国守军中弥漫，他们寄希望于前来救援的皮埃尔·朗格莱（Pierre Langlais）和传奇人物马塞尔·比雅尔（Marcel Bigeard）指挥的伞兵部队。"越盟"的进攻战术与沃邦时代的战术颇有几分类似：将地道挖掘到距法军阵地几英尺时引爆爆破筒（炸药装在一段可伸缩的长管末端），以破坏守军的阵地。法军顽强地守卫着"贝亚特丽丝"要塞，"越盟"士兵的尸体在要塞旁边越堆越高。因此，武元甲提出双方在14日休战一天。法军的损失也相当严重：第十三半旅（13th Half Brigade）第三营除个别士兵幸存外，所有军官全部战死。

"加布里埃尔"要塞的情况也大同小异。在炮火攻击下，沙袋已经被炸成碎片；第五营、第七营和阿尔及利亚步枪队全体士兵英勇抵抗。3月14日，朗格莱上校组织伞兵部队和两个坦克排勇猛地反攻"加布里埃尔"的越军，已经成功突破敌军防线，但是苦于兵力不足，没能守住。这

1954年3月16日，法国外籍兵团伞兵部队在奠边府要塞附近登陆。这些部队只能使法国守军得到暂时的喘息。

奠边府军营中心。这张照片拍摄于1954年3月24日，疲惫不堪的法国伞兵聚集在低矮的战壕里等待"越盟"的袭击。

一场景好像凡尔登战役复现，连续的火力攻击将地表上层土打成细沙。朗格莱无路可走，只得组织幸存者后撤。这次战役预示了法军失败的开始。

惨烈的轰炸逼疯了法军。3月28日，法国飞机最后一次在奠边府的临时机场降落。一架救护机准备带走25名死伤者，但由于机械故障，飞机被迫延误起飞，结果被越军炮兵炸成了碎片。

法国守军的弹药和手榴弹都将耗尽。4月15日，法军提供补给的"C-119"型运输机意外将弹药补给投到了敌军战线上。5月7日，法军最后一个要塞陷落，1.2万名法国士兵被俘。第二天，法军外籍兵团第十三半旅发起最后一搏，用刺刀同越军作战。奠边府战役的损失堪比1940年的法国陷落。到最后，法军仅有70人成功逃离要塞。

造成法军这一灾难的原因有三：第一，过分依赖空中补给；第二，他们在并不紧凑的要塞内打了一场堑壕战，致使"伊莎贝尔"要塞根本不能有效掩护"加布里埃尔""贝亚特丽丝"及"安妮玛丽"（Anne-Marie）要塞；第三，法军严重低估了敌军力量。

1954年7月20日，法国在日内瓦谈判时，不得不接受越南的要求。北纬17°以北的越南地区全部交由胡志明的共产党政府接管。对于法国海外殖民地而言，越南不过是一个前奏，此后10年里，法国还将经历北非的一系列惨败。法军伤痕累累地从中南半岛撤了回来，把阻止共产党在东南亚扩张的重任留给了美国。

> "这是蒙卡尔姆在魁北克阵亡后，法国在其殖民地遭受到的最严重挫败。"
> ——历史学家伯纳德·富尔评价法军在印度支那（越南）的这次耻辱

注释

[1] 译注：General Salan，指 Raoul Salan，1952年，萨朗接替塔西尼将军，成为法国在中南半岛总司令。1953年，萨朗被亨利·纳瓦尔取代。

[2] 原注：每一个要塞的名字均为指挥官克里斯蒂安·德·卡斯特里上校（Colonel Christian de Castries）曾经的情人。

[3] 原注：这种炮弹最早由法国在1949年的一次战争中投入使用。

-50-

西奈半岛战役
THE SINAI CAMPAIGN

摩西·达扬将军
vs
埃及军

General Moshe Dayan v. Egyptian Forces
1956年10—11月

　　1956年，英国和法国入侵埃及，驱逐主张将苏伊士运河国有化的埃及领导人纳赛尔上校（Colonel Nasser）。然而，在二战中崛起的美国和苏联两个新超级大国却逼迫他们曾经的盟友撤军，这对英法两国无疑是一种侮辱。另外，从1956年起，阿拉伯同以色列的关系也开始恶化。

1948年，以色列总理戴维·本-古里安（David Ben-Gurion）宣布以色列建国。消息一出，以色列即遭到周边阿拉伯国家的攻击，但最终以色列仍取得了战争的胜利。

摩西·达扬在这次战争中初露锋芒，成为军界新星。达扬是土生土长的巴勒斯坦人，他加入了犹太复国主义地下军事组织哈加纳（Haganah），接受了离经叛道的英国反暴动专家奥德·温格特（Orde Wingate）的训练。1936年，哈加纳镇压巴勒斯坦境内的阿拉伯叛乱时，达扬表现十分活跃；第二次世界大战期间，他在英国军中效力，左眼不幸在战斗中被炸伤。1953年，达扬升任参谋长，他将成为1956年苏伊士运河事件的主要参与者。以色列为了防止埃及威胁其边境，加入了英、法两国的阵营。而埃及总统纳赛尔是一位民族主义者，十分敌视以色列并一直对1948年的战败耿耿于怀。晚年，达扬重回部队，领导以色列国防军取得了1967年"六日战争"（Six-Day War）的胜利。

危机将至

1956年，苏伊士运河危机前夕，埃及总统贾迈勒·阿卜杜勒·纳赛尔（Gamal Abdel Nasser）同苏联的关系日益密切，令以色列情报部门颇为担忧。苏联同意为埃及提供11.2亿美元的贷款，用于修建新阿斯旺大坝。直到1954年，苏伊士运河仍然由英军部队负责防御。如今埃及既然有了苏联这个强大的盟友，便可以将英国和法国势力赶出苏伊士运河。

1955年，纳赛尔从华沙条约组织成员国捷克斯洛伐克购置了大批武器装备，其中包括50架喷气式轰炸机、100架"米格"战机、300辆坦克、100多门自行火炮、200辆装甲运兵车、2艘驱逐舰、4艘扫雷艇和20艘鱼雷艇。以色列对此十分警觉，希望英、法方面做出回应。当

1956年，以色列部队为夺取了沿海城市加沙（Gaza）而欢欣鼓舞。1948年以色列独立战争以来，加沙一直处在埃及控制下。

时，埃及和以色列的武装人员数量均为 4.5 万。1956 年 7 月 26 日，纳赛尔认为以埃及的实力已经足以将苏伊士运河收归国有。

达扬在烟盒背面勾画了作战计划草图，他准备穿越西奈沙漠，做到先发制人。但是为了劝服本－古里安采取行动，达扬颇费了一番口舌。面对埃及入侵的威胁，古里安同意了达扬的战略。以色列早已从法国购置了大量武器，其中包括 60 架"神秘-4"型战机、36 架"秃鹰"战斗轰炸机、2000 辆坦克以及大量火箭，总价接近 1 亿美元。法国谨慎地询问以色列多长时间可攻至运河，得到的答案是只需 5—7 天。这个回答是法国和以色列联合进攻的先决条件。

达扬非常小心，尽量不过分激怒埃及，避免以色列的城市遭到轰炸。他计划远离开罗，做好一切准备，迅速插入并控制西奈半岛。

夺取隘口

1956 年 10 月 29 日，达扬发动"卡迭石行动"（Operation Kadesh）。以色列仅出动了 1.1 万常备军和 4 万名义务兵，全军由达扬一人指挥。以色列兵役期为两年半，因此仍可以随时召集 20 万名训练有素的士兵。达扬首先派上校阿里埃勒·沙龙（Ariel Sharon）率第二百零二伞兵旅前往约旦边境实行佯攻，随后用"P-51"野马战机以 3.7 米的低空飞行，割断通向埃军总部伊斯梅利亚（Ismailia）的电线，以切断埃及与西奈半岛的联系。

埃及方面丝毫没有察觉到达扬的行动。西奈沙漠总面积达 9000 多平方英里（2.3 万平方公里），几乎全部被沙子和岩石所笼罩，似乎不适宜进行战斗。沙龙的第二百零二伞兵旅有 1 个营尚未抵达。但 10 月 29 日，16 架达科他运输机避开埃及的雷达监测，低空飞进西奈半岛，随后升至 460 米，将该营的 395 名伞兵空投在苏伊士运河以东 40 英里（64 公里）、米特拉隘口（Mitla Pass）以东 15 英里（24 公里）处，营长为拉斐尔·埃坦（Raful Eitan）中校。米特拉隘口距以色列边境约 90 英里（145 公里）。由于西奈沙漠和苏伊士运河之间有山峰阻隔，而米

摩西·达扬（后排戴眼罩者）和参与苏伊士危机的第二百零二伞兵旅**指挥官**。照片中达扬右侧站立者为沙龙，前排最右侧蹲者为拉斐尔·埃坦。

特拉隘口是翻越山峰的必经之路，因此它是以军的重要军事目标。傍晚，以色列部队到达隘口，就开始挖掘战壕。这里有一座土耳其要塞的废墟，挖掘工作得以简化。当晚 9：00，包括吉普车、武器、弹药、水、食物和药品在内的另一批空运物资降落，法国空军也为以军空投了补给。

埃军驻西奈的部队共约 3 万人，以色列的行动最初让他们猝不及防。一个运兵装甲部队经过时，丝毫没有察觉到以军的降临，结果在降落地不远处被埋伏在那里的以军袭击。埃坦写道："我们不仅俘获了数台车辆，更幸运的是，还发现了充足的饮用水。"

第二百零二伞兵旅的其余兵力在沙龙指挥下，巧妙地来了个 180 度大转弯，离开约旦边境，穿过沙漠开赴米特拉隘口，同埃坦的部队会合，将边境城市昆地拉（Kuntilla）设为第一个进攻目标。

以色列电台称，此举旨在平息西奈半岛上阿拉伯游击队的暴动。事实上，正如阿里埃勒·沙龙在后来的回忆录中所言：这一说法不过是为了掩人耳目，当时根本没有什么阿拉伯游击队暴动。沙龙在塞麦德（Themed）遭到埃及两个步兵连的抵抗，但他们很快就将其扫清，继续向前。

苦战取胜

埃军直到这时才摸清了以军的意图,于是火速集结军队赶往米特拉隘口。埃坦的部队遭到重创,但他们仍坚持战斗了30小时。沙龙率军用4天的时间急行90英里(145公里)来到隘口,为埃坦解围。当他抵达米特拉时,看到一块指示牌上用现代希伯来语写道:"前方边境,停止前行!"

以色列在米特拉的力量十分薄弱,他们遭到埃及第二步兵旅的炮火袭击以及"米格-17"战机的低空扫射(埃及空军也袭击了以色列境内的空军基地,不过收效甚微)。埃坦和沙龙的部队仅有1200名士兵、3辆轻型坦克和为数不多的野战炮。埃及增派了大批援军,准备夺取一场决定性胜利。沙龙认为应该登上隘口附近高地,寻找更合适的防御点,然而统帅部不同意沙龙进攻隘口。沙龙决定按自己的计划行事,终于成功突破关隘,造成以军38人死亡、120人受伤。达扬闻讯大怒,认为这种牺牲毫无意义,因为按计划以色列根本无须越过关隘。

达扬增兵西奈,耶胡达·瓦拉赫(Yehudah Wallach)指挥中央特遣部队向北抵达阿布阿盖拉(Abu Agheila),并在卡代夫(Umm Katef)同埃军交火。

法国除了空投之外,还为以军提供了海军支援。10月31日,埃及驱逐舰"易卜拉欣·阿瓦尔"(Ibrahim al-Awal)号开始炮轰以色列北部海法市(Haifa)的港湾和炼油厂。法国出动"凯尔森"(Kersaint)号驱逐舰,在以色列配合下,迫使埃及驱逐舰投降。

埃及大败

同一天,英法联军对埃及和苏伊士运河发起猛攻。英法两国飞机从马耳他和塞浦路斯空军基地以及地中海的航空母舰上起飞,轰炸了埃及北部的塞得港及其他重要目标,摧毁埃及飞机100多架。西奈半岛的埃及军匆匆破坏了自己的大部分重型装备,开始撤退。

苏伊士运河危机中，以法联合行动控制西奈沙漠的路线图。法国提供后勤支援并对埃及目标实施海上轰炸，以色列部队实施地面行动。双方密切合作，仅用了不到100小时就夺取了西奈半岛。

西奈半岛战役 | THE SINAI CAMPAIGN

在法国帮助下，达扬开始进攻西奈半岛中部和东北部要塞，那里集中了埃及大部分驻军。以色列军兵分两路，穿过保卫加沙地带的布雷区，在拉法（Rafa）包围了埃军。10月30—31日，以色列工兵清除了地雷。31日早上9：00，以军控制了拉法的交通枢纽，并从那里进入阿里什（El Arish）。11月2日，加沙落入以军手中，以军仅以10人的代价俘虏了埃及7000—8000人。面对以色列的猛攻，许多埃及士兵脱掉制服，把武器埋入沙漠，只穿着内衣逃离了战场，准备长途跋涉，走回家乡。幸好赶上椰枣成熟，他们以之为食才得以活了下来。

阿里什也随即被以军攻占。以军现已势不可当，只剩下最后一个目标：西奈半岛南部的沙姆沙伊赫。达扬称这一目标为"西奈半岛战役中最宏伟的目标"。11月2日，阿拉汉姆·尤菲（Avraham Yoffee）上校率第九旅准备从昆地拉出发；临近出兵时，达扬又加派了两个伞兵连。

战争残迹。埃及军队在1956年的激烈交火中遗弃在西奈沙漠的坦克和卡车。冲突结束后，联合国迫使以色列放弃对这一缓冲地带的控制。

11月3日，以军开始对沙姆沙伊赫进行空袭。埃军在那斯拉米岬（Ras Nasrami）的蒂朗海峡处布置了3门火炮，其中两门被以军摧毁。一架以军飞机被击落，沙姆沙伊赫指挥官在审问飞行员时发现，以军即将发起地面进攻，现在仍来得及准备防御。11月5日，尤菲率部队发起进攻，虽然第一轮袭击被埃及打退，但是埃及最终在当天上午晚些时候缴械投降了。以军随即转向苏伊士，来到距运河10英里（16公里）处。

除了沙龙在米特拉隘口的误判之外，以军的西奈半岛计划执行得都非常完美。达扬仅以170人的代价，摧毁了埃及3个师的兵力。

苏伊士危机对英法两国而言是一场政治灾难，美国以强大的外交和经济手段对英国施压。面对国际舆论的谴责，英法两个老牌殖民大国只得从苏伊士撤军。

> "我们怎能为了支持英国和法国而失去整个阿拉伯世界？"
> ——美国总统德怀特·艾森豪威尔，1956年10月31日

致　谢

我要感谢盖伊·麦吉尼斯（Gay McGuinness），他协助我完成了有关爱尔兰的部分。

本书的创作灵感来源于安德鲁·罗伯特（Andrew Roberts）编纂的《战争的艺术》（*The Art of War*）。它分上、下两卷，分别于 2008 年和 2009 年由克尔瑟斯出版社（Quercus）出版，我撰写了部分关于腓特烈大帝的文章。本书中的各篇战役前都插入了引言，这些段落均选自各方权威。

我还要再次感谢我的朋友理查德·巴塞特（Richard Bassett）和罗迪·马修斯（Roddy Matthews）提出的宝贵意见，以及家人对我的大力支持。我要感谢我的儿子约瑟夫为我提供的大量书籍和杂志（虽然大部分图书曾是我给他买的），他还同我一道解开了多场战役的迷局。

参考文献

Allmand, Christopher. *Henry V*. Yale University Press, New Haven and London, 1997.

Anderson, M.S. *The War of the Austrian Succession 1740-1748*. Longman, London, 1995.

Asprey, Robert B. *The German High Command at War: Hindenburg and Ludendorff and the First World War*. Little Brown, London, 1993.

Barlow, Frank. *Edward the Confessor*. Yale University Press, New Haven and London, 1997.

Barnet, Correlli, ed. *Hitler's Generals*.Weidenfeld & Nicolson, London, 1989.

Boardman, John, Jasper Griffin and Oswyn Murray. *The Oxford History of the Classical World*. Oxford University Press, Oxford, 1986.

Browning, Reed. *The War of the Austrian Succession*. Alan Sutton, Stroud, 1995.

Caesar, Julius (translated with an introduction by Jane Gardner). *The Civil War*. Penguin Books, London, 1967.

Cary, E., ed. *Dio's Roman History, Books XII-XXV*. Harvard University Press, Cambridge, Massachusetts and London, 1989.

Craig, Gordon A. *The Politics of the Prussian Army 1640-1945*. Oxford University Press, Oxford, 1964.

Duffy, Christopher. *Frederick the Great, A Military Life*. Routledge, London, 1985.

Eberle, Henrik and Matthias Uhl, eds.(translated by Giles MacDonogh). *The Hitler Book: The Secret Dossier Prepared for Stalin*. John Murray, London, 2005.

Fall, Bernard B. *Street Without Joy: The French Debacle in Indochina*. Pen & Sword, Barnsley, 2009.

Gibbon, Edward (edited with an introduction by Felipe Fernàndez-Armesto). *The History of the Decline and Fall of the Roman Empire, Volume VIII: The Fall of Constantinople and the Papacy in Rome*. The Folio Society, London, 1990.

Gibbon, Edward (edited with an introduction by Betty Radice). *The History of the Decline and Fall of the Roman Empire, Volume IV:The End of the Western Empire*. The Folio Society, London, 1986.

Goldsworthy, Adrian. *Caesar: the Life of a Colossus*. Weidenfeld & Nicolson, London, 2006.

Gregg, Edward. *Queen Anne*. Yale University Press, New Haven and London, 2001.

Herodotus (translated by Aubrey de Sélincourt). *The Histories*. Penguin Books, London, 1996.

Holmes, Richard and Martin Marix Evans. *Oxford Guide to Battles*. Oxford University Press, Oxford and New York, 2006.

Horne, Alistair. *The Age of Napoleon*. Weidenfeld & Nicolson, London, 2004.

Housley, Norman. *Fighting for the Cross: Crusading to the Holy Land*. Yale University Press, New Haven and London, 2008.

Howard, Michael. *War in uropean History*. Oxford University Press, Oxford, 2009.

Keegan, John. *The American Civil War: A Military History*. Hutchinson, London, 2009.

Keegan, John. *The First World War*. Hutchinson, London, 1998.

Keegan, John. *The Face of Battle*. Jonathan Cape, London, 1976.

Keegan, John and Andrew Wheatcroft. *Who's Who in Military History from 1453 to the Present Day*. Routledge, London, 1987.

Kinross, Lord. *The Ottoman Empire*. The Folio Society, London, 2003.

Lendon, J. E. *Soldiers and Ghosts: A History of Battle in Classical Antiquity*. Yale University Press, New Haven and London, 2005.

Livy (translated by Aubrey de Sélincourt with an introduction by Betty Radice). *The War with Hannibal*. Penguin Books, London, 1965.

MacDonogh, Giles. *The Last Kaiser: William the Impetuous*. Weidenfeld & Nicolson, London, 2000.

MacDonogh, Giles. *Frederick the Great: A Life in Deed and Letters*. Weidenfeld & Nicolson, London, 1999.

MacDonogh, Giles. *Prussia: The Perversion of an Idea*. Sinclair-Stevenson, London, 1994.

Mansel, Philip. *Constantinople: City of the World's Desire, 1453-1924*. John Murray, London, 1995.

Montgomery of Alamein, Field-Marshal Viscount. *A History of Warfare*. Collins, London, 1968.

Morley, John. *Life of William wart Gladstone*. Macmillan, London, 1903.

Morley, John. *Oliver Cromwell*. Macmillan, London, 1900.

Nepos, Cornelius (translated by John C. Rolfe). *Cornelius Nepos–On The Great Generals and Historians*. Loeb Classical Library, Harvard University Press, Cambridge, Massachusetts, 1984.

Orme, Robert. *A History of the Military Transactions of the British Nation in Indostan*. F. Wingrave, London, 1799.

Pausanius (translation by Peter Levi). *Guide to Greece, Volume I: Central Greece*. Penguin Books, London, 1979.

Plutarch (translated by Robin Waterfield). *Roman Lives*. Oxford University Press, Oxford, 1999.

Plutarch (translated by Robin Waterfield). *Greek Lives*. Oxford University Press, Oxford, 1998.

Prior, Robin. *Gallipoli: The End of the Myth*. Yale University Press, New Haven and London, 2009.

Riall, Lucy. *Garibaldi: Invention of a Hero*. Yale University Press, New Haven and London, 2007.

Riley-Smith, Jonathan, ed. *The Oxford History of the Crusades*. Oxford University Press, Oxford, 1999.

Roberts, Andrew, ed. *The Art of War: Great Commanders of the Ancient and Medieval World*. Quercus Books, London, 2008.

Roberts, Andrew. *Salisbury, Victorian Titan*. Weidenfeld & Nicolson, London, 1999.

Roberts, Geoffrey. *Stalin's Wars: From World War to Cold War, 1939-1953*. Yale University Press, New Haven and London, 2006.

Showalter, Dennis E. *The Wars of Frederick the Great*. Longman, London, 1996.

Stenton, Frank. *Anglo-Saxon England* (3rd ed). Oxford University Press, Oxford, 1971.

Stone, Norman. *The Eastern Front 1914-1917*. Penguin Books, London, 1998.

Tacitus (translated by Michael Grant). *The Annals of Ancient Rome* (revised edition). Penguin Books, London, 1989.

Thucydides (edited with a translation by Sir Richard Livingstone). *The History of the Peloponnesian War*. Oxford University Press, Oxford, 1960.

Tincey, John. *Blenheim 1704: The Duke of Marlborough's Masterpiece*. Osprey, Oxford, 2004.

Toland, John. *Rising Sun*. Pen & Sword, Barnsley, 2005.

Tranquillus, Gaius Suetonius (translated by Robert Graves). *The Twelve Caesars*. The Folio Society, London, 1964.

Trevelyan, G. M. *Blenheim*. Fontana, London, 1965.

Trevelyan, G. M. *Ramillies and the Union with Scotland*. Fontana, London, 1965.

Turner, Barry. *Suez 1956: The Inside Story of the First Oil War*. Hodder, London, 2006.

Wedgwood, C. V. *The King's War 1641-1647*. Fontana, London, 1977.

Weintraub, Stanley. *Victoria*. John Murray, London, 1987.

Worden, Blair. *The English Civil Wars 1640-1660*. Weidenfeld & Nicolson, London, 2009.

Worthington, Ian. *Philip II of Macedonia*. Yale University Press, Newhaven, 2008.

译名对照表

人名	
Alcibiades	亚西比德
Andrey Yeremenko	安德烈·叶廖缅科
Arminius	阿米尼乌斯
Bernard Law Montgomery	伯纳德·劳·蒙哥马利
Byzantine Emperor Alexius	拜占庭皇帝阿莱克修斯
Charles Churchill	查尔斯·丘吉尔
Duke of Cumberland	坎伯兰公爵
Duke of Wellington	威灵顿公爵
Edward Johnson	爱德华·约翰逊
Emperor Constantine XI	君士坦丁十一世
Erich Ludendorff	埃里希·鲁登道夫
Erich von Falkenhayn	埃里希·冯·法金汉
Erich von Manstein	埃里希·冯·曼施坦因
Erwin Rommel	埃尔温·隆美尔
Ewald von Kleist	埃瓦尔德·冯·克莱斯特
Flavius Aetius	弗拉维斯·埃提乌斯
Frederick the Great of Prussia	普鲁士腓特烈大帝

Friedrich Paulus	弗里德里希·保卢斯
General Dwight D. Eisenhower	德怀特·艾森豪威尔将军
General Gebhard von Blücher	格布哈德·冯·布吕歇尔将军
General George Patton	乔治·巴顿将军
General James Wolfe	詹姆斯·沃尔夫将军
General Joseph Joffre	约瑟夫·霞飞将军
General Joseph Hooker	约瑟夫·胡克将军
General Moshe Dayan	摩西·达扬将军
General Robert E. Lee	罗伯特·李将军
General Vo Nguyen Giap	越南将军武元甲
Georgi Zhukov	格奥尔基·朱可夫
Gerd von Rundstedt	格尔德·冯·龙德施泰特
Giuseppe Garibaldi	朱塞佩·加里波第
Graf Alfred von Schlieffen	阿尔弗雷德·冯·施里芬伯爵
Gustavus II Adolphus	古斯塔夫二世·阿道夫
Hannibal	汉尼拔
Harold Godwinson	哈罗德·葛温森

Heinz Guderian	海因茨·古德里安	Prince Pyotr Bagration	彼得·巴格拉季昂亲王
Ho Chi Minh	胡志明	Publius Quinctilius Varus	帕布利乌斯·昆克提里乌斯·瓦卢斯
Joan of Arc	贞德	Quintus Fabius Maximus	昆图斯·费边·马克西姆斯
Johannes von Tilly	约翰·冯·蒂利	Robert Clive	罗伯特·克莱武
John Churchill	约翰·丘吉尔	Robert Nivelle	罗伯特·内维尔
John II of France	法国国王约翰二世	Sir William Birdwood	威廉·伯德伍德爵士
Julius Caesar	尤利乌斯·恺撒	Sultan Mehmet II	苏丹穆罕默德二世
King of Kadesh Durusha	卡迭石国王杜鲁沙	Themistocles	地米斯托克利
King of Norway Harald Hardrada	挪威国王哈拉尔·哈德拉达	Theobald Lieb	泽奥巴尔德·李布
King of Piedmont Victor Emmanuel II	皮埃蒙特国王维托里奥·埃马努埃莱二世	Ulysses S. Grant	尤里西斯·辛普森·格兰特
King of Prussia Frederick William III	普鲁士国王腓特烈·威廉三世	Vasilii Chuikov	瓦西里·崔可夫
King of Sparta Leonidas	斯巴达国王列奥尼达	地名	
Kurt Zeitzler	库尔特·蔡茨勒	Aquitaine	阿基坦
Ludwig von Benedek	路德维希·冯·贝内德克	Armageddon	哈米吉多顿
Marshal Maurice de Saxe	元帅莫里斯·德·萨克斯	Attica	阿提卡
		Caen Canal	卡昂运河
Michel Ney	元帅米歇尔·内伊	Caen	卡昂
Mikhail Illarionovich Kutuzov	米哈伊尔·伊拉里奥诺维奇·库图佐夫	Canaan	迦南
		Cherbourg	瑟堡
Mir Jafar Khan	米尔·贾法可汗	Gaza	加沙
Oliver Cromwell	奥利弗·克伦威尔	Heights/Plains of Abraham	亚伯拉罕平原
Otto von Bismarck	奥托·冯·俾斯麦	Kiev	基辅
Paul von Hindenburg	保罗·冯·兴登堡	Oberglau	上格劳村
Paul von Rennenkampf	保罗·冯·连年坎普夫	Zoutleew	祖特鲁
Philippe Pétain	菲利普·贝当	战役名	
Prince Moritz of Anhalt-Dessau	安哈尔特-德绍亲王莫里茨	Battle of Agincourt	阿金库尔战役
		Battle of Anzac Cove	安扎克湾登陆战
Prince Maurice of Nassau	拿骚亲王莫里斯	Battle of Austerlitz	奥斯特里茨战役

Battle of Bannockburn	班诺克本战役
Battle of Blenheim	布伦海姆战役
Battle of Borodino	博罗迪诺战役
Battle of Breitenfeld	布赖滕费尔德战役
Battle of Cannae	坎尼战役
Battle of Castillon	卡斯蒂永战役
Battle of Catalaunian Plains	卡太隆尼平原之战
Battle of Chaeronea	喀罗尼亚战役
Battle of Chancellorsville	钱瑟勒斯维尔战役
Battle of Corcyra	克基拉战役
Battle of Courtrai	科特赖克战役
Battle of Crécy	克雷西战役
Battle of Cyzicus	塞西卡斯战役
Battle of Dien Bien Phu	奠边府战役
Battle of Ensheim	恩斯海姆战役
Battle of Fontenoy	丰特努瓦战役
Battle of Gettysburg	葛底斯堡战役
Battle of Hastings	黑斯廷斯战役
Battle of Hohenfriedberg	霍亨弗里德堡战役
Battle of Idistaviso	伊狄斯多维索之战
Battle of Issus	伊苏斯战役
Battle of Königgrätz	克尼格雷茨战役
Battle of Laufeldt	罗菲尔德战役
Battle of Leuthen	洛伊滕战役
Battle of Lissa	利萨海战
Battle of Lutter-am-Barenberg	拜伦堡卢特战役
Battle of Marston Moor	马斯顿荒原战役
Battle of Megiddo	美吉多战役

Battle of Nieuport	纽波特战役
Battle of Notium	诺丁姆战役
Battle of Pharsalus	法萨卢斯战役
Battle of Plassey	普拉西战役
Battle of Poitiers	普瓦捷战役
Battle of Quebec	魁北克战役
Battle of Ramillies	拉米利斯战役
Battle of Rossbach	罗斯巴赫战役
Battle of Salamis	萨拉米海战
Battle of Stalingrad	斯大林格勒战役
Battle of Tel-el-Kebir	泰尔-阿尔-克比尔战役
Battle of Teutoburg Forest	条顿堡森林战役
Battle of the Frigidus	冷河战役
Battle of the Philippines	菲律宾战役
Battle of the White Mountain	白山战役
Battle of Turnhout	蒂尔瑞特战役
Battle of Verdun	凡尔登战役
Battle of Waterloo	滑铁卢战役
Battle of Zama	扎马战役
Crimean War	克里米亚战争
Dieppe Raid	迪耶普突袭
First Battle of Bull Run	第一次布尔伦河战役
Korsun-Shevchenkovsky Pocket	科尔逊-舍甫琴科夫斯基战役
League of Augsburg War	奥格斯堡同盟战争
Second Battle of Bull Run	第二次布尔伦河战役
Second Battle of Custozza	第二次库斯托扎战役
Seven Days' Battles	七日战争
Seven Years' War	七年战争

Shenandoah Valley Campaign	杉安道河谷战役
Siege of Vicksburg	维克斯堡战役
Sinai Campaign	西奈半岛战役
Thirty Years' War	三十年战争
War of the Austrian Succession	奥地利王位继承战
其他	
Convention of Westminster	《威斯敏斯特公约》
Hundred Days	百日王朝
Operation Barbarossa	巴巴罗萨行动
Operation Castor	卡斯特行动

Operation Charnwood	查恩伍德行动
Operation Cobra	眼镜蛇行动
Operation Goodwood	古德伍德行动
Operation Kadesh	卡迭石行动
Operation Neptune	海王行动
Operation Overlord	霸王行动
Operation Torch	火炬行动
Operation Typhoon	台风行动
Peace of Lübeck	《吕贝克和约》
Treaty of Brétigny	《布雷蒂尼条约》
Treaty of Paris	《巴黎和约》
Treaty of Westphalia	《威斯特伐利亚和约》

历史图文系列
用图片和文字记录人类文明轨迹

金城出版社 GOLD WALL PRESS

策划：朱策英
Email：gwpbooks@foxmail.com

战役图文史：改变世界历史的50场战役
[英]吉尔斯·麦克多诺/著 巩丽娟/译

本书撷取了人类战争史中的50个著名大战场，细节性地展现了一部波澜壮阔的世界战役史。全书通过精炼生动的文字，167幅珍贵的战时地形图、双方阵列图、场景还原图、行军路线图、战场遗迹图，以及随处可见的战术思维、排兵布阵等智慧火花，为读者呈现了一场精彩绝伦的思想和视觉盛宴。

战弓图文史：改变人类战争的四大弓箭
[英]麦克·洛兹/著 胡德海/译

本书通过真实历史事件、射击效果体验与现代弹道学测试，描述了弓箭的起源、设计、应用、发展，阐释了弓箭对人类战争、文明演进的历史影响……堪称一部专业、有趣、多图、易读的冷兵器史。

第三帝国陆军图文史：纳粹德国的地面力量
[英]克里斯·麦克纳布/著 沈立波/译

通过丰富的图片和通俗的文字，本书从不同时期的战场表现切入，生动讲述了德国陆军从一战后的绝境重生，到二战初期的闪电战、北非鏖战、入侵苏联，再到东西线败退、本土防守，直至最后溃败的全部兴衰演变过程，既是一张希特勒地面力量的全景式演变图谱，也是一部纳粹德国陆军的兴亡史！

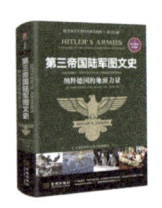

情报战图文史：1939—1945年冲突中的无声对决
[美]尼尔·卡根 [美]史蒂芬·希斯洛普/著 朱鸿飞/译

本书通过丰富的图片和通俗的文字，带领读者走近二战中的间谍、密码破译者和秘密行动，多角度了解战争背后的无声较量，全方位触摸战争的鲜活历史脉络，具体包括战争历程、重要事件、谍战形式、机构沿革、科技创新等方面，堪称一部全景式二战情报战史，也是一部改变世界格局的大国博弈史。

蓝调图文史：影响世界历史的100年
[英]迈·埃文斯 [美]斯科特·巴雷塔/著 太阳/译

本书通过丰富的图片和生动的文字，详细描绘蓝调从诞生至今的历史脉络，以及对世界历史的影响。全书着眼于音乐史、人物史、创新史、人文史等，立体呈现了蓝调音乐百年历程，堪称一部另类视觉的人文变迁史。

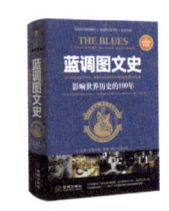

鞋靴图文史：影响人类历史的8000年
[英]丽贝卡·肖克罗斯/著 晋艳/译

本书运用丰富的图片和生动的文字，详细讲述鞋子自古至今的发展变化及其对人类社会的影响，包括鞋靴演进史、服饰变迁史、技术创新史、行业发展史等。它不仅是一部鲜活的人类服饰文化史，也是一部多彩的时尚发展史，还是一部行走的人类生活史。

航母图文史：改变世界海战的100年
[美]迈克尔·哈斯丘/著 陈雪松/译

本书通过丰富的图片和通俗的文字，生动详细讲述了航母的发展过程，重点呈现航母历史、各国概况、重要事件、科技变革、军事创新等，还包括航母的建造工艺、动力系统、弹射模式等细节，堪称一部全景式航母进化史。

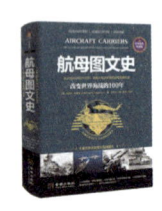

空战图文史：1939—1945年的空中冲突
[英]杰里米·哈伍德/著 陈烨/译

本书是二战三部曲之一。通过丰富的图片和通俗的文字，全书详细讲述二战期间空战全过程，生动呈现各国军力、战争历程、重要战役、科技变革、军事创新等诸多历史细节，还涉及大量武器装备和历史人物，堪称一部全景式二战空中冲突史，也是一部近代航空技术发展史。

海战图文史：1939—1945年的海上冲突
[英] 杰里米·哈伍德/著　付广军/译

本书是二战三部曲之二。通过丰富的图片和通俗的文字，全书详细讲述二战期间海战全过程，生动呈现各国军力、战争历程、重要战役、科技变革、军事创新诸多历史细节，还涉及大量武器装备和历史人物，堪称一部全景式二战海上冲突史，也是一部近代航海技术发展史。

密战图文史：1939—1945年冲突背后的较量
[英] 加文·莫蒂默/著　付广军　施丽华/译

本书是二战三部曲之三。通过丰富的图片和通俗的文字，全书详细讲述二战背后隐秘斗争全过程，生动呈现各国概况、战争历程、重要事件、科技变革、军事创新等诸多历史细节，还涉及大量秘密组织和间谍人物及其对战争进程的影响，堪称一部全景式二战隐秘斗争史，也是一部二战情报战争史。

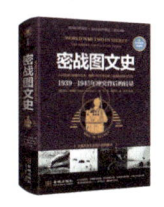

堡垒图文史：人类防御工事的起源与发展
[英] 杰里米·布莱克/著　李驰/译

本书通过丰富的图片和生动的文字，详细描述了防御工事发展的恢弘历程及其对人类社会的深远影响，包括堡垒起源史、军事应用史、技术创新史、思想演变史、知识发展史等。这是一部人类防御发展史，也是一部军事技术进步史，还是一部战争思想演变史。

武士图文史：影响日本社会的700年
[日] 吴光雄/著　陈烨/译

通过丰富的图片和详细的文字，本书生动讲述了公元12至19世纪日本武士阶层从诞生到消亡的过程，跨越了该国封建时代的最后700年。全书穿插了盔甲、兵器、防御工事、战术、习俗等各种历史知识，并呈现了数百幅彩照、古代图画、示意图、手绘图、组织架构图等等。本书堪称一部日本古代军事史，一部另类的日本冷兵器简史。

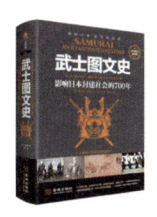

太平洋战争图文史：通往东京湾的胜利之路
[澳] 罗伯特·奥尼尔/主编　傅建一/译

本书精选了二战中太平洋战争的10场经典战役，讲述了各自的起因、双方指挥官、攻守对抗、经过、结局等等，生动刻画了盟军从珍珠港到冲绳岛的血战历程。全书由7位世界知名二战史学家共同撰稿，澳大利亚社科院院士、牛津大学战争史教授担纲主编，图片丰富，文字翔实，堪称一部立体全景式太平洋战争史。

纳粹兴亡图文史：希特勒帝国的毁灭
[英] 保罗·罗兰/著　晋艳/译

本书以批判的视角讲述了纳粹运动在德国的发展过程，以及希特勒的人生浮沉轨迹。根据大量史料，作者试图从希特勒的家庭出身、成长经历等分析其心理与性格特点，描述了他及其党羽如何壮大纳粹组织，并最终与第三帝国一起走向灭亡的可悲命运。

潜艇图文史：无声杀手和水下战争
[美] 詹姆斯·德尔加多/著　傅建一/译

本书讲述了从1578年人类首次提出潜艇的想法，到17世纪20年代初世界上第一艘潜水器诞生，再到1776年用于战争意图的潜艇出现，直至现代核潜艇时代的整个发展轨迹。它呈现了一场兼具视觉与思想的盛宴，一段不屈不挠的海洋开拓历程，一部妙趣横生的人类海战史。

狙击图文史：影响人类战争的400年
[英] 帕特·法里　马克·斯派瑟/著　傅建一/译

本书讲述了自17至21世纪的狙击发展史。全书跨越近400年的历程，囊括了战争历史、武器装备、技术水平、战术战略、军事知识、枪手传奇以及趣闻逸事等等。本书堪称一部图文并茂的另类世界战争史，也是一部独具特色的人类武器演进史，还是一部通俗易懂的军事技术进化史。

战舰图文史（第1册）：从古代到1750年
[英] 山姆·威利斯/著　朱鸿飞　泯然/译

本书以独特的视角，用图片和文字描绘了在征服海洋的过程中，人类武装船只的进化史，以及各种海洋强国的发展脉络。它不仅介绍了经典战舰、重要事件、关键战役、技术手段、建造图样和代表人物等细节，还囊括了航海知识、设计思想、武器装备和战术战略的沿革……第1册记录了从古代到公元1750年的海洋争霸历程。

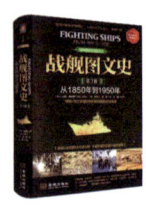

战舰图文史 （第2册）：从1750年到1850年

[英] 山姆·威利斯/著　朱鸿飞　泯然/译

本书以独特的视角，用图片和文字描绘了在征服海洋的过程中，人类武装船只的进化史，以及各种海洋强国的发展脉络。它不仅介绍了经典战舰、重要事件、关键战役、技术手段、建造图样和代表人物等细节，还囊括了航海知识、设计思想、武器装备和战术战略的沿革……第2册记录了从公元1750年到1850年的海洋争霸历程。

战舰图文史（第3册）：从1850年到1950年

[英] 山姆·威利斯/著　朱鸿飞　泯然/译

本书以独特的视角，用图片和文字描绘了在征服海洋的过程中，人类武装船只的进化史，以及各种海洋强国的发展脉络。它不仅介绍了经典战舰、重要事件、关键战役、技术手段、建造图样和代表人物等细节，还囊括了航海知识、设计思想、武器装备和战术战略的沿革……第3册记录了从公元1850年到1950年的海洋争霸历程。

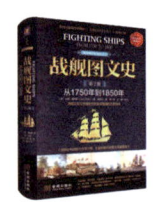

医学图文史：改变人类历史的7000年（精、简装）

[英] 玛丽·道布森/著　苏静静/译

本书运用通俗易懂的文字和丰富的配图，以医学技术的发展为线，穿插了大量医学小百科，着重讲述了重要历史事件和人物的故事，论述了医学怎样改变人类历史的进程。这不是一本科普书，而是一部别样的世界人文史。

疾病图文史：影响世界历史的7000年（精、简装）

[英] 玛丽·道布森/著　苏静静/译

本书运用通俗易懂的文字和丰富的配图，以人类疾病史为线，着重讲述了30类重大疾病背后的故事和发展脉络，论述了疾病怎样影响人类历史的进程。这是一部生动刻画人类7000年的疾病抗争史，也是世界文明的发展史。

间谍图文史：世界情报战5000年

[美] 欧内斯特·弗克曼/著　李智　李世标/译

本书叙述了从古埃及到"互联网+"时代的间谍活动的历史，包括重大谍报事件的经过，间谍机构的演变，间谍技术的发展过程等，文笔生动，详略得当，语言通俗，适合大众阅读。

二战图文史：战争历程完整实录（全2册）

[英] 理查德·奥弗里/著　朱鸿飞/译

本书讲述了从战前各大国的政治角力，到1939年德国对波兰的闪电战，再到1945年日本遭原子弹轰炸后投降，直至战后国际大审判及全球政治格局。全书共分上下两册，展现了一部全景式的二战图文史。

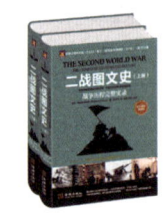

第三帝国图文史：纳粹德国浮沉实录

[英] 理查德·奥弗里/著　朱鸿飞/译

本书用图片和文字还原了纳粹德国真实的命运轨迹。这部编年体史学巨著通过简洁有力的叙述，辅以大量绝密的历史图片，珍贵的私人日记、权威的官方档案等资料，把第三帝国的发展历程（1933—1945）完整立体呈现出来。

世界战役史：还原50个历史大战场

[英] 吉尔斯·麦克多诺/著　巩丽娟/译

人类的历史，某种意义上也是一部战争史。本书撷取了人类战争史中著名大战场，通过精练生动的文字，珍贵的图片资料，以及随处可见的战术思维、排兵布阵等智慧火花，细节性地展现了一部波澜壮阔的世界战役史。

希特勒的私人藏书：那些影响他一生的图书

[美] 提摩西·赖贝克/著　孙韬　王砚/译

本书通过潜心研究希特勒在藏书中留下的各类痕迹，批判分析其言行与读书间的内在逻辑，生动描绘了他从年轻下士到疯狂刽子手的思想轨迹。读者可以从中了解他一生收藏了什么书籍，书籍又对他产生了何种影响，甚至怎样改变命运。